周書

上海涵芬樓影印

吳縣潘氏范硯樓

及自藏宋蜀大字

本配元明遞修本

原書板高二十三

公分寬十九公分

《百衲本二十四史》新版刊印序

《百衲本二十四史》是近百年來校考最精良、版本最珍貴、蒐羅最廣泛的二十四史，先父王雲五先生於一九七六年〈重印補校百衲本二十四史序〉中已有論證。

一八九七年商務印書館在上海創立，創館元老張元濟先生於一九〇二年正式主持商務印書館編譯所，將商務帶入「出版好書、匡輔教育」的出版之路。一九二一年(民國十年)王雲五先生經胡適之先生推薦，接替主持商務印書館編譯所，並於一九三〇年兼任總經理，與張元濟先生共同為商務印書館的百年大業作出貢獻。

張元濟先生入館後，積極蒐購民間珍貴藏書，一方面用來印製、廣泛發行，另一方面也為成立「涵芬樓」藏書室(後來開放為「東方圖書館」)預作準備。當年他並積極向各公私立圖書館商借影印各種版本的二十四史，逐一比較補正缺漏，然後在一九三〇年開始付印，至一九三七年全部出齊。校印工程之艱鉅與可貴，從他所撰寫的《校史隨筆》可以了解。

商務涵芬樓所珍藏的二十四史及各種珍貴版本，可惜在一九三二年日本發動淞滬戰爭時，被日軍炸毀，化為灰燼。《百衲本二十四史》的傳印，就顯得格外有意義。

王雲五先生於一九六四年在臺重新主持臺灣商務印書館，與當時總編輯楊樹人教授，依據臺北故宮博物院和中央圖書館珍藏的宋元版本，修補校正《百衲本二十四史》，並於一九七六年重版印行。

《百衲本二十四史》初印至今，已經八十年，雖經在臺補正重版，舊書均已售完，而各界索購者絡繹不絕，不得已先以隨需印刷供應，但仍然供不應求。

為了適應讀者的需要，本公司由副董事長施嘉明先生、總編輯方鵬程先生和舊書重印小組一起規劃，決定放大字體，以十八開精裝本重印《百衲本二十四史》，每種均加印目錄頁次，讓讀者方便查考，也讓我們與《百衲本二十四史》共同邁向百年大慶。值此付印前夕，特為之序。

臺灣商務印書館董事長王學哲謹序

二〇一〇年三月二十五日

一

周書五十卷

唐令狐德棻等奉敕撰。

貞觀中修梁、陳、周、齊、隋五史，其議自德棻發之，而德棻專領周書，與岑文本、崔仁師、陳叔達、唐儉同修。

晁公武《讀書志》稱，宋仁宗時，出太清樓本，合史館祕閣本。又募天下書，而取夏竦李巽家本，下館閣是正其文字。其後林希王安國上之，是北宋重校，尚不云有所散佚。

今考其書，則殘闕殊甚，多取《北史》以補亡。又多有所竄亂，而皆不標其所移掇者何卷，所削改者何篇。遂與德棻原書，混淆莫辨。

今案其文義，粗尋梗概，則二十五卷、二十六卷、三十一卷、三十二卷、三十三卷，俱傳後無論。其傳文多同《北史》，惟更易《北史》之稱周文者為太祖。〈韋孝寬傳〉連書周文、周孝閔帝，則更易尚有未盡。至〈王慶傳〉連書大象元年、開皇元年，不言其自周入隋，尤剿取《北史》之顯證矣。又如〈韋孝寬傳〉，末刪《北史》兄敻二字。則〈韋敻傳〉中所云與孝寬竝馬者，事無根源。〈盧辯傳〉中，刪去其曾事節閔帝事，則傳中所云及帝入關者，語不可曉。是皆率意刊削，遂成疏漏。至於遺文脫簡，前後疊出，又不能悉為補綴。蓋名為德棻之書，實不盡出德棻。且名為移掇李延壽之書，亦不盡出延壽，特大體未改而已。

劉知幾《史通》曰，今俗所行《周史》，是令狐德棻等所撰。其書文而不實，雅而不檢，真迹甚寡，客氣尤繁。尋宇文開國之初，事由蘇綽，軍國詞令，皆準尚書。太祖敕朝廷，他文悉準於此。蓋史臣所記，皆稟其規，柳虯之徒，從風而靡。案綽文雖去彼淫麗，存茲典實，而陷於矯枉過正之失，乖乎適俗隨時之義。苟記言若是，則其謬愈多。爰及牛弘，彌尚儒雅，即其舊事，因而勒成，務累清言，罕逢佳句。而令狐不能別求他述，用廣異聞，惟憑本書，重加潤色，遂使周氏一代之史，多非實錄。

又議其以王劭、蔡允恭、蕭韶、蕭大圜、裴政、杜臺卿之書，中有俚言，故致遺略。其詆諆德棻甚力，然文質因時，紀載從實。周代既文章爾雅，仿古製言，載筆者勢不能易彼妍辭，改從俚語。至於敵國詆謗，里巷諺謠，削而不書，史之正體，豈能用是為譏議哉。況德棻旁徵簡牘，意在摭實，故〈元偉傳〉後，於元氏戚屬，事

迹湮沒者，猶考其名位，連綴附書，固不可概斥為疎略。庾信傳論，仿《宋書》謝靈運傳之體，推論六義源流，於信獨致微辭。良以當時儷偶相高，故有意於矯時之弊，亦可見其不尚尚虛辭矣。晁公武《讀書志》祖述其語，掩為己說，聽聲之見，尤無取焉。（本文引字景印《文淵閣四庫全書》總目史部卷四十五，二之二六頁）知幾所云，非篤論也。

重印補校百衲本二十四史序

百衲本者何？彙集諸種善本，有闕卷闕頁，復多方蒐求，以事配補，有如僧衣之補綴多處者也。

我國正史彙刻之存於今者，有汲古閣之十七史，有南北監之二十一史。清高宗初立，成明史，命武英殿開雕，至四年竣工；繼之者二十一史。其後又詔增劉昫唐書，與歐宋新唐書並行，越七年遂成武英殿二十三史。及四庫開館，諸臣復據永樂大典及太平御覽，冊府元龜等書，裒輯薛居正舊五代史，得旨刊布，以四十九年奏進；於是二十四史之名以立。

武英殿本以監本為依據。清高宗製序，雖有監本殘闕，併勅校讎之言，始意未嘗不思成一善本也。惟在事諸臣，既未能廣蒐善本，復不知慎加校勘，佚者未補，誤者未正，甚或彌縫缺乏，以誑亂真，誠可惜也。

本館前輩張菊生先生，以多年之時力，廣集佳槧，審慎校讎，自民十九年開始景印，迄二十六年甫竟全功。雖中經一二八之劫，抱書而走，亂定掇拾需時，然景印之初，海宇清寧，亦緣校讎精審，多費時日。嘗聞菊老葺印初稿，悉經手勘，朱墨爛然，盈闌溢幅，點畫纖細，鉤勒不遺，與同人共成校勘記，多至百數十冊，文字繁冗，尚待董理。爰取原稿若干條，集為校史隨筆，而付梓焉。

就隨筆所記，殿本闕誤殊多。分史言之，則史記正義多遺漏，漢書正文注文均有錯簡，三國志卷第淆亂，宋書誤註為正文，南齊書地名脫誤，北齊書增補字句均據北史，而仍與北史有異同。魏書考證有誤，舊唐書有闕文，訂正錯簡亦有小誤，唐書有衍文，舊五代史遜於嘉業堂劉氏刊本，元史有衍文及闕文，且多錯簡，重出之傳，亦未刪盡。綜此諸失，殿本二十四史不如衲史遠矣，況善本精美，古香古色，尤非殿本所能望其項背。

茲將百衲本二十四史據以景印之版本列述於後：

四

宋書
宋蜀大字本，北平國立圖書館吳興劉氏嘉業堂藏，闕卷以涵芬樓藏元明遞修本配補。

南齊書
宋蜀大字本，江安傅氏雙鑑樓藏。

梁書
宋蜀大字本，北平國立圖書館及日本靜嘉堂文庫藏，闕卷以涵芬樓藏元明遞修本配補。

陳書
宋蜀大字本，北平國立圖書館及日本靜嘉堂文庫藏。

魏書
宋蜀大字本，北平國立圖書館江安傅氏雙鑑樓吳興劉氏嘉業堂及涵芬樓藏。

北齊書
宋蜀大字本，北平國立圖書館藏，闕卷以涵芬樓藏元明遞修本配補。

周書
宋蜀大字本，吳縣潘氏范硯樓及自藏，闕卷以涵芬樓藏元明遞修本配補。

隋書
元大德刊本，闕卷以北平國立圖書館江蘇省立圖書館藏本配補。

南史
元大德刊本，北平國立圖書館及自藏。

北史
元大德刊本，北平國立圖書館及自藏。

舊唐書
宋紹興刊本，常熟鐵琴銅劍樓藏，闕卷以明聞人銓覆宋本配補。

新唐書
北宋嘉祐刊本，日本岩崎氏靜嘉堂文庫藏，闕卷以北平國立圖書館江安傅氏雙鑑樓藏宋本配補。

舊五代史
原輯永樂大典有注本，吳興劉氏嘉業堂刻。

五代史記
宋慶元刊本，江安傅氏雙鑑樓藏。

宋史
元至正刊本，北平國立圖書館藏，闕卷以明成化刊本配補。

遼史
元至正刊本。

金史
元至正刊本，北平國立圖書館藏，闕卷以涵芬樓藏元覆本配補。

元史
明洪武刊本，北平國立圖書館及自藏。

明史
清乾隆武英殿原刊本，附王頌蔚編集考證攟逸。

上開版本之搜求補綴，在彼時實已盡最大之能事。惟今者善本時有發見，前此認為業已失傳者，漸集於一隅，尤以中央圖書館及故宮博物院在抗戰期內，故家遺族，前此秘藏不宣，因播遷而割愛者不在少數；盡量收購，寄存盟邦，以策安全。近年悉數運回，使臺灣成為善本之總匯。百衲本後漢書原據本館前涵芬樓所藏宋紹興本影印，益以北平圖書館及日本靜嘉堂文庫殘本之配備，當時堪稱人間瑰寶；且志在存真，對其中未盡完善之處

一仍其舊。然故宮博物院近藏宋福唐郡庠覆景祐監刊元代修補本及中央圖書館所藏錢大昕手跋北宋刊本與宋慶元間建安劉元起刊本，各有其長處。本館總編輯楊樹人教授特據以覆校百衲本原刊，計修正原板本因配補殘本而致首尾不貫者五處，其中重複者四處，共圈刪衍文三十六字，補足脫漏一處，缺文二字，原板存留墨丁四十六處，補正五十二字。另有顯屬雕刻錯誤者若干字，亦酌為改正。於是宋刊原面目，大致可復舊觀矣。又前漢書原景本闕漏目錄全份，亦據故宮博物院珍藏宋福唐郡庠覆景祐監刊元代修補本補印十有四頁，以成全璧。校書如掃落葉，愈掃愈落，礙難悉數掃清，然多費一番心力，對於鑽研史籍者，定可多一番裨益。區區之意，當為讀者所樂聞，亦可稍慰本館前輩張菊老在天之靈，喜其繼起有人也。

本館衲史原以三十二開本連史紙印製，訂為八百二十冊，流行雖廣，以中經多難，存者無多，臺省尤感缺乏，各國亦多訪購，爰應各方之需求，改訂為十六開大本，縮印二頁為一面，字體較縮本四部叢刊初編為大，用上等印書紙精印精裝，訂為四十一鉅冊，以便檢閱，經重版數次。茲為謀普及，再縮印為二十四開本五十八冊，字體仍甚清晰，而售價不及原印十六開本之半，莘莘學子，多有購置之力，誠不負普及之名矣。付印有日，謹述概要。

中華民國六十五年雙十節王雲五識

六

股東會全體股東獻禮

本公司董事長王岫廬（雲五）先生，學界巨擘，社會棟樑，歷任艱巨，功在國家。一生繫中國文化出版之命脈，惠澤士林。本公司三度罹國難而得復興。咸賴　先生之大力。每次復興，莫不聲光煥發，蔚為奇蹟。民國五十二年冬，　先生退出政壇。次年秋重主本公司，謀慮擘劃，晨夕辛勞，不取分文之酬，而甘之如飴；蓋純出於愛護本公司與宏揚文化之心願。無　先生之犧牲精神與卓越領導，不能有今日之商務書館，已為識者之定評。今歲欣逢　先生八秩華誕，社會同慶。股東會同人本崇功報德之念，群思有以祝賀。　先生謙辭至再至三，當以恭敬不如從命，爰於五十六年股東會議席上全體決議，利用重印之百衲本二十四史，作為　華誕獻禮。要不過體認先生造福文化界之功績，聊表嵩祝悃誠於萬一耳。

中華民國五十六年四月十五日

臺灣商務印書館股份有限公司
股　東　會　全　體　股　東　謹啟

七

周書本紀八列傳四十二合五十篇唐令狐德棻請撰次而詔德棻與陳叔達庾儉成之仁宗時出太清樓本合史館祕閣本文募天下獻書而取夏竦本冀家本下館閣是正其文字其目錄一篇曰周之六帝當四海分裂之時形勢劫束殺狀有志合天下於一而材足以有為者特文帝而已文帝召蘇綽於稠人之中始知之未盡也卧予之言既當其意遂起并書夜諮

《周書目錄》　　十

諏酬酢知其果可以斷安危治亂之謀而詘已以聽之考於書唯府兵之設戮千歲已散之民而係之於兵庶幾得三代之遺意能不駭人視聽以就其事而效見於後世文帝嘗患文章浮薄使綽為大誥以勸而卒能變一時士大夫之制作然則勢在人上而欲鼓舞其下者奚患不成雖然非文帝之智內有以得於已而蘇綽之守外不詘於人則未可必其能然也以彼君臣之相遇非以先王之道而猶且覬覦以誘之言

又況無所待之豪傑可易以畜哉夫以德力行
仁所以為王霸之異而至於詘巳任人則未始
不同然而君能畜巳臣者天下之至難傳曰取人
以身修身以道修道以仁蓋道極於不可知之
神而人有其質堆之為天下國家之用者以其
惟能自愛其身則内不欺其心内不欺其心則
粗爾然非致其精於巳則其粗亦不能以為人
外不䘏於物然後則好惡無所作而尚何有巳哉
能無巳始可以得巳而足以揆天下之理知人
之言而邪正無以厲其實尚何患乎論之不一
哉於是賢能任使之盡其方而吾所省者以天
下之耳目而小人不能託忠以誣君子又從而
為之勸禁則小人怨欲之心巳黜於其際
君子樂以其類進而摩厲其俗凛然有耻君
臣相與謀於上因敝以新法度而令能者馳騖
於下有忠信之守而無傳會遷就之患則法度
有怫於民而下不以情赴上者平蓋虛然後能
受天下之實約然後能操天下之煩垂纓攝袵

俯仰廟堂無為以應萬幾者致其恩而巳矣夫
思之為王者事君臣一也而君之勢則異焉世
獨頌堯舜之無為而安知夫人主自宜無為而
思則不可一日巳也書曰思曰睿揚雄曰於道
則勞其不然歟若夫容善矣非以道作其人
則不能為之守而民之多寡物之豐殺法度有
視時而革者必待人而後謀之是可不致其思
乎苟未能此而徒欲法度之革者則是豈先王為

淫序哉彼區區之周何足以議徒取其能因
一時君臣之致好猶足以見其効又況慨然行
先王之道而得大有為之執乎是固不宜無論
世臣壽臣安國臣希謹昧死上

紀第一

周書一

文帝上

令狐德棻 等撰

太祖文皇帝姓宇文氏諱泰字黑獺代武川人
也其先出自炎帝神農氏為黃帝所滅子孫遯
居朔野有葛烏菟者雄武多籌略鮮卑慕之奉
以為主遂總十二部落世為大人其後曰普回
因狩得玉璽三紐有文曰皇帝璽普回心異之
以為天授其俗謂天曰宇謂君曰文因號宇文
國并以為氏焉普回子莫那自陰山南徙始居
遼西是曰獻侯為魏舅生之國九世至侯豆歸
為慕容晃所滅其子陵仕燕拜駙馬都尉封玄
菟公魏道武將攻中山陵從慕容寶於寶敗
陵率甲騎五百歸魏拜都牧主賜爵安定侯天
興初徙豪傑於代都陵隨例遷武川焉陵生
系系生韜韜以武略稱韜生肱肱任俠有氣幹正
光末沃野鎮人破六汗拔陵作亂遠近多應之
其偽署王衛可孤徒党黑最盛肱乃糾合鄉里斬

可孤其衆乃散後避地中山遂陷於鮮于脩禮
脩禮令肱還統其部衆後為定州軍所破殞於
陳武成初追尊曰德皇帝太祖德皇帝之少子
也母曰王氏孕五月夜夢抱子昇天纔不至而
止寤而告德皇帝德皇帝喜曰雖不至天貴亦
極矣生而有黑氣如蓋下覆其身及長身長八
尺方顙廣額美鬚髯髮長委地垂手過膝背有
黑子宛轉若龍盤之形面有紫光人望而敬畏
之少有大度不事家人生業輕財好施以交結
賢士大夫少隨德皇帝在鮮于脩禮軍及葛榮
殺脩禮太祖時年十八榮遂任以將帥太祖知
榮無成與諸兄謀欲逃計未行會爾朱榮擒
葛榮定河北太祖隨例遷晉陽榮以太祖兄弟
雄傑懼或異已遂託以他罪誅太祖第三兄洛
生復欲害太祖太祖自理家冤辭旨慷慨榮感
而免之益加敬待孝昌二年燕州亂太祖始以
統軍從榮征之先是北海王顥奔梁梁人立為
魏主令率兵入洛魏孝莊帝出居河內以避之

從數騎於野忽聞簫鼓之音以問從人皆云莫
之聞也普泰二年爾朱天光東拒齊神武留弟
顯壽鎮長安秦州刺史侯莫陳悅為天光所召
將軍衆東下岳知天光必敗欲留悅共圖顯壽
而計无所出太祖謂岳曰今天光尚邇悅未有
二心若以此事告之恐其驚懼鈇悅雖為主將不
能制物若先說其衆必人有留心進失爾朱之
期退恐人情變動乘此說悅事无不遂岳大
喜即令太祖入悅軍說之悅遂不行乃相率襲

喜曰早值宇文使君豈從逆亂太祖嘗
隴寇亂百姓凋殘太祖撫以恩信民甚悅服咸
大夫增邑三百戶加直閤將軍原州事時關
醜奴定隴右太祖功居多遷征西將軍金紫光祿
祖遂從岳入關先鋒破偽行臺尉遲菩薩等及平
亂關右孝莊帝遣爾朱天光及岳等討之太
邑三百戶遷鎮遠將軍步兵校尉万俟醜奴作
舊乃以別將從岳及孝莊帝及正以功封當塗子
榮遣賀拔岳討顯仍迎孝莊帝太祖與岳有

人臣也逆謀所以未發者懼公兄弟耳然凡欲立
大功匡社稷未有不因地勢揔英雄而能克成
者也侯莫陳悅本實庸材遭逢際會遂叨任
委既无憂國之心亦不爲高歡所忌但爲之備
圖之不難今費也頭控弦之騎不下萬夏州
刺史斛拔彌俄突勝兵之士三千餘人及靈州
刺史曹泥並恃其僻遠常懷異望今若移軍近
豆陵伊利等戶口富實未奉朝風河西流民紇
隴扼其要害示之以威服之以德即可收其士

長安令太祖輕騎為前鋒太祖策馬顯壽怯懦聞
諸軍將至必當東走恐其遠遁乃倍道兼行
顯壽果已東走至華山擒之太昌元年岳為
關西大行臺以太祖為左丞領岳府司馬加散騎
常侍事无巨細皆委太祖為齊神武既破爾朱遂
專朝政太祖請往觀之既至并州齊神武問岳
軍事太祖口對雄辯齊神武以為非常人欲留
之太祖詭陳忠欵乃得反命遂星言就道齊神
武果遣追之至關不及太祖還謂岳曰高歡非

馬以實呂五軍西輯氏羌比撫沙塞還軍長安匡輔魏室此桓文舉也岳大悅復遣太祖詣闕請事密陳其狀魏帝深納之加太祖武衛將軍還令報岳遂引軍西次平涼謀於其衆曰夏州隣接寇賊須加綏撫得良刺史以鎮之衆皆曰宇文左丞即其人也岳曰左丞吾之左右手也如何可廢沈吟累日乃從衆議於是表太祖為使持節武衛將軍夏州刺史太祖至州伊利望風欵附而曹泥猶通使於齊神武魏永熙三

年春正月岳欲討曹泥遣都督趙貴至夏州與太祖計事太祖曰曹泥孤城阻遠未足為憂侯莫陳悅怙衆密邇貪而無信必將為患願早圖之岳不聽遂與悅俱討泥二月至于河曲岳果為悅所害其士衆散還平涼唯大都督趙貴率部曲收岳屍還營於是三軍未有所屬諸將以都督寇洛年最長相與推洛以摠兵事洛素无雄略威令不行乃謂諸將曰洛智能本關不宜統御近者迫於羣議推相攝領今請避位更擇賢材於是趙貴言於衆曰元帥忠公盡節暴於朝野動業未就奄罹凶酷豈唯國喪良宰固亦衆无所依必欲糾合同盟復讐雪恥雖欲立賢者揔統諸軍舉非其人則大事難濟須得忠義冠時遠邇歸心之即大事集矣諸將皆稱善乃命赫連達馳至夏州告太祖曰侯莫陳悅不顧恩義今命加以法令齊肅賞罰嚴明真足恃也賊害忠良羣情憤惋控告无所公昔居管轄恩信著聞今無小無大咸願推奉衆也願勿稽留以慰衆望也太祖將赴之夏州吏民咸泣請曰聞公將赴之夏州去平涼不遠若已有賀拔公之衆則圖之實難願且停以觀其衆太祖曰悅既害元帥自應乘勢直據平涼而反趑趄屯兵水洛吾知其无能為也難得易失者時也不俟終日者幾也今不早赴將恐衆心自離都督彌姐元進規欲應悅密圖太祖

事發斬之太祖乃率帳下輕騎馳赴平涼時齊
神武遣長史侯景招引岳衆岳至安定遇之
謂景曰賀拔公雖死汝宇文讅尚存卿何為也景
失色對曰我猶前耳隨人所射安能自裁景於
此即還太祖至平涼哭岳甚慟且悲且喜
曰宇文公至無所憂矣于時魏孝武帝將圖齊
神武聞岳被害遣武衛將軍元毗宣旨慰勞追
岳軍還洛陽毗到平涼會諸將已推太祖侯莫
陳悅亦被勅追還悅既附齊神武不肯應召太

【周書紀一】　七　沈榮

祖謂諸將曰侯莫陳悅枉害忠良復不應詔命
此國之大賊豈可容之乃命諸軍戒嚴將以討
悅及元毗還太祖表於魏帝曰臣前以故關西
大都督岳竭誠奉國橫罹非命三軍喪氣朝
野痛惜都督寇洛等銜茹感志雪雠耻以臣
昔同幕府苦賜要結臣便以今月十四日輕來
赴軍當發之時已有別表既為衆情所逼權掌
兵事詔召岳軍入京此乃為國良策但高歡之
衆已至河東侯莫陳悅猶在永洛在此軍士多

是關西之人皆戀鄉邑不願東下今逼以上命
悉令赴關悅躞其後歡邀甚前首尾受敵其勢
危矣臣殞身王事誠所甘心恐敗國殄人所損
更大乞少停緩更思後圖徐事誘導漸就東引
太祖志在討悅而未測朝旨且兵衆未集假此
賀拔岳譽於河曲有軍吏獨行忽見一老翁鬚
眉皓素謂之曰賀拔岳雖復據有此衆然終無
所成當有一宇文家從東北來後必大盛言訖

【周書紀一】　八

為詞因與元毗及諸將刑牲盟誓言同獎王室初
不見此吏恒與所親言之至是方驗魏帝詔太
祖曰賀拔岳既殞士衆未有所歸卿可為大都
督即相統領知欲漸就東下良不可言今亦徵
侯莫陳悅士馬入京若其不來朕當親自致罰
宜體此意不過淹留太祖又表曰侯莫陳悅遠
天逆理酷害良臣以專戮罪重不恭詔命阻
兵永洛彊埸隴臣尖宥既班忍抑私憾頻
問悅及都督可朱渾元等歸闕早晚而悅並維
縶使人不聽反報觀此指趣勢必異圖臣正為

此未敢自彼兼順衆情乞少傅緩太祖乃與悦
書責之曰頃者正光之末天下沸騰塵飛河朔
霧塞荊污故將軍賀拔公攘袂勃起志寧寓縣於
授戈南指拯皇靈於已墜擁旄西邁濟百姓於
淪胥西顧無憂疆繁公是賴勳茂賞隆遂征關右
此乃行路所知不籍一二談也君實名微行薄
本无遠圖軍故將軍降遷高之志篤彙征之理乃
申啓朝廷薦君爲隴右行臺朝議以君功名關
然朱之許也遂頻頻請謁至於再三天子難違

上將便相聽許是亦遲遁共知不復煩之翰墨
縱使木石爲心猶當知感況在生靈安能無愧
加以王室多故高氏專權主上虛心寄隆晉鄭
首已發協黨國賊共危本朝孤恩負誓有靦面
君復與故將軍同受密旨屢結盟約期於畢力
共臣時難而貌恭心很妬勝嫉賢口血未乾七
目豈不上畏於天下慙於地吾以弱才猥當藩
牧蒙朝廷拔擢之恩荷故將軍國士之遇聞問
之日魂守驚駭便馳陳啓天朝暫來奔赴衆情所

推遂當我重比有勅旨召吾還關亦有別詔令
君入朝雖操行無聞而年齒已宿今日進退唯
君是視君若督率所部自山隴東邁吾亦揔勒
師徒北道還關共追廉藺之迹同慕寇賈之風
如其首鼠兩端不時奉詔專戮違言國有常刑
枕戈坐甲指日相見幸圖利害無貽噬臍悦既
懼太祖謀已詐爲詔書與秦州刺史万俟普撥
令與悦爲黨援普撥疑之封詔以呈太祖太祖
表之曰臣自奉詔揔平涼之師責重憂深不遑

啓處訓兵秣馬唯思竭力前以人戀本土俟莫
陳悦窺窬進退量度宜佳此今若召悦授以
內官臣列姉東轘匪朝伊夕朝廷若以悦堪爲
邊扞乞處以瓜涼一藩不然則終致猜虞於事
無益初原州刺史史歸爲岳所親任河曲之變反
爲悦守悦遣其黨王伯和等次安將兵二千人
助歸鎮原州太祖遣都督侯莫陳崇率輕騎一
千襲歸擒之幷獲次安伯和送於平涼太祖
表崇行原州事万俟普撥又遣其將叱干保洛

領二千騎來從軍三月太祖進軍至原州衆軍
悉集諭以討悅之意士卒莫不懷憤太祖乃表
曰臣聞誓死酬恩覆宗報主人倫所急赴蹈如
歸自大都督臣岳歿後臣頻奉詔還關隴馬戒
途志示候且直以督巳下咸稱賀拔公視我
如子今雖耻未報亦何面目以處世間若得一
雪寃酣萬死无恨且悅外附彊臣內違朝旨臣
今上思逐惡之志下遂節士之心冀伏天威爲
國除害小達大順實在茲辰克定之後伏待斧

鈇夏四月引兵上隴留兄子導爲都督鎮原州
太祖軍令嚴肅秋豪无犯百姓大悅識者知其
有成軍出木峽關大兩雪平地二尺太祖知悅
怯而多猜乃倍道兼行出其不意悅果疑其左
右有異志者左右亦不安衆遂離之悅大軍且
至退保略陽留一萬餘人據守永洛太祖至永
洛命圍之城降太祖即率輕騎數百趣略陽以
臨悅軍悅大懼乃召其卽將議之皆曰此鋒不
可當勸悅退保上邽以避之時南秦州刺史李

弼亦在悅軍乃間道遣使謂讚爲內應其夜悅出
軍軍中自驚潰將卒或相率來降太祖縱兵奮
擊大破之虜獲萬餘人馬八千疋悅與其子弟
及麾下數十騎遁走太祖曰悅本與曹泥應接
不過走向靈州乃令原州都督導邀其前都督
賀拔頴等追其後遂至牽屯山追及悅斬之太
祖入上邽收悅府庫財物山積皆以賞士卒毫
釐无所取左右竊一銀鏤甕以歸太祖知而罪
之即剖賜將士衆大悅時原州刺史李叔仁爲

其民所執舉州騷擾宕昌羌梁企定引吐谷渾
寇金城渭州及南秦州至羌連結所在蜂起南
岐至于瓜郡跨州據郡者不可勝數太祖乃令
李弼鎮原州夏州刺史拔也惡蛭鎮南秦州渭
州刺史可朱渾元還鎮渭州擒將軍趙貴行秦
州事徵幽涇東秦岐四州粟以給軍承神武聞
秦隴克捷乃遣使於太祖甘言厚禮深相倚結
太祖拒之而不納時齊神武已有異志故魏帝深
伏太祖乃徵二千騎鎮東雍州助爲聲援仍令

太祖稍引軍而東太祖乃遣大都督梁御率步
騎五千鎮河渭合口為圖河東之計太祖之討
悅也悅遣使請援於齊神武神武使其都督韓
軌將兵一萬據蒲坂而雍州刺史賈顯送與
軌請兵入關太祖因梁御之東乃遣召顯
赴軍御遂入雍州魏帝遣著作郎姚幼瑜持節
勞軍進太祖侍中驃騎大將軍開府儀同三司
於是以寇洛為涇州刺史李弼為秦州刺史前
關西大都督略陽縣公承制封拜使持節如故
遣徵兵太祖乃令前秦州刺史駱超為大都督
輕騎龍襲擒之待伯自殺時魏帝方圖齊神武又
略陽郡守張獻為南岐州刺史盧待伯拒代遣

大行臺餘官封如故太祖乃傳檄方鎮曰蓋聞
率輕騎二千赴洛乃傳檄方鎮關西
遣徵兵太祖乃令前秦州刺史駱超為大都督
陰陽遞用盛衰相襲苟當百六之間三五之家
創歷陶鑄蒼生保安四海仁育萬物運距孝
昌北涂厦起隴異騷動撓河狼顧雖霒命重啓
蕩定有期而乘釁之徒因生羽翼賊臣高歡器

識庸下出自興皂罕聞禮義直以一介應大效
力戎行覦冒恩私遂階榮寵不能竭誠盡節專
挾姦回乃勸爾朱榮行篡逆及榮以專政伏
誅世隆以凶堂外叛歡苦相勉勉令取京師又
勸吐萬見為弒虐斬之令天下假推
遂將篡弒以人望未改恐鼎鑊交及乃求宗室
晉泰欲竊威權並發斥害豈是稱兵
河北假討爾朱亞通表奏云取讒敗既行廢黜
權允人心天方與魏必將有主姻戴聖明誠非

歡力而歡阻兵安忍自以為功廣布腹心跨州
連郡端揆非親當皆行貪虐竊生人
而舊將名臣正人直士橫生瘡痏動挂網羅故
武衛將軍伊琳清貞剛毅斃於旅收屬直閣將軍
鮮于康仁忠亮驍傑爪牙斯在歡收而殺之曾无
聞奏司空高乾是其黨與每相影響遣諜危社稷
但以姦志未從恐先洩漏乃密白朝珽使殺高
乾方哭對其弟稱天子橫殺孫騰住詳歡之心
矯立使人居樞近伺國聞陳知歡逆謀將發相

繼逃歸歡益加撫待亦無死陳白然歡入洛之始
本有姦謀令親人蔡攜作牧河濟厚相恩贍以
為東道主故關西大都督清水公賀拔岳勳
德隆重興亡收寄歡好亂樂禍深相忌毒乃
與侯莫陳悅陰圖陷害幕府以受律專征便
即討戮歡知逆狀巳露稍懷旅距遂遣蔡攜拒
代令實泰佐之又遣侯莫等云向白馬輔韓軌
等徑趣（石濟高隆之）至妾昭等茲大寶黼黻可盈
之徒擁衆蒲坂於是上書天子數論得失誓毀

乘輿威侮朝廷籍此徵庸異茲大寶黼黻可盈
禍心不測或言徑赴荊楚開疆於外或言分詣
伊洛取彼讒人或言欲來入關與幕府決戰今
聖明御運天下清夷百姓師師四隩來暨人盡
忠良誰為君側而歡威福自已生是亂階緝構
南箕指鹿為馬包藏凶逆伺我神器是而可忍
孰不可容幕府折衝宇宙親當受脤銳師百萬
殼騎千羣裹粮坐甲唯敵是侯義之所在麋軀
匪惟況頻有詔書班召天下稱歡逆亂徵兵致

伐今便分命將帥應機進討戒趣其要害或龍襄
其窟宅電繞蛇擊霧合星羅而歡達貞天地毒
被人兜乘此掃蕩易同附拾歡若渡河稍逼宗
廟則分命諸將直取并州幕府躬自東轅電道
赴伊洛若固其巢穴末敢發動亦命群帥電道
俱前輳裂賊臣以謝天下其州鎮郡縣率土人
黎或輕鄉冠見或勳庸世濟並宜捨逆歸順立
效軍門封賞之科已有別格凡百君子可不勉
竅太祖門謂諸將曰高歡雖智不足而詐有餘今

聲言欲西其意在入洛吾欲令寇洛率馬步萬
餘自涇州東引王羅率甲士二萬先據華州歡
若西來王羅足得抗拒如其入洛寇洛即龍襄汾
晉五吾便速駕直赴京邑便其進有內顧之憂退
有被躡之勢一興大定此為上策衆咸稱善秋
七月太祖師衆發自高平前軍至於弘農而齊
神武稍逼京邑魏帝親揔六軍屯於河橋令左
衛元斌之領軍斛斯椿鎮武牢遣使告太祖太
祖謂左右曰高歡數日行八九百里曉兵者所

忌正須乘便擊之而主上以萬乘之重不能
決戰方緣津據守且長河萬里扞禦為難若一
處得度大事去矣即以大都督趙貴為別道
行臺自蒲坂濟趣并州遣大都督李賢將精騎
一千赴洛陽會斌之與斛斯椿爭權不協斌之遂
棄椿還紹帝云高歡五至七月丁未帝遂從洛
陽率輕騎入關太祖備儀衞奉迎謁見東陽驛
太祖免冠泣涕謝曰臣不能式過寇虐遂使乘
輿〔一〕遷幸請拘司敗以正刑書帝曰公之忠節曒

【周書紀一】 十七

於朝野朕以不德負乘致寇今日相見深用厚
顏責在朕躬无勞謝也乃奉帝都長安披草
萊立朝廷軍國之政咸取太祖決焉仍加授大
將軍雍州刺史兼尚書令進封略陽郡公別置
二尚書隨機處分解尚書僕射餘如故太祖固
讓詔敦諭乃受初魏帝在洛陽許以馮翊長公
主配太祖未及結納而帝西遷至是詔太祖尚
之拜駙馬都尉八月齊神武襲陷潼關侵華陰
太祖率諸軍屯霸上以待之齊神武留其將薛

謹守關而退太祖乃進軍討瑾虜其卒七千還
長安進位丞相冬十月齊神武推魏清河王亶
子善見為主徙都於鄴是為東魏十一月遣儀
同李諱與李弼趙貴等討曹泥於靈州諱引河
灌之明年泥降遷其豪帥于咸陽閏十二月魏
孝武帝崩太祖與羣公定策尊立魏南陽王寶
炬為嗣是為文皇帝

紀第一

周書一

周書紀一 十八

文帝下

令狐　德棻　等撰

周書紀二　一

魏大統元年春正月己酉進太祖督中外諸
軍事錄尚書事大行臺改封安定郡王太祖固
讓王及錄尚書事魏帝許之乃改封安定郡公
東魏遣其將司馬子如寇潼關太祖軍霸上子
如乃回軍自蒲津寇華州刺史王羆擊走之三
月太祖以戎役屢興民吏勞弊乃命所司斟酌
今古參考變通可以益國利民便時適治者為
二十四條新制奏魏帝行之
二年春三月東魏襲陷夏州留其將張瓊許和
守之夏五月泰州刺史万俟普撥率所
部叛入東魏太祖勒輕騎追之至河北千餘里
及而還
三年春正月東魏冠龍門屯軍蒲坂造三道浮
橋度河又遣其將竇泰趣潼關高敖曹圍洛
州太祖出軍廣陽召諸將曰賊令掎吾三面又

周書紀二　二　沈英

造橋於河示必欲渡是欲緩吾軍使竇泰得西
入耳久與相持其計得行非良策也且歡起兵
以來竇泰每為先驅其下多銳卒屢勝而驕今出
其不意襲之必克克泰則歡不戰而自走矣諸
將咸曰賊在近捨而遠襲事若蹉跌悔無及也
太祖曰歡前再襲潼關吾軍不過霸上今者
來兵未出郊賊謂吾但自守耳无遠闘意又
狃於得志有輕我之心乘此擊之何往不克賊雖
造橋未能徑渡比五日中吾取竇泰必矣公等勿
疑庚戌太祖率騎六千還長安聲言欲保龍右辛
亥謁帝而潛出軍癸丑旦至小關竇泰卒聞軍
至惶懼依山為陣未及成列太祖縱兵擊破之盡
俘其眾萬餘人斬泰傳首長安高敖曹適陷
洛州執刺史泉企聞泰之歿焚輜重棄城走齊
神武亦撤橋而退企子元禮尋復洛州斬東魏
刺史杜密太祖還軍長安六月遣儀同于謹取楊
氏壁太祖請罷行臺帝復申前命太祖受錄尚
書事餘固讓乃止秋七月徵兵會咸陽八月丁丑

太祖率李弼獨孤信梁御趙貴于謹若干惠怡
峯劉亮王德侯莫陳崇李遠達奚武等十二
將東伐至潼關太祖乃誓於師曰與爾戎事无貪
天威誅暴亂惟爾士整爾甲兵戒爾戈
財以輕敵无暴民以作威用命則有賞不用命則
有戮爾衆士其勉之遂引軍前徇地至盤豆
東魏將高叔禮守柵不下謹急攻之乃降獲其戎
卒二千送叔禮于長安戊子時連雨太祖乃命諸軍
陝州刺史李徽伯拒守于弘農辰東魏將高干

■周書紀第二

三

何建

冒雨攻之庚寅城潰斬徽伯虜其戰士六千高干
走度河令賀拔勝掎擒之並送長安於是宜陽邵
郡皆來歸附先是河南豪傑多聚兵應東魏
至是各率所部來降神武懼率衆十萬出壺
口趨蒲坂將自后土濟又遣其將高敖曹以三萬人出
河南是歲關中飢太祖旣平弘農因館穀五十餘
日時戰士不滿萬人聞齊神武將度乃引軍入關
齊神武遂度河逼華州刺史王羆嚴守知不可
攻乃涉洛軍於許原西太祖據渭南徵諸州兵

皆會乃召諸將謂之曰高歡越山度河遠來至
此天亡之時也吾欲擊之何如諸將咸以衆寡不敵
請待更西以觀其勢太祖曰歡若得至咸陽人
情轉騷擾今及其新至便可擊之即造浮橋於
渭令軍人齎三日粮輕騎度渭輜重自渭南夾渭
而西冬十月壬辰至沙苑距齊神武軍六十餘里齊
神武聞太祖至引軍來會癸巳旦候騎告齊神
武軍且至太祖召諸將謀之李弼曰彼衆我寡不
可平地置陣此東十里有渭曲可先據以待之遂

■周書紀第二

四

何建

進軍至渭曲背水東西為陣李弼為右拒趙貴
為左拒命將士皆偃戈於葭蘆中聞鼓聲而起
申時齊神武至望太祖軍少競馳而進不為行列
惣萃於左軍兵將交太祖鳴鼓士皆奮起于謹等
六軍與之合戰李弼等率鐵騎橫擊之絕其軍
為二隊大破之斬六千餘級臨陣降者二萬餘人齊
神武夜遁追至河上復大克獲其輜重兵卒七
萬留其甲士二萬餘悉縱歸收其輜重兵甲獻
俘長安還軍渭南於是所徵諸州兵始至乃於

戰所准當時兵夫人種樹株以雄武功進太祖柱
國大將軍增邑并前五千戶李弼等十二將亦進
爵增邑并其下將賚各有差遣左僕射馮翊
王元季海為行臺與開府獨孤信率步騎二萬
向洛陽洛州刺史賀拔勝趙荊州賀拔勝李弼度河
圍蒲坂牙門將高子信開門納勝軍東魏將薛
崇禮弃城走勝等追獲之太祖進軍蒲坂略定
汾絳於是許和殺張瓊以夏州降初大祖自弘農
入關後東魏將高敖曹圍弘農聞其軍敗退守

周書紀二　五　陶

洛陽獨孤信至新安敖曹復走度河信遂入洛
陽東魏潁川長史賀若統與密縣人張儉執刺史
田迅舉城降滎陽鄭榮業鄭偉等攻梁州擒其
刺史鹿永吉清河人崔彥穆檀琛攻滎陽擒其郡
守蘇宿皆來附自梁陳巳西刺史降者相屬於
是東魏將堯雄趙育是云寶出潁川欲復降地
太祖遣儀同宇文貴梁遷等逆擊大破之趙育
來降東魏復遣將任祥率河南兵與雄合儀同
怡峯與貴遷等復擊破之又遣都督韋孝寬

取豫州是云寶殺其來楊州刺史郲椿以州來附
四年春三月太祖率諸將入朝禮畢還華州七月東
魏遣其將侯景庫狄干高敖曹韓軌可朱渾元
莫多婁貸文等圍獨孤信於洛陽拜圍陵會信被圍詔太祖
後先是魏帝將幸洛陽會信被圍詔太祖
率軍救信魏帝亦東臨陝八月庚寅太祖至穀城莫多
妻貸文可朱渾元來逆臨陣斬貸文元單騎道
免來虜其衆送弘農遂進軍瀍東是夕魏帝幸
太祖營於是京等夜解圍去及旦太祖率輕騎追
之至于河上京等北據河橋南屬邙山為陣與諸
軍合戰太祖馬中流矢驚逸遂失所之因此軍中
擾亂都督李穆下馬授太祖軍以復振於是大捷
斬高敖曹及其儀同李猛西兗州刺史宋顯等虜
其甲士一萬五千赴河死者以萬數是日置陣旣大
首尾懸遠從旦至未戰數十合氛霧四塞莫能相
知獨孤信本千遠居右趙貴怡峯居左戰亚不利又
未知魏帝及太祖所在皆弃其卒先歸開府李譚
念賢等為後軍遇信等退即與俱還曹走乃班

周書紀二　六　陳宣

師洛陽亦失守大軍至弘農守將皆已弃城西走

所虜降卒在弘農者因相與開門拒守進攻拔

之誅其甦首數百人大軍之東代世關中留守兵少

而前後所虜東魏士卒皆散在民間乃謀為亂及

李謹等至長安討無所出乃與公卿輔魏太子出

次渭北關中大震恐百姓相剽劫於是沙苑所俘軍

人趙青雀雍州民于伏德等遂及青雀據長安

子城伏德保咸陽與太守慕容思慶各收降卒

以拒遷師長安大城民皆相率拒青雀每日接戰

魏帝留止閿鄉遣太祖討之長安父老見太祖至

悲且喜曰不意今日復得見公士女咸相慶賀華州

刺史道率軍龍襲咸陽斬思慶擒伏德南度渭與

祖會攻青雀破之大傅梁景睿先以疾留長安

遂與青雀通謀至是亦伏誅關中於是乃定長安

帝還長安太祖復屯華州冬十月東魏將侯景弃

陝廣州十二月是云寶與洛陽東魏將高安弃

城走都督趙剛攻廣州拔之自襄廣以西城鎮

復內屬蜀

五年冬大閱於華陰

六年春東魏將侯景出三鵐將侵荊州太祖遣開

府李弼獨孤信復率騎五千出武關景乃退還

夏茹茹度河至夏州太祖召諸軍屯沙苑以備之

七年春三月癸酉胡師夏州刺史劉平伏據上郡叛

遣開府于謹討平之冬十一月太祖奉行十二條制恐

百官不勠於職事又下令申明之

八年夏四月大會諸軍於馬牧冬十月齊神武侵汾

絳圍玉壁太祖出軍蒲坂將擊之軍至皂萊齊神

武退太祖度汾追之遂適去十二月魏帝狩於華

陰大饗將士太祖率諸將朝於行在所

九年春東魏北豫州刺史高仲密舉州來附太祖

師迎之令開府李遠為前軍至洛陽太祖遣開府

千謹攻栢谷塢拔之三月齊神武至河北太祖還軍

瀍上以引之齊神武果度河據邙山為陣不進者

數日太祖留輜重於瀍曲士皆衘枚夜登邙山未

明擊之齊神武罷騎為賀拔勝所逐僅而獲

免太祖率右軍若干惠等大破齊神武軍悉虜

其步卒趙貴等五將軍居左戰不利齊神武軍
復合太祖又不利夜乃引還既入關屯渭上齊神
武進至陝開府達奚武等率軍禦之乃退太祖
以邙山之戰諸將失律士表請自貶魏帝報曰公膺
期作宰義高且合伏鈇專征舉無遺筭朕所以
垂拱九載實資元輔之力俾九服寧謐誠賴翊贊
之功今大惡未殄而以諸將失律便欲自貶深虧體
國之誠宜抑此謙光恤予一人於是廣募關隴豪
右以增軍旅冬十月大閱於櫟陽還屯華州

十年夏五月太祖入朝秋七月魏帝以太祖前後所
上二十四條及十二條新制方為中興未式乃命尚
書蘇綽更損益之為五卷班於天下於是搜
簡賢才以為牧守令長皆依新制而遣焉數年
之間百姓便之冬十月大閱於白水
十一年春三月令曰古之帝王所以建諸侯立首
官者非欲富貴其身而尊榮之蓋以天下至廣
非一人所能獨治是以博訪賢才助己為治若其
知賢也則以禮命之其人聞命之日則懔然曰凡受

人之事任人之勞何捨已而從又自勉曰天生倧
士所以利時彼人主者欲與我為治安可辭於是
降心而受命及居官也則晝不甘食夜不甘寢思
所以上匡人主下安百姓不遑恤其私而憂其家故
妻子或有饑寒之獎而不以為惠也於是人主賜之俸
祿尊之以軒冕而不以為賜賢臣者誠能以
為德也位不虛加祿不妄與亦不以
此道授官為人臣者誠能以此情受位則天下之
大可不言而治矣昔堯舜之為君稷契之為臣

用此道也及後世衰微此道遂廢乃以官職為私
恩爵祿為榮惠人君之命官也親則授之愛則
任之人臣之受位也可以尊身而潤屋者則迂道
而求之損身而利物者則巧言而辭之於是至公
之道沒而姦詐之萌生天下不治正為此矣令聖王
中興思去澆偽諸在朝之君當念職事之艱難
負闕之招累夙夜兢兢如臨深復薄干堪者則
審已而當之不堪者則收短而避之使天官不妄
加王爵不虛授則淳素之風庶幾可及冬十月大

十二年春涼州刺史宇文仲和據州及瓜州民張保

害刺史成慶以州應仲和太祖遣開府獨孤信討

之東魏遣其將侯景侵襄州太祖遣開府若干

惠率輕騎擊之至穰景遁去夏五月獨孤信平

涼州擒仲和遷其民六千餘家於長安瓜州都督

令狐延起義誅張保瓜州平七月太祖大會諸軍於

咸陽九月齊神武攻圍玉壁大都督韋孝寬力戰

拒守齊神武圍六旬不能下其士卒死者什二三

周書紀二 〔十一〕

會齊神武有疾燒營而退

十三年春正月茹茹寇高平至于方城是月齊神

武薨其子澄嗣是為文襄帝與其河南大行臺

侯景有隙景不自安遣使請舉河南六州來附

齊文襄遣其將韓軌庫狄干等圍景於潁川三

月太祖遣開府李弼率軍援之軌等遁去景請

留收輯河南遂徙鎮豫州於是遣開府王思政

據潁川彌引軍還秋七月侯景密圖附梁太祖知

其謀悉追還前後所配景將士景懼遂叛冬太

祖奉魏帝西狩于岐陽

十四年春魏帝詔封太祖長子毓為寧都郡公食

邑三千戶初太祖以平元顥納孝莊帝之功封寧都

縣子至是改縣為郡而以封毓用彰勤王之始也夏

五月進授太祖太師太祖奉魏太子巡撫西境自新

平出安定登隴刻石紀事下安陽至原州歷長

城大狩將東趣五原至蒲川聞魏帝不豫遂還高

至帝疾已愈然於是還華州是歲東魏圍其將王思

岳慕容紹宗劉豐生等率眾十餘萬圍王思

周書紀第二 〔十二〕

政於潁川

十五年春太祖遣大將軍趙貴帥軍至穰兼督東

南諸州兵以援思政高岳起堰洧水以灌城首潁

川以北皆為陂澤救兵不得至夏六月潁川陷初侯

景自豫州附梁後遂渡江建業梁司州刺史

柳仲禮以本朝有難帥兵援之梁竟陵郡守孫昌

舉郡來附太祖使大都督符貴往鎮之及景克建

業仲禮還司州率眾冠昌以郡叛太祖大怒冬

十一月遣開府楊忠率兵與行臺僕射長孫儉討

之攻克郡忠進圍仲禮長史馬岫於安陸是歲盜

殺齊文襄於鄴其六弟洋討賊擒之仍嗣其事是為

文宣帝

六年春正月柳仲禮率衆來援安陸楊忠逆擊

於溳頭大破之擒仲禮來虜其衆馬岫以城降三月

魏帝封太祖第三子震為武邑公邑二千戶先是

梁雍州刺史岳陽王詧與其叔父荊州刺史湘東

王繹不睦乃稱藩來附遣其世子嶚為質及楊

忠擒仲禮繹懼復道其子方平來朝夏五月齊

周書紀第二　十三　佑

文宣廢其主元善見而自立秋七月太祖率諸軍

東代拜章武公道立為大將軍摠督留守諸軍

事屯涇氏以鎮關中九月丁巳軍出長安時連兩

自秋及冬諸軍軍馬驢多死遂於弘農北造橋濟

河自蒲坂還於是河南自洛陽河北自平陽以東

遂入於齊矣

十七年春三月魏文帝崩皇太子嗣位太祖以冢

宰摠百揆梁邵陵王蕭綸侵安陸大將軍楊忠

討擒之冬十月太祖遣大將軍王雄出子午伐津

魏興大將軍達奚武出散關代南鄭

魏廢帝元年春王雄平上津魏興以其地置東梁

州夏四月達奚武圍南鄭月餘梁州刺史宜豐

侯蕭循以州降武乃旋還長安秋八月東梁州民

叛率衆圍州城太祖復遣王雄討之侯景之克建

業也還本梁武帝為主居數旬梁武憤憲薨

景文立其子綱尋而廢綱自立歲餘為元帝

擒之遣其景彥來告仍嗣位於江陵是為元帝

二年春魏帝詔太祖去丞相大行臺為都督中外

諸軍事二月東梁州平遷其豪帥於雍州三月

太祖遣大將軍魏安公尉遲迥率衆代梁武陵

王蕭紀於蜀夏四月太祖勒銳騎三萬西踰隴度

金城河至姑臧谷渾震懼道使獻其方物五月

蕭紀開潼州刺史楊乾運以州降引迥軍京成都秋七

月太祖自姑臧至于長安八月克成都劍南平冬十

月宕昌旦元烈謀作亂事發伏誅

三年春正月始作九命之典以敘內外官爵以第一

品為九命第九品為一命改流外品為九秩亦以九

周書紀第二　十四　史

為上又改置州郡及縣改東雍

州南雍雍為蔡州華州為鄳州東

為隴州南秦為成州北秦為同州北華為宣

南荊為昌州東夏為延州南夏為長州東梁

為金州南梁為隆州北梁為⋯州南夏為汾州東梁

汾為勳州汾州為隆州南幽為寧州南梁

南洛為上州汾州廣為涪州⋯⋯為汾州為甘

州西郢為鴻州西益為利州⋯寧州為鳳州

州恒州為玙州沙州為深州⋯麓州義州為

巖州新州為溫州江州為沔州⋯為眉州凡改州四十六置州

為始州并州為隨州肆州為墥州冀州為順州

淮州為純州揚州為頴州同州為憲州南平為

淮安王育廣平王蕐等並海諫⋯帝不聽於是太

祖與公卿定議廢帝尊立齊王廓是為恭帝

魏恭帝元年夏四月帝大饗群古魏史柳虯執簡

書於朝曰廢帝文皇帝之嗣子⋯七歲文皇帝託

於安定公曰是子才由于公不才亦由于公宣勉之

公既受玆重寄居元輔之任又納女為皇后遂不

能訓誨有成致令廢黜貞文皇帝付屬蜀之意此

咎非安定公而誰太祖乃令大常盧辯作生諭公

卿曰嗚呼我舉后暨士維文皇帝以禕褓之嗣

託於子訓之誨之庶厥有成而維文皇帝之志嗚呼

庸詎平廢隊我文皇帝之顏其惟今厚

避子實知之短爾眾人之心哉豐子之顏其惟今厚

將恐來世以予為已實乙亥詔封太祖子諱為輔

城公憲為安城公邑各二千戶茹茹乙旃達官寇廣

武五月遣柱國趙貴追擊之斬首數千級收其輜

重而還秋七月太祖西狩至於原州梁元帝遣使

請據舊圖以定疆界弁連結於齊三蕭繹之謂太

祖曰古人有言天之所弃誰能興之其蕭繹悖慢太

平冬十月壬戌遣柱國于謹中山公護大將軍楊忠

韋孝寬等步騎五萬討之十月癸未師濟於漢

中山公護與楊忠率銳騎先屯其城下據江津以

備其逸景申謹至江陵列營圍守辛亥進攻城其

日克之擒梁元帝殺之并虜其百官及士民以歸
没為奴婢者十餘萬其免者二百餘家立蕭詧為
梁主居江陵為魏附庸梁將王僧辯陳霸先於
丹陽立梁元帝第九子方智為主魏氏之初統
國三十六大姓九十九後次功者絕滅至是以諸將
功高者為三十六國後次功者為九十九姓後
所統軍人亦改從其姓
二年梁廣州刺史王琳冠邊冬十月遣大將軍
豆盧寧帥師討之
三年春正月丁丑初行周禮建六官以太祖為太
師大冢宰柱國李弼為太傅大司徒趙貴為太
保大宗伯獨孤信為大司馬于謹為大司寇侯
莫陳崇為大司空初太祖以漢魏官繁思革前
弊大統中乃命蘇綽盧辨依周制改創其事尋
亦置六卿官然未及撰次未成衆務猶歸臺閣至
是始畢乃命行之夏四月太祖於巡狩秋七月度
址河王琳遣使來附以琳為大將軍長沙郡公魏
帝封太祖子直為秦郡公招為正平公邑各一千戶

九月太祖有疾還至雲陽命中山公護受遺輔嗣
子冬十月乙亥崩于雲陽宮還長安發喪時年
五十二甲申葬于成陵諡曰文公孝閔帝受禪追
尊為文王廟曰太祖武成元年追尊為文皇帝太
祖知人善任使從諫如流崇尚儒術明達政事恩
信被物能駕馭英豪一見之者咸思用命沙苑所
獲囚俘釋而用之河橋之役率以擊戰比日得其死
力諸將出征授以方略無不制勝性好利素不尚
虛飾恒以反風俗復古始為心
史臣曰水曆將終羣雄放命或威權震主或勢
逆滔天咸謂大寶可以力征神物可以求得莫不
關九鼎睥睨兩宮而誅夷繼及亡不旋踵是知巨
君篡盜終成建武之資仲穎凶殘實啟當塗之
業天命有底庸可滔乎太祖田無一成衆無一旅
驅馳戎馬之際蹈足伍之間屬與能之時應啟
聖之運鳩集義勇糾合同盟一舉而殄仇讎再
駕而匡帝室於是內詢帷幄外杖村雄推至誠
以待人弘大順以訓物高氏籍甲兵之衆恃戎馬

之疆屢入近畿志圖吞噬及英謀電發神斾風

馳弘農建城濮之勳沙苑有昆陽之捷取威定

霸以弱為彊紹元宗之衰緒剗隆周之景命南

清江漢西舉巴蜀比控沙漠東據伊瀍乃攘落

魏晉憲章古昔目脩六官之廢典成一代之鴻規

德刑並用勳賢兼叙遠安邇悅俗阜民和億

兆之望有歸揖讓之期允集功業若此人臣以終

盛矣哉非夫雄略冠時英姿不世天與神授緯

武經文者孰能與於此乎普者漢獻家塵曹

公成夾輔之業晉安播蕩宋武建匡合之勳

校德論功緯有餘至於渚宮制勝闔城孥戮

茹茹歸命盡種誅夷雖事出於權道而用乖

於德教周祚之不永或此之由乎

紀第二　　　　　　周書二

孝閔帝　　　　　周書三

令狐　德棻　等撰

孝閔皇帝諱覺字陀羅尼太祖第三子也母曰
元皇后大統八年生於同州官舍九歲封略陽
郡公時有善相者史元華見帝退謂所親曰此
公子有至貴之相但恨其壽不足以稱之耳魏
恭帝三年三月命為安定公世子四月拜大將
軍十月乙亥太祖崩景子嗣位大師大冢宰十

云八五　周書帝紀三　一

二月丁亥魏帝詔以岐陽之地封帝為周公庚
子禪位于帝詔曰子聞皇天之命不于常惟歸
于德故堯授舜禹時其宜也天厭我魏邦
垂變以告惟爾周弗知子雖不明敢弗龔天命
格有德哉今踵唐虞舊典禪位于周庸布告遐
邇為使大宗伯趙貴持節奉冊書曰咨爾周公
帝王之位弗有常有德者受命時乃天道子式
時庸茶求于唐虞之弊踵曰我魏德之終舊覃矣
我邦小大囷弗知令其可久怫于天道而不歸

有德黻時用詢謀僉曰公昭考文公格勳德于
天地丕濟生民洎公躬又宣重光故玄象徵見
于上謳訟奔走于下天之歷數用實在焉子安
敢弗若是以欽祇聖典公其享茲大
命保弗有萬國可不慎歟魏帝臨朝遣民部中大
夫濟此公元迪致皇帝璽綬固辭公卿百辟勸
進太史陳祥瑞乃從之是日魏帝遜于大司馬
府元年春正月辛丑即天王位柴燎告天朝百
官于路門追尊皇考文公為文王皇姚為文后

三年八　周書帝紀三　二

大赦天下封魏帝為宋公是日槐里獻赤雀四
百官奏議云帝王之興周閔弗更正朔明受之於
天革民視聽也逮于尼父稽諸陰陽云行夏之
時後王所不易令夏時式遵聖道惟文王誕玄
水寔當行錄正用夏時式遵聖道惟文王誕玄
氣之祥有黑水之讖服色冝烏制曰可以大司
徒趙郡公李弼為太師大宗伯南陽公趙貴為
大傳大冢宰晉公護為大司馬河內公獨孤信為大保大宗
伯柱國中山公護為大司馬以大將軍寧都公

諱高陽公達奚武武陽公豆盧寧小司寇陽平
公李遠小司馬博陵公賀蘭祥小宗伯魏安公
尉遲迴等竝柱國壬寅祠圓丘詔曰予本自神
農其於二丘宜作厥王始祖獻侯啟土遼海肇
有國基配南北郊文考德符五運受天明命祖
魏于周致子一人受茲大號子惟古先聖王罔弗
于乾安殿班賞各有差戊申詔曰上天有命革
祠太社初除市門稅乙巳祠太廟丁未會百官
子明堂以配上帝廟為太祖癸卯祠方丘甲辰
有聞知哉有司宜分命方別之使所在巡撫五
又當草昧若弗尚于達四聰明四目之訓者其
先于省視風俗以求民瘼然後克治列子眇眇
教何者不宜時政有何不便得無脩身潔己才
堪佐世之人而不為上所理孝義貞節不為有
下之徒而不為上所知冤枉受罰幽辱于
申鰥寡孤窮不為有司所恤既黎庶衣食豐約
賦役繁省災屬所興水旱之處竝宜具聞若有
年八十巳上所在就加禮餼平亥祠南郊壬子

立王后元氏乙卯詔曰惟天地草昧建邦以寧
今可大啓諸國蕃屏於是封太師宇文寧
為趙國公大冢宰貴為楚國公太保獨孤信
衛國公大司寇于謹為燕國公大司空侯莫陳
崇為梁國公大司馬中山公護為晉國公邑各
萬戶辛酉祠太廟癸亥親耕籍田景寅於
南陵井置陵州武康郡置資州遂寧郡置
州二月癸酉朝日于東郊乙亥改封永昌公廣
為天水郡公戊寅祠太社丁亥楚國公趙貴謀及
伏誅詔曰朕文考昔與羣公洎列將眾官同心
勠力共治天下自始及終二十三載迭相匡弼
上下無怨是以羣公等用外余于大位朕雖不
德豈不識此是以朕於羣公等如弟兄異姓
者如甥舅異此平定宇內各令子孫享祀
百世而朕不明不能輯睦致使楚公貴不悅于
朕與萬俟幾通吡奴興至龍仁長孫僧衍等陰
相假著圖危社稷事不克行為開府宇文盛
等所告及其推究咸伏歟辛興言及此心焉如

海但法者天下之法朕既為天下守法安敢以私
情廢之書曰善善及後世惡惡止其身其貴
通典龍仁罪止一家僧行止一房餘皆不問惟兩
文武咸知時事太保獨孤信有罪免甲午以大
司空梁國公侯莫陳崇為太保大司馬晉國公
護為大冢宰柱國博陵公賀蘭祥為大司馬
高陽公達奚武為大司寇大將軍化政公宇文
貴為柱國巳亥秦州涇州各獻木連理歲星守
少微經六十日三月庚子會文武百官班賜各有

周書帝紀三　　五

差巳酉柱國衛國公獨孤信賜死壬子詔曰浙州
去歲不登厥民饑饉朕用愍焉其當州租輸未
畢者悉宜免之兼遣使巡檢有窮餒者並加
振給癸亥省六府吉貢三分減一夏四月巳巳以少
師平原公侯莫陳順為柱國壬申詔死罪以下
各降一等壬午調成陵乙酉還宮丁亥祠太廟
五月癸卯歲星犯太微上將太白犯軒轅巳酉
槐里獻白鸚帝欲觀漁於昆明池博士姜頊
諫乃止秋七月壬申帝聽訟於右寢多所哀宥

甲辰月掩心後星辛亥祠太廟熒惑犯東井址
端第二星八月戊辰祠太社辛未詔曰朕甫臨大
位政教未孚使我民農多陷刑網令秋律巳應
將行大教言念羣生責在於朕宜從肆眚與其
更新其犯者宜降從流流以下各降一等不在赦
限者不從此降甲午詔曰帝王之治天下博民
求衆才以乂厥民令二十四軍宜舉賢良堪治民
者軍列九人被舉之人於後不稱厥任者所舉官
司皆治其罪九月庚申詔曰朕聞君臨天下者非

周書帝紀三　　六

由一人乃上下同心所致今文武之官及諸軍人不
霑爵封者宜各授兩大階改太守為郡守帝性
剛果見晉公護執政深忌之司會李植軍司馬
孫恒以先朝佐命入侍左右亦疾護之專乃與宮
伯乙弗鳳賀拔提等潛謀請帝誅護護乃出植
又引宮伯張光洛同謀光洛密白護護乃出植
為梁州刺史張恒為潼州刺史護遂不自安
更奏帝將召羣公入因此誅護護光洛又白之時
小司馬尉遲綱揔統宿衛兵護乃召綱共謀廢

立本綱入殺中詐呼鳳等論事既至以次執送
護及尒並誅之綱仍罷散禁兵帝方悟無左右獨
在內殿令宮人持兵員守護又遣大司馬賀蘭祥
逼帝遜位遂幽于舊邸月餘日以弑崩時年十
六植恒等亦遇害及武帝誅護後乃詔曰慎始
敬終有國彝典事亡如存哲王通制義崇追遠
禮貴尊親故略陽公至德純粹天姿秀傑屬
魏祚告終寶命將改謳歌允集曆數攸歸上
協蒼靈之慶下昭后祇之錫而禍生肘腋釁起

七

余

蕭牆白獸哤聹菩鷹集殺幽辱神器弒酷
乘輿寬結生民毒流寓縣今河海澄清氛浸
消滌追尊之禮宜崇徽號遣太師蜀國公迴
於南郊上諡曰孝閔皇帝陵曰靜陵
史臣曰孝閔既安之業應樂推之運柴天竺
物正位君臨遍無異言遠無異望難黃初代德
太始受終不之尚也然政由霸氏主懷芒刺之疑
祭則寡人臣無後子之請以之速禍宜哉

紀第三　　　　周書三

明帝

令狐　德棻　等撰

世宗明皇帝諱毓小名統萬突太祖長子也母
曰姚夫人永熙三年太祖臨夏州生帝於統萬城
因以名焉大統十四年封寧都郡公十六年行華
州事尋拜開府儀同三司宜州諸軍事宜州刺
史魏恭帝三年授大將軍鎮隴右孝閔帝踐
祚進位柱國轉岐州諸軍事岐州刺史治有美

周書帝紀四　一　王□

政黎民懷之及孝閔帝廢晉公護遣使迎帝
於岐州秋九月癸亥至京師止于舊邸甲子羣
臣上表勸進備法駕奉迎帝固讓羣臣固請
是日即天王位大赦天下乙丑朝羣臣於延壽殿
冬十月癸酉大師趙國公李弼薨已卯以大將
軍旱昇公尉遲綱為柱國乙酉祠圜丘景戌祠
方丘甲午祠大社柱國陽平公李遠賜死是月
梁相陳霸先廢其主蕭方智而自立是為陳
武帝十一月庚子祠太廟丁未祠圜丘丁巳詔曰

帝王之道以覽仁為大魏政諸有輕犯未至重
罪乃諸村民家有犯乃及數家而被遠配者並
宜放還十二月庚午詔庚辰以
大將軍輔成公譚為柱國戊子赦長安見四甲
午詔曰善人之後猶累世獲宥況魏氏以德讓
代終豈容不加隱邮元氏子女自坐趙貴等事
以來所有沒入為官口者采悉宜蠲免
二年春正月乙未以大冢宰晉公護為大師辛亥
親耕籍田癸丑立王后獨孤氏丁巳雍州置十二

周書帝紀第四　二　徐

郡又於河東置蒲州河北置虞州弘農置陝州
正平置絳州陽置熊州邵郡置邵州二月癸
未詔王者之宰民也莫不四海遠近為父母
而子之一物失所若納于隍賊之境土本同大化
往因時難致阻東西遂使疆埸之閒互相抄掠
與言及此良可哀傷自元年已來有被掠入賊者
悉可放免自冬不雨至于是月方大雪三月甲午
陽公達奚武與大將軍楊忠率報迎之改雍州
齊北豫州刺史司馬消難舉州來附遣柱國高

刺史為雍州牧京兆郡守為京兆尹以廣業備
城一郡置康州葭蘆郡置文州戊申長安獻白
雀庚申詔曰三十六國九十九姓自魏氏南徙皆
稱河南之民今周室既都關中宜改稱京兆人
夏四月己巳以太師晉公護為雍州牧庚午焚
惑入軒轅辛未降死罪一等五歲刑已下皆原
之甲戌王后獨孤氏朋甲申長葬敬后五月乙
未以大司空梁國公侯莫陳崇為太宗伯六月
癸亥嘽達遣使獻方物已巳板授高年刺史守
令恤鰥寡孤獨各有差分長安為萬年縣並
治京城辛未幸昆明池壬申長安獻白烏遣使
分行州郡理囚徒察風俗掩骼埋骴於河南
午遣柱國齊公憲迴率眾於河南築安樂
城景申順陽獻三足烏八月甲子羣臣上表稱
慶詔曰夫天不愛寶地稱表瑞莫不威鳳巢
閣圖龍躍沼豈直月月珠連風雨莫不威鳳巢
命決曰王者至孝則此元命苞巳人君至治所有
虞舜丞來茲異趾周文冠翼翼翔此靈禽文考

至德下覃遺仁愛裯遠符千載降斯三足將
使三方歸本九州翕定惟此大體景福在民予
安敢讓宗廟之善弗宣大惠可大赦天下文武
官普進二級九月辛卯以大將軍楊忠大將軍
楊雄並為柱國甲辰封少師元羅為韓國公以
紹魏後丁未幸同州過故宅賦詩曰玉燭調秋
氣金輿歷舊宮還過百水更似入新豐霜潭
清晚菊寒井落跡桐樂孟延老令聞歌大
風冬十月辛酉癸厥遣使獻方物
乙丑遣柱國尉遲迴鎮隴

右長安獻白兔十二月辛酉太師晉公護遣使獻方物
癸亥太廟成辛巳以功臣琅耶貞獻公賀拔勝
等十三人配享太祖廟庭壬午大赦天下
武成元年春正月己酉太師晉公護上表歸政
帝始親覽萬機軍旅之事護猶揔焉初改都督
諸州軍事為揔管景辰封大將軍章武孝公
導子亮為永員公翼為西陽公三月癸巳陳六
軍帝親擐甲胄迎太白於東方秦郡公直鎮蒲
州吐谷渾寇邊庚戌遣大司馬博陵公賀蘭祥

率衆討之四月戊午武當郡獻赤烏甲戌雲

秦州獻白馬朱鬣五月戊子詔曰皇王之迹不一

因革之道已殊莫不播八政以成物兆三元而為

紀是以容成剏定於軒轅羲和欽若於唐世鴻

則差分積命時積斯衍開闢至于獲麟二

曆明時故曆之為義大矣但忽微成象象極

範九疇大弘五法易曰澤中有火革君子以治

百七十六萬歲晷度推移餘分盈縮南正無聞

古今造我周曆量定以聞已亥聽訟於正武殿

何讓焉可命有司傍稽六曆仰觀七曜博推

當有聖人定之自火行至今木德應其運矣朕

積謀昔漢世巴郡洛下閎善治曆云後八百歲

疇人廢記著往蹇來理乘收序敬授民時何其

周書帝紀四　五　鐘

辛亥以大宗伯梁國公侯莫陳崇為大司徒大

司寇高陽公達奚武為大宗伯武陽公豆盧寧

為大司寇柱國輔城公諱為大司空乙卯詔曰比

屢有糺發官司敕前事此雖意在疾惡但先王

制肆貴之道令天下自新若又推問自新何由

哉如此之徒有司勿為推究惟庫廏倉廩與海

內所共贍漢帝有云朕為天下守財耳若有侵盜

公家財畜錢粟者雖朝之事年月既遠二不須

問自周有天下以來雖經赦宥而事跡可知者

有司宜即推窮得實之曰但免其罪徵備如法

庚申高昌遣使獻方物六月戊子大雨霖詔曰

賀蘭祥攻拔洮陽洪和二城吐谷渾遁走閏月

昔唐堯四嶽殷告巫咸觀災異興懼感責朕

撫運應圖作民父母弗敢怠荒以求民瘼而霖

雨作沴雲爰傷苗隤屋漂壠湮于氏墊隍朕

不德蒼生何咎刑政所失闕識厥由公卿大夫士

爰及牧守黎庶等今宜各上封事讜言極諫罔

有所諱朕將覽察以答天譴其遭水者有司

可時巡撫條列以聞庚子詔曰潁川從我是曰元

動無忘父城實起王業文考屬天地草昧造化

輿運彼橫流匪茲頹運賴英賢盡力文武同

權挾採大功克隆帝業而被堅執銳櫛風沐雨

心翼贊大功克隆帝業而被堅執銳櫛風沐雨

永言疇昔良用憮然至若功成名遂建國剖符

周書帝紀四　六　徐

子惟休也其有致死王事妻子無歸者朕其傷
之兄是從先王向夏州發夏州從來見在及薨
亡者並量賜錢帛稱朕意焉是月陳武帝殂
兄子蒨立是謂文帝八月己亥改天王稱皇帝追
為益州揔管癸丑增御正四人位上大夫九月乙卯
尊文王為帝大赦改元壬子以大將軍安城公憲
以大將軍天水公廣為梁州揔管辛未進封輔
城公邑為魯國公安城公憲為趙國公秦郡公直
為衛國公正平公招為趙國公封岐王弟儉為譙國

七

公純為陳國公盛為越國公達為代國公通為冀
國公迴為滕國公進封天水公廣為蔡國公高陽
公達奚武為鄭國公旦盧寧為楚國公
博陵公賀蘭祥為涼國公蜀公尉遲迴為蜀
國公化政公宇文貴為許國公楊忠為隨
國公昌平公尉遲綱為莒國公武威公王雄為庸
國公邑各萬戶冬十月甲午以柱國吳國公尉遲
綱為涇州揔管是月齊文宣帝薨子殷嗣立以
柱國蜀國公尉遲迴為秦州揔管

二年春正月癸丑朔大會羣臣于紫極殿始用百
戲焉三月辛酉重陽閣成會羣公列將卿大夫
及突厥使者於芳林園賜錢帛各有差夏四月五
帝因食遇毒庚子大漸詔曰人生天地之間稟五
常之氣天地有窮巳五常有推移人安得長在
是以生而有死者物理之必然處必然之理修短
之間何足多恨朕雖不德性好典墳披覽聖賢
餘論未嘗不以此自曉今乃命也夫復何言諸公
及在朝卿大夫士軍中大小督將軍等並立勳效積

八

有年載輔翼太祖成我周家令朕纘承大業處
萬乘之上此乃上不負太祖下不負朕朕得啓
手啓足從先帝於地下實無恨於心矣所可恨
者朕享大位可謂四年矣不能使政化循理黎
庶豐足九州未一方猶梗顧此懷恨目用不瞑
唯冀仁兄冢宰泊朕先正父公卿大臣等協
和為心勉力相勸勿忘太祖遺志提挈後人朕
雖沒九泉形體不朽今大位虛曠社稷無主朕見
幼稚未堪當國魯國公邑朕之介弟寬仁大度

海內共聞能弘我周家必此子也夫人貴有始
終公等事太祖輔朕躬可謂有始矣若克念世
道艱難輔邑以坐天下者可謂有終矣哀死
事生人臣大節公等思念此言令萬代稱歎朕
稟生儉素非能力行非薄毋慢大布之被服
大帛之衣凡是器用皆無雕刻身終之日宣容
遵棄此好喪事所須務從儉約斂以時服勿使
有金玉之飾若以禮不可闕皆令用尾小斂訖七
日哭文武百官各權釋衰麻且以素服從事葬
選擇不毛之地因地勢為墳勿封勿樹且厚葬
傷生聖人所誡朕既服膺聖人之敎安敢違之
凡百官司勿異朕此意四方州鎮使到各令三日
哭哭訖悉權辟凶服還以素服從事待大例除
非有呼召各按部自守不得輒奔赴闕庭禮有
通塞隨時之義葬訖內外悉除服從吉三年
之內勿禁婚娶飲食一令如平常也時事殷很病
困亂此能及此如此事有不盡准此以類為斷死
而近思古人有之朕今忍死書此懷抱其詔即帝

周書紀四

九

口授也辛丑崩於延壽殿時年二十七謚曰明皇
帝廟稱世宗五月辛未葬於昭陵帝寬明仁厚
敦睦九族有君人之量幼而好學博覽羣書善
屬文詞彩溫麗及即位集公卿已下有文學者八
十餘人於麟趾殿刊校經史又捃採衆書自義
農以來訖于魏末敘為世譜凡五百卷云所著
文章十卷
史臣曰世宗寬仁遠度叡哲博聞處代邸之尊
實文昭之長豹姿已變龍德猶潛而百辟傾心
萬方注意及乎迎宣默賀入纂大宗而禮貌功
臣敦睦九族率由恭儉崇尚文儒亹亹焉其有
君人之德者矣始則權臣專制政出私門終乃鴆
毒潛加享年不永嗚呼惜哉

紀第四　　周書四

周書帝紀四

十

紀第五

武帝上　　周書五

　　　　令狐德棻　等撰

高祖武皇帝諱邕字禰羅突太祖第四子也母
曰叱奴太后大統九年生於同州有神光照室幼
而孝敬聰敏有器質太祖異之曰成吾志者必此
兒也年十二封輔城郡公孝閔帝踐阼拜大將
軍出鎮同州世宗即位遷柱國授蒲州諸軍事
蒲州刺史武成元年入為大司空治御正進封

魯國公領宗師甚為世宗所親愛朝廷大事多
共參議性沈深有遠識非因顧問終不輒言世
宗每歎曰夫人不言言必有中武成二年夏四月
世宗崩遺詔傳帝位於高祖高祖固讓百官勸
進乃從之壬寅即皇帝位大赦天下冬十二月改
作露門應門是歲齊常山王高演廢其主殷而
自立是為孝昭帝
保定元年春正月戊申詔曰寒暑亞周奄及祖
歲改元命始國之典章朕祇承寶圖宜遵故實

可改武成三年為保定元年嘉號既新惠澤宜
布文武百官各增四級以大冢宰晉國公護為
都督中外諸軍事令五府揔於天官庚戌祠圓
丘壬子祠方丘甲寅祠感生帝於南郊乙卯祠太
社辛酉突厥遣使獻其方物戊辰詔曰履端開
物實資元后代終成務諒惟宰棟故周文公以

上聖之智翼彼姬周爰作六典用光七百自茲
厥後代失其緒俾出魏之化歷千祀而莫傳郁
郁之風終百王而永隆于我太祖文皇帝稟純和
之氣挺天縱之英德配乾元功侔造化故能捨
末世之弊風蹈隆周之叡典述百官用允
集所謂乾坤改而重構旦帝業而已哉朕
入嗣大寶思揚休烈今可班斯禮於太祖廟庭
巳巳祠太廟班太祖所述六官焉癸酉吐谷渾
高昌並遣使獻方物甲戌詔先經兵戎官年六
十巳上及民七十以上節級板授官各有差二月己卯
田皇子大射於正武殿賜百官各有差三月己卯親耕籍
遣大使巡察天下於洮陽置洮州甲午朝日於

東郊乙未突厥宕昌並遣使獻方物景午省鑾輦去百戲弘農上言九尾狐見三月景寅改八宁兵為十二子兵歲二月役夏四月景子朝日有食之庚寅以少傅吳公尉遲綱為大司空丁酉曰蘭遣使獻犀甲鐵鎧五月景午封孝閔皇帝子康為紀國公皇子贇為魯國公晉公護獲玉斗以獻戊辰突厥龜茲並遣使獻方物六月乙酉遣治御正殷不害等使於陳秋七月戊申詔曰元旱歷時嘉苗殄悴豈獄犴失理刑罰乘衷歟其所在見囚死以上歲刑以上各降本罪一等百鞭以下悉原免之更鑄錢文曰布泉以一當五與五銖並行已酉追封皇伯父顥為邵國公以晉公子江陵公會為後次伯父連為杞國公以章武孝公子永昌公亮為後第三伯父洛生為莒國公以晉公世宗子崇業公至為後並襲封已已熒惑入興國公以積尸九月甲辰南寧州道使獻滇馬及蜀鎧乙已客星見於翼冬十月甲戌日有蝕之戊寅

熒惑犯太微上將合為十一月乙已以大將軍衛國公直為雍州牧陳遣使來聘進封柱國公廣武寶熾為鄧國公丁已狩於歧陽是月齊孝昭帝薨弟長廣王湛代立是為武成帝十二月壬午至自歧陽是歲追封皇族祖仲為虞國公二年春正月壬寅初於蒲州開河渠同州開龍首渠以廣漑灌丁未以陳主弟頊為柱國送還江南閏月已丑詔柱國以下帥都督以上母妻授太夫人夫人郡君縣君各有差癸已太白入昴已亥柱國大司馬涼國公賀蘭祥薨洛州民周共妖言惑眾假署將相事發伏誅二月壬寅熒惑犯太微上相癸丑以久不雨宥京城三十里內禁酒梁主蕭詧言熒惑犯左執法夏四月甲辰禁州揔管三月壬午熒惑犯南陽獻三足烏湖州上言見屠牢旱故也丁已南陽獻三足烏湖州上言見二百鹿從三角獸而行已未於伏流城置和州功勁者雖錫以茅土而未給租賦諸柱國等勳癸亥詔曰此以寇難猶梗九州未一文武之官立

德隆重宜有優崇各准別制邑戶聽寄食他縣

五月庚午以山南衆瑞並集大赦天下百官及軍

人普汎二級南陽宛縣三足烏所集免今年役

及租賦之半壬辰以陝州隨國公楊忠爲大司

空吳國公尉遲綱爲咸州揔管六月巳亥以柱國

蜀國公尉遲迥爲大司馬邵國公會爲蒲州揔

管分山南荊州安州襄州江陵爲四州揔管秋

七月巳巳封開府賀拔緯爲霍國公乙亥太白

犯輿鬼九月戊辰朔日有蝕之陳遣使來聘冬

十月戊戌詔曰樹之元首君臨海内本平宣明教

化亭毒黔黎豈唯尊貴其身俾富其位是以

唐堯踈葛之衣廱糲之食尚臨汾陽而永歎

曁姑射而興想況無聖人之德而嗜欲過之何以

克厭衆心虞子尊位朕甚惡焉今巨寇未平軍

戎費廣百姓空虛與誰爲足凡是供朕衣服飲

食四時所須麦及宮内調度朕今手自减削縱

不得頓行古人之道當曰全无庶幾凡爾百司

安得不思省約勖朕一不逮者哉辛亥帝御太武

殿大射公卿列將貢金戊午講武於少陵原分

南寧州置恭州十一月丁卯以大將軍衛國公直

大將軍趙國公招並爲柱國又以大將軍揔管

壬午熒惑犯歲星於厄南十二月以益州獻赤烏

三年春正月平未改光遷國爲遷州乙酉太保

梁國公侯莫陳崇死壬辰於乞銀城置銀州

二月庚子初頒新律平丑詔魏大統九年以前

都督以上身亡而子孫未齒叙者節級授官渭

州獻三足烏平酉詔曰二儀剖闢玄象著明三

才巳備曆數昭列故書稱欽若敬授易序治曆

明時此先代一定之典百王不易之務伏惟太祖

文皇帝荷順昊天憂勞庶政曆序六家以陰陽

爲首迫予小子弗克遵行惟斯不安夕惕若厲

自頃朝廷權輿事多倉卒乖和爽序達失先

志致風雨愆時疾屬屢起嘉生不遂萬物不昌

朕甚傷之自今擧大事行大政非軍機急速皆

宜依月令以順天心三月乙丑朔日有蝕之景子

宕昌遣使獻生猛獸二詔放之南山乙酉益州獻

三足烏夏四月乙未以柱國鄭國公達奚武為
太保大將軍韓果為柱國己亥帝御正武殿錄
囚徒癸卯大雪癸丑帝御正武殿辛津門太
學以大傅燕國公于謹為三老而問道焉初禁
天下僭偽犯者以殺人論壬戌詔百官及民庶
陳遣使來聘丁丑辛津門問百年賜以錢帛又
賜高年板職各有差降死罪一等八月丁未改
朝旱故也甲戌雨秋七月戊辰行辛原州庚午
上封事極言得失五月甲子朔避正襄不受
作露寢九月甲子自原州登隴山熒惑犯太微
上將景戌辛同州戊子詔柱國楊忠率騎一萬
與突厥伐齊巳丑蒲州獻嘉禾異畝同穎初令
世龍夔州郡縣著改為五等辝州封伯郡封子縣
封男冬十月壬辰熒惑犯左執法乙巳以開府
杞國公亮為梁州揔管庚戌陳遣使來聘十有
二月辛卯至自同州遣大保鄭國公達奚率
騎三萬出平陽以應楊忠是月有人生子男而
陰在背後如尾兩足指如獸爪有犬生子晉以

七　　四

後分為二身兩尾六足
四年春正月庚申楊忠破齊長城至晉陽而還
二月庚寅朔日有蝕之甲午熒惑犯房右駿三
月巳未熒惑又犯房右駿庚辰初令百官執笏
夏四月癸卯以柱國鄧國公竇熾為大宗伯五月
壬戌封世宗長子賢為畢國公丁卯突厥遣使
獻方物癸酉以大將軍安武公本穆為柱國丁
亥改禮部為司宗大司禮大司樂為樂
部六月庚寅改御伯為納言秋七月戊午栗特
遣使獻方物者遣使獻名馬八月丁亥
朝日有蝕之詔柱國楊忠率師與突厥東伐至
北河而還戊子以柱國齊公憲為雍州牧許國
公宇文貴為大司空封開府李諤為唐國公直
為大司徒九月丁巳以柱國衛國公若干鳳為徐
國公陳遣使來聘是月以皇世卅閭氏自齊至
大赦天下閏月巳亥以大將軍韋孝寬大將軍
長孫儉並為柱國冬十月癸亥以大將軍陸通
大將軍宇文盛蔡國公廣並為柱國甲子詔大

八　　三百廿一

將軍大冢宰晉國公護率軍伐齊帝於太廟
庭授以斧鉞於是護惣大軍山出潼關大將軍權
景宣率山南諸軍出豫州少師楊標出軹關丁
卯幸沙苑勞師癸酉還宮十一月甲午柱國蜀國
公尉遲迥率師圍洛陽柱國燕國公憲惣於卻山
晉公護談於陝州十二月權景宣攻齊豫州刺史
王士良以州降毛戌齊師渡河晨至洛陽諸軍
驚散尉遲迥率麾下數十騎扞敵得卻至夜
引還柱國庸國公王雄力戰死之遂班師楊標

周書紀五 九

於軹關戰没權景宣亦棄豫州而還

五年春正月甲申朔廢朝以庸國公王雄死王
事故也辛卯白虹貫日庚子令荊州安州江陵
等惣管並隸襄州惣管府以柱國大司空衛
國公直爲襄州惣管甲辰太白熒惑歲星合於婁
乙巳吐谷渾遣使獻方物以庸國公王雄世子開
府謙爲柱國二月辛酉詔陳國公純柱國許國
公宇文貴爲柱國神武公竇毅南安公楊荐等如突
厥逆女甲子鄜州獲綠毛龜景寅以柱國安武

公李穆爲大司空綏德公陸通爲大司寇壬申
行幸岐州三月戊子柱國楚國公豆盧寧薨夏
四月齊武成禪位於其太子緯自稱太上皇帝
五月景戌以皇族興爲大將軍襲虜國公封巳
亥詔至右武伯各置中大夫一人六月庚申彗星
出三台入文昌犯上將後經紫宮西垣乆乃漸長
夾餘指室壁後百餘日稍短長二尺五寸在虚危
滅辛未詔曰江陵人年六十五以上爲官奴婢者巳
令放免其公私奴婢有年至七十以外者所在官

周書紀五 十

司宜贖爲庶人秋七月辛巳朔日有蝕之庚寅
行幸秦州降死罪巳下辛丑遣大使巡察天下
八月景子至自秦州九月乙巳益州獻三足烏
冬十月辛亥改函谷關城爲通洛防十一月庚
辰岐州上言一角獸見甲午吐谷渾遣使獻方物
丁未陳遣使來聘
天和元年春正月巳卯巳有蝕之辛巳露寢
成辛之令羣臣賦古詩京邑耆老並預會宴爲頒
賜各有差癸未大赦改元百官普加四級巳亥親耕

籍田丁未於宅昌置宕州以柱國昌寧公長孫
儉為陝州揔管遣小載師杜杲使於陳二月戊
申以開府中山公訓為蒲州揔管使戊辰詔三公
己下各舉所知庚午日闢光逮微日裏烏見三
月景午祠南郊夏四月巳酉益州獻三足烏辛
亥雲甲子日有交軍白虹貫之是月陳文帝薨
子伯宗嗣立五月庚辰帝御正武殿集羣臣親
講禮記吐谷渾龍涸王莫昌率戶內附以其地
為扶州甲午詔曰道德交喪禮義嗣興襄四始

於二言美三千於為弊是必在上不驕慮滿不
溢富貴所以長守邦國於焉父安故能承天靜地
和民敬鬼明並日月道錯四時朕雖庸眛有志
前古甲子乙卯禮云不樂長弘未毖吾之稽杜
尊有揚觶之文自世道喪亂禮儀素毀此典莊
然巳墜於地昔周王受命請聞顧項廟有戒盈
之器室為復禮之銘矧伊未學而能忘此典依
是日省事停樂庶知為君之難為臣不易貽之
後昆比殷鑒斯在六月景午以大將軍枹罕公辛

威為柱國秋七月戊寅築武功郿斜谷武都留
谷津坑諸城以置軍人壬午詔諸胄子入學但
東脩於師不勞釋奠釋奠者學成之祭自今
即為恒式八月巳未詔諸有三年之喪或負土
成墳或襄苫骨立一志一行可稱揚者仰本部
官司隨事言上當加旌異九月乙亥
信州蠻冉令賢向五子王友詔開府陸騰討平
之冬十月乙卯太白晝見經天甲子初造山雲
儼以備六代之樂十一月景戌行幸武功等新
城十二月庚申還宮
二年春正月癸酉朔日有蝕之巳亥親耕籍田
三月癸酉改武遊園為道會苑丁亥初立郊丘
壇壝制度夏四月乙巳省東南諸州以穎州歸
州滄州入湖州均州耶州入襄州憲州入昌州
州入唐州油州入純州瀛州入淮州洞
陳國公純為柱國安武公李穆為
並遣使獻方物丁丑進封柱國安武公李穆為
申國公巳丑歲星與熒惑合於井六月辛亥尊

所生匹奴氏為皇太后甲子月入畢閏月庚午地
震戊寅陳湘州刺史華皎率衆來附遣襄州
管衛國公直率柱國綏德公陸通大將軍田弘
權景宣元定等將兵援之因而南伐遣大將
軍譙國公儉為柱國丁酉歲星太白合於柳戊
戌襄州上言慶雲見秋七月辛丑梁州上言鳳
凰集於楓樹羣鳥列侍以萬數甲辰立露門學
置生七十二人庚戌太白犯軒轅壬子以太傅
國公千謹為雍州牧九月衛國公直等與陳將

◆周書帝紀五　十三

淳于量吳明徹戰於沌口王師失利元定以步騎
數千先度遂没江南冬十月辛卯日出入時有
黑氣一大如盂在日中甲午又加一為經六日乃滅
十一月戊戌朔日有蝕之癸丑太保許國公宇
文貴薨宛
三年春正月辛丑祠南郊二月丁卯幸武功丁
亥還宮三月癸卯皇后阿史那氏至自突厥甲
辰大赦天下亡官失爵並聽復舊丁未大會百
僚及四方賓客於路寢賜衣馬錢帛各有差甲

寅以柱國陳國公純為秦州總管蔡國公廣為
陝州總管戊午太傅柱國燕國公千謹薨巳未
太白犯井比軒第一星夏四月辛巳以大保鄭國
公達奚武為太傅大司馬太白入興鬼犯積尸五月
柱國齊國公憲為大司馬蜀國公尉遲迥為大保
庚戌祠太廟庚申行幸醴泉宮六月甲戌有星
字於東井比行一月至興鬼乃滅秋七月壬寅柱
國陳國公楊忠薨戊午至自醴泉宮巳未客星
見房漸東行入天市犯營室至奎四十餘日乃

◆周書帝紀五　十四

滅八月乙丑韓國公元罷薨齊請和親遣使來
聘詔軍司馬陸逞兵部尹公正報聘焉癸酉帝
御大德殿集百僚又沙門道士等親講禮記九
月庚戌大白與鎮星合於用冬十月癸亥祠太廟
丙戌大白入氐丁亥上親率六軍講武於城南京
邑觀者輿馬彌漫數十里諸蕃使咸在焉十月
壬辰朔日有蝕之甲辰行幸歧陽壬子遣開府
崔彥穆小賓部元暉使於齊甲寅陳安成王項
廢其主伯宗而自立是為宣帝十二月丁丑至自

岐陽是月齊武成帝薨

四年春正月辛卯朔廢朝以齊武成薨故也遣
司會河陽公本綸等會葬於齊仍弔賻焉二月
癸亥以柱國昌寧公長孫儉為夏州摠管戊辰
帝御大德殿集百僚道士沙門等討論釋老義
歲星逆行掩太微上將有聲如雷夏四月己巳齊
攝提行至天津滅後有流星大如斗出左
遣使來聘五月己丑帝制象經成集百僚講說
封魏廣平公子元謙為韓國公以紹魏後庚戌
行幸醴泉宮丁巳柱國吳國公尉遲綱薨六月
築原州及涇州東城秋七月辛亥至自醴泉宮
丁巳突厥遣使獻馬八月庚辰盜殺孔城防主
以其地入齊九月辛卯遣柱國齊國公憲率衆
於宜陽築崇德等城冬十月辛亥柱國昌寧
公長孫儉薨十二月壬午罷隴州
五年春二月己巳邵惠公顥孫胄自齊來歸改
邵國公會為譚國公封胄為邵國公三月辛卯
進封柱國韋孝寬為鄖國公甲辰初令宿衛官

周書帝紀五　十五

住關外者將家累入京不樂者解宿衛夏四月
甲寅以柱國宇文盛為大宗伯行幸醴泉宮省
帥都督官景達天下以陳國公純為陝
州摠管六月壬辰封開府梁睿為蔣國公庚子
降宥罪人弁免逋租懸調等以皇女生故也七月
國公儉為益州摠管九月己卯太白歲星合於亢
臨州獻白兔乙卯至自醴泉宮辛巳以柱國譙
冬十月辛巳朔日有蝕之景戌太白鎮星合於氐
丁酉太傅鄭國公達奚武薨十一月乙丑追封章
國公廣薨十二月癸巳大將軍鄭恪率師越巂
置西寧州是冬齊將斛律明月寇邊於汾北築
城自華谷至於龍門
六年春正月己酉朔廢朝以露門未成故也詔
柱國齊國公憲率師禦斛律明月丁卯以大將軍
張掖公王傑譚國公會田弘魏國公李暉
等並為柱國二月己丑夜有蒼雲三尺許經天
自戌加辰三月己酉齊國公憲自龍門度河斛律

周書帝紀五　十六

明月退保華谷憲攻拔其新築五城夏四月戊寅
朔日有蝕之巳卯焚惑犯輿鬼辛卯信州蠻渠
冉祖喜冉龍驤舉兵反遣六將軍趙閻率師討
平之甲午以柱國燕國公于寔爲涼州總管大將
軍杞國公亮爲秦州總管庚子以大將軍縈陽
公司馬消難爲柱國陳國公純鷹門公田弘率
取齊宜陽等九城以大將軍武安公侯莫陳瓊大
安公閻慶神武公竇毅南陽公叱羅協平高公
侯伏侯龍恩並爲柱國封開府斛斯徵爲岐國

◄周書紀五　十七　歲歉►

公右宮伯長孫覽爲薛國公五月癸卯遣納言鄭
詔使於陳景寅以大將軍唐國公李譚中山公訓
杞國公甚上庸公陸騰安義公宇文丘比平公寇
紹許國公宇文善犍爲公高琳鄭國公達奚震
龍東公楊纂常山公于翼並爲柱國六月乙未以
大將軍太原公王秉爲柱國晉月齊將段孝先
攻陷汾州秋七月乙丑以大將軍越國公盛爲柱
國八月癸未鎮星歲星太白合於氏九月庚申
月在妻蝕之既光不復癸酉省掖庭四夷樂後

宮羅綺工人五百餘冬十月壬午冀國公通薨
乙未遣右武伯谷會琨御正蔡斌使於齊壬寅
上親率六軍講武於城南十月壬子以大將軍
梁國公侯莫陳芮大將軍李意並爲柱國景辰
齊遣使來聘丁巳行幸散關十二月巳丑還宮是
冬牛大疫死者十六七
建德元年春正月戊午帝幸玄都觀親御法座
講說公卿道俗論難事畢還宮降死罪及流罪
一等其五歲刑巳下並宥之二月癸酉遣大將軍

周書帝紀五　十八　方

禮使於齊乙酉柱國安義公宇文丘寔三月癸
卯朔日有蝕之齊遣使來聘景辰誅大冢宰晉
國公護護子柱國譚國公會弟大將軍莒國
公至崇業公靜並柱國侯伏侯龍恩龍恩弟大
將軍萬壽大將軍劉勇等大赦改元罷中外府
癸亥以大傳蜀國公尉遲迥爲太師柱國鄧國
公竇熾爲太傳大司空申國公李穆爲太保齊
國公憲爲大冢宰衛國公直爲大司徒趙國公

招爲大司空柱國抱罕公辛威爲大司寇綏德
公陸通爲大司馬詔曰民亦勞止則星動於天作
事不時則石言於國故知爲政欲靜欲靜在寧民
爲治欲安安在息役頃興造無度徵發不已加
以頻歲師旅廢農業去秋災蝗年穀不登民
有散亡家空杼軸朕每旦兢夕惕懷自今
正調以外無妄徵發庶時殺俗阜稱朕意爲夏
四月甲戌以代國公達勝國公逌並爲柱國詔荊
州安州江陵等揔管僔隸襄州已卯以柱國張

披公王傑爲涇州揔管魏國公李暉爲梁州揔
管詔公卿以下各舉所知遣工部代公達小禮部
辛彥之使於齊景戌詔百官軍民上封事極言
得失丁亥詔斷四方非常貢獻庚寅追尊略
陽公爲孝閔皇帝癸巳立魯國公贇爲皇太子
大赦天下百官各加封綬五月封衞國公
子寶爲莒國公紹莊公洛生後壬戌帝以大旱
集百官於庭詔之曰盛農之節亢陽不雨氣序
衍度蓋不徒然豈朕德薄刑賞非中歟將公卿

大臣或非其人歟宜盡言直言無得有隱公卿各
引咎自責其夜澍雨六月庚子改置宿衞官員
秋七月辛丑陳遣使來聘景午辰星太白合於
東井已酉月犯心中星九月庚子朔日有蝕庚
申扶風掘地得玉杯以獻十月庚午詔江陵
所獲俘虜充官口者悉免爲民辛未遣小匠師
楊勰齊駁唐則使於陳柱國大司馬綏德公陸
通薨十月景午上親率六軍講武城南庚戌
行幸羌橋集京城以東諸軍都督以上頒賜有

差乙卯還宮壬戌以大司空趙國公招爲大司馬
乙未月犯心中星十二月壬申行幸斜谷集京
城以西諸軍都督已上頒賜有差景戌還宮已
丑帝御正武殿親錄囚徒至夜而罷庚寅幸道
會苑以上善殿牡麗遂焚之
二年春正月辛丑祠南郊乙巳以柱國鷹門公
田弘爲大司空大將軍徐國公若干鳳爲柱國
庚戌復置帥都督官乙卯祠太廟閏月已巳陳
遣使來聘二月辛亥白虹貫日甲寅詔皇太子

觀撫巡西土壬戌還司會倭莫陳凱太子宮尹鄭
譯使於齊熒惑犯輿鬼入積尸省雍州內八郡
併入京兆馬翊扶風咸陽等郡三月巳卯皇太
子於歧州獲二白鹿以獻詔荅曰在德不在瑞
癸巳省六府諸司中大夫以下官府置四司以下
大夫為之官長上士貳之夏四月巳亥祠太廟
景辰增改東宮官員五月丁卯熒惑犯右執法
丁丑以柱國周昌公侯莫陳瓊為大宗伯滎陽
公司馬消難為大司寇上庸公陸騰為大司空

六月庚子省六府貟外諸官皆為丞甲辰月犯
心中星壬子皇孫行生文武官普加一階大選
諸軍將帥景辰御露寢集諸軍將勛以戌
事庚申詔諸軍旌旗皆畫以猛獸勢鳥之象秋
七月巳巳祠太廟自春末不雨至於是月壬申
集百寮於大德殿帝責躬罪巳問以治政得失
戊子雨八月景午改三夫人為三妃關內大蝗九
月乙丑陳遣使來聘癸酉太白犯右執法戊寅
以柱國鄭國公達奚震為金州揔管詔曰政在

節財禮唯寧儉而頃者婚嫁競為奢靡牢羞之
費鑿竭資財甚乖典訓之理有司宜加宣勤使
咸遵禮制壬午納皇太子妃楊氏冬十月癸邜
晉遣使來聘甲辰六代樂成帝御崇信殿集百
官以觀之十一月辛巳帝親率大軍講武於城東
癸未集諸軍都督以上五十人於道會苑大射帝
親臨射宮大備軍容十二月癸巳集羣臣及沙門
道士等帝升高座辨釋三教先後以儒教為先
道教為次佛教為後以大將軍樂川公赫連達

為柱國詔曰尊年尚齒列代弘規序舊酬勞哲
王明範嗣承洪業君臨萬邦驅此兆庶宜諸
仁壽軍民之間年多者耆耆春言羞耆宜有優崇
可頒授老職使榮露邑里戊午聽訟於正武殿
自旦及夜繼之以燭
三年春正月壬戌朝羣臣於露門冊柱國齊國
公憲衛國公直趙國公招譙國公儉陳國公純
越國公盛代國公達滕國公迪並進爵為王巳
巳祠太廟庚午突厥遣使獻馬癸酉詔自今巳

後男年十五女年十三巳上爰及鰥寡所在軍民
以時嫁娶務從節儉勿為財幣稽留乙亥親耕
籍田景子初服短衣享二十四軍督將巳下試
以軍旅之法縱酒盡歡詔以往歲年穀不登民
多乏絕令公私道俗凡有貯積粟麥變者皆准口
聽留以外盡糶二月壬辰朝日有蝕之丁酉紀
國公康畢國公賢鄶國公允並進爵為王景午令六
贄秦國公贄曹國公寊宋國公實漢國公
府各舉賢良清正之人癸丑桂國許國公宇文

三百二十四 ■周書帝紀第五 二十三 石乙

善有罪免乙卯行幸雲陽宮景辰詔曰民生而
靜純懿之性本均感物而遷嗜欲之情斯起雖
復雲鳥殊文質異時莫不限以隄防示之禁
令朕臨萬寓復養黎元思振賴綱納之軌式
比因人有犯與衆棄之所在羣官有慝過者咸
聽首雲路莫不輕重畢陳纖毫無隱斯則風行草
偃從化無違導德齊禮庶幾可致但上失其道
有自來矣凌夷之弊反本無由宜加蕩滌與民
更始可大赦天下庚申皇太后不豫三月辛酉至

自雲陽宮癸酉皇太后叱奴氏朋帝居倚廬朝
夕共一溢米羣臣表請旬乃止詔皇太子贇
摠釐庶政夏四月乙卯齊遣使弔贈會葬丁巳
有星孛於東北紫宮垣長七尺五月庚申葬文宣
皇后於永固陵帝跣至陵所辛酉詔曰齊斬
之情經籍彝訓近代淪革遂亡斯禮伏奉遺令
既葬便除帝雖蔥慕幾筵情實未忍三年之喪達
於天子古今無易之道王者之所常行但時有
未諧不得全制軍國務重庶自聽朝緝麻之節

三冊 ■周書紀五 二十四

苫廬之禮率導前典申罔極百寮以下宜依
遺令公卿上表固請就權制過葬即吉帝不
許引古禮答之羣臣乃止於是遂申三年之制五
服之內亦令依禮初置太子諫議員四人文學
十人皇弟皇子友各二人學士六人丁卯荊州
獻白烏戊辰詔改晉國公護及諸子並追復先
封改葬加謚景子初斷佛道二教經像悉毀罷
沙門道士並令還民并禁諸淫祀禮典所不載
者盡除之六月丁未集諸軍將教以戰陣之法

壬子更鑄五行大布錢以一當十與布泉錢並行

戊午詔曰至道弘深混成無際體包空有理極
幽玄但岐路既分派源逾遠淳朴散形氣斯
乘遂使三墨八儒朱紫交競九流七略異說相
騰道隱小成其來舊矣不有會歸爭驅靡息
今可立通道觀聖哲微言先賢典訓全科玉篆
秘蹟玄文所以濟養黎元扶成教義者並宜弘
闡一以貫之俾夫翫培壞者識高仙之崇嚴守蹟
碌者悟渤澥之泓澄不亦可乎秋七月庚申行

幸雲陽宮乙酉衞王直在京師舉兵反欲突入
肅章門司武尉遲運等拒守直敗率百餘騎遁
走京師連雨三旬是日霽戊子至自雲陽宮八
月辛卯擒直於荊州免爲庶人乙未詔自建德
元年八月以前犯罪未被推糾於後事發失官
爵者並聽復舊景申行幸雲陽宮九月庚申幸
同州戊辰以柱國大宗伯周昌公俟莫陳瓊爲
秦州惣管冬十月景申御正楊尚希禮部盧愷爲
使於陳戊戌雍州獻倉烏庚子詔蒲州民遭饑

乏絕者令向鄜城以西及荊州磁口內就食甲寅
行幸蒲州乙卯曲赦蒲州見囚大辟以下景辰
行幸同州始州民王鞅擁衆反大將軍鄭恪討
平之十一月戊午以柱國大司空上庸公陸騰爲
涇州惣管于闐遣使獻名馬己巳大閱於城
東甲戌至自同州十二月戊子大會儔官及軍
人以上賜錢帛各有差辛卯月掩太白詔荊襄
安延夏五州惣管內有能率其從軍者授官各
有差其貧下戶給復三年景申改諸軍軍士並
爲侍官丁酉利州上言驪虞見癸卯集諸軍講
武於臨皋澤涼州比年地震壞城郭地裂涌泉出

紀第五　　　　周書五

周書六　武帝下

令狐　德棻　等撰

建德四年春正月氐辰以柱國枹罕公辛威爲
寧州揔管太原公王康爲襄州揔管初置營
軍器監壬申詔曰今陽和布氣品物資始敬授
民時義兼敦勸詩不云乎弗躬弗親庶民弗信
刺史守令宜親勸農百司分番躬自率道寸事非
機要並停至秋鰥寡孤獨不能自存者所在量

三九十　周書紀六

加賑郵通租縣調兵役殘功並宜蠲免癸酉行
幸同州二月景戌朔日有蝕之辛卯改置宿衞官
貞己酉柱國廣德公李意有罪免三月景辰遣
小司寇淮南公元衞納言伊妻謙使於齊郡縣
各省主簿一人景寅至自同州甲戌以柱國趙王
招爲雍州牧夏四月甲午柱國燕國公干寔有
罪免丁酉初令上書者並爲表於皇太子以下
稱啟六月詔東南道四揔管内自去年以來新
附之戶給復三年秋七月景辰行幸雲陽宮己

未禁五行大布錢不得出入關布泉錢聽入而
不聽出丁卯至自雲陽宮甲戌陳遣使來聘景子
召大將軍以上於大德殿帝曰太祖神武肇運創
造王基兵威所臨有征無戰唯彼僞齊猶懷跋
扈雖復戎車屢駕而大勳未集朕以寡昧
承鴻緒往以政出權宰無所措懷自親覽兆萬
機便圖東討惡衣菲食繕甲治兵數年已來戰
備稍足而偽主昏虐恣行無道伐暴除亂斯實
其時今欲數道出兵水陸兼進此拒太行之路

食　周書帝紀六　二

東扼黎陽之險若攻拔河陰宛陜則馳檄可定
然後養鉳算上以待其至但得一戰則破之必矣
王以爲何如群臣咸稱善一五詔曰高氏因時
放命擄有汾漳擅假名器歷年永久朕以亭毒
爲念遵養時晦逐敢聘好務息黎元而彼懷
惡不悛尋事侵軼荼言負信竊邑藏姦往者
軍下宜陽豐由彼始兵與汾曲事非我先此獲
俘囚禮送相繼彼所拘執曾無一反加以淫刑妄
逞毒賦繁素與齊魯輪殄悴之哀幽并啟來蘇

之望。既禍盈惡稔，衆叛親離，不有一戎，何以大定。今百藏在辰，涼風戒節，屬兵諸暴，時事惟宜。朕當親御六師，龍旂天罰，庶憑祖宗之靈，潛資將士之力，馳九有之電掃八紘，可分命衆軍，指期進發。以柱國陳王純為前一軍揔管，滎陽公司馬消難為前二軍揔管，鄭國公達奚震為前三軍揔管，越王盛為後一軍揔管，周昌公侯莫陳瓊為後二軍揔管，趙王招為後三軍揔管。齊王憲率衆二萬趣黎陽，隋國公楊堅、廣寧侯薛迴舟師三萬自渭入河，柱國梁國公侯莫陳芮率衆一萬守太行道，申國公李穆帥衆三萬守河陽道，常山公于翼帥衆二萬出陳、汝。壬午，上親率六軍衆六萬，直指河陰。八月癸卯，入齊境，禁伐樹踐苗稼，犯者以軍法從事。丁未，上親率諸軍攻河陰大城，拔之。進攻子城，未克。上有疾，九月辛酉夜，班師。水軍焚舟而退。齊王憲及于翼、李穆等所在克捷，降拔三十餘城，皆棄而不守，唯以王藥城要害，分儀同三司韓正守之。正以城降齊。戊寅

至自東伐。己卯，以華州刺史畢王賢為荊州揔管。又，十月戊子，初置上柱國、大將軍官。改開府儀同三司為開府儀同大將軍，儀同三司為儀同大將軍。又置上開府儀同大將軍、上儀同大將軍官。甲午，行幸同州。閏月，齊將尉相貴據大寧延州揔管王慶擊走之。以柱國齊王憲為益州揔管，大司寇滎陽公司馬消難為梁州揔管。詔諸總管各舉賢良。十月己亥，改置司內曹官。是月十二月辛亥朔，日有蝕之。庚午，至自同州。景子，陳遣使來聘。是歲岐州民饑，開倉賑給。五年春正月癸未，行幸同州。辛卯，行幸河東涑川，集關中、河東諸軍校獵。甲午，還同州。丁酉，詔曰：朕克己思治，而風化未弘，永言前載，懷夕惕。可分遣大使，周省四方，察政治，聽謠問民隱。其獄犴無章，侵漁黎庶，隨事究驗，條錄以聞。若政績有施，治綱克舉，及行宣圭蓽，道著立圉，並須撿番，依名騰奏。其鰥寡孤獨，是可哀矜，亦宜賑給，務使周贍。廢布泉錢。戊申，初令鑄錢者絞

其從者遠配為民二月辛酉遣皇太子贇員巡撫西
土仍討吐谷渾戎事節度並宜隨機專決三月
庚子月犯東井第一星壬寅至自同州文宣皇后
服斬衰夏四月乙卯行幸同州開府清河
公宇文神舉攻拔陸渾等五城五月壬辰至自
同州六月戊申朔日有蝕之辛亥行幸雲陽宮月
州總管紀王康有罪賜死丁巳行幸雲陽宮月
掩心後星庚午熒惑入輿鬼秋七月乙未京師旱
八月戊申皇太子代吐谷渾至伏俟城而還乙卯
至自雲陽宮乙丑陳遣使來聘九月丁丑大醮
於正武殿以祈東河外直為撫背未扼其喉然嘗
屬有疹疾遂不得克平通冠前入賊境備
情觀彼行師殆同兒戲又聞其朝政昏亂政由
群小百姓嗷然朝不謀夕天與不取恐貽後悔若
復同往年出軍河外直為撫背未扼其喉然嘗
州本高歡所起之地鎮攝要重今往攻之彼必
來援吾嚴軍以待擊之必克然後乘破竹之勢
鼓行而東足以窮其窟穴混同文軌諸將多不

願行帝曰幾者事之微不可失矣若有沮吾軍
者朕當以軍法裁之己酉帝總戎東伐以越王
盛為右一軍總管杞國公亮為右二軍總管隋國公
楊堅為右三軍總管譙王儉為左一軍總管大將
軍竇泰為左二軍總管廣化公丘崇為左三軍總
管齊王憲陳王純為前軍庚戌癸亥犯太微上將
戊午歲星犯太陵癸亥帝至晉州遣齊王憲率精騎
二萬守雉谷陳王純步騎二萬守千里徑郇國公
達奚震步騎一萬守統軍川大將軍韓明步騎五千
守齊子嶺為氏公尹昇步騎五千守鼓鐘鎮涼城公辛
韶步騎五千守蒲津關柱國趙王招步騎一萬自華
谷攻齊汾州諸城柱國于文盛步騎一萬守汾水關
遣內史王誼監六軍攻晉州城帝屯於汾曲齊王
憲攻洪洞永安二城並拔之是夜虹見於晉州城
上首向南尾入紫微宮長十餘丈帝每日自汾曲
赴城下親督戰城中惶窘庚午齊行臺左丞侯
子欽出降壬申齊晉州刺史崔景嵩守城北面夜
密遣使送款上開府王軌率衆應之未明登城鼓

嘒齊眾潰遂克晉州擒其城主特進開府海昌
王尉相貴俘甲士八千人送關中甲戌以上開
府梁士彥為晉州刺史加授大將軍留精兵一萬以
鎮之又遣諸軍徇齊諸城鎮並相次降欵十月已
卯齊主自并州率眾來援帝以其兵新集且避
之乃詔諸軍班師遣齊王憲為後拒是日齊主
至晉州憲不與戰引軍度汾齊王憲屯
諸軍於涷水為晉州聲援河
東地震癸巳至自東伐獻俘於太廟甲午詔曰

偽齊違信背約惡稔禍盈是以親總六師問罪
汾晉兵威所及莫不摧殄賊眾危惶鳥栖自固
暨元戎及旆方來聚結遊魂首尚敢趑趄朕
今更率諸軍應機除剪景申放齊諸城鎮降人
還丁酉帝發京師壬寅度河與諸軍合十二月戊
申次於晉州初齊攻晉州恐王師卒至於城南
穿塹自喬山屬於汾水庚戌帝帥諸軍八萬人置
陳東西二十餘里帝乘常御馬從數人巡陳處分所
至輒呼主帥姓名以慰勉之將士感見知之恩

各思自厲將戰有司請換馬帝曰朕獨乘良馬
何所之齊主亦於軒北列陣申後齊人填塹南
引帝大喜勒諸軍擊之齊人便退資甲與其麾
下數十騎走還并州齊眾大潰軍仗數百
里間委棄山積辛亥帝幸晉州仍率諸軍追齊
主諸將固請還師帝曰縱敵患生卿等若疑朕
將獨往諸將不敢言甲寅齊主遣其丞相高阿
那肱守高壁帝麾軍直進那肱望風退散景辰
師次介休齊將韓建舉城降以為上柱國封郇
國公丁巳大軍次并州齊主留其從兄安德王
延宗守并州自將輕騎走鄴是日詔曰

令喉脣之重棟梁骨鯁翦為仇讎狐趙緒餘
降城卑隸民不見德唯虐是聞朕懷茲漏網置
之虜外正欲各靜封疆共綏民瘼故也爾之
曽不是思欲構厲階及貽其梗我之勇羸坐
偽丞相高阿那肱驅逼餘燼竊據高壁摧通醜
甲若赴私讎是以一鼓而定晉州再舉而摧
閉帷幄獻兼弱之謀爪牙奮干戈之率士咸求事
南王韓建業作守介休規相抗擬聊示兵威應
時出朋潰那環則單馬宵遁建業則面縛軍和爾
之卒所知見也若其懷遠以德則爾難以德
綏處隣以義則爾難以義服且天與不取道家
所忌攻昧今親馭羣行雄長驅
宇内六軍舒施萬隊啟行勢與雷電爭威氣
家相慶來蘇之后思副厥誠偽主若妙盡人謀
逐風雲齊舉王師所次巳達近郊望歲之民室
深達天命牽羊道左銜璧轅門當惠以焚襯之
恩待以列侯之禮偽將相王公巳下衣冠士民之
族如有深識事宜建功立効官榮爵賞各有

加隆若下愚不移守迷草改則委之執憲怒正
刑書嗟爾蒸士胡寧自棄若或我之將卒逃彼逆
朝無問貴賤皆從蕩滌善求多福無貽後悔
璽書所至咸使聞知自晉齊之將帥降者相繼
封其特進開府賀拔伏恩為邺國公其餘官爵
軍次并州庚申延宗擁兵四萬出城抗拒帝率
諸軍合戰齊人退帝乘勝逐北率千餘騎入東
門詔諸軍繞城置陣至夜延宗率其眾排陣而
前城中軍卻人相踐踏大為延宗所敗死傷略
盡齊人欲開門以闔下積尸焉不得闔帝從數
騎崎嶇危險僅得出門至明率諸軍更戰大破
之擒延宗并州平壬戌詔曰普天厭水運龍戰于
野雨京坦隅四紀于茲朕垂拱嚴廊君臨宇縣
相邲民於海內混楚弓於天下一物失所有若推
溝方欲德綏未服義征不譓偽主高緯敕命燕
齊忩慢典刑俶擾天紀加以背惠怒隣乗信
忘義朕應天從物伐罪弔民鼓而蕩平陽再

舉而摧勍敵僞署王公相繼道左高緯智窮數
屈逃竄草間僞安德王高延宗擁攝之間遂襲
名號與僞齊王莫多婁敬顯等收合餘燼背
城抗敵王威旣振舟楫離破竹更難建領
易延宗衆散解甲軍門根本旣傾技葉自實
青海岱折簡而來非北河南傳檄可定八紘共
貫六合同風方當僵伯靈臺休牛挑塞無疆之
慶非獨在余漢皇約法除其苛政姬王輕典刑
彼新邦思覃惠澤被之率土新雒舊臣民皆從蕩

■周書紀六

十一

滌可大赦天下高緯及王公以下若釋然歸順咸
許自新諸亡人僞朝亦從寬宥官榮次序依例
無失其齊僞制令即宜削除鄒魯搢紳幽弁騎
士一介可稱並宜銓錄百年去殺雖或難希基月
有成庶幾可勉景寅出齊宮中金銀寶器珠翠
麗服及宮女二千人班賜將士以柱國趙王招陳王
純越王盛杞國公亮梁國公侯莫陳芮庸國公王
謙比平公寇紹鄭國公達奚震並爲上柱國封
齊王憲子安城郡公質爲河間王大將軍豳化公

丘崇爲洛國公神水公姬願爲原國公廣業公尉
遲運爲盧國公諸有功者封授各有差癸酉帝
率六軍趣鄴以上柱國陳王純爲并州揔管
六年春正月乙亥齊主傳位於其太子恆改年承
光自號爲太上皇壬辰帝至鄴齊主先於城外掘
塹豎柵癸巳帝率諸軍圍之齊人拒守諸軍奮擊
大破之遂平鄴齊主先送其母妻子於青州及
城陷乃率數十騎走青州遣大將軍尉遲勤率二
千騎追之是戰也於陣獲其齊昌王莫多婁敬

周書紀六

十二

顯帝責之曰汝有死罪者三前從弁走鄴携姜棄
母是不孝外爲僞主勠力內實通路於朕是不忠
送款之後猶持兩端是不信如此用懷本何待遂
斬之是日西方有聲如雷者一甲午帝入鄴城齊任
城王湝先在冀州齊主至河遣其待中斛律孝卿
送傳國璽禪位於湝孝卿未及之處皆從赦例封齊
年大赦班宣未及之處皆從赦例封齊開府洛州
刺史獨孤永業爲應國公辛申以上柱國越王盛爲
相州揔管己亥詔曰自晉州大陣至于平鄴身殞戰

場者其子即授父本官尉遲勤擒齊主及其太子
恫於青州庚子詔曰僞齊之末姦侫擅權濫罰
淫刑動挂羅網僞右丞相咸陽王故斛律明月僞
侍中特進開府故崔季舒等七人或功高獲罪或
直言見誅朕兵義動前彫除尪暴表閭封墓幽
渙窮有滂濱世縱淫風事窮彫飾或穿池運石
爲山學海或層臺累構窮極日陵雲以暴亂之心

敕錄家口田宅沒官者並還之辛丑詔曰僞齊叛
極奢侈之事有一於此未或弗亡朕非食薄衣以
弘風敎追念生民之費尚想力役之勞方當易茲
弊俗率歸節儉其東山南園及三臺可並毀撤
瓦木諸物凡人用者盡賜下民山園之田各還本主
二月景午論定諸軍功勳置酒於齊太極殿會
軍士以班賜有差丁未齊主至帝降自阼階以
賓主之禮相見高湝在鄴州擁兵未下遣上柱
國齊王憲與柱國隋公楊堅率軍討平之齊定州
刺史范陽王高紹義叛入突厥齊諸行臺州鎮

悉降關東平合州五十五郡百六十二縣三百八
十五戶三百三十萬二千五百二十八萬六千
八百六十六於河陽幽青南兗徐北朔定並置
揔管府相并二揔管各置宮及六府官癸丑詔
曰無侮鰥寡獨事顯前書民彼矜人惠流往訓僞
齊末政昏虐宜是繁災甚滔天毒流屋無罪無
辜係虜三軍之手不飲不食九達之門爲民父母
獨養黎元念其僵仆什泣辜誠深罪己除其
苛政事屬改張宜加寬宥兼行振邺自僞武平
三年以來河南諸州之民僞齊破掠爲奴婢者不
問官私並宜放免其往在淮南者不即聽還願住
淮北者可隨便安置其有羸殘孤老饑餒絕食
不能自存者仰所在給其衣食務使存立乙卯帝
校無親屬竄者所在給其衣食及親民長司躬自檢
自鄴還京景辰以柱國隋公楊堅爲定州揔管三
月壬午詔山東諸州各舉明經幹治者二人若奇
才異術卓爾不群者弗拘多少夏四月乙巳至
自東伐列齊主於前其王公等並從車駕旗幟

及器物以次陳於其後大駕鹵簿六軍備凱樂獻
俘於太廟京邑觀者皆稱萬歲戊申封齊王為
温國公庚戌大會羣臣及諸蕃客於露寢乙卯
廢蒲陝涇寧四州揔管已祠太廟詔曰東夏既
平王道初被齊氏弊政餘風未殄朕夙勞萬機念
存康濟恐清淨之志未形四海下民窮苦不能上
達寤寐興懷用切於懷宜分遣使人方撫慰觀
風省俗宣揚治道有司明立條科務在弘益五月
丁丑以柱國雖王儉為大冢宰庚辰以上柱國杞國公

三百四十四 ▋周書紀六　十五 ▋周川

亮為大司徒鄭國公達奚震為大宗伯梁國公侯
莫陳內為大司馬柱國應國公獨孤永業為大司
寇鄭國公章孝寬為大司空辛巳大醮於正武殿
以報功也已君祠方丘詔曰朕欽承丕緒寢興惟惕
惡衣非食貴昭儉約上棟下宇土階茅屋猶恐居
之者逸作之者勞詎可廣廈高堂肆其奢欲往
者家臣專任制度有違正殿別寢事窮壯麗非
直雕牆峻宇深戒前王而締構弘敞有踰清廟不
軌不物伺以示後兼東貢入初平民未見德平先海

内宜自朕始其雲露寢會義崇信舍仁雲和思齊諸
殿等農隙之時悉可毀撤雕斷之物並賜貧民繕
造之宜務從甲癸巳行幸雲陽宮戊戌詔曰京
師宮殿已從撤毀開鄴二所華侈過度誠復作之
非我豈容因而弗革諸堂殿壯麗並宜除蕩儻
宇雜物分賜窮民三畫之際別漸營構止蔽風
雨務在卑狄庚子陳遣使來聘是月青城門
故自崩六月丁未至自雲陽賜宮辛亥御正武殿錄
囚徒癸亥於河州雜鳴防置芳州

三百卅三 ▋周書紀六　十六 ▋周

廣川防置弘州甲子帝東巡丁卯詔曰同姓百世
婚姻不通蓋惟重別周道然也而聚妻買妾有
納母氏之族雖曰異宗猶為混雜自今以後悉不
得聚母同姓以為妾其已定未成者即令改聘秋
七月已卯封齊王憲第四子廣都公貞為莒國公
紹莒莊公洛生後癸未應州獻芝草景戌行幸
洛州已丑詔山東諸州舉有才者上縣六人中縣五
人下縣四人赴行在所共論治政得失戊戌以上柱
國庸公王謙為益州揔管八月壬寅議定權衡度

量頒於天下其不依新式者悉追停詔曰以刑止刑世輕世重罪不及嗣皆有定科雜役之徒獨異常憲二從罪配世不免罰既無窮刑何以措道有公華宜從寬典凡諸雜戶悉放爲民配雜之科因之永削甲子鄭州獻九尾狐皮肉銷盡骨體猶具帝曰瑞應之來必昭有德若使五品時叙四海和平家識孝慈人知禮讓乃能致此今無其時恐非實録乃命焚之九月壬申以柱國鄧國公竇熾申國公李穆並爲上柱國戊寅初令民

庶已上唯聽衣綢綿絁絲布圓綾紗絹葛布等九種餘悉停斷朝祭之服不拘此例甲申絳州獻白雀壬辰詔東土諸州儒生明一經已上並舉送州郡以禮發遣癸卯封上大將軍上黃公王軌爲鄴國公吐谷渾遣使獻方物冬十月戊申行幸鄴宮戊午改葬德皇帝於冀州帝服緦哭於太極殿百官素服哭是月誅溫國公高緯十一月庚午百濟遣使獻方物壬申封皇子充爲道王充爲蔡王癸酉陳將吳明徹侵呂梁徐州惣管梁士彦

出軍與戰不利退守徐州遣上大將軍剡國公王軌率師討之是月稽胡反遣齊王憲率軍討平之詔自永熙三年七月已來去年十月以前東土之民被抄略在化內爲奴婢者及平江陵之後良人没爲奴婢者並宜放免所在附籍一同民伍若舊主人猶須共居聽留爲部曲及客女詔曰正位於中有聖通典質文相革損益不同五帝則四星之象三王制六宮之數劉曹已降等列彌繁選擇遍於生民秩方於庶職椒房丹地有

衆如雲本由嗜欲之情非關風化之義朕運當澆李思復古始無容廣集子女屯聚宮掖弘贊後庭事從約簡可置妃二世婦三人御妻三人自兹以外悉宜減省已亥睧日有蝕之初行刑書要制持杖群盜一匹以上不持杖群盜五匹以上監臨主掌自盜二十四以上小盜及詐偽請官物三十匹以上正長隱五戶及十丁以上隱地三頃以上者至死刑書所不載者自依律科十二月戊午吐谷渾遣使獻方物已未東壽陽土人反率

衆五千襲并州城刺史東平公宇文神舉破平
之庚申行幸并州宫後并州軍人四萬戸於關
中景寅以柱國滕王逌為河陽揔管丁卯以柱
國隨國公楊堅為南兗州揔管上柱國申國公李
穆為并州揔管戊辰廢并州宫又六府是月北
營州刺史高寶寧據州反
宣政元年春正月癸酉吐谷渾僞趙王他妻屯
來降壬午行幸鄴宫分相州廣平郡置洺州清
河郡置貝州黎陽郡置黎州汲郡置衞州分定
州常山郡置恒州分并州上黨郡置潞州辛卯行
幸懷州癸巳幸洛州詔於懷州置宫二月甲辰柱
國大冢宰譙王儉薨丁巳帝至自東巡乙丑以
上柱國越王盛為大冢宰陳王純為雍州牧三
月戊辰於蒲州置宫廢同州又長春二宫爲之
突厥遣使獻方物甲戌初服常冠以皁紗爲之
加簪而不施纓道于其制君令之折角巾也上大
將軍郯國公王軌破陳師於呂梁擒其將吳明
徹等俘斬三萬餘人丁亥詔柱國故豆盧寧征

江南武陵南平等郡所有民庶為人奴婢者悉
依江陵放免壬辰改元夏四月壬子初令遭父母
喪者聽終制庚申突厥入寇幽州殺略吏民議
將討之五月已丑帝揔戎此代遣柱國原公姬願
東平公宇文神舉等率軍五道俱入發關中公
私驢馬悉從軍癸巳帝不豫止于雲陽宫宣申
於乘興時年三十六遺詔曰人肯形天地禀質
五常惰阻之期莫非命也朕君臨宇縣十有九
詔停諸軍事六月丁酉帝疾甚其夜崩
年未能使百姓安樂刑措囹圄所以昧旦求衣
分宵忘寝昔魏室將季海內分崩太祖扶危翼
傾肇開王業燕趙榛蕪久竊名号朕上述先志
下順民心遂與王公將帥共平東夏雖復妖氛蕩
定而民勞未康每一念此如臨冰谷將欲包舉六
合混同文軌今遘疾大漸氣力稍微有志不申以
此歡息天下事重萬機不易王公以下愛及庶
僚宜輔導太子副朕遺意令上不負太祖下無
失為臣朕雖瞑目九泉無所復恨朕平生居處

每存菲薄非直以訓子孫亦乃本心所好喪事
資用須儉而合禮墓而不墳自古通典隨吉即
詎詎記公除四方喪各三日哭妃嬪以下無子者

陵帝沈毅有智謀初嘗公謹事權常自晦迹於孝
秣放遂家諡曰武皇帝廟稱高祖已未葬於孝
莫測其深淺及誅護之後始親萬機尅已勵
精聽覽不怠用法嚴整多所罪殺號令嚴惻唯
惠允布懷立行皆欲踰越古人身衣布袍寢布被
屬音於政群下畏服莫不肅然性既明察少於恩
無金寶之飾諸宮殿華綺者皆撤毀之政為士階
數尺不施櫨栱其雕文刻鏤錦繡纂組一皆禁
斷後宮嬪御不過十餘人勞謙接下自強不息以
海內未康銳情教習至於校兵閱武步行山
谷履涉勤苦皆人所不堪平齊之後見軍士有
跣行者帝親脫靴以賜之每宴會將士必自執杯
勸酒或手付賜物至於征伐之慮躬在行陣性又
果決能斷大事故能得士卒死力以弱制強破
齊之後遂欲窮兵極武平突厥定江南三年間

必使天下一統此其志也
史臣曰自東西否隔二國爭彊戎馬生郊干戈
日用兵連禍結力敵勢均疆場之事彼此高
祖纘業未親萬機慮遠謀深以蒙養正及英
威電發朝政惟新內難既除外略方始苦心焦
思克已勵精勞役為士卒之先居處同匹夫之
儉俯富民之政務彊兵之術乘釁人之有釁順
大道而推亡五年之間大勳斯集擄祖宗之宿
憤挑東夏之阽危盛矣哉其有成功者也若使

翌日之瘳無奕經營之志獲申顯武窮兵雖
見譏於良史雄圖遠略足方駕於前王者歟

紀第六

周書六

令狐　德棻　等撰

周紀第七

宣皇帝諱贇字乾伯高祖長子也母曰李太
后武成元年生於同州保定元年五月景午封
魯國公建德元年四月癸巳高祖親告廟冠於
阼階立為皇太子詔皇太子巡撫西土文宣皇
后崩高祖諒闇詔太子總朝政五旬而罷高祖
每巡幸四方太子常留監國五年二月又詔皇
太子巡西土因討吐谷渾宣政元年六月丁酉
高祖崩戊戌皇太子即皇帝位尊皇后為皇
太后癸丑歲星熒惑太白合於東井甲子誅上
柱國齊王憲封開府于智為齊國公閏月乙亥
詔山東流民新復業者及突厥侵掠家口破亡
不能存濟者並給復一年立妃楊氏為皇后柱國
已以上柱國趙王招為太師陳王純為太傅柱國
代王達滕王逌盧國公尉遲運薛國公長孫覽
並為上柱國進封柱國平陽郡公王誼為揚國

一

周紀第七

公是月幽州人盧昌期據范陽反詔柱國東平
公宇文神舉率眾討平之秋七月辛丑月犯心
前星乙巳祠太廟景午祠圓丘申祠方丘以
小宗伯岐國公斛斯徵為大宗伯景辰祠太白
合於七星巳未太白犯軒轅大星壬戌以柱國
南兗州總管隋公楊堅為上柱國大司馬癸亥
尊所生李氏為帝太后八月景寅夕月於西
郊長安萬年二縣民居在京城者給復三年壬
申行幸同州遣大使巡察諸州詔制九條宣

二一

州郡　一曰決獄科罪皆准律文二曰母族絕服
外者聽婚三曰以杖決罰悉令依法四曰郡縣
當境賊盜不擒獲者並仰錄奏五曰孝子順
孫義夫節婦表其門閭才堪任用者即宜申薦
六曰或昔經驅使名位未達或沈淪蓬革武
可施用宜並採訪具以名奏七曰偽齊七品以
已敕收用八品以下爰及流外若欲入仕皆聽
預選降二等授官八曰州舉高才博學者為
秀才郡舉經明行脩者為孝廉上州上郡歲一

人下州下郡三歲一人九日年七十以上依式
授官鰥寡困乏不能自存者並加稟恤以大司
徒杞國公亮為安州揔管上柱國薛國公長孫
覽為大司徒柱國楊國公王誼為大司空庚辰
太白入太微景戌以柱國永昌公王椿為大司
寇九月丁酉癸以柱國宇文盛張掖公
王傑枹罕公辛威郎國公韋孝寬並為上柱國
庚戌封皇弟元為荊王詔諸應拜者皆以三拜
王誼為襄州揔管戊子百濟遣使獻方物十一
月已亥講武於道會苑帝親撰甲胄是月癸歇
冠遶圍酒泉殺掠更民十二月甲子以柱國畢
王賢為大司空癸未癸惑入亙仍留經一月已
丑以上柱國河陽揔管滕王逌為行軍元帥率
衆伐陳免京師見徒並令從軍
大象元年春正月癸巳受朝於露門帝服通天

冠絳紗袍群臣皆服漢魏衣冠大赦改元大成
初置四輔官以上柱國大冢宰越王盛為大前
疑相州揔管蜀國公尉遲迥為大右弼國公
李穆為大左輔大司馬隋國公楊堅為大後丞
癸卯封皇子衍為魯王衍為皇太子二月癸亥詔曰河
背以柱國宇文善為大宗伯癸丑又背戊午行
許國公宇文善為大司徒辛亥以柱國
幸洛陽立魯王衍為皇太子甲辰東巡狩景午有
洛之地世稱朝市上則於天陰陽所會下紀於

地職貢路均聖人以萬物阜安乃建王國時經
五代世歷千祀規摹弘遠邑居壯麗自魏氏失
馭城闕為墟君子有戀舊之風小人深懷土之
思我太祖受命鄹鎬于宇崤函蕩定四方有懷
光宅高祖神功聖略混一區宇往巡東夏省方
觀俗布政此宮遂移氣序炎以眇身祗承寶祚
庶幾聿修之志敢忘燕翼之心一昨駐蹕金墉備
嘗遊覽百王制度基趾尚存今若因修為功易
立筫命邦事修復舊都奢儉取文質之間功役

依子來之義北瞻河内咫尺非遙前謂經營今
宜停罷於是發山東諸州兵增月功爲四十五
日役起洛陽宮常役四萬人以迄于晏駕并移
相州六府於洛陽稱東京六府殺柱國徐州揔
爲徐州揔管乙亥行幸鄴景子初令授揔管刺
公主嫁於突厥戊辰以上柱國郎國公韋孝寬
管鄈國公王軌停南討諸軍以趙王招女爲千金
史及行兵者加持節餘悉罷之辛巳詔曰有聖
大寶定惟重器玄天表命人事與能幽顯同謀
確乎不易域中之大寶懸定於杳冥天下爲公
蓋不避於内舉我大周感蒼昊之精受河洛之
錫武功文德光格區宇創業垂統未光無窮朕
以寡薄祇承鴻緒上賴先朝得一之迹下藉羣
后不貳之心職貢與雲雨俱通憲章共光華並
豈圓首方足咸登仁壽思隆國本用弘天曆皇
太子衍地居上嗣正統所歸遠憑積德之休寧
叶無疆之祚帝王之量未肅而成天祿之期不
謀已至朕今傳位於衍乃睠四海深合謳歌之

望俾子一人高蹈風塵之表萬方兆庶知朕意
焉可大赦天下改大成元年爲大象元年帝於
是自稱天元皇帝所居稱天臺冕二十有四旒
車服旗鼓皆以二十四爲節内史御正皆置上
大夫皇帝衍稱正陽宮置納言御正諸衛等官
皆準天臺尊皇太后爲天元皇太后封内史上
大夫鄭譯爲沛國公癸未日初出及將入時其
中並有烏色大如雞卵經四日滅戊子初其
國大前疑越王盛爲太保大右弼蜀公尉遲迥
爲大前疑代王達爲大右弼辛卯詔徒鄴城石
經於洛陽又詔曰洛陽舊都今旣修復凡是元
遷之戶並聽還洛州此外諸民欲往者亦任其
意河陽幽相豫毫青保七揔管受東京六府
處分三月壬寅以上柱國薛國公長孫覽爲涇
州揔管庚申至自東巡大陳軍伍帝親擐甲胄
入自青門皇帝衍備法駕從入百官迎於青門
外其時驟雨儀衛失容辛酉封趙王招第二子
貫爲永康縣王夏四月壬戌朔有司奏言日蝕

不視事過時不食乃臨軒立妃朱氏為天元帝
后癸亥以柱國畢王賢為上柱國己巳祠太廟
壬午大醮於正武殿戊子太白歲星辰星合於
東井五月辛亥以洺州襄國郡為趙國以齊州
濟南郡為陳國以曲阜縣武當安富二郡為趙國
邑各一萬戶令趙王招陳王純趙王盛代王達
以洺州黨郡為代國以荊州新野郡為滕國
滕王逌並之國癸丑有流星大如斗出太微落
落如遺火是月遣使簡視京兆及諸州士民之
女充選後宮突厭冠并州六月丁卯有流星大
如雞子出氐西北流長一丈入月中己巳月犯
房比頭第二星乙酉有流星大如斗出營室流
入東壁是月咸陽有池水變為血發山東諸州
民修長城秋七月庚寅以大司空畢王賢為雍
州牧大後丞隋國公楊堅為大前疑柱國榮陽
公司馬消難為大後丞壬辰熒惑掩房比頭第
一星景申納大後李氏為天皇太后壬子改天
后尊天元帝太后李氏為天皇太后壬子改天

元帝后朱氏為天皇后后立妃元氏為天右皇后
妃陳氏為天左皇后八月庚申行幸同州壬申
還宮甲戌以天左皇后父大將軍陳山提天右
皇后父開府元晟並為上柱國山提封鄖國公
晟封翼國公開府楊雄為邗國公乙弗晟戴國
公初高祖作刑書要制用法嚴重及帝即位
以海內初平恐物情未附乃除之至是大醮於
正武殿告天而行為辛巳熒惑犯南斗第五星
壬午以上柱國雍州牧畢王賢為太師上柱國鄖
國公韓建業為大左輔是月所在有蟻羣闕
各方四五尺死者什八九九月己酉太白入南斗
乙卯以酆王貞為大冢宰上柱國鄖國公星孝
寬為行軍總管杞國公宇文亮國公
梁士彥以伐陳遣御正杜杲禮部辭舒使於陳
冬十月壬戌歲星犯軒轅大星是日帝幸道會
苑大醮以高祖武皇帝配醮記論議於行殿是
歲初復佛像及天尊像至是帝與二像俱南面
而坐大陳雜戲令京城士民縱觀乙酉熒惑鎮

星合於虛是月相州人段德舉謀反伏誅十一
月乙未幸溫湯戊戌行幸同州壬寅還宮己酉
有星大如斗出張東南流光明燭地丁巳初鑄
永通萬國錢以一當十與五行大布並行是月
章孝實拔壽陽把國公亮拔黃城梁士彥拔
廣陵陳人退走於是沁北盡平十二月戊午以
災異屢見帝御路寢見百官詔曰𢪸德君臨區
寓大道未行小信非福始於秋季及此玄冬幽
明自下吉凶由人妖不自作朕以寡德叨在上聰

周紀第七　九　陝

惑干房又與土合流星照夜東南而下然則南
顯殷勤屢貽深戒至有金入南斗木犯軒轅熒
斗主於爵附祿軒轅為於後宮房曰明堂布政所
也火土則憂醇子之北流星乃兵凶之驗豈吾官
人失序女謁尚行政事乘方憂患將至何其昭
著若斯之甚工瞻俯察朕實懼焉將避正寢齋
居克念惡衣減膳去飾撤懸拔不諱之誠開直
言之路欲使刑不濫及賞弗踰等選舉以平宮闈
修德且宜諸內外庶盡弼諧允叶民心用銷天譴

於是舍仗衛往天興宮百官上表勸復寢膳
許之甲子還宮御正武殿集百官及宮人內外
命婦大列妓樂又縱胡人乞寒用水澆沃為戲
樂乙丑行幸洛陽帝親御驛馬日行三百里四
皇后及文武侍衛數百人並乘駟馬以從仍令
后方駕齊驅或有先後便加譴責人馬頓仆相
屬已卯還宮

周書紀七　十　沈山

二年春正月丁亥帝受朝于道會員苑癸巳祠太
廟乙巳造二辰畫日月之象以置左右戊申雨
雪雪止又雨細黃土移時乃息乙卯詔江左諸
州新附民給復二十年初稅入市者人一錢二月
丁巳帝幸露門學行釋奠之禮戊午突厥遣
使獻方物且逆千金公主乙丑政制詔為天制
詔勅為天勅壬午尊天元皇太后為天元聖皇
太后天元皇后李氏曰天元聖皇太后癸未立
天元皇后楊氏為天元大皇后朱氏為
天大皇后楊氏為天元大皇后朱氏為
天大皇后陳氏為天右皇后元氏為天左
皇后陳氏為天左大皇后正陽宮皇后直稱皇

后是月洛陽有兕鷔鳥集於新營太極殿前

榮州有黑龍見與赤龍鬪於汴水之側黑龍死

三月丁亥賜百官及民大酺詔曰盛德之後是

稱不絶功施於民義昭祀典孔子德惟藏往道

實生知以大聖之才屬千古之運載弘儒業式

眷言洙泗懷道滋深。襲成啓號雖彰故實雄

以作範百王垂風萬葉朕欽承寶曆服膺教義

敍言弊倫至如幽贊天人之理裁成禮樂之務故

宗聖績猶有闕如可追封為鄒國公邑數准舊

【周書紀七】　十一　三帝五　沈山

弁立後承龍襲別於京師置廟以時祭享戊子

行軍摠管杞國公亮舉兵反襲行軍元帥郇國

公韋孝寬於豫州亮不勝孝寬獲而殺之辛卯

以永昌公椿為杞國公紹簡公連自應門至於

增候正前驅戒道為三百六十重自應門至於

赤岸澤數十里間幡旗相蔽鼓樂俱作又令武

賁持鈒馬上稱警蹕以至於同州乙未改同州宮

為天成宮庚子至自同州詔天臺待儗之官皆

著五色及紅紫綠衣以雜色為緣名曰品色永有

大事與公服間服之壬寅詔內命婦皆執笏

其拜宗廟及天臺皆俛伏甲辰初置天中大皇

后立天左大皇后陳氏為天中大皇后立妃尉

遲氏為天左大皇后夏四月乙丑有星大如斗出

天厨流入紫宮抵鈎陳乃滅巳祠太廟巳卯

詔曰朕以寡薄昧於治方不能使天地休和陰

陽調序自春涉夏甘澤未豐既軫西郊之歎

將虧南畝之業興言夕惕無忘鑒寐良由德

化未敷政刑多舛萬方有罪責在朕躬思覃寬

【周紀第七】　十二　圭

惠被之率土見囚死罪並降徒流罪從徒五

歲刑巳下悉皆原宥其反叛惡逆不道及常

赦所不免者不在降例壬午幸中山祈雨至咸

陽宮兩降甲申還宮令京城士女於衢巷作音

樂以迎候五月巳丑以上柱國大前疑隋國公楊堅

為揚州摠管甲午夜帝備法駕幸天興宮乙未

帝不豫還宮詔隋國公堅入侍疾甲辰有星大

如三斗出太微端門流入翼八聲若風鼓幡旗丁

未追趙陳越代滕五王入朝巳酉大漸御正下大

夫劉昉與内史上大夫鄭譯矯制以隨國公堅
受遺輔政是日帝崩於天德殿時年二十二諡
曰宣皇帝七月景申葬定陵帝之在東宮也高
祖慮其不堪承嗣遇之甚嚴朝見進止與諸臣
無異雖隆寒盛暑亦不得休息性既嗜酒高祖
遂禁醲醴不許至東宮帝每有過輒加捶撻嘗
謂之曰古來太子被廢者幾人餘兒豈不堪立
邪於是遣東宮官屬録帝言語動作每月奏
聞帝懼高祖威嚴矯情脩飾以是過惡遂不外

採擇天下子女以充後宮好自矜誇飾非拒諫
禪位之後彌復驕奢就酣於後宮或旬日不出
公卿近臣請事者皆附奄官奏之所居宮殿帷
閱視先帝宮人遍爲淫亂繞及踰年便恣聲樂
帳皆飾以金玉珠寶光華炫耀極麗窮奢及
營洛陽宮雖未成畢其規摹壯麗踰於漢魏遠
夫唯自尊崇無所顧憚國典朝儀率情變改後
宮位號莫能詳錄毎對臣下自稱爲天以五色

土塗所御天德殿各隨方色又於後宮與皇后
等列坐用宗廟禮樂鐘磬珪瓚之屬以飲會
焉又令群臣朝天臺者皆自比致齋三日清身一日
車旗章服倍於前王之數既自比上帝不欲令
人同己嘗自帶綬又冠通天冠加金附蟬顧見
侍臣武弁上有金蟬及王公有綬者並令去之
不聽人有高大之稱諸姓高者改爲姜免族稱
高祖者爲長祖曾祖爲次長祖官名凡稱上及
大者改爲長有天者亦改之又令天下車皆以渾

成木爲輪禁天下婦人皆不得施粉代黛之飾唯
宮人得乘有輜車加粉黛焉西陽公溫杞國公
亮之子即帝之從祖兄子也其妻尉遲氏有容
色因入朝帝遂飲之以酒逼而婬焉尉遲之懼
誅乃反繞誅溫即追尉遲氏入宮初爲妃尋立爲
皇后毎召侍臣論議唯典造藥革未嘗言
又治政其後遊戲無恒出入不飾羽儀侍衛晨
出夜還或幸天與宮或遊道會曾苑陪侍之官
皆不堪命散樂雜戲魚龍爛漫之伎常在目

前好令京城少年為婦人服飾入毀歌舞與後
宮觀之以為喜樂攅斥近臣多所猜忌又益
於射略無賜與恐羣臣規諫不得行已之志常
遣左右密伺察之動止所為莫不鈔録小有乖
違輒加其罪自公卿已下皆被楚撻其間誅戮
名曰天杖宮人內職亦如之后妃嬪御雖被寵嬖
亦多被杖背於是內外恐懼人不自安皆求苟
免莫有固志重足累息以逮於終

▲周紀第七

十五

史臣曰高祖識嗣子之非才顧宗祐之至重滯
愛同於晉武則哲異於宋宣徂欲威之以榜楚
期之於懲肅義方之教豈若是乎卒使氏虐
君臨姦回肆毒善無小而必弃惡無大而弗為
窮南山之簡未足書其過盡東觀之筆不能記
其罪然猶獲全首領及子而亡幸哉

紀第七　　　　周書七

紀第八　靜帝

周書八

令狐　德棻　等撰

靜皇帝諱衍後改為闡宣帝長子也母曰
朱皇后建德二年六月生于東宮大象元年
正月癸卯封魯王戊午立為皇太子二月辛
巳宣帝於鄴宮傳位授帝居正陽宮二年
夏五月乙未宣帝寢疾詔帝入居天臺廢正陽宮大
學己酉宣帝崩帝入宿於露門

〔二四六八〕　〔周書紀八　一〕　〔彙纂〕

赦天下傳洛陽宮作庚戌上天元上皇太后
尊號為大皇太后天元大皇后楊氏為皇太后天大
帝號為帝天元大皇后李氏為天元聖皇太后李氏為
皇后朱氏為帝太后其天中大皇后陳氏天
右大皇后元氏天左大皇后尉遲氏並出俗
為尼柱國漢王贇為上柱國右大丞相上柱
國楊州揔管隋國公楊堅為假黃鉞左大丞
相柱國秦王贄為上柱國邾國公椿
以聽於左大丞相壬子以上柱國郎國公章

孝寬為相州揔管罷入市秫錢六月戊午以柱
國許國公宇文善神武公竇毅脩武公侯莫
陳瓊大安公閭慶逌為上柱國趙王招陳王純
越王達代王盛滕王逌來朝庚申復行佛道二
教舊沙門道士精誠自守者簡令入道辛酉以
柱國杞國公亮椿燕國公賀婁援伏恩
教舊沙門道士相州揔管尉遲迥舉兵不受
柱國甲子相州揔管尉遲迥舉兵不受
代詔發關中兵即以孝寬為行軍元帥軍
討之上柱國畢王賢以謀執政被誅以上柱國秦

〔周書紀八　二〕

王贄為大冢宰杞國公椿為大司徒己巳詔南
定北光衡巴四州民為宇文亮抑為奴婢者並
免為民復其本業甲戌有赤氣起西方漸東
行遍天庚辰罷諸魚池及山澤公禁者與百姓
共之以柱國將國公梁睿為益州揔管秋七月
甲申突厥送齊范陽王高紹義庚申州刺
史李慧起兵辛卯月掩民東南星甲午月掩
南斗第六星庚子詔趙陳越代滕五王入朝不
趙劓履上殿榮州刺史邵國公宇文冑舉兵

遣大將軍清河公楊素討之青州總管尉遲
勤舉兵于未隋公楊堅為都督內外諸軍事巳
酉邘州總管司馬消難舉兵以柱國楊國公王
謙為行軍元帥率軍討之壬子歲星與太白合
於張有流星大如斗出五車東北流光明燭地
趙王招越王盛以謀執政被誅癸丑封皇弟術
為鄴王行為鄆王是月豫州荊州襄州三總管
內諸變及率種落及焚燒村驛攻亂郡縣八月
庚申益州總管王謙舉兵不受代即以梁睿為

行軍元帥率軍討之丁卯封上柱國枹罕公辛
威為宿國公開府治昂為鄀國公庚午韋孝
寬破尉遲迥於相州平移相州於
安陽其鄴城及邑居皆毀廢之分相州陽平
郡置毛州昌黎郡置魏州皇京子以漢王贊為
太師上柱國并州總管申國公李子穆為太傅宋
王實為大左輔巳卯詔曰朕祗承洪業二載於茲
藉祖考之休憑宰輔之力經天緯地四海晏如

逆賊尉遲迥士貫凡庸惡懷兇狡應因緣戚屬
位冠朝倫屬上天降禍先皇晏駕萬國深鼎
湖之痛四海窮過密之悲獨幸天災欣然效命
稱兵擁眾便懷問鼎乃詔六師蕭茲九伐而
凶徒擁熾野諸將肆雷霆之威壯士縱
貔貅之勢延夷燎所在如恭肆指漳濱橋
斬元惡醜霰魄咸集鼓下順高秋之氣就
上天之誅兩河清盪自朝及野喜林
相趨昔上皇之時不言為治聖人宰物有教
而已未戰干戈實深慙德思弘寬簡之政用
副億兆之心可大赦天下其共迥元謀執迷不悟
及迥子姪逆人司馬消難王謙等不在赦例
庚辰司馬消難擁其眾以魯山甑山二鎮奔
陳遣大將軍宋安公元景山率眾追擊俘
斬五百餘人邘州平沙州刺公達奚儒討之
衆應王謙遣大將軍樂寧公開府楊永安
楊素破宇文曹於榮州斬冑於石濟以上柱
國神武公竇毅為大司馬普國公于智為大

司空廢相青荊金晉梁六州總管九月甲申癸
惑與歲星合於翼景戌慶河陽揔管為鎮隸
洛州尒宗伯竟陵公楊慧為大宗伯壬辰廢
皇后司馬氏為庶人甲午癸惑入太微戌戌
以柱國楊國公王誼為上柱國辛丑分瀘州管
州揔管府已酉癸惑犯左執法庚戌以柱國
內新遂普合及瀘州管內瀘戎六州並隸信
常山公于翼化政公宇文忻並為上柱國進封
翼為任國公忻為英國公壬子丞相去左右之

號隋公楊堅為大丞相冬十月甲寅日有蝕
之乙卯有流星大如五斗出張南流光明燭地
壬戌陳王純以怨執政被誅大丞相隋國公楊
堅加大冢宰五府揔於天官戊寅梁曆廢王謙
於劍南追斬之傳首京師益州平十一月甲辰
達奚儒破楊永安於沙州沙州平乙巳歲星守
太微丁未上柱國郇國公韋孝寬薨十二月
壬子以柱國蔣國公梁睿為上柱國癸丑癸
惑入氐丁巳以柱國邢國公楊雄為普安公賀

蘭墓曾郇國公梁士彥上大將軍新寧公叱列
長乂武鄉公崔弘度大將軍中山公宇文恩濮
陽公宇文述渭原公和千子任城公王景漁陽
公楊鋭上開府廣宗公李崇隴西公李詢並
為上柱國庚申以柱國楚國公豆盧勣為上
柱國癸亥詔曰詩稱不如同姓傳曰異姓為後
蓋明辯親疎皎然不雜太祖受命龍德猶潛
篡表革代之文星垂除舊之象三分天下志
扶魏室多所改作異允上玄文武羣官賜姓

者眾本殊國邑實乘肝胙土不歆非類異骨肉
而共氣嘗不愛其親在行路而釞昭穆是神
徵革華姓本為曆數有歸天命在人推讓終
而弗獲故君臨區寓累世於茲不可仍導謙
抱之旨父行權宜之制諸改姓者悉宜復舊
甲子大丞相隋國公楊堅進爵為王以十郡為
國辛未代王達勝王達並以謀執政被誅壬申
以大將軍長甯公楊勇為上柱國大司馬小冢
宰始平公元孝矩為大司寇

大定元年春正月壬午詔曰朕以不天夙遭極罰
光陰荏苒遽及此辰窮慕纏綿三言增號絕踰
祀革号憲章前典可改大象三年為大定元年
乙酉歲星逆行守右執法熒惑掩房此第一星
景成詔曰帝王設官惟才是務人臣報國薦
賢為重上歲已來屢有妖寇宰臣英筭咸
得清蕩逆亂之後兵車始翕遐邇勞役生民
未康居官之徒致治者寡斯故上失其道以至
於兹亦由下有幽人未展其力今四海寧一八表

周書紀八　七　沈

無塵元輔執鈞垂風揚化若使天下英傑盡升
於朝銓衡陟降量才而劇垂拱無為庶幾可
至於是遣戎秋上開府以上職事下大夫以外
官刺史以上各舉功過者三人被舉之
人居官三年有功過者所舉之人隨加賞罰以
大司馬長寧公楊堅為相國總百揆更封十郡
大丞相隋王楊堅為洛州總管二月庚申
通前二十郡劍履上殿入朝不趨賛拜不名
備九錫之禮加璽綬遊冠相國印綠綟綬位

在諸王上又加晃十有二旒建天子旌出警入
蹕乘金根車駕六馬備五輅副車置旄頭雲
罕樂舞八佾設鍾虡宮縣王后王子爵命之
號並依魏晉故事甲子隋王楊堅稱尊號
帝遜于別宮隋氏奉帝為介國公邑萬戶
車服禮樂一如周制上書不為表答表不稱詔
有其文事竟不行開皇元年五月壬申崩時
年九歲隋志也諡曰靜皇帝葬恭陵
史臣曰靜帝越自沖紹蒞襃緒內相挾孫

周書紀八　八　期

劉之詐戚藩無衛代之彊隋氏因之遂遷龜
鼎雖復岷峨投袂翩成陵奪之威澶濛勤王
無救宗周之殞嗚呼以大祖之克隆景業未
踰二紀不祀忽諸斯蓋宣帝之餘殃非孺子
之罪戾也

紀第八

周書八

皇后　　　　　　　　　　　　　周書九

　　　　　　　　　　令狐　德棻　等撰

　文帝元皇后
　文宣叱奴皇后
　孝閔帝元皇后
　明帝獨孤皇后
　武帝阿史那皇后
　武帝李皇后
　宣帝楊皇后
　宣帝朱皇后
　宣帝陳皇后
　宣帝元皇后
　宣帝尉遲皇后
　靜帝司馬皇后

周書列傳一　　　　　　　　　　一　　　　凌

書紀有虞之德載釐降二女詩述文王之美稱
刑于寡妻是知婚姻之道男女之別寔有國有
家者之所慎也自三代迄于魏晉興衰之數得

失之迹備平傳記故其詳可得聞焉若婟納以
德防閑以禮大義正於宮闈王化行於邦國則
坤儀式固而閨命惟永矣至於邪僻既進法度
莫修治容迷其主心私謁一於其朝政則風化凌
替而宗社不守矣夫然者豈非皇王之龜鑑與
周氏率由姬制內職有序太祖創基修祗席以
儉約高祖嗣曆節情欲於矯枉宮闈有節貝魚之
美戚里無私溺之尤可謂得人君體也宣皇外
行其志內逞其欲溪壑難滿採擇無厭恩之所
加莫限斯皇榮之所及無哺險詖於是升蘭殿
而正位賤椒庭而齊體者非一人焉階房帷而
拖青紫承恩倖而擁玉帛者非一族焉辛癸
之荒淫趙李之傾惑曾未足比其駢騑也民獻
苟政弊事寔多太祖之祚忽諸特由於此故敍其
事以為皇后傳云

周書列傳一　　　　　　　　　　二

文帝元皇后魏孝武帝之妹初封平原公主適
開府張歡歡性貪殘遇后無禮又嘗殺后侍婢
后怒訴之於帝帝乃執歡殺之改封后為馮翊

公主以配太祖生孝閔帝大統七年薨魏恭帝
三年十二月合葬成陵孝閔帝踐祚追尊為王后
武成初又追尊為皇后
文宣叱奴皇后代人也太祖為丞相納后為姬
生高祖天和二年六月尊為皇太后建德二年
三月癸酉崩四月丁巳葬永固陵
孝閔帝元皇后名胡摩魏文帝第五女初封晉
安公主帝之為略陽公也尚焉及踐祚立為王
后被廢后出俗為尼建德初高祖誅晉國公

三百十三　【周書傳一　三

護上帝尊號為孝閔皇后居崇
義宮隋氏革命后出居里第大業十二年殂
明帝獨孤皇后太保衛國公信之長女帝之在
藩也納為夫人三年正月立為王后四月崩葬
昭陵武成初追崇為皇后世宗崩與后合葬
武帝阿史那皇后突厥木扞可汗俟斤之女突
厥滅茹茹之後盡有塞表之地控弦數十萬志欲
中夏太祖方與齊人爭衡結以為援俟斤初欲
以女配帝帝既而悔之高祖即位前後累遣使要

結乃許歸后於我共保定五年二月詔陳國公純
許國公宇文貴神武公竇毅南陽公揚薦等
奉備皇后文物及行殿并六宮以下百二十人至
俟斤牙帳所迎后俟斤又許齊人以婚將有異
志純等在彼累載不得反命雖諭之以信義俟
斤不從會大雷風起飄壞其穹廬等旬日不
止俟斤大懼以為天譴乃備禮送后及純等設
行殿列羽儀奉之以歸天和三年三月后至高
祖行親迎之禮后有姿貌善容止高祖深敬焉

大三十　【周書傳一　四　章皮

宣帝即位尊為皇太后大象元年二月改為天
元皇太后二年二月又尊為天元上皇太后冊
曰天元皇帝臣贇奉璽綬冊謹上天元皇太后
尊號曰天元上皇太后伏惟窮神盡智含弘載
物道洽萬邦儀刑四海聖慈訓誘恩深明德雖
冊徽號未極尊嚴是用增奉鴻名光纘常禮
俾誠敬有展歡慰在茲福祉無疆億兆斯賴
宣帝崩靜帝尊為太皇太后隋開皇二年殂
年三十二隋文帝詔有司備禮冊祔葬於孝陵

武帝李皇后名娥姿楚人也于謹平江陵獲后家
被籍沒至長安太祖以后賜高祖後稍得親幸
大象元年二月改為天元帝太后七月又尊為
天皇太后二年尊為天元聖皇太后冊曰天元
皇帝臣諱奉璽綬冊謹上天皇太后尊號曰天元
聖皇太后伏惟月精効祉坤靈表貺端摩丹
陵慶流華渚雖率由令典奉微號而因心
敬未極尊名是用思弘稱首昭聖德敢竭誠
敬永綏福履顯揚慈訓貽厥孫謀宣帝崩靜
城南
帝尊為太帝太后隋開皇元年三月出俗為
尼改名常悲八年殂年五十三以尼禮葬于京

宣帝楊皇后名麗華隋文帝長女帝在東宮
高祖為帝納后為皇太子妃宣政元年閏六月
立為皇后帝自稱天元皇帝號后為天元皇
后尋又立天皇后及左右皇后與后為四皇后
為二年詔曰帝降二女后德所以儷君天列四
星妃象於焉垂耀朕取法上玄稽諸令典发

命四后內止六宮庶績弘贊柔德廣備棻盛比殊
禮雖降稱謂昌宜其因天之象增錫嘉名於是
后與三皇后並加太后焉帝遣使持節冊后為天
元大皇后曰咨爾命名章載德體順居貞蕭恭享
祀儀刑邦國是用嘉茲顯號式暢徽音尋其義敬
為天中太皇后與后為五皇后后性柔婉不妒
踐朕獸寅荅靈命對不慎歟帝后民旨暴滋
忌四皇后及嬪御等咸愛而仰之帝後欲加之
甚喜怒不度嘗譴后欲加之罪后進止詳閑辭
色不撓帝大怒遂賜后死逼令引訣后母獨
孤氏聞之詣閣陳謝叩頭流血然後得免帝

崩靜帝尊后為皇太后居弘聖宮初宣帝不
豫詔后父入禁中侍疾及大漸劉昉鄭譯等
以嗣主幼冲恐權在他族不利於已聞昉譯
矯詔以后父受遺輔政后初雖不預謀然
已行此詔心甚悅之後知其父有異圖意頗
不平形於言色及行禪代憤惋逾其隋文帝既
不能讓責內甚愧之開皇六年封后為樂平公

主後又議奪其志后誓不許乃止大業五年從
煬帝幸張掖殂於河西年四十九煬帝還京詔
有司備禮祔葬后於定陵
宣帝朱皇后名滿月呂天人也其家坐事沒入東
宮帝之為太子后被選掌帝衣服帝年少召
而幸之遂生靜帝大象元年立為天元帝后尋
改為天皇后二年又改為天大皇后冊曰咨爾
彌既宣四德訓範六宮軒度列序堯門表慶嘉
稱既降盛典宜膺徽爾其飭性復道無怠禮正

【周書列傳一】 【七】

永固休祉可不慎歟后本非良家子又長於
帝十餘歲踐賤無寵以靜帝故特尊崇之班亞
楊皇后焉湣皇帝崩靜帝尊為帝太皇后惰開
皇元年出俗為尼名法淨六年殂年四十以尼禮
葬京城
宣帝陳皇后名月儀目云潁川人大將軍山提
第八女世大象元年六月以選入宮拜為德妃
月餘立為天左皇后二年二月改天左大皇后冊
曰咨爾儀範柔閑操履凝潔淑問彰於遠

近令則冠於宮闈延用申彼寵章加斯徽號爾
其復禮閟詩披圖顧史永隆嘉命可不慎歟
三月又詔曰正內之重風化之基嘉耦之制代多
殊典又軒嚳繼範次妃並四虞舜受命厥取安猶
三禮非相龍襲隨時不無朕祗承寶圖載弘徽
號自我改作超革先古曰天元居極五帝所以
仰崇王者稱尊列后於焉儷且坤儀比德
土數惟五既縟帽典宜取斯儀四大皇后外可
增置天中大皇后一人天中大皇后姜王柔盛徽

【周書列傳第一】 【八】

音曰蹟肇建嘉名宜齊顯冊於是以后為天
中大皇后帝崩后出家為尼改名華光后父山
提本高氏之諭仕齊官至特進開府東兗州刺
史謝陽王高祖平齊拜大將軍封浙陽郡公
大象元年以后父超授上柱國進封鄖國公除
大宗伯
宣帝元皇后名藥尚河南洛陽人也開府晟
之第二女年十五被選入宮拜為貴妃大象元
年七月立為天右皇后二年二月改為天元太

皇后冊曰咨爾資靈姜水載德塗山懋淑內融徽音潛暢是用加茲寵數式光踐禮爾其華脩儀軏蕭膺冊祗奉休命可不慎歟帝朋后出俗為尼改名華勝初后與陳后同時被選入宮俱禮數均等年齒復同特相親愛及尼后李朱及尉遲后等並相繼殂沒而二后于今尚存后父晟少以元氏宗室拜開府大象元年七月以后父進位上柱國封翼國公

宣帝尉遲皇后名熾繁蜀國公迥之孫女有美色初適杞國公亮子西陽公溫以宗婦例入朝帝遍而幸之及亮謀逆帝誅溫進后入宮拜為長貴妃大象二年三月立為天左太皇后冊曰咨爾順膺積善躬表靈貺徽音茂德朕實嘉之是用弘茲盛典申彼寵章爾其克慎厭獸寅答景命求承休烈可不慎歟帝崩后出俗為尼改名華首隋開皇十五年殂年三十

靜帝司馬皇后名令姬柱國榮陽公消難之

周書列傳第二

女大象元年二月宣帝傳位於帝七月為帝納為皇后冊曰坤道成形厚德於焉載物陰精迭運重光所以麗天在昔皇王膺乾御曆內政為助昭被圖篆慶靈家韜休烈徽音令範無斁一時是用命兩作儷皇極爾其克勵婉孌蕭膺盛典追皇英之逸軌庶任姒之芳塵樟翟有光粲盛無怠休休勿休以隆嘉祚二年九月隋文帝以后父擁眾奔陳廢后為庶人後嫁為隋司錄刺史李丹妻于今尚存

周書列傳第二

史臣曰孔子稱夷狄之有君不如諸夏之亡也是以周納狄后冨辰謂之禍階晉升戎女卜人以為不吉斯固非謬焉自周氏受命逮乎高祖年踰三紀世歷四君業非草昧之辰事殊權宜之日乃弃同即異以夷亂華捐婚姻之尋序求犲狼之外利既而報者倦矣施者無厭向之所謂和親未幾已成讎敵奇正之道有異於斯于時高祖雖受制於人未親庶政而謀

列傳第一　　　　　　周書九

士韞奇直臣鉗口過矣哉歷觀前載以炎戚而
居宰輔者多矣申呂則曠代無聞呂霍則與時
俱盛傾漢室者王族喪周祚者楊氏何滅亡之
禍合若符契焉斯觀文所以發歎之詔也已

邵惠公顥　令狐德棻　等撰
　子什肥導護什肥子胄
　導子廣宗興慘束

杞簡公連

莒莊公洛生　子菩提

虞國公仲　子興

邵惠公顥太祖之長兄也德皇帝聚樂浪王氏
是為德皇后生顥次杞簡公連次莒莊公洛生
次太祖顥性至孝德皇后崩哀毀過禮鄉黨歎
異焉德皇帝與衞可孤戰于武川南河臨陣
墜馬顥與數騎本救擊殺數十人賊眾披靡德
皇帝乃得上馬引去俄而賊追騎大至顥遂戰
歿保定初追贈太師柱國大將軍大冢宰大都督
恒朔等十州諸軍事恒州刺史封邵國公邑萬
戶諡曰惠顥三子什肥道護護別有傳

太祖定秦隴什肥為燕神武所害保定初追贈
永安中太祖入關什肥不能離母遂留晉陽又
什肥年十五而惠公没自傷孤幼事母以孝聞

大將軍小冢宰大都督異定等州諸軍事異州
刺史襲爵邵國公諡曰景子胄嗣
胄少而孤貧頗有幹略景公之見害也以年幼
下蠶室保定初詔以晉公護子會紹景公封天
和中與齊通好胄始歸關中授大將軍開府儀
同三司龍襲爵邵公尋除宗師中大夫進位大將
軍出為原州刺史轉榮州刺史大象末隋文帝
輔政胄舉州兵應尉遲迥與清河公楊素戰敗
遂走追獲於石濟遂斬之國除胄子乾仁幼好

學聰惠親恭帝二年以護平江陵之功賜爵江
陵縣公保定初紹景公後拜驃騎大將軍開府
儀同三司二年除蒲州潼關六防諸軍事蒲州刺
史胄至自齊改封譚國公尋進位柱國建德初
與護同伏誅三年五月追贈復封舊爵
導字菩薩少雄豪家有仁惠太祖愛之初與諸父
在葛榮軍中榮敗還至晉陽及太祖隨賀拔岳入
關導從而西常從征伐太祖討侯莫陳悅必道導
為都督鎮原州及悅敗比走出故塞導率騎追

之至斬屯山及悅斬之傳首京師以功封饒陽
縣增邑五百戶拜冠軍將軍加通直散騎常侍魏
文帝即位以定策切進爵為公增邑五百戶拜
使持節散騎常侍車騎大將軍左光祿大夫三
年太祖東征道入宿衛拜領軍將軍大都督齊
神武渡河侵馮翊太祖自弘農引軍入關道導
左右禁旅會於沙苑與齊神武戰大破之進位
儀同三司明年魏文帝東征留道守為華州刺史
及趙青雀于伏德慕容思慶等作亂道守華州

三百卌　▲周書傳二　　三帙

率所部兵擊之擒伏德斬思慶進屯渭橋會太
祖軍事平進爵章武郡公增邑并前二千戶尋
加侍中開府驃騎大將軍太子少保高仲密以
北豫降太祖率諸將輔魏皇太子東征復以
道為大都督華東雍二州諸軍事行華州刺史導
治兵訓卒得定捍之方及大軍不利東魏軍追
至稠桑知關中有備乃退曾侯景舉河來附遣
使請援朝議將應之乃徵為隴右大都督齊
等十五州諸軍事秦州刺史及齊氏稱帝太祖

發關中兵討之魏文帝遣齊王廓鎮隴石徵導
還朝拜大將軍大都督三雍二華等二十三州
諸軍事屯咸陽大軍還乃旋舊鎮道性寬
明善於撫御凡所引接人皆盡誠臨事敬慎常
若弗及太祖每出征導恒居守深為吏民所
附朝廷亦以此重之魏恭帝元年十二月薨於
事贈本官加尚書令秦州刺史謚曰孝朝議以
導于撫和西戎感恩顯著欲令世鎮隴右以彰厥

圖書列傳二　四

德乃葬於上邽城西無疆原華戎會葬有萬
餘人負杴祭於路悲號滿野皆曰我君捨我平大
小相率負土成墳高五十餘尺周迴八十餘步
為官司所止然後泣辭而去其遺愛見思如此
天和五年重贈太師柱國幽國公道子五子廣鳧
翼椿衆亮椿並出後於杞

廣宇乾歸少方嚴好文學初封永昌郡公孝閔
帝踐阼改封天水郡公世宗即位授驃騎大將
軍開府儀同三司出為秦州刺史武成初進位

大將軍連邠州揔管進封蔡國公增邑萬戶保
定初公為小司寇尋以本官鎮蒲州兼知潼關等
六防諸軍事二年除秦州揔管十三州諸軍事
秦州刺史廣性明察善綏撫民庶畏而悅之時
晉公護諸子及廣弟杞國公亮等服玩侈靡踰
越制度廣獨率由禮則又折節待士朝野以是
稱焉曾侍食於高祖所食瓜美持以奉進高祖
悅之四年進位柱國廣以晉公護久擅威權勸
今把墳護不能納天和三年除陝州揔管以病

免及孝公追封酆國公詔廣龍襲爵初廣母本京
以廣患彌年憂而成疾因此致沒廣既居母喪更
加綿刀以毀瘵世稱母為廣病廣為母亡慈
孝之道極於一門高祖素服親臨百僚畢集其
故吏儀同李充信等上表曰臣聞資孝成忠生
廣懿親令望具瞻依在道冠羣后功楙維城受
民高昌義旌德行
敗蓮施威行秦隴班條驅傳化溢嶠函比腠理
舛和奉詔還關藥石所及沉痾漸愈而災釁仍

集丁此窮憂至性過人遂增舊疾因茲毀頓以
至毀阻尋繹貫切不能自已臣等接事每承餘
論仰之平昔約已立身位極上公賦兼千乘所
獲祿秩周贍無餘器用服玩取給而已每言及
終始九存簡素非秦政而廢天禮讖石椁而美
厚薪今卜兆有期先遠方及誠恐垂霈然之澤
志莫伸伏惟陛下弘不世之慈曲需霈然之澤
留情既往降懃魂魄勅有司申其宿志奄窆
之禮庶存儉約詔曰省充信等表俱增哀悼幽

國公廣藩屏令望宗室表儀言者身文行成士
則方馮懿戚用匡朝政奄丁荼蓼便致毀滅啓
手歸全無忘雅操言念昔河閒
才藻追叙於中尉東海謙約見稱於身後可勃
酌前典率由舊章使易簀之言得申遺志可勃
殯之請無虧詔旨並存儉約終於是贈本官加
西所司一遵詔旨並存儉約子洽嗣爾大定中隋文
輔政以宗室被害國除
亮字乾德武成初封永昌郡公後襲烈公爵除

開府儀同三司梁州惣管天和末拜宗師中大
夫進位大將軍幽國公薨以亮爲秦州惣管廣
之所部悉以配焉以亮在州甚無政績尋進位柱
國晉公護誅後亮心不自安唯縱酒而已高祖
手勑讓之建德中高祖東伐以亮爲右第二軍
惣管并州平進位上柱國仍從平鄴遷大司
徒宣帝即位出爲安州惣管大象初詔以亮爲
行軍惣管與元帥郇國公韋孝寬等伐陳亮
自安陸道攻拔黃城報破江側民村掠其生口

三百十一 《周書傳二》 七 子威

以賜士卒軍還至豫州亮密謂長史杜士峻曰
主上淫縱滋甚社稷將危吾旣喬宗枝不忍坐
見傾覆令若襲取鄖國公而并其衆數百騎襲
爲主鼓行而前誰敢不從遂夜將數百騎襲孝
寬營會亮國官茹寬知其謀先以馳告孝寬乃
設備亮不克邀走孝寬追斬之子明坐亮誅詔
以亮弟椿爲烈公後

翼字乾宜武成初封西陽郡公早薨諡曰昭無
子以杞國公亮子溫爲嗣後坐亮反誅國除

椿字乾壽初封永昌郡公保定中授開府儀同
三司宗師中大夫建德初加大將軍尋除岐州
刺史四年關中民饑椿表陳其狀爾書勞慰
因令所在開倉賑邺四年高祖東伐椿與齊王
憲攻拔武濟等五城五年高祖出晉州椿率衆
屯棲雞原宣帝即位拜大司寇亮誅後詔令紹
烈公封尋進位上柱國轉大司徒大定初爲隋
文帝所害并其五子西陽公道宗本仁隣武子

禮戲 三百十四 《周書傳二》 八

衆字乾道保定初封天水郡公少而不惠語默
不常人莫能測隋文帝踐極初欲封爲介公後
復誅之并二子仲和執倫

杞簡公連紉而殁俱謹厚保定臨敵果毅隨使持節太傅
州軍於唐河遂定初追贈大都督定莒等十州諸軍
柱國大將軍大司徒大都督定初追贈大都督定莒等十州諸軍
事定州刺史封杞國公邑五千戶諡曰簡子光
寶爲齊神武所害保定初追贈大將軍小司徒
都督幽燕等六州諸軍事幽州刺史襲爵杞國

公諡曰烈以章武公道子亮嗣

莒莊公洛生少任俠尚武藝及壯有大度好施
愛士北州賢俊皆與之遊而才能多出其下及
葛榮破鮮于脩禮乃以洛生為漁陽王仍領德
皇帝餘衆時人皆呼為洛生王洛生善將士帳
常冠諸軍爾朱榮定山東收諸豪傑選於晉陽
洛生時在虜中榮雅聞其名心憚之尋為榮所
害保定初追贈使持節太保柱國大將軍大冢
宰大宗伯大都督并肆等十州諸軍事并州剌
史封莒國公邑五千戶諡曰莊
子善提為丞神武所害保定初追贈大將軍小
宗伯大都督肆等六州諸軍事肆州剌史襲
爵莒國公諡曰穆以晉公護子至為嗣
至字乾附初封崇業公後襲穆公爵建德初父
護誅詔以衛王直子賓為穆公後三年追復至
爵
賓字乾瑞襲坐直誅建德六年更以齊王憲子

廣都公貟襲爵其父字乾禎宣帝初被誅國除

虞國公仲德皇帝從父兄也卒于代保定初追
贈使持節太傅柱國大將軍大司徒大都督燕
平等十州諸軍事燕州剌史封虞國公邑三千
戶子興嗣

興生兵亂與仲相失年又冲幼莫知其戚遠
近與太祖兄弟初不相識齊神武冦沙苑興預
在行間軍敗被虜隨例散配諸軍興性弘厚有
志度雖流離世故而風範可觀魏恭帝二年舉
賢良除本郡丞徙長𣟕縣令保定二年詔仲子
典始附屬籍高祖以興宗戚近屬尊禮之甚厚
拜使持節驃騎大將軍開府儀同三司都督封
大寧郡公尋除宗師中大夫四年出為涇州剌
史五年又徵拜宗師加大將軍襲爵虞國公天
和二年薨高祖親臨慟焉詔大司空申國公李
穆監護喪事贈使持節柱國大將軍大都督恒
幽等六州諸軍事恒州剌史諡曰靖子洛嗣
洛字水洛九歲命為虞國公世子天和四年詔

襲興嗣爵建德初拜使持節車騎大將軍儀同
三司及靜帝崩隋文帝以洛為介國公為隋室

史臣曰自古受命之君及守文之主非獨異姓
之輔也亦有骨肉之助焉其茂親有魯衛梁楚
其踈屬蜀荊燕咸能飛聲騰實不泯於百
代之後至若閻孝公之勳烈而加之以善政蔡文
公之純孝而飾之以儉約我焉足以輔轢於
前載矣當隋氏之起乗天威而服海内將相王

【周書列傳二】 十一

侯莫不賜肝膽以効欵援符命以頌德胄以葭
莩之親援一州而叶義旅可謂忠而能勇功業
不遂悲夫亮實庸于圖非常於巨逆古人稱不
度德不量力者其斯之謂歟

列傳第二　　　　　周書十

晉蕩公護　吒羅協　馮遷

令狐　德棻　等撰

晉蕩公護字薩保太祖之兄邵惠公顥之少子
也幼方正有志度特為德皇帝三子所愛異於諸兄
年十一惠公薨隨諸父在葛榮軍中榮敗還晉
陽太祖之入關也護以年小不從遂委家務
至平涼時年十七太祖諸子並幼遂以晉陽
內外不嚴而肅太祖嘗歎曰此見志類我及出
臨夏州留護事賀拔岳之被害太祖至平涼
以護為都督從征侯莫陳悅破之後以迎魏帝
功封水池縣伯邑五百戶大統初加通直散騎常
侍征虜將軍以預定樂運勳進爵為公增邑通
前一千戶從太祖擒竇泰復弘農破沙死戰河橋
儀同三司印山之役護率眾先鋒為敵人所圍都
督侯伏侯龍恩挺身扞禦方得免是時趙貴
等軍小退太祖遂班師護坐免官尋復本位十二

三○八　周書傳三　一　備

年加驃騎大將軍開府儀同三司進封中山公
增邑四百戶十五年出鎮河東遷大將軍與子
謹征江陵護率輕騎為先鋒晝夜兼行乃遣神
將攻梁臨邊城鎮並拔之幷擒其候騎進兵徑
至江陵城下城中不意兵至惶駭失圖護又遣
騎二千斷江津收舟艦以待大軍之至圍而克之
以功封子會為江陵公初襄陽蠻帥向天保等
萬有餘落恃險作梗及師還護率軍討平之初
行六官拜小司空太祖西巡至牽屯山遇疾馳驛

三司州五　周書傳三　二　茂

召護護至涇州見太祖而太祖疾已綿篤謂護曰
吾形容若此必是不濟諸子幼小寇賊未寧天下
之事屬之於汝宜勉力以成吾志護涕泣奉命行
至雲陽而太祖崩護祕之至長安乃發喪時嗣
子沖弱彊寇在近人情不安護綱紀內外撫循
文武於是眾心乃定先是人以護字當之尋拜胡力當
時莫曉其旨至是人以護字當云我得胡力當
祖山陵畢護以天命有歸遣人諷魏帝遂行禪
代之事孝閔帝踐祚拜大司馬封晉國公邑一萬

戶趙貴獨孤信等謀襲護因貴入朝遂執之

黨與皆伏誅大冢宰時司會李植軍司馬孫

恒等在太祖之朝久居權要見護執政恐不見

容乃密要宇伯乙弗鳳張光洛賀拔提元進等

爲腹心說帝曰護趙貴以來威權日盛謀臣

宿將爭往附之天小政事皆決於護以臣觀之

不守臣節恐其滋蔓願早圖之帝然其言鳳等

又曰先王之聖明猶委植恒以朝政今若左提右

挈何向不成且晉公常云我今夾輔陛下欲行周

周書列傳三

三

三二

公之事臣聞周公攝政七年然後復子明辟陛

下今日豈能七年若此乎深願不疑帝愈信之數

將武士於後園講習爲執縛之勢護微知之乃

出植爲深州刺史恒爲潼州刺史欲過其謀後

帝思植等每欲召之護諫曰天下至親不過兄

弟若兄弟自相嫌隙他人何易可親太祖以陛

下富於春秋顧命託臣以後事臣既情兼家國

寔願竭其股肱若使陛下親覽萬機威加四海

臣死之日猶生之年但恐除臣之後姦回得逞其

欲非唯不利陛下亦恐社稷危亡臣所以勤勤懇

懇干觸天威者但不負太祖之顧託保安國家之

鼎祚耳不意陛下不照愚臣款誠忽生疑阻且

臣既爲天子兄復爲國家宰輔知更何求而懷

異望伏願陛下有以明臣無惑讒知之口因泣涕久

之乃止帝猶猜之鳳等益懼密謀遂克曰將

召羣公入醼執護誅之具以其前後謀告護

護乃召柱國賀蘭祥小司馬尉遲綱等以鳳謀

告之祥等並勸護啓帝時綱惣領禁兵護乃遣

周書傳三

四

朱大智

三百卅

綱入宮召鳳等議事及出以次執送護第因罷散

宿衛兵遣祥逼帝獵於舊邸於是召諸公卿畢

集護流涕謂曰先王起自布衣躬親行陣勤勞

王業三十餘年冠賊未平奄棄萬國寘人地則

猶子親受顧命以略陽公既居正嫡與公等立而

奉之革魏興周爲四海主自即位以來荒淫無度

昵近羣小踈忌骨肉大臣重將咸欲誅夷若此

謀遂行社稷必致傾覆豈易人若死將何面目以見

先王今日寧負略陽勿不負社稷爾寧都公年德

兼茂仁孝聖慈四海歸心萬方注意今欲廢昏
立明公等以為如何羣臣咸曰此公之家事敢不
惟命是聽於是斬鳳等於門外并誅植恒等
尋亦弒帝迎世宗於岐州而立之二年拜太師賜
輅車冕服封子至爲崇業郡公初改雍州刺史
表歸政帝許之軍國大事尚安於護帝性聰庸
有識量護深憚之有李安者本以鼎俎得寵
於護稍被升擢位至膳部下大夫至是護乃密

【周書傳三】 五

令安因進食於帝加以毒藥帝遂寢疾而崩護立
高祖百官揔已以聽於護自太祖爲丞相立左右
十二軍揔屬相府太祖崩後皆受護處分凡所
徵發非護書不行護第七兵禁衞盛於宮闕
事無巨細皆先斷後聞保定元年以護爲都督
中外諸軍事令五府揔於天官或有希護旨云
周公德重魯立文王之廟以護功比周公宜用此
禮於是詔於同州晉國第立德皇帝別廟使護
祭爲三年詔曰大冢宰晉國公智周萬物道濟

天下所以克成我帝業安養我蒼生況親則懿
昆任當元輔可同班羣品齊倍衆臣自今詔
誥及百司文書並不得稱名以彰殊禮護行詔
表固讓初太祖創業即與突厥和親謀爲掎角
並沒在齊皆被幽縶護居宰相之後每遣間使
共圖高氏是年乃遣柱國楊忠與突厥東伐破
齊長城至幷州而還期後年更舉兵南北相應齊
主大懼先是護母閻姬暨聚第四姑及諸戚屬
後圖仍令人爲間作書報護曰天地隔塞子母

【周書列傳三】 六

皇姑先至齊主以護既當權重乃留其母以爲
異所三十餘年存亡斷絕肝腸之痛不能自勝
想汝悲思之懷復何可處吾自念十九入汝家今
已八十矣既逢喪亂備嘗艱阻恒異汝等長成
得見汝曹一旦安樂其如罪釁嬰深重存沒分離
生汝輩三男三女今日目下不親人喜言及此悲
纏肌骨賴皇齊恩䘏差安衰暮又得汝楊氏姑
及汝叔母紀于汝嫂劉新婦等同居頗亦自適

但為微有耳疾大語方聞行動欲食幸無多恙
今大齊聖德遠被特降鴻慈既許歸吾於汝
又聽先致音耗積稔長悲豁然獲展此乃
造化將何報德汝與吾別之時年尚幼小以前家
事或不委曲昔在武川鎮生汝弟大者屬鼠
次者屬兔汝身屬蛇鮮于修禮起日吾之闔家
亡汝叔母賀援及兒元寶汝叔母綻于及兒菩
河之北被定州官軍打敗汝祖及二叔時俱戰
大小先在博陵郡住相將欲向左入城行至唐

提并吾與汝六人同被擒捉入定州城未幾聞將吾
及汝送與元寶賀綻于各別分散寶掌見汝云
我識其祖翁形狀相似時寶掌營在唐城內經停
三日寶掌所掠得男夫婦女可六七十人悉送
向京吾時與汝同被送限至定州城南夜宿同
鄉入姬庫根家妪妪奴望見鮮于修禮營火語
吾云我今走向本軍既至營遂告吾輩在此明旦
日出汝叔將兵邀截吾及汝等遠得向營汝時年
十二共吾並乘馬隨軍可不記此事緣由也於後

七八

吾共汝在受陽住時元寶菩提及汝姑兒賀蘭
盛洛并汝身四人同學博士姓成人嚴惡凌
等四人謀欲加害吾汝共叔母等聞知各捉其
兒打之唯盛洛無母獨不被打其後余朱天柱
亡歲賀援阿斗泥在關西遣人迎家累時汝叔
亦遣奴來富迎汝及盛洛等汝時著緋綾袍銀
裝帶盛洛著紫織成纈通身袍黃綾裏並乘
驊騮同去盛洛小於汝汝等二人竝呼吾作阿摩
敢如此之事當分明記之耳今又寄汝小時所著

錦袍表一領至宜撿看知吾含悲戚多歷年祀
屬千載之運逢大齊之德矜老開恩許得相見
一聞此言死猶不朽況如今者勢必聚集禽獸
草木母子相依吾有何罪與汝分離今復何
福還望見汝言此悲喜死而更蘇世間所有
求此可得母子異國何處可求假汝貴極王公
富過山海有一老母八十之年飄然千里死盲
夕不得一朝蹔見不得一目同歸寒不得汝衣饑不
得汝食汝雖窮榮極盛光耀世間汝何用為於吾

八八

何益吾今日之前汝既不得申其供養事往何
論令以後吾之殘命繫於汝爾戴天履地
中有思神勿云冥昧豈欺負汝楊氏姑今雖炎
暑猶能先發關河阻遠隔絕多年書依常體
慮汝致感豈以每存欵賀兼亦載吾姓名當識
莫能仰視報書曰區宇分崩遭遇災禍導離膝
此理不以為怪護性至孝得書悲不自勝左右
不孝宿殃積戾唯應賜鍾豈悟網羅上舉慈母
下三十五年受形稟氣比知母子誰同薩保如此
〔四國內圖〕

〔周書列傳三〕 九

但立身立行不負一物明神有識宜見哀憐而子
為公侯母為伴隸熱不見毋熱寒不見母寒衣
不知有無食不知饑飽泯如天地之外無由暫聞
知是黑奉見於泉下爾不謂齊朝解網惠以德
書若心悲號繼之以血分懷冤酷終此生死若有
為磨敦四姑並許於放初聞此旨魂爽飛越號
天卯地不能自勝四姑即蒙禮送平安以今
月十八日於河東拜見遙莑顏色已崩動肝腸但
離絕多年存亡阻隔相見之始已未忍言唯叙

齊朝寬弘毋存大德云與摩敦雖隔殿宇禁常蒙
優禮今者來鄰思遇彌隆矜哀聽許摩敦垂
敕慰悲酷述家事伏讀未周五情屠割書
中所道無事敢忘摩敦年尊又加憂苦常謂寢
膳貶損或多遺漏伏奉論述次第分明一則以悲
〔則〕以音當鄉里破敗之日薩保年巳十餘歲隣
曲舊事猶目記憶況家門禍難親戚流離奉辭
時節先後慈訓刻肌刻骨常纏心腑天長喪亂
四海橫流太祖乘時齊朝撫運兩河三輔各值神

〔周書列傳三〕 十

機原其事跡非相負背太祖升遐未定天保薩
保屬當猶子之長親受顧命雖身居重任職當
憂責至於歲時稱慶子孫在庭顧視悲摧心情
繼絕胡顏履戴負媿神明霑然之恩既以霑洽
愛敬之至施及傍人草木有心禽魚感澤況在
人倫而不銘戴有家有國信義爲本以產衆期
已應有日一得奉見慈顏永畢生願生死肉骨
豈過今恩此貞戴岳未足勝荷二國分陌理無
書信主上以彼朝不絕子母之恩亦賜許奉答不

期今日得通家間伏紙嗚咽言不宣心蒙家寄薩
保別時所留錦袍表年歲雖久死然猶識抱此
悲泣至于拜見事歸忍死知復何心齊朝不即
發遣更令與護書要護重報往返再三而弗覺
不至朝議以其失信令有司稔齊曰夫有義則
存無信不立山岳猶輕兵食非重故言哲弗違
重耳所以尊國祝史無媿會所以為盟未有
司牧生民君臨有國可以忘義而多食言者也
自數屬屯夷時鐘圯隤皇家親戚淪陷三紀

刀乃震長平則趙分為二兵出函谷則韓剖為三
安得猶全謂無損益大家宰位隆將相情兼家
國銜悲茹血分甕寃魂豈意噬指可尋倚門應
至徒聞善始卒無令終百辟震驚三軍慘悷不
為孝子當作忠臣吾去歲比軍深入數保城下雖
曰班師餘勢未遂今茲馬首南向更期重入晉人
角之職矢開諸道路早已戒嚴非直北人
又將南略僶欲自送此之願也如或嬰城下雖
敵詣朝請見與石周旋為惠不終祗增深怨愛

帝王大器誰能去兵太祖至受天明造我周室
日月所照罔不率從高氏乘釁跋扈竊有并
冀世濟其惡腥穢彰聞皇天震怒假手突厥
驅略汾晉掃地無遺李孟勢窮伯珪日慼坐
待滅亡鑒之思智故突厥班師仍屯彼境更集
諸部傾國齊至星流電擊數道俱進在仲
冬同會并鄴大冢宰晉公勗之懿昆任隆伊呂
平一宇宙惟谷是屬朕當親執斧鉞廟廷祗受
有司宜勒衆軍量程赴集進止遲速委公處

三百二十三 《周書傳三 十三》 王威

分於是徵二十四軍及左右廂散隸及秦隴巴
蜀之兵諸蕃國之衆二十萬八十月帝於廟庭
授護谷鉞出軍至潼關乃遣柱國尉遲迴率
精兵十萬為前鋒大將軍權景宣率山南之兵
出豫州攻圍洛陽柱國公憲鄭國公達奚武等譽
於邙山護性無戎略且此行也又非其本心故師
出雖父無所克獲護本令漸斷河陽之路過
其救兵然後同攻洛陽使其內外隔絕諸將以

為齊兵必不敢出唯斥候而已值連日陰霧齊
騎杆敵齊公憲又督邙山諸將拒之乃得全軍
而返權景宣攻克豫州尋以洛陽圍解亦引軍
退楊摽於軹關戰沒護於是班師以無功與諸
將有詔起令視事四年護巡歷北邊城鎮至靈
州而還五年又詔曰光宅曲阜魯用郊天之樂
地處象墟晉有大蒐之禮所以言時計功昭德
尋有詔起罪帝弗之責也天和二年護母薨

《周書傳三 十四》

紀行使持節太師都督中外諸軍事柱國大將
軍大冢宰晉國公體道居貞含和誕德地居戚
右才表棟隆國兵艱難寄深夷險皇綱締構事
均休戚故以迹冥庶理契如仁令文軌尚隔方
隅猶阻典策未備聲明多闕宜賜軒懸之樂六
佾之舞護性甚寬和然暗於大體自恃建立之
功又當權軸凡所委任皆非其人兼諸子貪殘僚
屬縱逸恃護威勢莫不憲政害民上下相蒙
曾無疑慮高祖以其暴慢密與衛王直圖之七

年三月十六日護自同州還帝御文安殿見護託
引護入含仁殿朝皇太后先是帝於禁中見護
常行家人之禮護謁太后太后必賜之坐帝立待
焉至是護入帝謂之曰太后春秋既尊願好
飲酒不親朝謁或廢引進喜怒之間時有玼爽
比雖犯顏屢諫未蒙垂納兄今既朝拜願更啓
請因出懷中酒誥以授護曰以此諫太后護既入
如帝所戒讀示太后未訖帝以玉珽自後擊之
護踣於地又令宮者何泉以御刀斫之泉惶懼所
不能傷時衛王直先匿於戶內乃出斬之初帝欲
圖護王軌宇文神舉宇文孝伯頗豫其謀是日
軌等並在外更無知者殺護訖乃召宮伯長孫
覽等告之即令收護子柱國譚國公會大將軍
莒國公至崇業公靜正平公乾嘉及乾基乾光乾
尉乾祖乾威等并柱國侯伏侯龍恩龍恩弟大
將軍萬壽大將軍劉勇中外府司錄尹公正袤
傑膳部下大夫李安等於殿中殺之齊王憲以
臣李安出自皂隸所典唯庖厨而已既不預時政

未足加戮高祖曰公不知耳世宗之崩安所為也
十九日詔曰君親無將將而必誅太師大家寧晉
公護地寔宗親義兼家國爰初草創同獎難
遂任揔朝權寄深國命不能竭其誠效罄以心
力盡帑事君之節申送往之情朕兄故略陽公英
在耳忍害先加永尋推割貫切骨髓世宗明皇
風秀遠神機頴悟地居聖躬禮歸當璧遺訓
帝聰明神武 做二字 藏智護内懷凶悖外託尊崇
凡厥臣民誰亡怨憤朕纂承洪基十有三載委
政師輔責成宰司護志在無君義違臣節懷
兹蕫圭毎逞彼狼心任情誅暴肆行威福朋黨
相扇賄貨公行所好加羽所惡生瘡痏朕懷
已菲躬情存庶政每思施寬惠下輒抑而不行
遂使戶口凋殘賦役劇家無日給民不聊生且
三方未定邊隅尚阻疆場待戎旗之備武夫資
扞城之力侯伏侯龍蕫圉壽劉勇等未効庸勳
先居上將高門峻宇甲第彫墻寔繁有徒同惡
相濟民不見德唯利是眄百姓嗷嗷道路以目

含生業業相顧鉗口常恐七百之基忽焉顛墜
億兆之命一旦陷危上累祖宗之靈下負蒼生之
責今肅正典刑護已即罪其餘凶黨咸亦伏誅
於氛霧旣清退遜同慶朝政惟新兆民更始可
大赦天下改天和七年為建德元年護世子訓
為蒲州刺史其夜遣柱國越國公盛乘傳往蒲
州徵訓赴京師至同州賜死護長史代郡叱羅
協司錄弘農馮遷及所親任者比皆除名護子昌
城公深使突厥遣開府于文德賷璽書就殺之

三年詔復護及諸子先封諡護曰蕩並改葬之
叱羅協本名與高祖諱同後改焉為少寒微嘗為
州小吏以恭謹見知恒州刺史楊鈞擢為從事及
魏末六鎮擾攘客於肆異州冀州為葛榮所圍刺
史以協為統軍委以守御俄而城陷協沒於榮榮
敗事汾州刺史尒朱兆與齊神武初戰不利
兆為天桂大將軍轉司馬協與齊神武初戰不利
還上嘗令協在建州叔旻軍糧後使協至洛陽與
其諸叔計事謀討齊神武兆等軍敗還并州令

協治肆州州刺史兆死遂事實泰泰甚禮之泰
為御史中尉以協為治書侍御史泰向潼關協
為監軍泰死協亦見獲太祖以其在關歲久授
大丞相府東閤祭酒撫軍將軍銀青光祿大夫
轉錄事參軍遷主簿加通直散騎常侍攝大
行臺郎中累遷相府屬從事中郎協歷仕三京
詳練故事又深自克勵太祖頗委任之然猶以其
家屬在東疑其有戀本之望及河橋戰不利協
隨軍而還太祖知協不貳封冠軍縣男邑二百戶
尋加車騎將軍左光祿大夫九年除直閤將軍恒
州大中正加都督進爵為伯增邑八百戶尋遷大
都督儀同三司初太祖欲經略漢中令協行南岐
州刺史开節廢東益州戎馬魏廢帝元年即授
南岐州刺史時東益州刺史楊辟邪據州反二年
協率所部兵討之軍次涪水會有氏賊千人斷
道破橋協遣儀同仇買等行前擊之賊開路
協乃領所部漸進又有氐賊千人邀協協乃將
兵四百人守硤道與賊短兵接戰賊乃退避辟邪

棄城走協追斬之群氐皆伏以功授開府仍為大
將軍尉遲迥長史率兵伐蜀既入劍閣迥令協行
潼州事時有五城郡氐酋趙雄傑等扇動新潼
始三州民反叛聚結二萬餘人在州南三里陽涪水
據槐林山置柵拒守梓潼郡民鄧天公等招
誘鄉邑萬餘人復在州東十里涪水北置柵以
應之同遍州城中糧少軍人乏食協撫安內外
咸無異心遣儀同伊婁訓大都督司馬喬等將
步騎千餘人夜渡涪水聲雄傑一戰破之令公以
〔三百三十〕〔周書傳三〕

十九

餘人於郡東南隔水置柵斷絕驛路協遣儀同萬
雄傑敗亦棄柵走還本郡復與鄧胐遣儀同
楊長樂與司馬喬等率師討之復遣大都督裴
孟嘗領百姓繼進為其聲勢孟嘗既至梓潼乃
值水漲不得即渡而天令公鄧胐見孟嘗騎少乃
將三千餘人圍之數重孟嘗以眾寡不敵各棄馬
短兵接戰從辰止午於陣斬令公及胐等賊徒既
失渠帥遂即散走其徒黨仍據舊柵而孟嘗
方得渡水與長樂合即勒兵攻柵經三日賊乃請

降此後數有反叛協輒遣兵討平之魏恭帝三
年太祖徵協入朝論蜀中事乃賜姓宇文氏增
邑通前二千五百戶晉公護既殺孫恒李植等
欲委腹心於司會柳慶司憲令狐整等慶整並
辭不堪俱薦協慶語在慶整傳護遂徵協入朝
既至護引與同宿深寄託之協欣然承奉誓以
軀命自効護大悅以為得協之晚即授軍司馬
委以兵事尋轉治御正又授護府長史進爵
為公增邑二千戶常在護側陳說時事多被納
〔三百三十一〕〔周書傳三〕

二十

用世宗知其材識庸淺每折之數謂之曰汝何
知也猶以護所親往難即屏黜每會容之及世
宗崩便授協司會中大夫中外府長史協有來
瘦小舉措編急既以得志每自於高朝士有來
請事老輒云汝不解五戶教汝及其所言多乖
事東當時莫不笑之保定二年追論平蜀功別
封子縣侯又於蜀中食邑二千戶入其租賦之半
晉公護以協竭忠於已每提獎之頻考上中賞以
粟帛遷少保轉少傅進位大將軍尋尉南陽郡公

兼營作副監宮室既成以功賜爵洛邑縣公回
授一子協既受護重委冀得婚連帝室乃求
復舊姓叱羅氏護為奏請高祖許之又進位
柱國護以協年老許其致仕而協貪榮未肯告
退護誅協除名建德三年高祖以協宿齒授儀
同三司賜爵南陽郡公時與論說舊事是歲
卒年七十六子金嗣

三百十 〔周書傳三〕 二十一 ▼

馮遷字羽化父漳州從事及遷官達追贈儀
同三司陝州刺史遷少修謹有幹能州辟從事
襄令尋為并州水曹參軍所歷之職咸以勤恪
著稱及魏孝武西遷乃棄官與直閤將軍馮
中後從大祖擒竇泰復弘農戰沙苑皆以功
靈豫入關即從魏孝武復潼關定回洛除給事
授都督龍驤將軍羽林監封獨顯縣伯邑六百
戶及洛陽之戰遷先登陷陣遂中重瘡僅得
不死以功加輔國將軍軍都督進爵為侯久
之出為廣漢郡守時四里土初平人情擾動遷政

存簡恕夷俗頗安之魏恭帝二年就加車騎將
軍大都督通直散騎常侍鎮樊城尋拜漢東
郡守孝閔帝踐祚公為晉公護所擽加車騎大
將軍儀同三司進爵臨高縣公尋遷護府司
錄進授驃騎大將軍開府儀同三司遷護性質直
小心畏慎雖居樞要不以勢位加人兼明練時事
善於斷決每校閱文簿孜孜不倦從辰逮夕未
嘗休止以此甚為護所委任後以其朝之舊齒
欲以衣錦榮之乃授陝州刺史進爵隆山郡公

三百三十三 〔周書傳三〕 二十二 ▼

增邑開前二千戶遷本寒微不為時輩所重
旦刺舉本州唯以謙恭接待鄉邑人無怨者復
入為司錄轉工部中大夫歷軍司馬遷小司空自
天和巳後遷以年老委任稍襄及護誅猶除名
建德末卒於家時年七十六子恕位至儀同三司
伏夷鎮將平寇縣伯護所委信者又有朔方邊
平位至大將軍軍司馬護府司馬護敗亦除名
史臣曰仲尼有言可與適道未可與權夫道者率
禮之謂也權者反經之謂也然十禮由乎正理易以

成佐世之功反經繫乎非常難以定匡時之業
故得其人則治伊尹放太甲周旦相孺子是也
不得其人則亂新都遷漢鼎晉氏傾魏族是也
是以先王明上下之序聖人重君臣之分委質
同於股肱受爵均其休戚當其親受顧託位居
宰衡雖後承利劍臨沸鼎不足以譬其應據帝
圖君海內不足以回其心君斯人者固以功與
山獄爭其高名與穹壤齊其久矣有周受命之
始宇文護是預艱難及太祖崩殂諸子沖幼羣

公懷等夷之志天下有去就之心卒能變魏為
周俾危獲父者護之力也向使加之以禮讓繼
之以忠貞桐宮有悔過之期未央終天年之數
則前史所載焉足以道哉然護寡於學術昵近
羣小威福在己征伐自出有人臣無君之心為
人主不堪之事忠孝大節也違之而不疑廢弒
至逆也行之而無悔終於身首橫分妻孥為戮
不亦宜乎

列傳第三

周書十一

齊煬王憲

令狐　德棻　等撰

周書十二

齊煬王憲字毗賀突太祖第五子也性通敏有
度量雖在童齓而神彩嶷然初封涪城縣公少
與高祖俱受詩傳咸綜機要得其指歸太祖嘗
賜諸子良馬惟其所擇憲獨取駁馬太祖問之
對曰此馬色類既殊或多駿逸若從軍征伐牧
圉易分太祖喜曰此兒智識不凡當成重器後

從獵龍上經官馬牧太祖每見駿馬輒曰此我
兒馬也命左右取以賜之魏恭帝元年進封安
城郡公孝閔帝踐阼拜驃騎大將軍開府儀同
三司世宗即位授大將軍武成初除益州刺史進封
齊國公邑萬戶初平蜀之後太祖以其形勝之
地不欲使宿將居之諸子之中欲有推擇偏問
高祖已下誰能此行並未及對而憲先請太祖
曰刺史當撫眾治民非爾所及以年授者當

歸爾兄憲曰才用有殊不關大小試而無効甘
受面欺太祖大悅以憲年尚幼未之遣也世宗
追遵先旨故有此授憲時年十六善於撫綏留
心政術辭訟輻湊聽受不疲蜀人懷之共立碑
頌德尋進位柱國保定中徵還京拜雍州牧及
晉公護東伐以憲為先鋒圍洛陽憲與達
奚武等軍於邙山自餘諸軍各分守險要
齊兵數萬奄出軍後諸軍惶駭並各退散唯憲
與王雄達奚武率眾拒之而雄為齊人所斃三
軍震懼憲親自督勵眾心乃安時晉公護執
政雅相親委委賞罰之際皆得預焉天和三年以
憲為大司馬治小冢宰雍州牧如故四年齊將
獨孤永業來寇盜殺孔城防主能奔達以城應
之詔憲與柱國李穆將兵出宜陽築崇德等
五城絕其糧道齊將斛律明月率眾四萬築壘
洛南五年憲涉洛邀之明月遁走憲追之及于
安業屢戰而還是歲明月又率大眾於汾北築
城西至龍門晉公護謂憲曰寇賊充斥戎馬交

馳遂使疆場之間生民委弊豈得坐觀屠滅
而不思救之汝謂計將安出曰如憲所見宜
暫出同州以威勢計憲請以精兵居前隨機攻
取非惟邊境清寧亦當別有克獲護然之六
年乃遣憲率衆二萬出自龍門齊將新蔡王
王康德以憲兵至潛軍宵道憲乃西歸仍掘
移汾水水南堡壁復入於齊齊人謂略不及遠
遂弛邊備憲乃渡河攻其伏龍等四城二日
盡拔又進攻張壁克之獲其軍實夷其城壘

三〇三十二　《周書傳四》　三　子成

斛律明月時在華谷韓能救也比攻姚襄城陷
之時汾州又見圍日久糧援路絕憲遣柱國宇
文盛運粟以饋之憲自入兩乳谷龍克齊柏
社城進軍姚襄齊人嬰城固守憲使柱國譚公
會築石殿城以為汾州之援遂以奔退憲身自督
蘭陵王高長恭引兵大至憲命將士陣而待之
大將軍韓歡為齊人所乘遂以奔退憲身自督
戰齊衆稍卻會日暮乃各收軍及晉公護誅高
祖召憲入憲免冠拜謝帝謂之曰天下者太祖

之天下五吾嗣守鴻基常恐失墜家宰無君凌上
將圖不軌吾所以誅之以安社稷汝親則同氣
休戚共之事不相洗何煩致謝乃詔憲往護第
收兵符及諸簿書等尋以憲為大家宰時高祖
既誅宰臣親覽朝政方欲導之以政齊之以刑發
及親親亦為刻薄憲既為令憲聞奏其間或有
威勢漸隆憲屬主相嫌隙每曲而暢之高祖亦
可不憲庸主相嫌隙每曲而暢之高祖亦悉其
心故得無患然猶以威名過重終不能平雖

《周書列傳第四》　四

遙授家宰憲奪其權也開府裴文舉憲之
侍讀高祖嘗御內殿引見之謂曰晉公不臣之
迹朝野所知朕所以泣而誅者安國家利百姓耳
昔魏末不綱太祖匡輔元氏有周受命晉公後執
天子而可為人所制乎且近代已來又有一弊暫
威權積習生常便謂法應須爾豈有三十歲
經隸屬便即禮若君臣此乃亂代之權宜非經
國之治術詩云夙夜匪解以事一人一人者止據
天子爾雖陪侍齊公不得即同臣主且

太祖十兄寧可乘為天子卿宜規以正道勸以
義方輔睽我君臣協和我骨肉無令兄弟自致
嫌疑文舉拜謝而出歸以白憲指心撫几曰
吾之風心公寧不悉但當盡忠竭節耳知復何
首憲美之休徵後又以此箴上高祖高祖復
削諸弟其悅其文憲常以兵書繁廣難求指
要乃自刊定為要略五篇至是表陳之憲竊於
而稱善其秋高祖幸雲陽宮遂寢疾衛王直於

周書列傳四 〔五〕

京師舉兵友高祖召憲謂曰衛王構逆汝知之
平憲曰臣初不知令始奉詔真若逆天犯順此
則自取滅亡高祖曰汝即為前軍吾亦續發直
尋敗走高祖至京師憲與趙王招俱入拜謝
高祖曰管蔡為戮周公作輔人心不同有如其面
但愧兄弟親尋干戈於我為不足耳初有如其深
惡憲隱而容之且以帝之母弟每加友敬晉
公護之誅也直固請及憲高祖曰齊公心迹吾
自悉之不得更有所疑也及文宣皇后崩直又

密啟六憲飲酒食肉與平日不異高祖曰吾與
齊王異生俱非正嫡特為吾意今祖括是同父
當愧自勗之何論得失汝親太后之子偏荷慈愛全
但須自勗無出於憲右遂告之憲即蔡成其事及大
軍將出憲表上私卑以助軍曹曰臣聞撫機通運
理藉時來兼弱攻昧事資權道伏惟陛下繼明作
聖闡業弘風思順天心用恢武略方使長地外翦

周書列傳四 〔六〕

三百二

宇宙大同軍民內向軍書混一竊以龍旗雷動
天網雲布縶粟粮餉或須周給昔邊隅未靜
卜式願上家財江湖不澄衛茲請獻私粟臣雖
不敏敢忘景行謹上金寶等二十六件少助軍
資詔不納而以憲表示公卿曰人臣當如此朕貴
其心其寧須頒物乎乃詔憲率眾二萬為前軍
趣黎陽高祖親圍河陰未克憲玫拔武濟圍
洛口收其東西二城以高祖疾班師是歲初置
上柱國官以憲為之〔五年大興東討憲率精騎

二萬復為前鋒守雀鼠谷高祖親圍晉州憲
進兵克洪同永安二城更圖進取齊人棄橋守
險軍未得進遂屯於永安齊主聞晉州見圍乃
將兵十萬自來援之時柱國陳王純頓軍千里
徑大將軍永昌公椿屯雞棲原大將軍宇文盛
守汾水關並受憲節度憲宗謂椿曰兵者詭道
去留不定見機而作不得遵常汝今為營須
張幕可代見憲為菴示有形執令兵去之後賊猶
致疑也時齊主分軍萬人向千里徑又令其衆
出汾水關自率大兵與椿對陣宇文盛馳騎告
急憲自以千騎救之齊人望谷中塵起相率遂
退盛與柱國侯莫陳芮渉汾逐之多有斬獲我
而椿告齊衆稍逼憲又回軍趣之會椿被勅
追還率兵夜返齊人果謂椿菴為帳幕也不疑
軍退翌日始悟時高祖已去晉州留憲為後拒
齊主自率衆來追至於高梁橋憲以精騎二千
阻水為陣齊領軍段暢直進至橋憲隔水招暢
與語語畢憲問暢曰若何姓名暢曰領軍段暢

也公復為誰憲曰我虞候大都督耳暢曰觀公
言語不是凡人今日相見何用隱其名位陳王
純梁公侯莫陳芮內史王誼等並在憲側暢固
問不已憲乃曰我天子太弟齊王也指陳王已
下並以名位告之暢鞭馬而去憲即命旋軍而
齊人遽追之齊衆乃退憲渡汾而及高祖於
玉壁高祖又令憲率兵六萬還援晉州遂進
精卒百騎為殿甲其鋑憲與開府宇文忻各統
褲瓖等百餘人齊人乃退
軍營于涷水齊主攻圍晉州晝夜不息間諜遝
者或云已陷憲乃遣柱國越王盛大將軍尉遲
迴開府宇文神舉等輕騎一萬夜至晉州尋而
軍據蒙坑為其後援知城未陷乃歸涷川尋而
高祖東轅次于高顯憲率所部先向晉州明日諸
軍揔集稍逼城下齊人亦大出兵陣於營南高
祖召憲馳往觀之憲返命曰是易與耳請破之而
後食帝悅曰如汝所言吾無憂矣憲退內史柳
虬私謂憲曰賊亦不少王安得輕之憲曰憲受委

前鋒情兼家國掃此通寇事等撙柑商周之事
公所知也賊兵雖眾其如我何既而諸軍俱進應時
大潰其夜齊人收其餘眾憲輕騎追之既及永安高
祖續至齊人攻洛女破之明日與大軍會於介休時齊
祖命憲攻洛女破之明日與大軍會於介休時齊
主巳走鄴留其從兄安德王延宗據并州延宗
城公質為河間王拜第三子實為大將軍仍詔
面克之延宗遁走追而獲之以功進封第二子安
因憤偽號出兵拒戰高祖進圍其城憲攻其西

憲先驅趨鄴明年進克鄴城齊任城王湝廣寧
王孝珩等據冀信都有眾數萬高祖復詔憲討
之仍令齊王手書與湝曰朝廷遇緯其厚諸王
無恙叔君釋甲則無不優待湝不納乃大開賞
募多出金帛沙門求為戰士者亦數千人憲
軍過趙州潛令閒諜二人覘窺形勢候騎執以
白憲憲乃集齊之舊將遍示之又謂之曰吾所
爭者大不在汝等今放汝還可即充我使乃與
湝書曰山川有閒每深勞佇仲春戒節納履惟

宜承始屆兩河仍圖三位二者交戰想無戲德
昔魏曆云季海內橫流我太祖撫運乘時大庇
黔首自王嗣膺下武式隆景業與稽山之會揔
盟津之師雷駭唐郊則野無橫陣雲騰晉水則
地靡嚴城籠襲偽之酋既奔竄於草澤竊號之
長亦委命於旌門德義振於無垠威風被於有
截彼朝宿將舊臣良家戚里俱營丘之前舊身
好曾尉是使臨漳之下劲死爭驅寵皆麋
畢命此豈唯人事抑亦天時宜訪之道路無候

傍說吾以不武任揔元戎受命安邊路指幽冀
列巴名藩莫不屈膝宣風道禮皆荷來蘇足下
高氏令王英風鳳著克成敗備諸懷抱豈不
知一木不維大廈三諫可以逃身去哉且殷微
徇亡轍家破身殞為天下笑又足下謀者為候
商侯服周代項伯背楚賜姓漢朝去此弗圖苟
騎所拘軍中情實具諸執事知以弱卒瑣甲欲
抗堂堂之師縈帶污城冀保區區之命戰非上
計無待卜疑守乃下策或未相許巳勒諸軍分

道並進相望非遠憲載□□期兵交命使古今
典不俟終日所望知幾也憲至信都
南憲怒登張耳冢以望之俄而憲至
願偽出略陳遂以衆降相顧憲心腹也衆其駭
憲洧大怒殺其妻子明日復戰遂破之悍斬三
萬人擒洧及孝珩等憲謂洧曰任城王何苦至
此洧曰下官神武帝子兄弟十五人幸而獨存其
達宗社顚覆今日得死無愧墳陵憲壯之命歸其
妻子厚加資給又問孝珩孝珩布陳國難辭淚
俱下俯仰有節憲亦爲之改容憲賦多謀多算略
尤長於撫御達於任使摧鋒陷陣爲士卒先群下
感悅咸爲之用舋人開威聲無不憚其勇略及
异州之捷長驅敵境芟夷不援軍無私焉先是
稽胡劉没鋒自稱皇帝又詔憲督趙王招等
討平之語在稽胡傳憲目以威名日重潛思屏退
及高祖欲親征北蕃乃辭以疾高祖變色曰汝
若憚行誰爲吾使憲懼曰臣陪奉鑾輿與誠爲本
願但身嬰疢疾不堪領兵帝許之尋而高祖崩

周書列傳四　　十一

宣帝嗣位以憲屬尊望重深忌憚之時高祖
未葬諸王在內治服司衛長孫覽兵輔政而
諸王有異志奏令開府于智察其勳靜及高祖
山陵還諸王歸第帝又命智就宅候憲因是告
憲有謀帝乃遣小冢宰宇文孝伯謂憲曰三公
之位宜屬親賢令欲以叔爲太師以叔爲太傅
叔爲太保叔以爲何如憲曰臣才輕位重滿盈
是懼三師之任非所敢當且臣兄弟宜應此
舉若專用臣兄弟恐乖物議孝伯反命尋而
復來曰詔王晚共諸王俱至殿門憲獨被引進帝
先伏壯士於別室至即執之憲辭色不撓固自
陳說帝使于智對憲憲目光如炬與智相質或
謂憲曰今日之事何用多言憲曰我位重
屬尊一旦至此死生有命寧復圖存但以老母
在堂恐留茲恨耳因擲笏於地乃縊之時年三
十五年以于智爲柱國封齊國公又殺上大將
軍安邑公王興上開府獨孤熊開府豆盧紹等皆
以昵於憲也帝既誅憲無以爲辭故託興等與

周書列傳四　　十二

憲結謀遂加其戮時人知其冤酷咸云伴憲死
也憲所生達步千氏茍人也建德三年冊為
齊國太妃憲有至性事母以孝聞太妃舊患
風熱屢經發動憲衣不解帶扶侍左右憲或東
西從役每心驚其母必有疾乃馳使參問果如
所慮憲六子貴質貴寶貢乾禧乾洽

封安定郡公邑一千五百戶太祖之初為丞相也

便謂曰讀此一經足為立身之本天和四年始十歲
貴字乾福少聰敏涉獵經史尤便騎射始讀孝經
獵於臨州一圍之中手射野馬及鹿十有五頭
建德二年冊拜齊國世子四年授重騎大將軍
儀同三司尋出為趙州刺史貴雖出自深宮而
留心庶政性聰敏過目輒記嘗道逢二人謂其
左右曰此人是縣黨何因輒行左右不識貴便
說其姓名莫不嗟伏白獸烽經為商人所燒烽
帥納貨不言其罪他日此帥隨例求參貴乃問
云商人燒烽何因私放烽帥愕然遂即首服其

明察如此五年四月卒時年十七高祖甚痛惜之
質字乾祐初封安城公後以憲勳進封河間
郡王賓字乾禮大將軍中垻公貢出後莒莊公
乾禧安城公乾洽龍涸公並與憲俱被誅於
史臣曰兩漢逮平魏晉其帝弟帝子眾矣
唯楚元河間東平陳思之徒以文儒播美任城
琅邪以武功馳譽何則體自尊極長於宮闈伏
樂修其心驕貴蕩其志故使奇才高行終鮮於
天下之士焉齊王奇姿傑出獨牢籠於前載以

介弟之地居上將之重智勇冠世攻戰如神敵
國繫以存亡鼎命由其輕重比之異姓則方召
韓白何以加焉挾震主之威屬道消之日斯人
而嬰斯戮君子是以知周祚之不永也昔張耳
陳餘賓客廝役所居皆取卿相而齊之文武僚
吏其後亦多至台牧異世同符可謂賢矣

列傳第四

周書十二

周書十三

令狐 德棻 等撰

文閔明武宣諸子

文帝十三子姚夫人生世宗後宮生宋獻公震
文元皇后生孝閔皇帝文宣皇后叱奴氏生高
祖衛剌王直達步千妃生齊王憲王姬生趙僭
王招後宮生誰孝天俊陳惑王純越野毛盛代
吳王達冀康公通勝閭王迪齊煬王別有傳
宋獻公震字彌俄幼而敏達年十歲誦孝經論

【周書列傳五】 一

語毛詩後與世宗俱受禮記尚書於盧誕大統
十六年封武邑公二十戶尚魏文帝女其年薨
保定元年追贈使持節柱國大將軍少師大司
馬大都督青徐等十州諸軍事青州刺史進
封宋國公增邑并前一萬戶無子以崇第三
子寔為嗣寔字乾辯建德三年進爵為宋夫象
中為大前疑尋為隋文帝所害國除
衛剌王直字豆羅突大魏恭帝三年封秦郡公邑
二千戶武成初出鎮蒲州拜大將軍進爵衛國公

邑萬戶保定初為雍州牧尋進位柱國轉大司
空出為深州總管天和中陳湘州刺史華皎舉
州來附詔直督綏德公陸通大將軍田弘權景
宣元定等兵赴接與陳將淳于量吳明徹等戰
於沌口直軍不利元定遂投江南直坐免官直高
祖母弟性浮詭貪很無賴以晉公護執政遂
冀其得位帝凡有誅護之意遂與直謀之及護
誅帝乃以齊王憲為大冢宰直既本望又請

【周書列傳五】 二

為大司馬意欲揔知戎馬得擅威權帝揣知其
意謂之曰汝兄弟長幼有序豈可反居下也
乃以直為大司徒建德三年進爵為王初高祖
以直等為東宮更使直自擇所居直歷觀府
署無稱意者至廢陟岵佛寺欲居之齊王憲謂
直曰弟兒女成長理須寬博此寺狹小詎是所宜
直曰一身尚不自容何論妻子憲性在而疑之直嘗
從帝校獵而亂行帝怒對眾撻之自是慎怨滋
甚及帝幸雲陽宮直在京師舉兵反攻肅章

門司武尉運閉門非守直不得入語在運傳直遂
遁走追至荆州獲之免爲庶人囚於別館尋而
更有異志遂誅之及其子賀員塞饗賈祕津
乾理乾璟乾憬等十人國除
趙僭王招字豆盧突幻聰穎悖涉群書好屬文
學頗信體詞多輕艷親恭帝三年封正平郡公
邑二千戸武成初進封趙國公邑萬戸保定中
拜爲柱國出爲益州揔管建德元年授大司空
轉大司馬三年進爵爲王除雍州牧四年大軍

東討招爲後三軍揔管五年又從高祖東代率
步騎一萬出華谷攻齊汾州及并州平進位上柱
國東夏底定又爲行軍揔管與齊王討稽胡
招擒賊帥劉没鐸斬之胡寇平宣政中拜大師
招出就國二年宣帝不豫招及陳越代滕五
大象元年五月詔以洺州襄國郡邑萬戸爲趙
王赴朝比招等至而帝已崩隋文帝輔政加招
等殊禮入朝不趨劍履上殿隋文帝將遷周鼎
招密欲圖之以臣社禮乃邀隋文帝至第飲於

寢室招子員貫及妃弟魯封所親人吏冑貲先
在左右佩刀而立又藏兵刀於帷席之間後院
亦伏壯士隋文帝從者多在閤外唯楊弘元冑
冑弟威及閻徹坐於戸側招屢以佩刀割瓜噉
隋文帝隋文帝未之疑也元冑覺變扣刀而
入招乃以大觴親飲冑酒又命冑向厨中取漿
冑不爲之動滕王迫後至隋文帝降階迎之元
冑因得耳語曰形勢大異公宜速出隋文帝共

迫等就坐須更辭出後軍覺陷以謀反其五年
行於世
譙孝王儉字侯幻突武成初封譙國公邑萬戸
秋誅招及其子德廣公員永康公員越攜公
乾銑弟乾鈴乾鏗等國除招所著文集十卷
天和中拜大將軍尋遷柱國出爲益州揔管建
德三年進爵爲王五年東代以本官爲左一軍
揔管攻永固城拔之進平并鄴拜大冢宰是歲
稽胡反詔儉爲行軍揔管與齊王憲討之有胡
帥自號天柱者據守河東儉攻破之斬首三千

級宣政元年二月薨兊子乾惲嗣大定中為隋文
帝所害國除

陳惑王純字墮智突武成初封陳國公邑萬戶
保定中除岐州刺史加開府儀同三司使於突厥
迎皇后拜大將軍尋進位柱國出為秦州揔
管轉陝州揔管督鷹門公田弘拔齊宜陽等
九城建德三年進爵為王四年大軍復東
為前軍揔管以帝寢疾班師五年大軍東
討詔純為前軍率步軍二萬守千里逕并州平

進位上柱國即拜并州揔管宣政中除雍州牧
遷太傅大象元年五月以濟南郡邑萬戶為
陳純出就國二年朝京師時隋文帝專政前
落宗柭遂害純并世子謙及弟戽公議讓弟
議等國除

越野王盛字立久突武成初封越國公邑萬戶
天和中進爵為王四年大軍代齊盛為後軍
揔管五年大軍又東討盛率所領拔齊高顯等
數城并州平進位上柱國從平鄴拜相州揔管

宣政元年入為大冢宰汾州稽胡帥劉受邏干
反詔盛率諸軍討平之大象元年遷大前疑
轉太保其年詔以豐州武當安富二郡邑萬戶
為越盛出就國二年朝京師其秋為隋文帝所
害并其子忱惇恢憬忻等五人國除

代奰王達字度斤突武成初封
代國公邑萬戶天和元年拜大將軍右宮伯拜
左宗衛建德初進位柱國出為荊州揔進等十四州
十防諸軍事荊州刺史在州有政績高祖于劾

襄炅之所管澧州刺史蔡澤顯貪被訟贓狀分
明以其世著勳庸不可加戮若曲法世貝又非奉
上之體乃令所司精加劾按密表奏之事竟得釋
終亦不言其劇事周慎如此達雅好節儉食無
兼膳侍姬不過數人皆衣綈衣又不營甚產國
無儲積左右嘗以言達從容應之曰君子憂
道不憂貧何煩於此三年進爵為王出為益州
揔管高祖東伐以為右一軍揔管齊叔妃馮氏尢
為齊後主所幸齊平見獲帝以達不邇聲邑特

以馮氏賜之宣帝即位進位上柱國大象元年拜

大右弼其年詔以潞州上黨郡邑萬戶為代達

出就國二年朝京其年冬為隋文帝所害及其八

世子執弟蕃國公轉等國除

莫康公通字屈率突武成初封異國公邑萬

戶天和六年十月薨子絢嗣建德三年進爵為

王大象中為隋文帝所害國除

封勝國公邑萬戶天和末拜大將軍建德初進

滕聞王遒字爾固突少好經史解屬文大武成初

位柱國三年進爵為王六年為行軍捴管與齊

王憲征稽胡遒破其渠帥穆欠等斬首八千級

還除河陽捴管宣政元年進位上柱國其年侯陳

詔遒為元帥節度諸軍事大象元年五月詔以

荊州新野郡邑萬戶為勝遒出就國二年朝京其

年冬為隋文帝所害并子懷德公祐祐弟箕

國公裕弟禮禧等國除遒所著文章頗行於世

孝閔帝一男陸夫人生紀厲王康

紀厲王康字乾定保定初封紀國公邑萬戶建

德三年進爵為王仍出為捴管利始等五州大

小鈇二防諸軍車利剌州剌史康驕恃無軌度信

任僚佐盧弈等遂繕修戎器陰有異謀司錄

裴融諫止之康不聽乃殺融五年詔賜康死子

湜嗣天定中為隋文帝所害國除

明帝三男徐妃生畢剌王賢鄧王貞朱

畢剌王賢字乾陽保定四年封畢國公建德三

年進爵為王出為華州剌史還荊州捴管進

王寔　寔傳闕

位柱國宣政中入為大司空大象初進位上柱國

雍州牧太師明年宣帝崩賢性強濟有威略

慮隋文帝傾覆宗社言頗泄漏遂為所害并

其子弘義恭道樹孃等國除

鄧王貞字乾雅初封鄧國公建德三年進爵為

王天象初為大冢宰後為隋文帝所害并子濟

陰郡公德文國除

武帝生七男李皇后宣帝漢王贊庫汗姬生

秦王贄曹王允馮姬生道王充薛世婦生蔡王

漢王贄字乾依初封漢國公建德三年進爵爲
王仍柱國大冢宰隋文帝辅政欲順物情乃進
上柱國右大丞相外示尊崇寔無綜理及諸方
略定又轉太師尋爲隋文帝所害并其子淮陽
公道德弟道智道義等除國

秦王贄字乾信初封秦國公建德三年進爵爲
王上柱國大冢宰大右弼尋爲隋文帝所害并
其子忠誠公靖智弟靖仁等國除

▌周書列傳五　　九

曹王允字乾仕初封曹國公建德三年進爵爲王

道王允字乾仁建德六年封王

蔡王允字乾俊建德六年封王

荊王元字乾儀宣政元年封王元及允充允等
並爲隋文帝所害國除

宣帝三子朱皇后生靜皇帝姬生鄴王衍皇
南姬生郢王術

鄴王衍大象二年封王與衍並爲隋文帝所害

郢王術大象二年封王與衍並爲隋文帝所害

國除

史臣曰昔賢之議者咸云以周建五等歷載八百
秦立郡縣二世而亡雖得失之迹可尋是非之理
互起而因其變復古未聞良由著論者溺於
賢達司契者難於易業詳求適變之道未窮
於至當也嘗試論之夫皇王迭興爲國之道匪
一賢聖間出立德之指殊塗斯當故爲相反哉
亦云治而已矣何則五等之制行於商周之前
郡縣之設始於秦漢之後論時則澆淳理隔易

▌周書列傳五　　十

地則用捨或殊壁言猶干戈日用難以成坏下之業
禋嗣所述不可施成周之朝是知因時制宜者爲
政之上務也觀民立教者經國之長策也且夫
列封疆建侯伯擇賢能置牧守循名雖曰異軌
責實抑亦同歸盛則與之共安衰則與之共患
共安難平善惡非禮義無以敦風共患以存
亡非甲兵不能靖是以宗晉帥禮鼎業傾而
復振溫陶釋位王綱弛而更張然則周之列國非
一姓也晉之群臣非一族也豈齊晉強於列國

溫陶賢於群臣者哉蓋勢重者易以立功權輕
者難以盡節故也由此言之建侯置守乃古今
之異術兵權勢位蓋安危之所階乎太祖之定
關右日不暇給既以人臣禮終未違藩屏之事
晉蕩輔政爰樹其黨宗室長幼竝據勢位握
兵權雖克內謝隆平之風而國家有盤石之固
矣高祖克翦芒刺思弘政術懲專朝之為患
忘維城之遠圖外崇寵位內結猜阻自是配天
之基潛有朽壞之墟矣宣皇嗣位凶暴是聞夫
刈先其本枝削黜遍於公族雖復地惟叔父親
則同生文能附翼武能威敵莫不謝卿士於當
年從侯服於下國號為千乘勢侔定夫是以權
臣乘其機謀士因其隙遷龜鼎速於俯拾螻王
侯烈於燎原悠悠遠古未聞斯酷豈非權枯振
朽易為力乎向使皇枝姬劉之制覽聖哲之術
分命賢戚布於內外料其輕重間以親踈首尾
相持遠近為用使其勢位也足以扶危其權刀也
不能為亂事業既定僥倖自息雖使臥赤子

朝委裘社稷固以父安億兆可以無患矣何后
族之地而勢能窺其神器哉

列傳第五

賀拔勝　弟岳　兄允

念賢

令狐德棻等撰

賀拔勝字破胡神武尖山人也其先與魏氏同
出陰山有如迴者魏初為大莫弗祖爾頭男
絕倫以良家子鎮武川因家焉獻文時茹如數
為寇北邊患之爾頭將遊騎深入覘候前後以
八十數悉知虜之倍伏後雖有寇至不能為害
以功賜爵龍城侯父度拔性果毅為武川軍主
魏正光末沃野鎮人破六汗拔陵反南侵城邑
懷朔鎮將楊鈞聞度拔名召補統軍配以族其
賊偽署王衛可孤徒黨先盛既圍武川又攻懷
朔勝以有志操養騎射北邊莫不推其膽略時
亦為軍主從度拔鎮守既圍經年而外援不至
勝乃慷慨曰楊鈞曰城圍歷迫事等倒懸請告急
於大軍乃師為援鈞許之乃募勇敢少年十餘騎夜
偏隤潰圍而出賊追及之勝曰我賀拔破胡也賊

不敢逼遂至朔州白臨淮王元或曰懷朔被圍旦夕
淪陷士女正首企望官軍大王帝室藩維與國休
戚受任征討理宜唯敵是求今乃頓兵不進猶豫
不決懷朔若陷則武川隨亦危矣逆賊因茲銳氣
百倍雖有韓白之勇良平之謀亦不能為大王
用也或以勝辭義懇至許以出師還委勝後
破胡與官軍至矣城中乃開門納之鈞復遣勝出
覘武川而武川已陷勝乃馳還懷朔亦潰勝父
子遂為賊所虜後隨度拔與德皇帝合謀襲州
里豪傑輿珍念賢乙弗庫根慰遲真檀等招集
義勇襲殺可孤朝廷嘉之未及封賞會度拔與
鐵勒戰沒孝昌中追贈安遠將軍肆州刺史
初度拔殺可孤之後令勝馳告朔州未反而度
拔已卒刺史費穆奇勝才略厚禮留之遂攻
六汗賊所圍晝夜攻召勝為軍主勝乃率募
其事常為遊騎于時廣陽王元深在五原為破
二百人開東城門出戰斬首百餘級賊遂退軍數千

里廣陽以賊稍却因拔軍向朔州勝常為殿以功
拜統軍加伏波將軍又隸僕射元纂鎮恆州時
有鮮于阿胡擁朔州流民南下為寇恆州城中人
乃潛與謀以城應之勝與兄岳相失南投肆
州兆岳投尒朱榮榮得勝大悅曰吾得卿兄弟天下
不足平也勝委質事榮時杜洛周阻兵幽定葛榮
據有冀瀛榮謂勝曰井陘險要我之東門意欲
屈君鎮之未知君意如何勝曰少逢兵亂險阻備

嘗毎思効力以報己知今蒙所願世榮乃
表勝為鎮遠將軍別將領步騎五十鎮井陘孝
昌末從榮入洛以定策立孝莊帝功封易陽縣伯
邑四百戶累遷直閤將軍通直散騎常侍平南
將軍光祿大夫撫軍將軍從六宮十元穆北征葛榮
為前鋒大都督戰於滏口大破之虜獲數千人時
洛周餘燼韓婁在薊城結聚為遠近之害復以
勝為大都督鎮中山妻素閤　勝威名竟不敢南
寇元顥入洛陽孝莊帝出居河內榮徵勝為前

軍大都督領千騎與尒朱兆目硃石度大破顥
軍擒其子領軍冠受又梁將陳思保等
遂前驅入洛拜武衛將軍金紫光祿大夫增邑
六百戶進爵真定縣公遷武衛將軍加散騎常
侍又榮被誅事起倉卒勝復隨世隆至于謁帝
橋勝以為臣無讎君之義我遂勤所部還都督帝
大悅以本官假驃騎大將軍東征都督率騎一
千會鄭先護討尒朱仲遠為先護所疑置之
營外人馬未得休息俄而仲遠兵至與戰不利乃

降之復與尒朱氏同謀立節閔帝以功拜右衛將
軍進車騎大將軍儀同三司左光祿大夫齊神武
懷貳尒朱氏將討之度律自洛陽引兵兆起并
州仲遠從滑臺三帥會於鄴東時勝從度律度
律與兆不平勝以臨敵搆嫌取敗之道乃與斛斯
椿詣兆營和解之反為兆所執度律可孤罪一也天柱薨
軍還兆將斬勝數之曰爾殺可孤罪一也天柱薨
後復不與世隆等俱來而東征仲遠罪二也我欲
殺爾久矣今復何言勝曰孤作逆為國巨惠勝

父子誅之其功不小反以為罪天下未聞天狂被戮

以君誅臣勝雪負朝廷今日之事生死在王但去

賊憚死恐王失策乃捨之勝既得免行百餘里

密遇遇骨肉搆隙自古迄今未有不破亡者勝

方介朱兆及度律軍齊神武既克相州兵威漸盛於

是介朱兆及天光仲遠度律等眾十餘萬陣於

韓陵兆率鐵騎陷陣出齊神武度律

而擊之度律惡兆之驕悍懼其背

進勝以其携貳遂率麾下降于齊神武度律

軍以此先退遂大敗太昌初以勝為領軍將軍尋

除侍中孝武帝圖齊神武以勝第岳擁眾關

西欲廣其勢授乃拜勝為都督三荊二郡南襄

南雍七州諸軍事進位驃騎大將軍開府儀同三

司荊州刺史加授南道大行臺尚書左僕射勝攻

梁下溠城擒其戍主尹道珍等又使人誘動蠻王

文道期率其種落歸款梁雍州刺史蕭續擊

道期不利漢南大駭勝遣大都督獨孤信軍司

寧歐陽鄧城南雍州刺史長孫亮南荊州刺史

李魔憐大都督王元軌取久山白洎都督拔略昶

史仵龍取義城均已擒梁將莊思延獲甲卒數千

人攻馮翊安定馮陽並平之勝軍於樂鄧之間梁

武勑續取勝北間驍將爾宜慎之續遂攻

守不敢出尋進位中書令增邑二千戶進爵琅邪

郡公續遣柳仲禮寇城勝攻之未拔屬齊神

武與帝已西遷勝還軍南陽遣右丞揚休之奉表

入關又令府長史元頴行州事勝自率所部將西

赴關中進至淅陽詔封勝大保錄尚書事時齊神武

已陷潼關屯軍華陰勝乃還荊州州民鄧誕執

元頴北引侯景勝至景逆擊之勝軍不利率麾

下數百騎南奔梁在江表三年梁武帝遇之甚厚勝

之親餞於南死勝自是之後每行執弓矢見鳥

常乞師北討齊神武既不果乃求還梁武帝許

獸南向者皆不射之以申懷德之志也既至長安

詔闕謝罪朝廷嘉其還乃授太師後從太祖攻擒

寶泰於小關加授中軍大都督又從太祖攻弘

農勝自陝津先渡河東魏將高干逍勝追獲因
之下河北擒郡守孫晏崔又從破東魏軍於沙
苑追奔至河上仍與李弼別攻河東略定汾絳增
邑并前五千戶河橋之役勝大破東魏軍太祖
命勝收其降卒而還及齊神武悉衆攻玉壁勝
以前軍大都督從太祖追之於汾北又從戰邙山
時太祖見齊神武旗鼓識之乃募敢勇三千人
配勝以死其軍適與齊神武相遇因告之曰
賀六渾賀拔破胡必殺汝也時募士皆用短兵

周書列傳六　七　朱

接戰勝持稍追齊神武數里刃垂及之會勝馬
為流矢所中死比副騎至齊神武已逸去勝歎
曰今日之事吾不執弓矢者天也是歲勝諸子在
東者皆為齊神武所害勝憤恨因動氣疾大
統十年薨于位臨終手書與太祖曰勝萬里杖策
歸身闕庭冀望與公掃除逋寇不幸殞斃微志
不申願公內先協和順時而動若死而有知猶望魂
飛賊庭以報恩遇耳太祖覽書流涕久之勝長於
喪亂之中尤工武藝走馬射飛鳥十中其五六大

祖每云諸將對敵神色皆動唯賀拔公臨陣如
平常真大勇也自居重位始愛墳籍乃招引文
儒討論義理性又通率重義祇輕財身死之日唯
有隨身兵仗及書十餘卷而已初勝至關中自以
年位素重見太祖不拜尋而自悔太祖亦有望焉
後從太祖宴于昆明池時有雙鳧游於池上太祖
乃授弓矢於勝曰不見公射久矣請以為歡勝射
之二發俱中因拜勝得禽神武以討不庭
皆如此也太祖大悅自是恩禮日重勝亦盡誠推

周書列傳六　八　朱

奉焉贈定冀等十州諸軍事定州刺史太宰錄
尚書事謚曰貞獻明帝二年以勝配享太祖廟庭
勝無子以弟岳子仲華嗣大統三年賜爵樊城公
魏廢帝時為通直郎散騎常侍遷黃門郎加車
騎大將軍儀同三司驃騎大將軍開府儀同三司
六官建拜守廟下大夫孝閔帝踐祚襲爵琅邪公
除利州刺史大象末位至江陵總管勝兄弟三人
並以豪俠知名兄允字阿泥魏孝武時位至太尉
封燕郡王為神武所害

岳字阿斗泥少有大志愛施好士初為太學生
及長能左右馳射驍果絕人不讀兵書而暗與
之合議者咸異之與父兄誅衞可孤之後廣陽王
元深以岳為帳內軍主又表為彊弩將軍後
與兄勝俱鎮恆州陷投尒朱榮榮待之甚
厚以為別將尋為都督每居帳下與計事多與
榮意合益重之榮以岳為都督遂與尒天穆謀入
匡朝廷謂岳曰今主上臨朝政歸近習盜賊蜂起
海內沸騰王師屢出覆亡相繼吾累世受恩義

周書列傳第六　九

同休戚今欲親率士馬電赴京師內除君側外
清逆亂取勝之道討將安出岳對曰夫立非常
之事必俟非常之人將軍士馬精彊位任隆重
若首舉義旗代叛匡主何往而不赴何向而不摧
古人云朝謀不及夕言發不俟駕此之謂矣榮
與天穆相顧良久曰卿此言真丈夫之志也未
幾而魏孝明帝暴崩榮疑有故乃舉兵赴洛配
岳甲卒二千為先驅至河陰榮既絞害朝士時
神武為榮軍都督勸榮稱帝左右多欲同之榮

疑未決岳乃從容進而言曰將軍首舉義共
除姦逆功勤未立逆有此謀可謂速禍未見其
福榮壽亦自悟乃尊莊岳又勸榮誅齊
神武榮謝天下左右咸言高歡雖復庸踈言不
思難令四方尚梗事籍武臣請捨之收其後効
榮乃止以定策前軍都督破葛榮於滏口遷
城郡男復為金紫光祿前軍都督破葛榮於滏口遷
東將軍金紫光祿大夫坐事免詔尋復之從平
元顥轉左光祿大夫武衞將軍時万俟醜奴僭

周書列傳六　十

稱大號關中搖動朝廷深以為憂榮遣岳討
之岳私謂其兄勝曰醜奴擁秦隴之兵足為勍敵
若岳往而無功罪責立至假令剋定恐讒慝生焉
勝曰汝欲何計目安岳曰請於榮氏一介為元帥
副貳之則可矣勝然之乃請於榮榮大悅乃以天
光為使持節督二雍諸軍事驃騎大將軍
雍州刺史以岳為持節假衞將軍左大都督又以
征西將軍代郡侯莫陳悅為右都督並為天光
之副以討之時亦永蜀賊阻兵斷路天光之衆不

周明

滿二千及軍次潼關天光有難色岳曰蜀賊草
竊而已公尚遲疑若遇大敵將何以戰天光今
日之重也以相委公宜為吾制之於是進軍賊拒
戰於渭北破之獲馬二千疋軍威大振天光與岳
進至雍州榮又繼道共至時醜奴自率大眾圍岐
州遣其大行臺尉遲菩薩攻柵已剋還岐州岳以輕
騎八百北渡渭援菩薩率步騎二萬至渭北岳以輕騎數

十與菩薩隔水交言岳稱揚國威菩薩自言彊
盛往復數反菩薩乃自騎與令省事傳語岳
怒曰我與菩薩言卿是何人與我對語首事特隔水
應弦不遠岳舉弓射之應弦而倒時已過暮於
是各還岳密於渭南傍水分精騎數十為一處隨
地形便置之明日自將百餘騎隔水與賊相見岳
漸前進元所置騎隨岳而進既漸增賊不復
測其多少行二千里許至水淺可濟之處漸增岳
馬東出以示本道賊謂岳走乃棄步兵南渡渭

水輕騎追岳岳東行十餘里依橫岡設伏兵以待
之賊以路險不得齊進前後繼至平度岡東岳乃
回與賊戰身先士卒急擊之賊便退走岳號令所部
賊下馬者皆不聽殺賊顧見之便悉投馬俄而虜
獲三千人馬亦無遺遂大擒菩薩仍渡渭北降其卒
於平亭寧天光方自雍至岐與兵合勢軍至汧渭之
間宣言遠近見今乳候漸熱非征討之時待秋涼
更圖進取醜奴聞之遂以為實分遣諸軍散營農

於岐州之北百里細川使其大尉侯元進領兵五千
據險立柵其千人以下為柵名有數處岳宣戰且守
先行路於後諸軍盡發昧旦攻圍元進柵拔之
即擒元進諸所俘執皆放之自餘諸柵悉降岳
星夜經趣涇州其刺史侯幾長貴亦城降醜
奴乃棄平亭而走欲向高平岳輕騎急追明日
及醜奴於平涼之長坑戰擒之高平城中又執
蕭寶寅以降賊行臺万俟道洛率衆仍退

保拳屯山岳攻之道洛敗率千騎而走追之
不及遂得入隴授略陽賊帥王慶雲以道
洛驍果絕倫得之其喜以為大將軍天光又與岳
度隴至慶雲所居水洛城慶雲道洛頻出城拒戰
並擒之餘衆皆歸欵悉坑之死者萬七千人三秦河渭
瓜涼鄯州咸來歸欵賊帥夏州人宿勤明達隆於平
涼後復叛岳又討擒之天光雖功劾名
多加車騎將軍進爵為伯邑三千戶尋授都督
涇北圖二夏四州諸軍事涇州刺史進爵為公
天光入洛使岳行雍州刺史建明中拜驃騎大將
軍增邑五百戶普泰初除都督二岐東秦三
州諸軍事儀同三司岐州刺史進封清水郡
公增邑通前三千戶尋加侍中給後鼓吹進
位開府儀同三司兼尚書左僕射隴右行臺
仍停高平二年加都督三雍三秦二岐二華
武遣問計於岳岳報曰王家跨擄三方士馬
毅盛高歡烏合之衆豈能為敵然師克在和但願

同心戮力耳若骨肉離隔自相猜貳則圖存不暇
安能制人如下官所見莫若且鎮關中以固根本
分遣銳師與衆軍合勢進可以克敵退可以克
全天光不從果敗岳率軍下隴赴雍擄天光弟
顯壽以應齊神武魏孝武即位加關中大都督
增邑千戶永熙二年孝武詔岳都督二雍二華幽四
刺岊持以寄岳岳圖蓋神武遂
梁三益巴二夏蔚寧涇二十州諸軍事大都督
齊神武既忌岳兄弟功名岳懼乃與太祖協契
語在太祖本紀岳自詣北境安置邊防率衆趣
平涼西界布營數十里託以牧馬於原州為安
之計先是費也頭萬俟受洛干鐵勒斛律沙門
解技彌俄突紇豆陵伊利等並擁衆自守至是
皆欵附秦南秦河渭四州刺史又會平涼受岳節
度唯靈州刺史曹泥不應召乃通使於齊神武
三年岳召侯莫陳悅於高平將討之令悅為前
驅而悅受齊神武密旨圖岳弗之知也而先又
輕悅悅乃誘岳入營共論兵事令其壻元洪景

斬岳於幕中朝野莫不痛惜之贈侍中大傳錄
尚書都督關中三十州諸軍事大將軍雍州刺
史諡曰武壯葬以王禮子緯嗣拜開府儀同三
司保定中錄岳舊勳進緯爵霍國公尚太祖女
騎射會牧子作亂遂歸尒朱榮榮引爲府長
侯莫陳悅少隨父爲馳牛都尉長於西好田獵便
流參軍稍遷大都督魏孝莊帝初除征西將軍
金紫光祿大夫封柏人縣侯邑五百戶尒朱天光西
討榮以悅爲天光右都督本官如故西代克獲功

▍周書列傳第八　十五

亞於賀拔岳以本將軍除鄯州刺史建明中拜
車騎大將軍渭州刺史進爵曰水郡公增邑五
百戶普泰中除驃騎大將軍儀同三司秦州刺
史又天光赴洛悅與岳俱下隴趣雍州擒天光
弟顯壽魏孝武初加開府儀同三司都督隴右
諸軍事仍加秦州刺史又悅殺岳岳眾莫不服
從悅猶豫不即撫納乃遷隴右太祖勒眾討之悅
遂亡敗語在太祖本紀悅子弟及同謀殺岳者八
九人並伏誅唯中兵參軍豆盧光走至靈州後

奔晉陽悅自殺岳後神情恍忽不復如常怕言
我繞睡即夢見岳云兄欲何處去隨逐我不相
置因此彌不自安而致破滅
念賢字蓋盧美容貌頗涉書史爲兒童時在
學中讀書有善相者過學諸生競詣之賢不
往笑謂諸生曰男兒死生富貴在天也何遽相乎
少遭父憂居喪有孝稱後以破靜可孤功除別將
尋招慰雲州高車鮮卑等皆降下之除假節平
東將軍封屯留縣伯邑五百戶建義初爲大都督

三百三十二　▍周書傳六　十六　▍

鎮井陘加撫軍將軍黎陽郡守尒朱榮入洛拜車
騎將軍右光祿大夫太僕卿兼尚書右僕射東行
臺進爵平恩縣公增邑五百戶普泰初除使持
節瀛州諸軍事驃騎大將軍瀛州刺史永熙中拜
第一領民酋長加散騎常侍行南兗州事尋進號
驃騎大將軍入爲殿中尚書加儀同三司魏孝武
欲討齊神武以賢爲中軍北面大都督進爵安定
郡公增邑二千戶加侍中開府儀同三司大統初拜太
尉出爲秦州刺史加太傳給後部鼓吹三年轉太師

都督河涼瓜鄯渭洮沙七州諸軍事大將軍河

州刺史父之還朝兼錄尚書事河橋之役賢不

力戰乃先還自是名譽頗減五年除都督秦渭

原涇四州諸軍事秦州刺史薨於州諡曰昭定

賢於諸公皆為父黨自太祖以下咸拜敬之子

華性和厚有長者風官至開府儀同三司合州

刺史

史臣曰勝岳昆李以勇略之姿當馳競之際並

邀時投隙展效立功始則委質爾朱中乃結

節之士及勝垂翅江左憂魏室之危亡奮翼關

西感梁朝之顧遇有長者之風矣終能保其榮

寵良有以焉岳以二千之羸兵抗三秦之勁敵

奮其智勇克翦凶渠雜種畏威退方慕義斯亦

一時之盛也卒以勳高速禍無備嬰裁惜哉陳

涉首事不終有漢因而創業賀後元功風殞太

祖藉以開基不有所廢君何以興信乎其然矣

列傳第六

周書十四

冦洛　　　令狐　德棻　等撰

李弼　弟檦

于謹　子寔

冦洛上谷昌平人也累世為將吏父延壽和平
中以良家子鎮武川因家焉洛性明辨不拘小
節正光末以比邊賊起遂率鄉親避地於并肆
因從爾朱榮征討及賀拔岳西征洛與之鄉里
乃募從入關破赤水蜀以功拜中堅將軍屯騎
校尉別將封臨邑縣男邑二百戶又從岳獲賊
帥尉遲菩薩於渭水破侯伏侯元進於百里細
川擒萬俟醜奴於長坑洛每力戰並有功加龍
驤將軍都督進爵安鄉縣子累遷征北將軍衛
將軍於平涼以洛為右都督侯莫陳悅既害岳
欲并其眾時初喪元帥軍中惶擾洛於諸將之
中最為舊齒素為眾所信乃收集將士志在復
讐共相糾合遂全眾而反既至原州眾咸推

洛為盟主統岳之眾洛復自以非才乃固辭與
趙貴等議迎太祖魏帝以洛有全師之功除武
衛將軍太祖至平涼以洛為右大都督從討侯莫
陳悅平之拜涇州刺史魏孝武西遷進爵臨邑
縣伯邑五百戶尋進位驃騎大將軍儀同三司
爵為公增邑五百戶大統初魏文帝詔曰往者侯
莫陳悅遠同逆賊潛害故清水公岳志在兼并
當時造次物情驚駭使持節驃騎大將軍儀
同三司前涇州刺史大都督臨邑縣開國公

冦洛忠款自心勳誠早立遂能糾合義軍以待
大丞相見危授命推賢而奉此而不賞何以勸勵
將來可加開府進爵京兆郡公封洛母宋氏為
襄城郡君又轉領軍將軍三年出為華州刺
史加侍中與獨孤信復洛陽移鎮弘農四年從
太祖與東魏戰於河橋軍還洛率所部鎮東
雍五年卒於鎮時年五十三贈使持節侍中都
督雍華豳涇原三秦二岐十州諸軍事太尉尚
書令驃騎大將軍雍州刺史諡曰武子和嗣世

宗二年錄勳舊以洛配享太祖廟庭賜和姓若
口引氏改封松陽郡公後至開府儀同三司賓
部中大夫洛弟紹位至上柱國北平郡公
李弼字景和遼東襄平人也六世祖慕容垂
黃門侍郎祖貴醜平州刺史父永太中大夫贈
涼州刺史弼少有大志膂力過人屬魏室喪亂
語所親曰丈夫生世會須履鋒刃平寇難安社
稷以取功名安能碌碌依階資以求榮位乎魏
永安元年爾朱天光辟為別將從天光西討破
赤水蜀以功拜征虜將軍封石門縣伯邑五百
戶又與賀拔岳討万俟醜奴万俟道洛王慶雲
皆破之弼先陷陣所向披靡賊咸畏之曰
莫當李將軍前也天光赴洛弼因隸侯莫陳悅
為大都督加通直散騎常侍太昌初受清水
郡守恒州大中正尋除南秦州刺史隨悅征討
屢有剋捷及悅害賀拔岳軍俱隴上太祖自平涼
進軍討悅弼諫悅曰岳既無罪而公害之又不能
撫納其眾使無所歸宇文夏州收而用之得其

死力咸云為主將報讐其意固不小也今宜解
兵謝之不然恐必受禍悅惶惑計無所出弼知
悅必敗乃謂所親曰宇文夏州才略冠世德義
可宗侯莫陳公智小謀大豈能自保吾等若不
為計恐與之同至族滅會太祖軍至悅乃棄秦
州南出據險弼乃自固翌日弼密通使太祖許背
悅來降夜弼乃勒所部云侯莫陳公欲還秦州
汝等何不束裝弼妻悅之姨也特為悅所親委
眾咸信之人情驚擾不可復定皆散走爭趣秦
州弼乃先馳據城門以慰輯之遂擁眾以歸太
祖悅由此遂敗太祖謂弼曰公與吾同心天下
不足平也破悅得金寶奴婢悉以好者賜之仍
令弼以本官鎮原州尋拜秦州刺史太祖率兵
東下徵弼為大都督領右軍攻潼關及迴洛城
剋之大統初進位驃騎大將軍開府儀同三司
從平竇泰先鋒陷敵斬獲居多太祖以所乘騅馬及寶泰所著
牟甲賜弼又從平弘農與齊神武戰於沙苑弼率

軍居右而左軍爲敵所乘弼呼其麾下六十騎
身先士卒橫截之賊遂爲三因大破以功拜特
進爵趙郡公增邑一千戶又與賀拔勝攻剋河
東略定汾絳四年從太祖東討洛陽弼爲前驅
東魏將莫多婁貸文率衆數千乘至穀城弼倍
道而前遣軍士鼓噪曳柴揚塵斬貸文以爲大軍
至遂逐走弼踴躍之景其衆斬貸文以爲大軍
所翌日又從太祖與齊神武戰於河橋每入深
陷陣身被七創遂爲所獲圍守數重弼佯若創
重殞絶於地守者稍懈弼睨其傍有馬因躍上
西馳得免五年遷司空六年侯景據荊州弼與
獨孤信禦之景乃退走即山轉太尉
十三年侯景率河南六州來附東魏遣其將韓
軹圍景於潁川太祖遣弼率軍援景諸將咸受
弼節度至軹退王思政又進據潁川弼乃引
還十四年北稽胡反弼討平之遷太保加柱國
大將軍魏廢帝元年賜姓徒何氏太祖西巡令
弼居守後事皆諮稟焉六官建拜太傅大司

周書列傳七　五

徒屬如如盛突厥所過舉國請降弼率前軍迎
之給前後部羽葆鼓吹賜雜綵六千段及晉公
護執政朝之大事皆與于謹及弼等參議孝閔
帝踐祚除大師進封趙國公邑萬戶前後賞賜
累巨萬弼每率兵征討朝受令夕便引路不問
私事亦未嘗宿於家其憂國忘身類皆如此兼
復性沉雄有深識故能以功名終於位年六十四世宗即日舉哀比葬三臨其喪
發卒穿冢給大輅龍旗陳軍至于墓所謚曰武

周書列傳七　六

尋追封魏國公配食太祖廟庭子輝次子耀堂
祖女義安長公主遂以爲嗣輝大統中起家員外
散騎侍郎賜爵義城郡公歷撫軍將軍大都督
鎮南將軍散騎常侍輝常卧疾朞年太祖憂之
日賜錢一千供其藥名之費及魏廢帝有異謀太
祖乃授輝武衛將軍摠宿衛事尋而帝廢除軍
騎大將軍儀同三司魏恭帝二年加驃騎大將
軍儀同三司出爲岐州刺史從太祖西巡率公
卿子弟別爲一軍孝閔帝踐祚除荊州刺史尋

龍麥爵趙國公改魏國公保定中年加將軍天
和六年進位柱國建德元年出為揔管梁洋
等十州諸軍事梁州刺史時渠蓬二州生獠
積年侵暴輝至州綏撫並來歸附爾書勞之
輝飢不得為嗣朝廷以弼功重乃封輝邢國
公位至開府子寬大象末少居顯職
公輝弟衍大象末大將軍真鄉郡公衍弟綸
最知名有文武十用以功臣子之興位至司會
吏部內史下大夫並獲當官之譽

七

中大夫開府儀同三司封河陽郡公為聘齊
使主早卒子長雅嗣綸弟晏建德中開府儀
同三司大將軍趙郡公從高祖平齊歿於并州
子憬以晏死王事即龍襲其爵弼弟標字靈
傑長不盈五尺性果決有膽氣少事爾朱榮
魏永安元年以兼別將從爾朱世隆奉榮葬奔
將軍及榮被害元標從爾朱兆入洛賜爵泜城郡男遷都督
河北又隨爾朱兆自梁入據譙城標從行臺樊子
普泰元年標自梁入據譙城標從行臺樊子

擊破之遷右將軍魏興太守武遷標從大都督元
斌之與齊神武戰於芒皋兵敗遂與斌之奔梁
梁主待以賓禮後得逃歸大統元年授撫軍將
軍進封晉陽縣子邑四百戶尋為太祖帳內都
督從復弘農破沙苑標跨馬運矛衝鋒陷陣隱
身鞍甲之中敵人見之皆曰避此小兒不知標
形貌正自如是太祖初亦聞標決決如此何必須要
至是方嗟嘆之謂曰但使膽決如此何必須要
八尺之軀也以功進爵為公增邑四百戶尋從

八

宇文貴與東魏將任祥堯雄等戰於潁川皆破
之徵為太子中庶子九年從戰邙山遷持節大
都督十三年拜車騎大將軍儀同三司又從彌
討稽胡樊功居多除幽州刺史儀同三司增邑
五年拜驃騎大將軍開府儀同三司魏廢帝初
從趙貴征茹茹論功為最敗封封山縣公增邑
予前二千一百戶孝閔帝踐阼進位大將軍武成
初又從豆盧寧征稽胡大獲而還進爵汝南郡
公出為揔管延綏丹三州諸軍事延州刺史四

年卒於鎮悼朔等五州刺史標無子以弼子椿
嗣先以欄動功封魏平縣子大象末開府儀同
三司大將軍右宮伯政封河東郡公
于謹字思敬河南洛陽人也小名巨彌曾祖婆
魏懷荒鎮將祖安定平涼郡守高平郡將父提
隴西郡守徙平縣伯保定二年以謹著勳追贈
使持節柱國大將軍太保建平郡公謹性沉深
有識量略窺經史尤好孫子兵書平居閭里未
有仕進之志或有勸之者謹曰州郡之職昔人
所鄙台鼎之位須待時來吾所以優遊郡邑聊以
卒歲耳太宰元穆見之歎曰王佐材也及破六汗
拔陵首亂北境引茹茹為援大行臺僕射元
纂率衆討之宿聞謹名辟為鎧曹參軍事從
軍北伐茹茹聞大軍之過遂逃出塞纂令謹
率二千騎追之至郁對原前後十七戰盡降其
衆後率輕騎出塞覘賊屬鐵勒數千騎奄至
謹以衆寡不敵退必不免乃散其衆騎使匿叢
薄之間又遣人升山稍麾若分部軍衆者賊望見

雖疑有伏兵既恃其衆不以為慮乃進軍逼謹
謹以常乘駿馬一紫一騮賊先所識乃使二人各乘
一馬突陣而出賊以為謹也皆爭逐之謹乃率餘
軍擊之其追騎遂奔走因得入塞正光四年行
臺廣陽王元深治兵北伐引謹為長流參軍特
相禮接所有謀議皆與謹參之乃使其子佛陀
拜焉其見待如此遂與廣陽王破賊主斛律野
谷祿等時魏末亂離羣盜蜂起謹乃從容謂廣陽
王曰自正光以後海內沸騰郡國荒殘農廢
業今殿下奉義行誅遠臨關塞然醜類蟻聚其
徒寔繁若極武窮兵恐非計之上者願先護票大
王之威略馳往喻之必不勞兵甲可致清蕩廣
陽王然之謹兼解諸國語乃單騎入賊示以恩
信於是西部鐵勒省長乜列河等領三萬餘戶
並款附相率南遷廣陽王欲與謹至折敷領迎
接之謹曰破六汗拔陵兵衆不少聞乜列河等
歸附必來要擊彼若先據險要則難與爭鋒今
以乜列河等餌之當竟來抄掠然後設伏而待

必指掌破之廣陽從其計拔陵果來要擊破乜
列河於嶺上部眾皆沒謹伏兵發賊遂大敗悉
收得乜列河之眾鮮于脩禮帝乃稱之除積射將軍孝昌
元年又隨廣陽王征鮮于脩禮軍次白牛邏會
章武王為脩禮所害呂遂停軍中山侍中元晏宣
言於靈太后曰廣陽王以宗室之重受律專征
今乃盤桓不進坐圖非望又有千謹者智略過
人為其謀主風塵之際恐非陛下之純臣矣靈
太后深納之詔於尚書省門外立榜募能使謹

▍周書列傳第七　十一　佑

者許重賞謹聞之乃謂廣陽曰今女王臨朝取
信讒佞脫不明白殿下素心便恐禍至無日謹
請束身詣闕歸罪有司拔雲露腹心自免陜禍廣
陽許之謹遂到牓下曰吾知此人眾人共詰之謹
曰我即是也有司以聞靈大后引見之大怒謹
備論廣陽忠款兼陳其軍之狀靈后意稍解遂
捨之尋加別將二年梁將曹義宗據守穰城數
為邊患乃令謹與行臺尚書辛纂率兵討之相
持累年經數十戰進拜都督‧宣威將軍冗從僕

射孝莊帝即位除鎮遠將軍尋轉直寢又隨太
宰元天穆討葛榮平邢杲拜征虜將軍從破朱
天光破万俟醜奴封石城縣伯邑五百戶普泰
元年除征比大將軍金紫光祿大夫散騎常侍
又隨天光平宿勤明達別討夏州賊賀遂有
代等平之授大都督從天光與齊神武戰於韓
陵山天光既敗謹遂入關賀拔岳表謹為衛
將軍咸陽郡守太祖臨夏州以謹為城大都
督兼夏州長史及岳被害太祖赴平涼謹乃言

▍周書列傳第七　十二　佑

於太祖曰魏祚陵遲權臣擅命墓友盜起黔首
嗷然明公杖超世之姿懷濟時之略四方遠近咸
所歸心願早建良圖以副眾望太祖同何必言之
謹對曰關右秦漢舊都古稱天府將士驍勇厥
壤膏腴西有巴蜀之饒北有羊馬之利今若據
其要害招集英雄養卒勸農時觀時事之利
在洛逼迫羣兇若陳明公之懇誠然後挾天子而令
諸侯奉王命以討暴亂桓文之業千載一時也

太祖大悅會有勅追謹為關內大都督謹因進
都關中之策魏帝納之尋而齊神武逼洛陽謹
從魏帝西遷仍從太祖征潼關破迴洛城授使持
節車騎大將軍儀同三司比雍州刺史進爵藍
田縣公邑二千戶大統元年拜驃騎大將軍開府
儀同三司其年夏陽人王遊浪聚據楊氏壁謀
逆謹討擒之是歲大軍東伐謹為前鋒至盤豆
東魏將高叔禮守險不下攻破之拔虜其卒人
因此授弘農擒東魏陝州刺史李徵伯晉神武

至洳死謹從太祖與諸將力戰破之進爵常山
郡公增邑一千戶又從戰河橋拜大丞相府長
史兼大行臺尚書稽胡帥夏州刺史劉平叛謹率
衆討平之除大都督弁燕雲五州諸軍事
大將軍恒州刺史入為太子太師九年復從太祖
東征別攻柏谷塢拔之邙山之戰大軍不利謹
率其麾下偽降立於路左齊神武軍乘勝逐此
不以為虜追騎過盡謹乃自後奮擊齊神武軍逐亂
獨孤信又集兵士於後奮擊齊神武軍逐亂

以此大軍得全十二年拜尚書左僕射領司農
卿及侯景款附請兵為援太祖命李弼率兵應
之謹諫曰侯景少習兵權情寔難測且宜厚其
禮秩以觀其變即欲遣兵良用未可太祖不聽
尋復兼大行臺尚書丞相府長史率兵鎮潼關
加授華州刺史贈租齏□□主瑣副焉俄拜司
空增邑四百十五年進位柱國大將軍初梁元
帝太祖征之以謹為後軍大都督別封一子鹽亭
縣侯邑二千戶魏恭帝元年除雍州刺史初梁元

帝平侯景之後於江陵嗣位密與齊氏通使將
謀侵軼其兄子岳陽王詧時為雍州刺史以梁
元帝殺兄子譽遂結讎隙據襄陽來附仍請王
師乃令謹率衆出討太祖餞於青泥谷長孫儉
問謹曰為蕭繹之計將欲如何謹曰耀兵漢沔
席卷渡江直據丹陽是其上策移郭內居民退
保子城峻其陴堞以待援至是其中策若難於
移動據守羅郭是其下策儉曰彼將何出
策謹曰必用下策儉曰彼從華上而用下何也對

曰蕭氏保據江南歷數紀屬中原多故未遑
外略又以我有齊氏之患必謂力不能分且繹愃
而無謀多疑少斷思民難與慮始旦戀邑居既
惡遷移當保羅郭所以用下策也謹乃令中山
公護遷荊人堅木柵於外城廣輪六十里尋而謹
走路梁人竪木柵於外城南出戰輒爲謹
至來衆圍之梁主屢遣兵於城南出戰輒爲謹
所破旬有六日外城遂陷梁主退保子城翌日率
其太子以下面縛出降尋殺之虜其男女十餘

萬人收其府庫珍寶得宋渾天儀梁日晷銅表
魏相風烏銅蟠螭跌大五徑四尺圍七尺及諸舉
輦法物以獻軍無私焉立蕭詧爲梁主振旅而
旋太祖親至其第宴語極歡賞謹奴婢一千口及
梁之寶物并金石絲竹樂一部別封新野郡公
邑二千戶謹固辭太祖不許又令司樂作常山
公平梁歌十首使工人歌之謹自以久當權勢位
望隆重功名既立願保優閒乃上先所乘駿馬
及所著鎧甲等太祖識其意乃曰今巨猾未平

公豈得便爾獨善遂不受六官建拜大司徒及
太祖崩孝閔帝尚幼中山公護雖受顧命而名
位素下羣公各圖執政莫相率服護深憂之密
訪於謹謹曰夙蒙永相殊睠情深骨肉今日之
事必以死爭之若對衆定策公必不得辭讓明
日羣公會議謹曰昔帝室傾危人圖非冀生民
志在匡救投袂荷戈故得國祚中興皆生遂性
今日天降禍奄棄庶寮嗣子雖幼而中山公親
則猶子兼受顧託軍國之事理須歸之辭色抗
厲衆皆悚動護曰此是家事素雖庸昧何敢
辭謹既太祖等夷護每申禮敬至是謹乃趨而
言曰公若統理軍國謹等便有所依遂再拜羣
公迫於謹亦再拜因是衆議始定孝閔帝踐阼
進封燕國公邑萬戶遷大傅大宗伯與李弼侯
莫陳崇等參議朝政及賀蘭祥討吐谷渾也
表乞骸骨詔報曰昔師尚父年踰九十召公顤
幾將百歲皆勤王家自彊不息今元惡未除九

州不將以公爲舟檝弘濟於艱難當豈容忘二公
之雅操而有斯請朕用恧焉公若更執謙沖有
司宜斷啓三年四月詔曰樹以元首主乎教化率
民孝悌置之仁壽是以古先明后咸若斯典立
三老五更躬自祖割肌以眇身處兹南面何敢
遺此黃髮不加尊敬太傅燕國公謹執德淳固
爲國元老饋乞言朝野所屬可爲三老有司
具禮擇日以聞謹上表固辭詔若不許又賜
年杖高祖幸太學以食之三老入門皇帝迎拜
門屏之間三老荅拜有司設三老席於中楹南
向太師晉國公護升階設几於席三老升席南
面憑几而坐師道自居大司馬楚國公寧升
階正爲皇帝升階立於阼展之前西面有司
饌皇帝跪設醬豆親自祖割三老食訖皇帝又
親跪授爵以酳有司撤訖皇帝北面立而訪道
三老乃起立於席後皇帝曰猥當天下重任自
惟不才不知政治之要公其誨之三老荅曰木不受
繩則正后從諫則聖自古明王聖主皆虛心納

諫以知得失天下乃安唯陛下念之又曰爲國之
本在乎忠信是以古人云去食去兵不可失
家與廢莫不由之願陛下守而勿失又曰治國之
道必須有法法者國之綱紀綱紀不可不正所正
在於賞罰若有功必賞有罪必罰則天下
善惡不分下民無所措其手足矣又曰行者立
善惡之基言出行隨誠宜相顧願陛下三思而言九
慮而行若不思不慮必有過失天子之過事無
大小如日月之蝕莫不知者願陛下愼之三老言
畢皇帝再拜受之三老荅拜焉禮成而出及晉公
護東伐謹時老病護以其宿將舊臣猶請臨同
行詢訪戎略軍還賜鐘磬一部天和二年又賜安
車一乘尋授雍州牧三年薨于位年七十六高祖
親臨詔諡王儉監護喪事賜繒綵千段粟麥五
千斛贈本官加使持節太師雍州刺史諡曰文及葬王公已下咸送出郊
軍事雍州刺史諡曰文及葬王公已下咸送出郊
外配享於太祖廟庭謹有智謀善於事上名位

雖重愈存謙抱每朝愛往來不過從兩三騎而已
朝廷凡有軍國之務多與謹沒之謹亦竭其智
能弼諧帝室故功臣之中特見委信始終若一人
無間言每敎訓諸子務存靜退加以年齒遐長
禮遇隆重子孫敬系衍皆至顯達當時莫與爲比
焉子寔嗣

寔字寶少和厚年未弱冠入太祖幕府從征
潼關及迴洛城大統三年又從復弘農戰沙苑
以前後功封萬年縣子邑五百戶授主衣都統

河橋之役先鋒陷陣軍還寔又爲內殿除通直
散騎常侍轉太子右衛率加都督又從太祖戰
於邙山十一年詔寔侍講東宮侯景來附遣寔
與諸軍援之平九曲城進大都督選儀同三司
加散騎常侍十四年除尚書蒼歲太祖與魏太
子西巡寔時從太祖刻石於隴山之上錄功臣以
次雋勒預以寔爲開府儀同三司至十五年方
授之尋除滑州刺史特給鼓吹一部進爵爲公
增邑三百戶魏恭帝二年卷東念如率部落反

結連吐谷渾每爲邊患遣大將軍豆盧寧討之
踰時不克又令寔往遂破之太祖手書勞問賜
奴婢一百口馬二百疋孝閔帝踐阼授民部中大
夫進爵延壽郡公邑二千戶又進位大將軍除黑
州刺史入爲小司寇天和二年延州刺史蒲川賊郝三
郎等及攻逼丹州遣寔率衆討平之斬三郎首
獲雜畜萬餘頭乃除延州刺史五年龍襄爵燕
國公進位柱國以罪免尋復本官除涼州總管
大象二年加上柱國拜大左輔隋開皇元年薨

贈司空諡曰安子顒大象末上開府吳州總管
新野郡公顒弟仲文大將軍延壽郡公仲文弟
象賢儀同三司尚高祖妹弟暈有傳冀弟
義上柱國潼州總管建平郡公義弟禮上大將
軍趙州刺史安平郡公禮弟智初爲開府以受
宣帝旨告齊王憲反遂封齊國公尋拜柱國涼
州總管大司空智初弟紹上開府紹州刺史華
陽郡公紹弟弼上儀同平恩縣公弼弟蘭上儀
同襄陽縣公蘭弟曠上儀同贈怕州刺史

史臣曰賀拔岳蘗起會卒侯莫陳悅意在無幷

干時將有離心士無固志洛撫緝散亂抗禦仇讎

全師而還敵人絕覬覦之望度德而處霸王建

匡合之謀此功故不細也李弼千謹懷佐時之略

逢啟聖之運綢繆顧遇絺構艱難帷幄盡其誤

獻方面宣其庸績擬巨川之舟艦為大廈之棟

梁非惟攀附成名抑亦村謀自取及謹以耆年

碩德譽重望高禮備上庠功歌司樂常以滿盈

為戒覆折是憂不有君子何以能國

趙貴
獨孤信
侯莫陳崇

令狐　德棻　等撰

〔周書列傳八〕　一

二六三

趙貴字元貴天水南安人也曾祖達魏庫部尚
書臨晉子祖仁以良家子鎮武川因家焉貴少
穎悟有節槩魏孝昌中天下兵起貴率鄉里
避難南遷屬葛榮陷中山遂被拘逼榮敗爾朱
榮以貴為別將從討元顥有功賜爵燕樂縣子
授伏波將軍武賁中郎將從賀拔岳平關中賜
爵魏平縣伯邑五百戶累遷鎮北將軍光祿大
夫都督及岳為侯莫陳悅所害將吏奔散莫
有守者貴謂其黨曰吾聞仁義豈有常哉行
之則為君子違之則為小人朱伯厚王叔治感意
氣微恩尚能蹈履名節況吾等荷賀拔公國士
之遇寧可自同衆人乎澟立歔欷於是從之者五
十人乃詣悅詐降悅信之因請收葬岳言辭慷

〔周書傳八〕　二

慨悅壯而許之貴乃收岳屍還與寇洛等糾合之
衆奔平涼共圖詐悅皆員議迎太祖
紀太祖至以貴為大都督領府司馬悅平以本將
軍持節行秦州事當州大都督為政清靜民吏
懷之齊神武舉兵向洛使其都督韓軌進據蒲
坂太祖以貴為行臺臨梁禦等討之未濟河而
魏孝武巳西入關果車騎大將軍儀同三司兼右
衞將軍時曹泥據靈州拒守以貴為大都督與
李弼等率衆討之進爵為侯增邑五百戶又以

預立魏文帝勳進爵為公增邑通前一千五百戶
尋授岐州刺史時以軍國多務藉貴力用遂不
部仍領大丞相府左長史加散騎常侍從太
祖亂河右以貴為隴西行臺率衆討破之從太
祖復弘農戰沙苑拜侍中驃騎大將軍開府
儀同三司進爵中山郡公除雍州刺史從戰河
橋貴與怡峯為左軍戰不利先還又從援王
璧齊神武遁去高仲密以豫州降太祖率師
迎之與東魏人戰於邙山貴為左軍失律諸軍

因此並即坐免官以驃騎
大都督領本軍尋復
官尋拜御史中尉加大將軍東魏將高岳慕容
紹宗等圍王思政於潁川貴率軍援之東南諸
州兵亦受貴節度東魏人過洧水灌城貴不得
至思政遂沒貴乃班師尋拜柱國將軍賜姓乞弗
氏茹茹寇廣武貴擊破之斬首數千級收其
輜重振旅而還六官建以貴為太保大宗伯攺
封南陽郡公孝閔帝踐祚遷大傅大冢宰進
封楚國公邑萬戶初貴與獨孤信等比皆與太祖
等夷及孝閔帝即位晉公護攝政貴自以元勳
佐命每懷怏怏有不平之色乃與信謀殺護
及期貴欲發信止之尋為開府宇文盛所告
被誅

獨孤信雲中人也本名如願魏氏之初有三十
六部其先伏留屯者為部落大人與魏俱起祖
俟尼和平中以良家子自雲中鎮武川因家焉
父庫者為領民酋長少雄豪有節義北州咸
敬服之信美容儀善騎射聖光末與賀拔度

等同斬衞可孤由是知名以北邊喪亂避地中山為
葛榮所獲信既少年好自修飾服章有殊於眾
軍中號為獨孤郎及爾朱氏破葛榮以信為別
將從征韓婁信定馬挑戰擒賊漁陽王表肆周以功
拜員外散騎侍郎尋轉驍騎將軍因使持節
入洛榮以信為前驅與顥黨戰於河北破之拜安南
將軍賜爵爰德縣侯建明初出為荊州新野鎮
將帶新野郡守尋遷荊州防城大都督帶南鄉
守頻典二部皆有聲績賀拔勝出鎮荊州乃表信
為大都督從勝攻下梁漢戍破之遷武衞將軍及勝
弟岳為侯莫陳悅所害勝乃令信入關撫岳餘眾
屬太祖已統岳兵信與太祖鄉里少相友善相見甚
歡因令信入洛請事至雍州大使元毗又遣信還荊
州尋徵信入朝魏孝武雅相委任及孝武西遷事
起倉卒信單騎及之於瀍澗孝武歎曰武衞遂能
辭父母捐妻子遠來從我世亂識貞良豈虛言
哉即賜信御馬一疋進爵浮陽郡公邑二千戶時荊
州雖陷東魏民心猶戀本朝乃以信為衞大將軍

都督荊州諸軍事兼尚書右僕射東南道行臺
大都督荊州刺史以招懷之信至武陶東魏遣其弘
農郡守由能率鑾左之衆拒信於淅陽又遣其都
督張齊民以步騎三千出信之後信謂其衆曰今我
士卒不滿千人而首尾受敵若卻擊齊民則敵人
謂我退走必來要截未若先破八能遂奮激能敗
而齊民亦潰既懷信乘勝馥荊州東魏刺史辛纂勒
兵出戰士庶莫之敢禦信臨陣喻之莫不解體
因而縱兵擊之纂衆大敗奔城趨門未及闔信都督

周書列傳八　　五

楊忠等前驅斬纂纂語在忠傳於是三荊送定就拜
車騎大將軍儀同三司東魏又遣其將高敖曹侯景
等率衆奄至信以衆寡不敵遂率麾下奔梁居
三載梁武帝方始許信還北信父母既在山東梁武
帝閉信所住信苦以車君無二梁武帝深義之禮
送其厚大統三年秋至長安自以虧損國威上書
謝罪魏文帝付尚書議之七兵尚書陳郡王王言
等議以為邊將董戎龍行天罰喪師敗績國
刑無捨荊州刺史獨孤如願任當推轂速敗襄宛

斬賊帥辛纂傳首京師論功語劾寔合嘉賞但
庸績不終旋致淪沒貴成之義朝寄有違然孤軍
數千後援未接賊衆我寡難以自固既經恩降理
絕刑書昔秦宥孟明漢捨廣利卒能改過立功垂
芳竹帛以今方古抑有成規臣等參議請赦罪
復其舊職魏文帝詔曰如願荊襄之役寔展武
劾既摧強寇力屈道窮勾吳誠貫夷險義全終
軍求宜未足稱過遣難勾吳誠貫夷險義全終
始良可嘉歡復情存謙退欵心謝責寧容議

周書列傳第八　　六

及恩降止云免咎斯則事失權宜理乖通變可
轉驃騎大將軍加侍中開府其使持節儀同三司
浮陽郡公悉如故尋拜領軍仍從太祖復弘農
破沙苑改封河內郡公增邑三千戶時俘虜中有
信親屬始得父凶問刀發喪行服尋起為大都
督率衆與馮翊王元季海入洛陽潁豫襄陳
留之地並相繼款附四年東魏將侯景等率衆
圍洛陽信據金墉城隨方拒守旬有餘日及太
祖至瀍東景等退走信與李遠為右軍戰不利

東魏遂有洛陽六年侯景寇荊州太祖令信與李
弼出武關景退以信為大使慰撫三荊尋除隴右
十州大都督秦州刺史於是守宰閭弱政令乖珪
方民有冤訟歷年不能斷決及信在州事無擁
滯示以禮教勸以耕桑數年之中公私富實流民
顧附者數萬家太祖以其信著故賜名為信
七年岷州刺史赤水蕃王梁企定舉兵反詔信討
之企定尋為其部下所殺而企定子弟仍收其餘
眾信乃勒兵尚萬年頓三交口賊併力拒守信因

【周書傳八】　七

詭道趣綯松嶺賊不虞信兵之至望風奔潰乘
勝逐北徑至城下賊並出降加授太子太保邙山之
戰大軍不利信與于謹收散卒自後擊之齊神
武追騎驚擾諸軍因此得全十二年涼州刺史
宇文仲和據州不受代太祖令信率開府怡峯
討之仲和嬰城固守信夜令諸將以衝梯攻其
東北信親帥壯士襲其西南值明剋之擒仲和
虜其民六千戶送于長安拜大司馬十三年大軍
東討時以如如為寇令信移鎮河陽十四年進

位柱國大將軍錄剋下溢守洛陽破岷州平涼州
等功增封聽回授諸子於是第二子善封魏寧
縣公第三子穆文俟縣侯第四子藏義盧縣侯
邑各二千戶第五子順項城縣伯第六子陁建忠縣
伯邑各五百戶信在隴右歲久啓求還朝太祖
不許或有自東魏來者又坐其母凶問信發喪
行服屬魏太子與世祖巡北邊因至河陽弔信
信陳哀苦請終禮制又不許於是追贈信父庫
者司宄公追封信母費連氏常山郡君十六年

【周書列傳八】　八

大軍東討信率隴右數萬人從軍至崤坂而還
遷尚書令六官建拜大司馬孝閔帝踐祚遷太
保大宗伯進封衛國公邑萬戶趙貴誅後信以同
謀坐免居無幾晉公護又欲殺之以其名望素重
不欲顯其罪遍令自盡於家時年五十五信風
度弘雅有奇謀大略太祖初啓霸業唯有關
中之地以隴石形勝故委信鎮之既為百姓所懷
聲振隣國東魏將侯景之南奔梁也魏收為
檄梁文矯稱信據隴石不從宇文氏仍云無開

西之憂欲必威梁人也又信在秦州嘗因獵暮

馳馬入城其帽歘側語曰二十四吏民有戴帽者咸慕

信而側帽焉其為隣境及士庶所重如此子羅先

在東魏乃以次子善為嗣及齊平羅至善卒又

以羅為嗣羅字伏陁幻聰慧善騎射以父勳授

封魏寧縣公魏廢帝元年又以父勳授驃騎大

將軍開府儀同三司加侍中進爵長安郡公孝

閔帝踐祚除河州刺史以父貧豐久廢於家保

[周書列傳八]　九

贈使持節柱國定趙怕滄瀛五州諸軍事定

州刺史信長女周明敬后第四女元貞皇后第

七女隋文獻后周隋及皇家三代皆為外戚自

古以來未之有也隋文帝踐極乃下詔曰襄德

累行往代通規追遠慎終前王盛典故使持節

柱國河內郡開國公信風宇高曠獨秀生人睿

定三年乃授龍州刺史天和六年襲爵河內郡

公邑二千戶從高祖東討以功授上開府尋除兗

州刺史開政存簡惠百姓安之卒於位年三十八

哲居宗清獻世宏謨長策道著於弼諧緯

義經仁事深於拯濟力當宣風廊廟亮采台階

而世屬艱危功高弗賞眷言令範事切于心今

景運初開椒闈肅建載懷塗山之義無忘裦

紀之典可贈太師上柱國冀定相滄瀛趙怕滄

十州諸軍事冀州刺史封趙國公邑一萬戶諡曰

瀛平燕六州諸軍事定州刺史封趙國公邑一

萬戶諡曰恭信母賈連氏贈太尉恭夫人

[周書傳八]　十

侯莫陳崇字尚樂代郡武川人其先魏之別部

居庫斛眞水五世祖曰太賔都侯其後世為渠帥

祖允以良家子鎮武川因家焉父興殿中將軍

羽林監崇少驍勇善馳射又從少言年十五隨

賀拔岳與爾朱榮從葛榮又從元天穆討邢

果平之以功除建威將軍別從岳破元顥於洛

陽遷直寢後從岳入關破赤水蜀時刀俟醜奴

圍岐州遣其將尉遲菩薩將兵尚武功崇從

岳力戰破之乘勝逐北解岐州圍又赴百里細川

破賊帥侯伏侯元進柵醜奴率其餘衆奔高平
崇與輕騎逐北至涇州長坑及之賊未成列崇
單騎入賊中於馬上生擒醜奴於是大呼衆悉
披靡莫敢當之後騎益集賊徒因悉逃散遂大
破之岳爲侯莫陳悅所害崇與諸將同謀迎太祖
太祖至軍原州刺史史歸猶爲悅守太祖遣崇
址將軍大中大夫都督封臨涇縣侯邑八百戶
襲歸崇潛軍夜往輕將七騎直到城下餘衆皆

周書傳八　十一

伏於近路歸見騎少遂不設備崇即入據城門
時李遠兄弟在城內先知崇來於是中外鼓噪
伏兵悉起遂擒歸斬之以崇行原州事仍從平
悅轉征西將軍又遣崇慰撫秦州別封廣武縣
伯邑七百戶大統元年除涇州刺史加散騎常
侍大都督進爵爲公累遷車騎大將軍儀同三
司驃騎大將軍開府儀同三司改封彭城郡公邑
三千戶三年從擒竇泰復弘農破沙苑增邑二千
四年從戰河橋崇功居多七年稽胡反崇率衆

討平之尋除雍州刺史兼太子詹事十五年進
位柱國大將軍少傅魏恭帝元年出爲寧州
刺史遷尚書令六官建拜大司空孝閔帝踐祚
進封梁國公邑萬戶加太保歷大宗伯大司徒
保定三年崇從高祖幸原州高祖夜還京師竊
怪其故崇謂所親人常昇曰吾昔聞卜筮者言
晉公今年不利車駕今忽夜還不過是晉公死
耳於是衆皆傳之或有發其事者高祖召諸公
卿於大德殿責崇崇惶恐謝罪其夜護遣使將

周書列傳八　十二

兵就崇宅逼令自殺禮葬如常儀諡曰躁護誅
後改諡曰莊閔子芮嗣拜大將軍進位上柱國從
高祖東伐率衆守太行道并州平授上柱國仍
從平鄴拜大司馬崇第瓊字世樂年八歲喪父
養毋至孝善事諸兄內外莫不敬之以軍功封
靈丘縣男邑三百戶從親孝武入關爲太祖
直盪都督大統二年遷尚藥典御三年拜太
子右衛率進爵爲侯從獨孤信征梁企定累
遷址奉州刺史十四年拜車騎大將軍儀

同三司立子閔帝踐祚進爵武安縣公增邑并前
二千戶出為鄖州刺史武成二年遷金州總管
六州諸軍事金州刺史保定元年拜大將軍天
和四年轉荊州總管十四州八防諸軍事荊州刺
史尋進位柱國進爵同昌郡公建德二年拜大宗
伯出為秦州總管四年從高祖東伐為後二軍
總管尋改封武威郡公象二年加上柱國瓊弟
凱字敬樂性剛正頗好經史隨兄崇以軍功賜
爵下祭縣男大統元年為東宮侍書從太祖

【周書列傳八】　十三

擒竇泰破沙苑陣以功拜寧遠將軍累遷羽
林監東宮洗馬太子庶子進受都督十四年兄
崇以平原州功賜爵靈武縣侯詔聽轉授凱
累遷東宮武衛率尚書右丞轉左丞進位車
騎大將軍儀同三司六官建授司門下大夫孝
閔帝踐祚拜工部中大夫進位開府儀同三司
轉司憲中大夫進爵為公復除工部中大夫世
宗初出為宜州刺史武成二年入為禮部中大
夫保定中復為陵州刺史轉戎州刺史所在

頗有政績天和中入為司會中大夫建德二年為
聘齊使主
史臣曰蕭何文吏自愛懼秦法誅戮乃推奉
漢高李通家傳譎知劉氏當興遂翊戴光
武終而白水復禹中陽纂業方策以為美談
功臣仰其徽烈趙貴志懷忠義首倡大謀愛啓
聖明克復方光照隣國俟莫陳崇以勇悍之氣
業彼此一時足為連類獨孤信威申南服化洽西
州信著遐方周室定三分之陰周室定三分之

【周書列傳第八】　十四

當戰爭之利輕騎啓高平之扉疋馬得長提之
後並以宏材遠略附鳳攀龍績著元勳位居上
袞而識藏明挹咸以凶終惜哉信雖不免其身
慶延于後三代外戚何其盛歟
初魏孝莊帝以爾朱榮有翊戴之功拜榮柱國
大將軍位在丞相上榮敗後此官遂廢大統三
年魏文帝復以太祖建中興之業始命為之其後
功參佐命望實俱重者亦居此職自大統十六
年以前任者凡有八人太祖位總百揆督中外軍

魏廣陵王欣元氏懿戚從容禁闥而已此外六人
各督二大將軍分掌禁旅當爪牙禦侮之寄當
時榮盛莫與為比故令之稱門閥者咸推八柱
國家六今并十二大將軍錄之於左

使持節太傅柱國大將軍大都督尚書左僕射
隴右行臺少師隴西郡開國公李譔

使持節太傅柱國大將軍大都督大宗伯大司徒廣陵
王元復

使持節太保柱國大將軍大都督大宗伯趙郡
開國公李弼

〔周書列傳八〕 十五

使持節柱國大將軍大都督大司馬河內郡開
國公獨孤信

使持節柱國大將軍大都督大司空常山郡開
國公于謹

使持節柱國大將軍大都督大司寇南陽郡開
國公趙貴

使持節柱國大將軍大都督少傅彭城郡開國
公侯莫陳崇

右與太祖為八柱國（後並改封此 並太祖時爵）

使持節大將軍大都督少保廣平王元贊

使持節大將軍大都督淮王元育

使持節大將軍大都督齊王元廓

使持節大將軍大都督秦七州諸軍事秦州
刺史章武郡開國公宇文導

使持節大將軍大都督平原郡開國公侯莫陳順

使持節大將軍大都督雍七州諸軍事雍州
刺史高陽郡開國公達奚武

〔周書列傳八〕 十六

使持節大將軍大都督陽平公李遠

使持節大將軍大都督荊州諸軍事荊州刺
史博陵郡開國公賀蘭祥

使持節大將軍大都督化政郡開國公宇文貴

使持節大將軍大都督范陽郡開國公豆盧寧

使持節大將軍大都督陳留郡開國公楊忠

使持節大將軍大都督岐州諸軍事岐州刺
史武威郡開國公王雄

右十二大將軍又各統開府二人每一開府

領軍兵是為二十四軍自大統十六年
以前十二天將軍外念賢及王思政亦作
大將軍然賢作牧隴右思政出鎮河南
並不在領兵之限此後功臣位至柱國
及大將軍者眾矣咸是散秩無所統
御六柱國十二天將軍之後有以位次嗣
掌其兵事者而德望素在諸公之下不
得預於此列

列傳第八　　　　周書十六

梁禦
若干惠
怡峯
劉亮
王德

令狐　德棻　等撰

梁禦字善通其先安定人也後因官北邊遂家
於武川段姓焉紀豆陵氏高祖俟力提從魏太
祖征討位至揚武將軍定陽侯禦少好學進趣
詳雅及長更好弓馬爾朱天光西討知禦有志
略引為左右授宣威將軍都將軍共平關右除鎮
西將軍東益州刺史第一領民酋長封白永縣
伯邑三百戶轉征西將軍金紫光祿大夫後從
賀拔岳鎮長安及岳被害禦與諸將同謀翊戴
太祖從征侯莫陳悅遷武衛將軍太祖既平秦
隴方欲引兵東下雍州刺史賈顯持兩端遣使
於齊神武太祖微知其意以禦為大都督雍

州刺史領前軍先行既與顯相見因說顯曰魏
室陵遲天下鼎沸高歡志在凶逆裹脅東非遠宇
文夏州英姿不世弄略無方欲定傾匡
復京洛公不於此時建立功劫乃懷猶豫恐禍
不旋踵矣顯即出迎太祖禦遂入鎮雍州授車騎
大將軍儀同三司大統元年轉右衛將軍進爵
信都縣公邑二千戶尋授尚書右僕射儀同三
司進爵
廣平郡公破沙苑加侍中開府儀同三司進爵
復弘農農破沙苑加侍中開府儀同三司出為東雍州刺史為

政舉大綱而已民庶稱焉四年薨於州臨終唯以國
步未康為恨言不及家贈太尉尚書令雍州刺
史諡曰武昭子睿龍襲爵天和中拜開府儀同三
司以禦佐命有功進蔣國公象末除益州揔管
加授柱國睿將之任而王謙舉兵拒不授代仍詔
睿為行軍元帥討謙破之進位上柱國
若干惠字惠保代郡武川人也其先與魏氏俱
起以國為姓父樹利周從魏廣陽王深征葛榮
戰沒贈冀州刺史惠心年弱冠從爾朱榮征伐定

河北破元顥以功拜中堅將軍復以別將從賀拔
岳西征解歧州圍擒万俟醜奴平水洛定鎮遠
每力戰有功封北平縣男邑三百戶累遷右
將軍都督直寢征西將軍金紫光祿大夫及岳
為侯莫陳悅所害惠與寇洛趙貴等同謀翊戴
太祖仍從平悅拜直閤將軍魏孝武西遷除右
衛將軍大都督加使持節驃騎將軍大統初拜儀同
三司進爵為公增邑五百戶從擒竇泰復弘農
破沙苑惠每先登陷陣加侍中開府進爵長樂
郡公增邑通前二千二百四年魏文帝東巡洛
陽與齊神武戰於河橋惠力戰破之大收降卒
七年遷中領將軍及高仲密舉北豫州來附太
祖帥師迎之軍至洛陽齊神武以邀我
太祖乃從輜重於瀍曲夜勒兵龍之及戰惠為
右軍與中軍大破之逐北數里虜其步卒齊神武
兵乃萃於左軍軍將趙貴等與戰不利諸軍
之並退時會日暮齊神武兵屢來攻惠惠擊

之皆披靡至夜中齊神武騎復來追惠惠徐乃
下馬顧命廚人營食食訖謂左右曰長安死此
中死異乎乃建旗鳴角收諸敗軍而還齊神武
追騎憚惠疑有伏兵不敢逼至弘農辰見太祖陳
賊形勢惡恨其垂成之功覆於一簣於是歔欷不
能自勝惠壯之尋拜泰州刺史未及之部遷
司空惠性剛質有男力容貌魁岸善於撫御將
士莫不懷恩人思效節十二年東魏將侯景侵
襄州惠率兵擊走之明年景請內附朝議欲
收輯河南令惠以本官鎮魯陽以為聲援遇
疾薨於軍惠於諸將年最少早喪父事母以
孝聞太祖嘗造射堂新成與諸將宴射惠籌
歔曰親老矣何時辦此乎太祖聞之即日徙堂
惠宅其見重如此及薨太祖為之流涕者久惠
喪至又臨撫之贈本官加秦州刺史諡曰武烈
父爵長樂郡公尚太祖女魏廢帝二年授驃騎
大將軍開府儀同三司魏恭帝三年除左宮伯
子鳳嗣鳳字達摩少沉深有識度大統末襲

尋出為洛州刺史徵拜大馭中大夫保定四年

追錄佐命之功封鳳徐國公增邑并前五千

戶建德二年拜柱國

怡峯字景阜遼西人也本姓默台因避難改

焉高祖寬燕遼西郡守魏道武時率戶歸朝

拜羽真賜爵長城公曾祖文冀州刺史峯少從

征役以驍勇聞永安中假龍驤將軍峯為將

從賀拔岳討万俟醜奴以功授給事中明威將

軍轉征虜將軍都督賜爵蒲陰縣男及岳

被害峯與趙貴等同謀翊戴太祖進爵為伯

時原州刺史史歸猶為侯莫陳悅守太祖令峯與

怯莫陳崇討擒之及齊神武與魏孝武帝構隙

帝頻勑太祖簡銳卒入衞京邑太祖乃令峯與都

督趙勑貴等率輕騎赴洛陽至潼關值魏孝武

西遷峯即從太祖拔回洛復潼關拜安東將軍華

州刺史尋轉大都督討曹泥有功進爵華陽縣公

邑二千戶大統二年從太祖破竇泰於小關還拜散

騎常侍車騎大將軍儀同三司又從復弘農破沙

苑進爵樂陵郡公仍與元季海獨孤信復洛陽

峯率奇兵至咸皇入其郡收其戶口而還東魏遣

行臺任祥率步騎万餘攻頴川峯復以輕騎五

百邀擊之自是威名轉盛加授開府儀同三司

東魏圍洛陽峯與李海守金墉太祖至圍解即

與東魏戰於河橋時峯為左軍不利與李遠先

還太祖因此班師詔原其罪拜東北三夏州諸軍

事夏州刺史後與于謹討劉平伏從解玉璧圍

平柏谷塢並有功涼州刺史宇文仲和反峯與

于謹討之十五年東魏圍頴川峯與趙貴赴援

至南陽遇疾卒時年五十峯沈毅有膽略得

士卒心當時號為驍將太祖嗟悼者久之贈華

州刺史諡曰襄子昂嗣官至開府儀同三司

朝廷追錄峯功封昂鄭國公昂弟光少以峯勳

賜爵安平縣侯起家員外散騎常侍累遷儀

本中大夫左武伯出為汾涇幽三州刺史加開府儀

同三司進爵龍河縣公光弟春少知名歷官史

部下大夫儀同三司

劉亮中山人也本名道德祖祐連魏尉州刺史
父真鎮遠將軍領民酋長魏大統中以亮著勳
追贈車騎大將軍儀同三司恒州刺史亮少倜儻
有從橫計略姿貌魁傑見者憚之普泰初以都
督從賀拔岳西征解岐州圍擊侯伏侯元進萬
俟道洛萬俟醜奴宿勤明達及諸賊亮常先鋒
陷陣以功拜大都督封廣興縣子邑五百戶俟
幾定兒仍據州不下涇秦靈等諸州悉與

陳悅害岳亮與諸將謀迎太祖悅之黨幽州
刺史孫定兒相應衆至數萬推定兒為主以拒王師太
祖令亮襲之定兒以義兵猶遠未為之備亮乃
將二十騎先馳於近城即馳入城定兒
方置酒高會卒見亮至衆皆駭愕莫知所為亮
乃麾兵斬定兒懸首號令賊黨仍遙指城外
詒縣命二騎曰出追大軍賊黨惶懼時降服於是
諸州群賊皆即歸款及太祖置十二軍簡諸將以
將之亮每征討常與怡峯俱為騎將魏
孝武西遷以迎駕功除使持節右光祿大夫左大

都督南秦州刺史大統元年以復潼關功進位車
騎大將軍儀同三司改封筑陽縣伯邑五百戶尋
加侍中從擒竇泰復弘農及沙苑之役亮並力
戰有功遷開府儀同三司大都督進爵長廣郡
公邑通前二千戶以母憂去職居喪毀瘠太祖嗟
其至性每愛惜之尋起復本官亮以勇敢見知
為時名將兼資謀略多合機宜太祖乃謂之
曰卿文武兼資即孤之孔明也乃賜姓
侯莫陳氏十年出為東雍州刺史為政清淨百

姓安之在職三歲卒於州時年四十喪還京師太
祖親臨之泣而謂人曰股肱喪矣腹心何寄令鴻
臚卿監護喪事追贈太尉諡曰襄配享太祖廟
庭子祖尚太祖女西河長公主大象中位至柱國
秦靈二州摠管以亮功封彭國公邑五千戶昶
弟靖天水郡守靖弟恭開府儀同三司饒陽
縣伯恭弟幹上儀同三司襄中侯
王德字天恩代郡武川人也少善騎射雖不經
師訓而以孝悌見稱魏永安二年從爾朱榮

討元顯攻河內應募先登以功除討夷將軍進
爵內官縣子又從賀拔岳討万俟醜奴平之別
封深澤縣男邑三百戶加龍驤將軍中散大夫
及侯莫陳悅害岳於德與寇洛等定議翊戴太
祖加征西將軍金紫光祿大夫平涼郡守德雖
不知書至於斷決處分良更無以過也涇州所部
五郡而德常為嘗取及魏孝武西遷以奉迎功進
封下博縣伯邑五百戶行東雍州事在州未幾
百姓懷之賜姓烏丸氏大統元年拜儻將軍右

光祿大夫進爵為公增邑二千戶加車騎大將軍
儀同三司比雍州刺史甚後常從大祖征伐累
有戰功又從破齊神武於沙苑加開府侍中
進爵河間郡公增邑通前二千七百戶先是河
渭間種羌屢叛以德有威名為夷民所附除
河州刺史德綏撫有方群羌率服十三年授大
都督原靈顯三州五原蒲川二鎮諸軍事十
四年除涇州刺史卒於州謚曰獻德性厚重廉
慎言行無擇毋年幾百當咸後德終子慶小名

公奴性謹厚官至開府儀同三司初德喪父家貧
無以葬乃賣公奴并[女以營葬事因遭兵[
不復相知及德在平涼始得之遂名曰慶
史臣曰梁御璧守員將率之枝蘊驍鋭之氣遭
逢喪亂馳騖干戈艱難險阻備嘗而功名未
立及殷憂啟聖豫奉興王參謀締構之初宣
力經綸之始遂得連衡灌酆方駕張徐可謂
遇其時也亞中年即世芒志未申惜哉惠德本
以果毅知名而能率由孝道難矣圖史所歎
何以加焉勇者不必有仁斯不然矣

列傳第九

周書十七

王羆　子慶遠　孫述
王思政
令狐　德棻　等撰

王羆字能羆京兆霸城人漢河南尹王尊之後世
為州郡著姓羆剛直木彊處物平當州郡敬憚
之魏太和中除殿中將軍先是南岐東益氏羌
反叛王師戰不利乃令羆領羽林五千鎮梁州
許平諸賊遂授右將軍西河內史辭不拜時人謂
之曰西河大邦俸祿殷厚何為致辭羆曰京洛
材木盡出西河朝貴營第宅者皆有求假如
其私辦即力所不堪若科發民間又違法憲以
此辭耳梁將曹義宗圍荊州勑羆與別將裴
衍率兵赴救遂與梁人戰大破之于時諸方鼎
沸所在凋殘荊州新經寇難尤藉慰撫以羆為
荊州刺史進號撫軍將軍梁復遣曹義宗眾數
萬圍荊州堰水灌城不沒者數板時既內外多
虞未遑救援乃遺羆鐵券云城全當授本州刺

史城中糧盡羆煮粥與將士均分而食之每出
戰嘗不擐甲冑大呼曰荊州城孝文皇帝所置
天若不祐國家使賊箭中王羆不爾王羆須破
賊屢經戰陣亦不被傷彌歷三年義宗方退進
封霸城縣公尋遷車騎大將軍涇州刺史未及
之部屬太祖徵兵為勤王之舉請前驅效命遂
為大都督鎮華州魏孝武西遷拜驃騎大將軍
加侍中開府齊神武遣
韓軌司馬子如從河東宵濟襲羆羆不之覺
比曉軌眾已乘梯入城羆尚臥未起聞閤外洶
洶有聲便袒身露髻徒跣持一白挺大呼而出
敵見之驚便退遂至東門左右稍集合戰破之軌
遂投城遁走關中大饑徵稅民間穀食以供軍
費或隱匿者令遞相告多被篣棰以是人有逃
散唯羆信著於人莫有隱者得粟不少諸州
無怨讟羆信著於人甚盛太祖以華
州衝要遣使勞羆令加守備羆語使人曰老羆當
道臥貉子安得過太祖聞而壯之及齊神武至

城下謂羆曰何不早降羆乃大呼曰此城是王羆
家生死在此欲死者來齊神武遂不敢攻時茹
茹渡河南寇候騎已至豳州朝廷慮其深入乃
徵發士馬屯守京城輜諸街巷以備侵軼左僕
射周惠達召羆議之羆不應命謂其使曰若茹
茹至渭北者王羆率鄉里自破之不煩國家兵馬
何為天子城中遂作如此驚動由周家小兒恇
怯致此羆輕悔權勢守正不回皆此類也未幾
還鎮河東羆性儉率不事邊幅嘗有臺使

周書列傳十　　三

為其設食使乃裂其薄餅緣羆曰耕種收穫其
功已深舂炊造成用力不少乃爾選擇當是未
饑命左右撤去之使者愕然大慙又有客與羆
食客削瓜侵膚稍厚羆意嫌之及瓜皮落
地乃引手就地取而食之客甚有愧色性又嚴
急嘗有吏挾私陳事者羆不暇命捶扑乃手自
取靴履持以擊之每至專會親自秤量酒肉
分給將士時人尚其均平嗤其鄙碎大統七年卒
於鎮贈太尉

子慶遠弱冠以功臣子拜直閤將軍先羆卒孫
述嗣

述字長述少聰敏有識度年八歲太祖見而奇之
旦公有此孫足為不朽即以為鎮遠將軍拜太
子舍人以祖憂去職述幼喪父為羆所鞠養及
居喪深合禮度于時東西交爭金華方始置官
遭喪者卒哭之後皆起令視事述請終禮制辭
理懇切太祖命中使就視知其哀毀乃特許之
喪異龍襲爵扶風郡公累遷上大將軍

周書列傳十　　四

王思政字思政太原祁人容貌魁偉有籌策魏
正光中解褐員外散騎侍郎屬万俟醜奴宿勤
明達等擾亂關右北海王顥率兵討之啟思政
隨軍軍事所有謀議並與之參詳時魏孝武在
藩素聞其名題軍還乃引為賓客遇之其厚及
登大位委以心膂遷安東將軍預定策功封祁
縣侯俄而齊神武潛有異圖帝以思政可任大
事拜中軍大將軍大都督總宿衛兵思政乃言
於帝曰高歡之心行路所共知矣洛陽四面受

敵非用武之地關中有崤函之固人可禦萬夫
且士馬精彊糧儲委積進可以討除逆命退可以
保據關河宇文夏州糾合同盟願立功效若聞軍
馬西出必當奔走奉迎籍天府之資因已成之
業二年間習戰陣勸耕桑修舊京何慮不克之
帝深然之及齊神武兵至河北帝乃西遷進爵
太原郡公大統之後思政雖被任委自以非相
府之舊每不自安太祖曾在同州與蓔公宴集
出錦罽及雜綵絹數段命諸將樗捕取之物既
盡太祖又解所服金帶令諸人遍樗曰先得盧
者即與之羣公將遍樗莫有得者次至思政乃斂
容跪坐而自抵言曰王思政羈旅歸朝蒙宰相國
士之遇方願盡心効命上報知已若此誠有實令
宰相賜知者願盡撫即為虜若內懷不盡神靈亦
當明之使不作也便當殺身以謝所奉辭氣慷
慨坐盡驚即拔所佩刀橫於膝上攬樗捕擲
者擲之比太祖止之已擲為盧矣徐乃拜而受自
此之後太祖哥期更深轉驃騎將軍令募精兵

政從獨孤信取洛陽仍恭信鎮之及河橋之戰思
政下馬用長矟左右橫擊踣數人時陷害
既深從者死盡思政被重創悶絕會日暮敵人疑
非將帥故免有帳下督雷五安於戰處哭求思
政會其已蘇遂相得乃割衣裹創扶思政上馬
夜乂方得還仍鎮弘農思政以玉壁地在險要
請築城即自營度移鎮之遷并州刺史仍鎮玉
壁八年東魏來冠思政守禦有備敵人晝夜攻
圍卒不能克乃收軍還以全城功受驃騎大將
軍復命思政鎮弘農於是修城郭起樓櫓營田
農積芻秣凡可以守禦者皆具焉弘農人有備
自思政始也十二年加特進荊州刺史州境卑濕
城壍多壞思政方命都督蘭欣歡督工匠繕治
之掘得黃金三十斤夜中密送之至旦思政召
佐吏以金示之曰人臣不宜有私密封金送上太
祖嘉之賜錢二十萬思政之去玉壁也太祖命
舉代已者思政乃進所部都督韋孝寬其後東

魏來寇孝寬卒能全城時論稱其知人十三年侯
景叛東魏擁兵梁郢為東魏所攻景乃請援乞
師當時未即應接思政以為若不因機進取後悔
無及即率荊州步騎萬餘從魯關向陽翟思政
入守潁川景引兵向豫州外稱略地乃密遣送款
於梁思政分布諸軍據景七州十二鎮太祖乃以
所授景使持節太傅大將軍兼中書令河南大
行臺河南諸軍事回授思政並讓不受頻
使敕喻唯受河南諸軍事東魏太尉高嶽行臺

慕容紹宗儀同劉豐生等率步騎十萬來攻潁
川城內卧鼓偃旗若無人者嶽恃其衆謂一戰
可屠乃四面鼓譟而上思政選城中驍勇開門
出突嶽衆不敢當引軍亂退嶽知不可卒攻乃
多修營壘又隨地勢高處築土山以臨城中飛
梯大車晝夜攻之思政亦作火欑因迅風便投
之土山又以火箭射之燒其攻具仍募勇士緣而
出戰嶽衆披靡其守土山人亦棄山而走齊文
襄更益嶽兵堰洧水以灌城城中水泉涌溢不

可防止懸釜而炊糧力俱竭慕容紹宗劉豐生
及其將慕容永珍共乘樓船以望城內令善射
者俯射城中俄而大風暴起船乃飄至城下城
上人以長鉤牽船弓弩亂發紹宗窮急透水而
死豐生浮向土山復中矢斃永珍為城中所擒
思政謂之曰僕之破亡在於馬墮誠知殺卿無益然公臣
之節守之以死乃流涕斬之并收紹宗等尸以
禮埋瘞齊文襄聞之乃率步騎十一萬來攻自
至堰下督勵士卒水壯城北面遂崩水便滿溢

無措足之地思政知事不濟率左右據土山謂之
曰吾受國重任本望平難立功精誠無感遂厚
王命令力屈道窮計無所出唯當効死以謝朝
恩因仰天大哭左右皆號慟思政西向再拜便
欲自刎先是齊文襄告城中人曰有能生致王大
將軍者封侯重賞若大將軍身有損傷親近左
右皆從大戮都督駱訓謂思政曰公常語訓等但
將我頭降非但得富貴亦是活一城人令高相既
有此言公豈不哀城中士卒也固共止之不得引

決齊文襄遣其常侍趙彥深就土山執手申意

引見文襄辭氣慷慨無撓屈之容文襄以其忠

於所事禮遇甚厚思政初入潁川士卒八千人城

既無外援亦無叛者思政常以勤王為務不營資

產嘗被賜園地思政出征後家人種桑果及還

見而怒曰匈奴未滅去病辭家況大賊未平何事

產業命左右拔而棄之故身陷之後家無畜積及

齊受禪以為都官尚書子東

史臣曰王羆剛峭有餘弘雅未足情安儉率志

在公平既而奮節危城抗辭勍敵梁人為之退

舍高氏不敢加兵以此見稱信非虛述不隕門風

亦足稱也王思政驅馳有事之秋慷慨功名之際

及乎策名霸府作鎮潁川設縈帶之險修守禦之

術以一城之眾抗傾國之師率疲乏之兵當勁勇之

卒猶能亞摧大敵屢建奇功忠節冠於本朝義

聲動於隣聽雖運窮事蹙城陷身囚壯志高風

亦足奮於百世矣

列傳第十

達奚武　子震
侯莫陳順
豆盧寧
宇文貴
楊忠
王雄

令狐　德棻　等撰

【周書列傳第十一】

（一）

達奚武字成興代人也祖眷魏懷荒鎮將父
長汧城鎮將武少倜儻好馳射為賀拔岳所
知岳征關右引為別將武遂委心事之以戰功
拜羽林監子都督及岳為矦莫陳悅所害武
與趙貴收岳屍歸平涼同翊戴太祖從平悅除
中散大夫都督封須昌縣伯邑三百戶魏孝武
入關授直寢轉大丞相府中兵參軍大統初出
為東秦州刺史加散騎常侍進爵為公齊神武
與竇泰高敖曹三道來侵太祖欲并兵擊竇泰
諸將多異議唯武及蘇綽與太祖意同遂擒之

【周書列傳十一】

（二）

齊神武乃退太祖進圖弘農屬遣武從兩騎覘候動
靜武與其矦騎遇即便交戰斬六級獲三人而反
齊神武趣沙苑太祖追之武從三騎皆
衣敵人衣服至日暮去營百步下馬潛聽得其軍
號因上馬歷營若驚言夜者有不如法者往往撞之具
知敵之情狀以告太祖太祖深嘉焉遂從破之除大都督
進爵高陽郡公拜車騎大將軍儀同三司四年太祖
援洛陽武率騎千為前鋒至穀城武又力戰斬其司徒高
莫多婁貸文進至河橋武
敕曹遷侍中驃騎大將軍開府儀同三司出為北雍
州刺史復戰邙山時大軍不利齊神武乘勝進至陝
武率兵禦之乃退久進位大將軍十年詔武率兵三
萬經略漢川梁將楊賢以武興降梁深以白馬
降武分兵守其城梁將楊賢梁州刺史宜豐矦蕭
循固守南鄭武圍之數旬循乃請服武為解
圍會梁武陵王蕭紀遣其將楊乾運等將兵
萬餘人救循循於是更據城不出恐援軍之
至表裏受敵乃簡精騎三千逆擊乾運於白

馬大破之乾運退走武乃陳蜀軍俘級於城下
循知援軍被破乃降率所部男女三萬口入朝
自劍以北悉平明年武振旅逐京師朝議初欲
以武為柱國武謂人曰我作柱國不應在元子
孝前固辭不受以大將軍出鎮王壁武乃千騎
攻新城武邀擊之乘其眾孝閔帝踐祚拜
形勢立樂昌胡營新城三防齊將高苟子以千騎
柱國大司寇齊北豫州刺史司馬消難初轉太宗伯
附詔武與楊忠迎消難以歸武成

周書列傳十一

進封鄭國公邑萬戶齊將斛律敦侵汾絳武
以萬騎禦之齊不敢退武築栢壁城留開府權嚴辭
羽生守之保定三年遷太保其年大軍東伐隋
知齊將斛律明月遺武書曰鴻鶴已翔於寥廓
會晉陽武至平陽後期不進而忠已還武尚未
公楊忠引突厥自北道武以三萬騎自東道期
羅者猶視於沮澤也武瞻畫乃班師出為同州
刺史明年從晉公護東伐時尉遲迥圍洛陽為
敵所敗武與齊王憲於邙山禦之至夜收軍憲為

三

欲待明更戰武欲還固爭未決武曰洛陽軍散
人情駭動若不因夜速還明日欲歸不得武在
軍旅久矣備見形勢大王少年未經事豈可將
數營士眾一旦棄之十憲從之遂全軍而返天
和三年轉太傅武既時奢侈好華飾及居重
位不持威儀行常單馬左止一兩人而已外
門不施戟恒書掩一扉或謂武曰公位冠群后
功名蓋世出入儀衛須稱具瞻何輕率若是武
曰子之言非吾心也吾在布衣豈望壹吂貴不可

周書晉傳十一

頓忘疇昔且天下未平國恩未報安可過事威
容平言者慙而退武之在同州也時屬天旱高
祖勅武祀華岳岳廟舊在山下常所禱祈武謂
僚屬曰五備位三公不能燮理陰陽遂使盛暑
之月久絕甘雨天子勞心百姓惶懼恭寄重
憂實深不可同於眾人在常祀之所必須
登峯展誠尋其靈奧岳既高峻千仞壁立嚴
路嶔絕人跡罕通武年踰六十唯將敢人攀藤
接枝然後得上於是稽首祈請陳百姓懇誠晚

四

不得還即於岳上藉草而宿與公見一白衣人來
執武手曰快辛苦甚相嘉尚武遂驚覺益用
祗肅至旦雲霧四起俄而澌而遠近露洽高祖
聞之璽書勞武曰公年尊德重弼諧朕躬比以
陰陽懲序時雨不降命公求祈止言朕所不謂
公不憚危險遂乃遠陟高峯但神道聰明無幽
不燭感公至誠甘澤斯應聞之嘉賞無忘于懷
今賜公雜綵百疋公其善思嘉猷匡朕不逮念
坐而論道之義勿復更煩筋力也武性貪怯其

【周書傳十一】 五

為大司寇也在庫有萬釘金帶當時實之武因
入庫乃取以歸主者白晉公護以武勳不彰其過
因而賜之時論深鄙焉五年十月薨年六十七
贈太傅十五州諸軍事同州剌史諡曰桓子震嗣
震字猛略少驍勇便騎射走及奔馬摺力過人
大統初起家員外散騎常侍太祖嘗於渭北校
獵時有兔過太祖前震與諸將競射之一發
墜震足不傾頹因步走射之一發中兔顧馬纔
起遂回身騰上太祖喜曰非此父不生此子賜

武雜綵一百段十六年封邑縣公一千戶累
遷撫軍將軍銀青光祿大夫通直散騎常車
騎大將軍儀同三司散騎常侍世宗初拜儀同
右中大夫加驃騎大將軍開府儀同三司改封
普寧縣公武平初進爵廣平郡公除華州剌史
震雖生自膏腴少習武藝然道于民訓俗頗有治
方秩滿還朝為百姓所戀保定四年大軍東討
諸將皆弁退震與敵交戰軍遂獨全天和元年
進位大將軍率衆征稽胡破之六年拜柱國建

【周書傳十一】 六

德初襲爵鄭國公出為金州揔管十州九防諸
軍事金州刺史四年從高祖東伐為前三軍揔
管五年又從東伐率步騎一萬守統軍攻克
義寧烏蘇二鎮鄲邘州進位上柱國仍從平鄴
賜妾二人女樂一部及珍玩等拜大宗伯震父嘗
為此職時論榮之宣政中出為原州揔管三州
二鎮諸軍事原州剌史尋能歸隋開皇初薨然
家震弟甚軍騎將軍渭南縣子大象末為益
州剌史與王謙據蜀起兵謀敗被誅

侯莫陳順太保梁國公崇之兄也少豪俠有志
度初事爾朱榮為統軍後從賀拔勝鎮井陘武
泰初討葛榮邢杲征韓婁皆有功拜輕車將
軍羽林監又從破元顥進寧朔將軍封木門縣子邑三
普泰元年除持節征西將軍越騎校尉
百戶尋加散騎常侍千牛備身衛將軍閤內大
都督從魏孝武入關順與太祖同里開素相友善
且其弟崇先在關中太祖見之其歡乃進爵彭
城郡公邑一千戶大統元年拜衛尉卿授儀同
三司及梁企定圍逼河州以順為大都督與趙
貴討破之即行河州事後從太祖破沙苑以功
增邑千四百四年魏文帝東討與太尉王盟僕射
周惠達等留鎮長安時趙青雀反盟及惠達奉
魏太子出次渭北順於渭橋與賊戰頻破之賊
不敢出魏文帝還親執順手曰渭橋之戰卿有
殊力便解所服金鏤王梁帶賜之南岐州氐苻
安壽自號太白王攻破武都州郡騷動復以順
為大都督往討之而賊屯兵要險軍不得進順

乃設反間離其腹心立信賞誘其徒安壽知
勢窮迫遂率部落一千家赴軍款附時順弟崇
又封彭城郡公封順河間郡公明年加驃騎大將
軍開府儀同三司行夏州事安平郡公十六
年拜大將軍出為荊州摠管山南道五十二州
諸軍事荊州刺史孝閔帝踐祚拜少師進位柱
國其年薨

豆盧寧字永安昌黎徒何人其先本姓慕容氏
前燕之支庶也高祖勝以燕皇始初歸魏授長
樂郡守賜姓豆盧氏或云避難改焉為父長柔玄
鎮將有威重見稱於時武成初以寧著勳追贈柱
國大將軍少保涇陵郡公寧少驍果有志氣身
長八尺美容儀善騎射永安中以別將隨爾朱
天光入關加授都督又以破万俟醜奴賜爵靈
壽縣男嘗與梁企定遇於平涼川相與肄射乃
於百步懸莎草以射之七發五中定服其能贈
遺甚厚天光敗後侯莫陳悅反太祖討悅寧與
李弼率衆歸太祖魏孝武西遷以奉迎勳封河

陽縣伯邑五百戶大統元年除前將軍進爵
為侯增邑三百戶遷顯州刺史顯州大中正尋拜
撫軍將軍銀青光祿大夫進爵為公增邑五百
戶授弘農鎮東將軍金紫光祿大夫從太祖擒竇
泰復弘農破沙苑死除武衞大將軍兼大都督
尋進車騎大將軍儀同三司增邑八百戶拜
北華州刺史在州未幾以廉平著稱加散騎常
侍七年從于謹破江陵胡帥劉平伏於上郡及梁
企定反以寧為軍司監隴右諸軍事賊平進

■周書傳十一　九　朱

位侍中使持節驃騎大將軍開府儀同三司
九年從太祖迎高仲密與東魏戰於邙山遷左
衞將軍羌師傍乞鐵忽及鄭五醜等反寧率
大將軍進爵范陽郡公增邑四百十六年拜
衆討平之魏恭帝二年改封武陽郡公遷尚書
右僕射梁將王琳遣其將侯方兒潘純陀寇江
陵寧與蔡祐鄭永等討之方兒等遁走三年
武興氏及固查氏魏大王等相應反叛寧復討
平之孝閔帝踐祚授柱國大將軍武成初出為

同州刺史復督諸軍事討稽胡郝阿保劉桑德等
破之軍還遷大司寇進封楚國公邑萬戶別食
鹽亭縣一千戶收其租賦保定四年授岐州刺
史屬大兵東討寧與疾從軍五年薨於同州時
年六十六贈太保同州廓等十州諸軍事同州刺
史諡曰昭寧未有子養弟永恩子勳及生子
讚親屬皆請讚為嗣寧曰兄弟之子猶子也吾
何擇焉遂以勳為世子以此稱之及寧薨勳

■周書列傳十一　十　元

襲爵位少歷顯位大象末上柱國利州揔管讚以
寧勳建德初賜爵武陽郡公永恩少有識度爲時輩
所稱初隨寧事侯莫陳悅後與寧俱歸太祖授
珍寇將軍以迎魏孝武功封新興縣伯邑五百
戶屢逢征討皆有功拜龍驤將軍中散大夫大
統八年除直寢右親信都督尋轉都督加通直
散騎常侍十六年拜使持節車騎大將軍儀同
三司魏廢帝元年進位驃騎大將軍開府儀同
三司二年出為成州刺史魏恭帝元年進爵龍

來縣侯三年大將軍安政公史念嘗隨突厥可汗
入吐谷渾令未息率騎五千鎮河郡二州以爲
邊防孝閔帝踐祚授鄧州刺史改封沃野縣公
增邑二千戶尋轉隴右諸軍事利州刺史時文州
蠻叛永率兵擊破之保定元年入爲司會中
大夫二年後出爲隴右總管府長史寧以佐命
元勳封楚國公請以先封武陽郡三千戶益沃
野之封詔許焉又增邑并前四千五百戶尋卒
官年四十八贈少保幽冀等五州諸軍事幽州
刺史諡曰敬子通嗣

宇文貴字永貴其先昌黎大棘人也徙居夏州
父莫豆千保定中以貴著勳追贈柱國大將軍
少傅夏州刺史安平郡公貴母初孕貴嘗有老
人抱一兒授之曰賜爾是子俾壽且貴及生形
類所夢故以未貴字之貴少從師受學嘗輟書
歎曰男兒當提劍汗馬以取公侯何能如先生
爲博士也正光末破六汗拔陵圍夏州刺史

源子雍嬰城固守以貴爲統軍救之前後數十
戰軍中咸服其勇後送子雍還賊每奮擊輒
薛崇禮等奧虜屯兵邀截貴每於地道潛出
破之除武騎常侍又從子雍討葛榮軍敗奔鄴
爲榮所圍賊屢來攻貴賊勢深納之因轉都督
其鋒然兇徒寔繁賊圍久不解貴乃於地道潛出
北見爾朱榮陳兵勢榮從元天穆平邢杲轉都督
榮於淴口加別將又從元天穆平邢杲轉都督
顥入洛貴率鄉兵從爾朱榮焚河橋力戰有功

加征虜將軍封革融縣侯邑二千戶除鄧州刺
史入爲武衛將軍關內大都督從魏孝武西遷
進爵化政郡公大統初遷右衛將軍貴善騎
射有將率才太祖與宗室甚親委之三年進
車騎大將軍儀同三司與獨孤信入洛陽東魏
潁州刺史賀若統據潁川來降東魏遣其將
堯雄趙育是雲寶率衆二萬攻潁貴自洛陽
率步騎二千救之軍次陽翟雄等已度馬橋
去潁川三十里東魏行臺任祥又率衆四萬餘

與雄合諸將咸以彼衆我寡不可爭鋒貴曰兵
機倚伏固不可以常理論古人能以寡制衆者
皆由預覩成敗決必然之策耳吾雖闇於成事
然謂進與賀若合勢爲計之上者請爲諸軍
說之尭雄等必以爲潁川孤危勢非其敵又謂
吾寡虜獨進若悉力以攻潁川必指掌可破既陷
潁川便與任祥軍合同惡相濟爲害更甚吾今
屯兵陽翟便是入其數内若一陷吾軍坐
此何爲進據潁川有城可守雄見吾入城出其
不意進則孤疑退則不可然後與諸軍盡力擊
之何往不克願勿疑也遂入潁川雄等稍前貴
率千人背北爲陳與雄合戰貴馬中流矢乃短兵
步鬬士衆用命雄大敗輕走趙青於陳降獲其
輜重俘萬餘人盡放令還任祥聞雄敗遂不敢
進尋而儀同怡峯率五百赴貴之會日暝結陳相持明日合戰
祥退保死陵追之
俘斬其多祥軍既敗是去賓亦降師還魏文帝
在天游園以金卮置侯上命公卿射中者即以賜

之貴一發而中帝咲曰由基之妙正當爾耳進侍
中驃騎大將軍開府儀同三司歷夏岐二州刺
史十六年遷中外府左長史進位大將軍宕昌
王梁彌定爲宗人獠甘所逐來奔又有羌酋傍
乞鐵忽因梁企定反後據有渠林川擁種類數
千家與渭州民鄭五醜諸豪盧寧等憑險置
柵者十餘所太祖令貴與豆盧寧史寧討之貴
等擒斬鐵忽及五醜史寧又別擊獠甘破之乃
納彌定於渠林川置岷州朝廷美其功遂於
粟坂立碑以紀其績魏廢帝初出爲岐州刺史
二年授大都督興西蓋等六州諸軍事興州刺
史先是興州氐反自貴至州人情稍定貴表請
於梁州置屯田數州豐足三年詔貴代迴
鎮蜀時隆州人開府李光賜反於鹽亭與其黨
帛玉成寇食堂謹淹蒲皓馬術等攻圍隆州州
人李柘亦聚衆及開府張遁舉兵應之貴乃命
開府叱奴興救隆州又令開府成亞擊柘及通勢
感遂降執送京師除都督益潼等八州諸軍事

益州刺中〈就加小司徒先是蜀人多劫盜貴乃召
任俠傑健者署爲遊軍二十四部令其督捕由
是頗息孝閔帝踐祚進位柱國拜御正中大夫
武成初與賀蘭祥討吐谷渾軍還進封許國公
邑萬戶舊爵迴封一子遷大司空治小冢宰歷
大司徒遷太保貴好音樂耽弈甚留連不倦然
好施愛士時人頗以此稱之天保之末使突厥迎
皇后天和二年還至張掖薨贈太傅謚曰穆子
善嗣歷位開府儀同三司大將軍柱國洛州刺
史以罪免尋復本官除大宗伯大象末進位上
柱國善弟忻少以父軍功賜爵化政郡公驍勇
絶倫有將帥才略大象末位至上柱國進封英國
公忻弟愷少好學頗解屬文雜藝多通尤精
巧思亦以父軍功賜爵雙泉縣伯尋襲祖爵安
平郡公起家右侍上士稍遷御正中大夫保定中
位至上開府是云寶趙後既至初並拜車大
將軍儀同三司寶後累遷至大將軍都督涼甘
瓜州諸軍涼州刺史賜爵洞城郡公世宗時吐

谷渾侵逼涼州寶與戰不利遂殘於陣
楊忠弘農華陰人也小名奴奴高祖元壽魏初
爲武川鎮司馬因家於神武樹頹焉祖烈龍驤
將軍太原郡守父禎以軍功除建遠將軍屬魏
末喪亂避地中山結義徒以討鮮于脩禮遂死
之保定中以忠勳追贈柱國大將軍少保興城
郡公忠美鬚髯身長七尺八寸狀貌瓌偉武藝
絶倫識量沉深有將帥之略年十八客遊泰山
會梁兵攻郡陷之遂被執至江左在梁五年從
北海王顥入洛除直閤將軍顥敗爾朱度律召
爲帳下統軍及爾朱北以輕騎自卉州入洛陽
忠時預焉賜爵昌縣伯拜都督又別封小黃縣伯
從獨孤信破梁下溠戍平南陽並有功及齊神
武舉兵內侮忠時隨信在洛遂從魏孝武西遷
進爵爲侯仍從平潼關破回洛城除安西將軍
銀青光祿大夫東魏荊州刺史辛纂據穰城忠
從獨孤信討之纂戰敗退走忠與都督康
洛兒元長生爲前驅馳至兵城叱門者曰今大

軍已至城中有應爾等求活何不避走門者盡

散忠與洛兒長生乘城而入彎弓大呼纂兵衞

百餘人莫之敢禦纂以徇城中懾服居半歲

以東魏之逼與信俱歸闕梁武帝深奇之以爲大

德主帥關外侯大統三年與信俱歸闕太祖召

居帳下嘗從太祖狩於龍門忠獨當一猛獸爲

挾其脊右抜其舌太祖壯之北臺謂猛獸爲撝

于因以字之從擒竇泰破沙苑遷征西將軍金

紫光祿大夫進爵襄城縣公河橋之役忠與壯

士五人力戰守橋敵人遂不敢進以功除左光祿大

夫雲州刺史兼大都督又與李遠破黑水稽胡

幷與怡峯解玉壁圍轉洛州刺史邙山之戰先

登陷陳除大都督進車騎大將軍儀同三司散

騎常侍追封母蓋氏爲北海郡君尋除都督朔

燕顯蔚四州諸軍事朔州刺史加侍中驃騎大

將軍開府儀同三司及東魏圍潁川壁帥曰柱

清擄險爲亂忠率兵討平之時侯景渡江梁武

喪敗其西義陽郡守馬伯符以下迷城降朝廷

因之將經略漢沔乃授忠都督三荆二襄二廣

南雍平信隨江二郢浙十五州諸軍事鎮襄城

以伯符爲鄉導攻梁齊興郡及昌州皆克之梁

雍州刺史岳陽王蕭詧雖稱藩附而尚有貳心

忠自樊城觀兵於漢濱易旗遞進實騎二千詧

登樓望之以爲三万也懼而服焉梁司州刺史

柳仲禮留其長史馬岫守安陸自率兵騎一万

寇襄陽初梁竟陵郡守孫暠以其郡來附太

祖命大都督賀拔迸鎮之及仲禮至暠乃執貴

以降仲禮又進遣其將王叔孫與暠同守太祖

怒乃令忠帥眾南伐攻梁隨郡克之獲其守將

桓和所過城戍望風請服忠乃進圍安陸仲禮

聞忠郡陷恐安陸不守遂馳赴援諸將恐仲

禮至則安陸難下請急攻之忠曰攻守勢殊未

可卒拔若引日勞師表裏受敵非計也南人

多習水軍不閑野戰仲禮回師在近路吾出其

不意以奇兵襲之彼怠我奮一舉必克則安陸

不攻自拔諸城可傳檄而定也於是選騎二千

衒枚夜進遇仲禮於淙頭忠親自陷陳擒仲
禮悉停其衆馬岫以安陸王叔孫斬焉以竟
陵降皆如忠所策梁元帝遣使送子方略為質
并送載書請魏以石城為限梁以安陸為界
乃旋師進爵陳留郡公十七年梁元帝逼其兄
邵陵王綸綸比度與其前西陵郡守羊思達要
隨陸土豪段珍寶夏庶珍洽合謀送質於齊欲
來寇掠汝南城王本素有邊故吏也開門納焉忠
帝密報太祖太祖乃遣忠督衆討之詣曰陵城

日吳而剋擒蕭綸數其罪而殺之并獲其安樂侯
昉亦殺之初之擒柳仲禮遇之甚厚仲禮至京
師乃諧忠於太祖言其在軍大取金寶珍玩等太
祖欲覆按之惜其功高乃出忠忿恚悔不殺仲
禮故至此寬以御衆甚得新附之心魏恭帝初賜姓
東之地寬以御衆甚得新附之心並加議焉忠閒臧甬盡定漢
普六如氏行同州事及于謹伐江陵忠為前軍
屯江津過其走路梁人束刃於象鼻以戰射
之三象反走及江陵平朝廷立蕭詧言為梁王令

忠鎮穰城以為掎角之勢別討沔北諸縣書克之
孝閔帝踐祚入為小宗伯齊人寇東境忠出鎮
蒲坂及司馬消難請降忠與柱國達奚武援之
於是其率騎士五千人兼馬一疋從間道馳入
齊境五百里前後遣三使報消難而皆不及命
去豫州三十里武疑有變欲還忠曰有進死無
退生獨以千騎夜趨城下四面峭絕徒聞擊柝
之聲武親來麾數百騎以西忠勒餘騎不動候
門開而入乃馳遣召武時齊鎮城伏敬遠勤甲

士三千人據東陣舉烽嚴警武憚之不欲保城
乃多取財帛以消難及其屬先歸忠以三千騎
為殿到洛南皆解鞍而卧齊衆來追至於洛北
忠謂將士曰但飽食今在死地賊必不敢渡水
當吾鋒齊兵若渡水忠馳將擊之齊兵不敢
逼遂引兵還武自是天下健兒
今日服兵進位柱國大將軍武成元年進封隨
國公邑萬戶別食竟陵縣一千戶收其租賦尋
治御正中大夫保定二年遷大司空時朝議將

與突厥伐齊公鄉感曰齊氏地半天下國富兵

強　　北入并州極為險阻且大將斛律明

月未易可當令欲探其巢窟非十萬不可忠獨

曰師克在和不在衆萬騎足矣明月堅子亦何能

為三年乃以忠為元帥大將軍楊慕本穆王傑

爾朱敏及開府元壽田弘慕容延等十餘人皆

隷焉又令達奚武帥步騎三萬自南道而進期會

晉陽忠乃留敏據什賁遊兵河上忠出武川過

故宅祭先人鄉餐將士席

鎮之隘忠縱奇兵奮擊大破之又留楊慕屯靈

兵為後拒突厥木汗可汗控地頭可汗雖可

汗等以十萬騎來會四年正月朔攻晉陽是時

大雪數旬風寒慘烈齊人乃悉其精銳鼓噪而

出突厥震駭引上西山不肯戰衆皆失色忠令

其衆曰事勢在天無以衆寡為意乃率七百人

步戰死者十四五以武後期不至乃班師齊人

亦不敢逼突厥於是縱兵大掠自晉陽至穆城

七百餘里人畜無孑遺俘斬其衆高祖遣使迎

勞忠於夏州及至京師厚加宴賜高祖將以忠

為太傅晉公護以其不附已難之乃拜摠管涇

幽靈雲鹽顯六州諸軍事涇州刺史是歲突軍

又東伐晉公護出洛陽令忠出沃野以應接突

厥時軍糧既少諸將憂之而計無所出忠曰當

權以濟事耳乃招誘稽胡諸首領咸令在坐使

王傑盛軍容鳴鼓而至忠陽怪而問之傑曰大冢

宰已平洛陽天子聞銀夏之間生胡擾動故使

傑就公討之又令突厥使者馳至而告曰可汗更

入并州留兵馬十餘萬在長城下故遣問公若有

稽胡不服欲來共公破之坐者皆懼忠慰喻而遣

之於是諸胡相率歸命饋輸填積屬晉公護先

退忠亦罷兵還鎮又以政績可稱詔賜錢三十

萬布五百疋斛天和三年以疾還京高

祖及晉公護屢臨視焉尋薨年六十二贈太保

同朔等十三州諸軍事同州刺史本官如故諡

曰桓子堅嗣弟整建德中開府陳留郡公從高

祖平齊歿於并州以整死王事詔其子智積襲

其官爵整弟惠大象末大冢伯竟陵縣公惠
弟嵩以忠勳賜爵興城郡公早卒嵩弟達亦以
忠勳爵周郡公

王雄字胡布頭太原人也父彔以雄傑著勳迹
贈柱國大將軍少傅安康郡公雄儀貌魁梧少
有謀略永安末從賀拔岳入關除征西將軍金
紫光祿大夫魏孝武西遷授都督封臨貞縣伯
邑五百戶大統初進爵為公增邑二百戶拜武
衛將軍加驃騎將軍增邑八百戶進大都督尋
拜儀同三司增邑三百戶遷開府儀同三司加
侍中出為岐州刺史進爵威郡公進位大將
軍行同州事十七年雄率軍出子午谷圍梁上
津魏興明年克之以其地為東梁州尋而復叛
又令雄討之魏恭帝元年賜姓可頻氏孝閔帝
踐祚授少傅增邑二千戶進位柱國大將軍武
成初進封庸國公邑萬戶尋出為涇州總管諸
軍事涇州刺史保定四年從晉公護東征在
塗遇疾病乃自力而進至邙山與齊將斛律明月接

戰雄馳馬衝之殺三人明月退走雄追之明月左
右皆散矢又盡惟餘一矢在焉雄按矟不及
明月者丈餘曰惜爾不殺得但任爾見天子明月
乃射雄中額抱馬退走至營而薨時年五十八
贈使持節太保同華等二十州諸軍事同州刺

史論曰忠子謙嗣自有傳

史臣曰太祖接喪亂之際乘戰爭之餘發迹平
涼撫征關右于時外虜孔熾內難方殷羽檄交
馳戎軒屢駕然能蕩清逋藪克固鴻基雖

禀筭於廟謨責成於將帥達奚武等並兼
資勇略咸會風雲或効績中權或立功方面均
分休感同濟艱難可謂國之爪牙朝之御侮者
也而武協規太祖得儁小間周瑜赤壁之謀實
謂烏巢之策何能以尚一言與邦斯近之矣

列傳第十一

周書十九

列傳第十二　　　　周書卷二十

王盟　　　　　令狐
賀蘭祥　　　　德棻
尉遲綱　　　　等撰
叱列伏龜
閻慶

王盟字子仵明德皇后之兄也其先樂浪人六
世祖波剛燕太宰祖珍魏黃門侍郎贈幷州刺
史樂浪公父羆伏波將軍以良家子鎮武川因
家焉魏正光中破六汗拔陵攻陷諸鎮盟亦為
其所擁拔陵破後流寓中山孝昌初除積射將
軍從蕭寶夤西征寶夤構逆盟遂逃匿民間
以觀其變及爾朱天光入關盟出從之隨賀拔岳
為前鋒擒万俟醜奴平秦隴常先登力戰拜征
西將軍平秦郡守太祖將討侯莫陳悅徵盟赴
原州以為留後大都督鎮高平悅平除原州刺
史魏孝武至長安封魏昌縣公邑二千戶大統初

復加車騎大將軍儀同三司三年徵拜司空尋
轉司徒迎魏文帝悼后於茹茹加侍中遷太尉
魏文帝東征以留後大都督行雍州事節度關
中諸軍事趙青雀之亂盟與開府李諟輔魏太子
出頓渭北事平進爵長樂郡公增邑幷前二千
戶賜姓拓王氏東魏侵汾川圍玉壁盟以左軍
大都督守蒲坂軍還遷太保九年進位太傅加
開府儀同三司盟姿度弘雅仁而汎愛雖位居
師傅禮冠羣后而謙恭自處未嘗以勢位驕
人魏文帝甚尊重之及有疾數幸其第親問
所欲其見禮如此大統十一年薨贈本官諡曰
孝定子勵字醜興性忠果有才幹年十七從太
祖入關及太祖平秦隴定關中勵常侍從太
祖謂之曰為將坐見成敗者上也被堅執銳者
次也勵常曰意欲兼之太祖大笑尋拜平東將軍
散騎常侍賜爵梁甫縣公大統初為千牛備
身直長領左右出入臥內小心謹　蕭魏文帝嘗曰
王勵可謂不二心之臣也沙苑之役勵以都督領

禁立從太祖勵居左翼與帳下數十人用短兵接
戰當其前者死傷甚衆勵亦被傷重遂卒於
行間時年二十六太祖深悼焉贈使持節太尉
領尚書令十州諸軍事雍州刺史追封咸陽郡
公謚曰忠武子弼襲爵尚魏安樂公主官至撫
軍將軍大都督通直散騎常侍勵第樾字小
興盟之西征以樾尚幼留在山東永安中始入關
與盟相見遂從征伐大統初賜爵安平縣子授
揚烈將軍從盟迎魏悼后還拜城門校尉尉魏文

三

帝東征以撫軍將軍兼太子左率留守俄轉右
率歷尚食典御領左右武衛將軍錄前後功進
爵為公增邑千戶遷右衛將軍于時疆場父
兵未申喪紀服齊斬者亦墨縗從事及嬰羄
樾上表辭位乞終喪制魏文帝不許累遷大都
督散騎常侍使持節車騎大將軍儀同三司
驃騎大將軍開府儀同三司侍中左衛將軍領
軍將軍樾性溫和小心敬慎宿衛宮禁不有餘
年勤恪當官未嘗有過魏文帝甚嘉之廢帝

二年除南岐州刺史進爵安豐郡公增邑并前
二千戶卒于官恭帝二年遷大將軍大都督後拜小
司寇南郡公盟兄子悅嗣官至大將軍同州刺史改
封濟南郡公盟兄子顯幼而敏悟沉靜少言初
為太祖帳內都督累遷奉車都尉府寧朔將軍
車騎大將軍儀同三司燕朔顯蔚四州諸軍事
燕州刺史驃騎大將軍開府儀同三司光祿
卿鳳州刺史賜爵洛邑縣公進位大將軍卒
子誼嗣誼倜儻有大志深為高祖所親末安少

四

歷顯職見重於時位至柱國平陽郡公宣帝即
位進封揚國公拜大司空大象末襄州惣管上
柱國

賀蘭祥字盛樂其先與魏俱起有紀伏者為
賀蘭莫何弗因以為氏其後有以良家子鎮武
川者遂家焉父初真少知名為鄉間所重尚太
祖姊建安長公主保定二年追贈太傅柱國常
山郡公祥年十一而孤居喪合禮長於舅氏特
為太祖所愛雖在戎旅常博延儒士教以書

傳太祖初入關祥與晉公護俱在晉陽後乃遣
使迎致之語在護傳年十七解褐奉朝請加威
烈將軍祥少有膽氣志在立功尋禕補都督悃
在帳下從平侯莫陳悅又迎魏孝武以前後功封
撫夷縣伯邑五百戶仍從擊潼關獲東魏將
薛長孺又攻回洛城拔之還拜左右直長進爵
為公增邑并前二千三百戶大統三年從儀同
于謹攻楊氏壁祥先登克之遷右衞將軍加持
節征虜將軍沙苑之役詔祥留衞京師後以留

守功增邑八百戶尋除鎮西將軍四年魏文帝
東伐祥領軍從戰河橋以功加使持節大都督
八年遷軍驃大將軍儀同三司散騎常侍九年
從太祖與東魏戰於邙山進位驃騎大將軍開
府儀同三司加侍中十四年除都督三荊南襄
南雍平信江隨二郢浙十二州諸軍事荊州刺
史進爵博陵郡公先是祥嘗行荊州事雖未
暮月頗有惠政至是重往百姓安之由是漢南
流民襁負而至者日有千數遠近蠻夷莫不款

附祥隨機撫納咸得其歡心時盛夏亢陽祥乃親
巡境內觀政得失見有發掘古冢暴露骸骨者
乃謂守令曰此豈仁者之為政耶於是命所在收
葬之即日澍雨歲大有年州境先多古墓
其俗好行發掘至是遂息祥雖太祖密戚性
甚清素境南接襄陽西通岷蜀物產所出
多諸珍異時既受梁雍州刺史岳陽王蕭詧欵
[無所受其節儉
乃以竹屏風絺綌之屬及經史贈之祥難違其

意取而付諸所司太祖後聞之並以賜祥尋被
徵還十六年拜大將軍太祖以涇渭既灌之處
渠堰廢毀乃命祥修造富平堰開渠引水東
注於洛功用既畢民獲其利魏廢帝二年行華
州事後改華州為同州仍以祥為刺史尋拜尚
書左僕射六官建授小司馬孝閔帝踐祚進位
柱國遷大司馬時晉公護執政祥與護中表少
相親愛軍國之事護皆與祥參謀及誅趙貴
廢孝閔帝祥有力焉武成初吐谷渾侵涼州

詔祥與宇文貴摠兵討之許乃遣其軍司撥吐
谷渾曰夫二氣既分三十定位樹之以君本為
黔首豈使悖義違道肆於民上昔魏氏不綱
羣方幅裂犲狼橫噬黿龜玉已毀喝喝黔黎咸
墜塗炭我先皇神武應期一匡天下東戡南剪
荒萬寓固則神皇西嶽險則百二猶在卿士師
無思不服天鑑有周世篤英聖遂廓洪基奄
蘇也彼國世在西垂作藩於魏值中原政亂遂
師羣后率職故知三靈之所睠集四隩之所來
阻皇風首鼠兩端伺我邊隙先皇含垢藏疾仍
存聘享欲睦之以隣好申之以婚姻彼國苞藏
禍心屢達盟約外結仇讎自貽近患是故往年
致突厥之師也自爾迄今蜂蠆萬毒入我姑藏
俘我河縣芟夷我叔麥慶劉我蒼生我皇武
以止戈文以懷遠德覃四海化溢八荒以彼惡
稔禍盈故命龍行九代武臣猛將天張龍沙
皆六郡良家三秦精銳揮戈同萃張龍沙
柱國博陵公祥貴威重望乃文乃武受脤廟堂

元戎啟路大傅燕國公千世謀英猷不世應變無
窮杖旄指麾為其謀主柱國化政全貴草播威
聲奇正兼設直取龍涸瀉首南河突厥與國睦
親同恥反道驅引弓之民摠弩廬之衆解鞍成
山壘至慈霧合往咸王師西代成都不守捍鼓南
臨江陵底定數金空萬里關地千都荒服畏威膜
拜歟角成敗之機載然可見若能轉禍為福深
識事宜君臣相率與攬稽顙則爵等顯除永蕃
西服如其徘徊危邦覬延時漏罣復宇湮祀良助
寒心幸思嘉謀以圖去就遂與吐渾廣定王鐘
留王等戰破之同拔其洮陽洪和二城以其地為
洮州撫安西土振旅而還進封涼國公邑萬戶
保定四年薨年四十八贈使持節太師同歧等
十二州諸軍事同州刺史諡曰景有七子敬讓
璨師寬知名敬少歷顯職封化隆縣侯後襲爵
涼國公位至柱國大將軍華州刺史讓大將軍
鄜州刺史河東郡公璨開府儀同三司宣陽縣
公建德五年從高祖於幷州戰歿贈上大將軍

追封清都郡公師尚世宗女位至上儀同大將軍

幽州刺史博陵郡公寬開府儀同大將軍武始郡

公祥弟隆大將軍襄樂縣公隋文帝與祥有舊開

皇初追贈上柱國

尉遲綱字婆羅蜀國公迴之弟也少孤與兄迴

周書列傳十二　　九

公主留于晉陽後方入關從 太祖征伐常陪侍

帷幄出入卧内後以迎 魏孝武功拜殿中將軍

依託謹厚氏太祖西討關隴迴綱與毋昌樂大長

大統元年授帳内都督從儀同李譔討曹泥破

之又從破寶泰以功封廣宗縣伯邑五百戶仍

從復弘農克河比郡戰沙苑皆有功綱驍果有

膂力善騎射太祖甚寵之委以心膂河橋之戰

太祖馬中流矢因而驚奔綱與李穆等左右

戰眾皆披靡太祖方得乘馬以前後功增邑八

百戶進爵爲公仍拜平遠將軍步兵校尉八年

加通直散騎常侍太子武衛率前將軍轉帥都

督加東魏戰圍王壁綱從太祖救之九年春太祖復

與東魏戰於邙山大軍不利人心離解綱勵將

士盡心翊衛遷大都督十四年拜車騎大將軍

儀同三司加散騎常侍增邑三百戶俄遷驃騎

大將軍開府儀同三司加侍中進爵昌平郡公

十七年出爲華州刺史魏廢帝二年拜大將軍

兼領軍將軍及帝有異謀言頗漏泄太祖以綱

職典禁旅使密爲之備俄而帝廢立齊王仍以

綱爲中領軍將軍摠宿衛綱兄迴率衆伐蜀綱從太

周書列傳十二　　十

祖送之於城西見一走兎太祖命綱射之誓曰若

獲此兎當破蜀儆而綱獲兎而及太祖喜曰

事平之日當賞汝佳口及克蜀賜綱侍婢二人又

常從太祖北狩雲陽值五鹿俱起綱獲其三每

從遊宴太祖以珍異之物令諸功臣射而取之

綱所獲輒多孝閔帝踐祚綱以親戚掌禁兵

除小司馬又與晉公護廢帝語在護傳世宗即

位進位柱國大將軍武成元年進封吳國公邑

萬戶除涇州摠管五州十一防諸軍事涇州刺史

是歲大長公主薨于京師綱去職尋起復本官

保定元年拜少傅俄而授大司空三年出爲陝州

揔管七州十三防諸軍事陝州刺史四年晉公護
東討乃配綱甲士留鎮京師綱以天子在宮必無
內慮乃請出外頓於咸陽大軍還綱復歸鎮天和
二年以綱政績可稱賜帛千段穀六千斛錢二十萬
增邑四百戶陳公純等以皇后阿史那氏自突厥
將入塞詔徵綱與大將軍王傑率眾迎衛於境
首三年追論河橋之功封一子縣公邑二千戶四年
五月薨于京師時年五十三贈太保十二州諸軍
事同州刺史謚曰武第三子安以嫡嗣大象末

三曰光
十一
林

位至柱國安兄運別有傳運弟勤少歷顯位大
象末青州揔管起兵應伯父迥事在迥傳安第
敬尚世宗女河南公主位至儀同三司
叱列伏龜字摩頭代郡西部人也世為部落大
人魏初入附遂世為第一領民酋長至龜容貌
偉責無常十圍進止詳雅兼有武藝嗣父業復
為領民酋長魏正光五年廣陽王深北征請龜
為寧朔將軍委以帳內戎事尋除善無郡守
孝昌三年又除別將從長孫稚西征以戰功累

遷征西將軍金紫光祿大　夫後還洛授都督遂
為齊神武所寵任加授大都督沙苑之敗隨例
來降太祖以其嘗門解縛禮之仍以邵惠公女
妻之大統四年封長樂縣公邑二千戶自此常從
太祖征討頻有戰功八年出為北雍州刺史加大
都督尋進位車騎大將軍儀同三司散騎常
侍十四年徵拜侍中加驃騎大將軍開府儀同
三司除恒州刺史增邑通前二千四百戶十七年
卒子椿嗣椿字千年世宗時拜車騎大將軍

三九
十二
林

儀同三司尋遷驃騎大將軍開府儀同三司改
封永世縣公邑二千二百戶保定二年授幽州刺史
天和初除左宮伯進位大將軍
閻慶字仁慶河南河陰人也曾祖善仕魏歷龍
驤將軍雲州鎮將因家于雲州之盛樂郡祖
提使持節車騎大將軍燉煌鎮都大將軍進有
謀略勇冠當時正光中拜龍驤將軍屬徙可
孤作亂攻圍盛樂進率眾拒守縣歷三載晝
夜交戰未嘗休息以少擊眾城竟獲全以功拜

盛樂郡守慶幼聰敏重然諾風儀端肅望之儼
然及衛可孤侵逼戍盛樂慶隨父固守頗有力焉
拜別將將軍稍遷輕車將軍將軍加給事中後以軍功拜
步兵校尉中堅將軍既而齊神武舉兵入洛魏
孝武西遷慶謂所親曰高歡跋扈將有纂逆之
謀豈可苟安目前受其控制也遂以大統三年
自宜陽歸闕太祖謂慶曰高歡逆亂宇內分崩
蠢盜競興人皆徇巳卿遂能盡忠貞之節重君
臣之義背逆歸順捨危就安雖古人所稱何以

周書列傳十三　十三　沈仁舉

加也即拜中堅將軍奉車都尉河橋之役以功
拜前將軍太中大夫遷後將軍儀拜撫軍將軍大次縣子邑
四百戶及邙山之戰先登陷陳拜撫軍將軍大
都督進爵為伯增邑五百戶慶善於綏撫士
卒未休未嘗先捨故能盡其死力屢展勳勞
累遷使持節車騎大將軍儀同三司散騎常
侍驃騎大將軍開府儀同三司雲州大中正加
侍中賜姓大野氏孝閔帝踐祚出為河州刺史
進爵石保縣公增邑二十戶州居河外地接戎夷

慶留心撫納頗稱簡惠就拜大將軍進爵大安郡公
邑戶如舊入為小司空除雲州刺史慶轉寧州刺史慶
性覽和不苛察百姓悅之天和六年進位柱國邑公
護母慶之姑也護雖擅朝而慶未嘗阿附及護
誅高祖以此重之乃詔慶第十二子毗尚帝女清
都公主慶雖位望隆重婚連帝室常以謙慎
自守時人以此稱之建德二年抗表致仕優詔許
焉慶既表老悒悒嬰沉痼宣帝以其先朝老舊
特異常倫乃詔靜帝至第問疾賜布帛千段醫

周書列傳十三　十四

藥所須令有司供給大象二年拜上柱國隋文
帝踐極又令皇太子就第問疾仍供醫藥之
費開皇二年薨時年七十七贈司空荊譙浙湖
澧廣蒙七州諸軍事荊州刺史謚曰成長子常
先慶卒次子稚嗣大象末位至大將軍
史臣曰中陽歷沛邑多封侯白水配天南陽
皆貴戚是知階緣近屬以取寵榮其來尚矣王
盟等始以親黨升朝紆以才能進達勳宣運始
位列周行實參迹於功臣蓋弗由於恩澤也

列傳第十二　　周書二十

尉遲迥　　　令狐　德棻　等撰
王謙
司馬消難

尉遲迥字薄居羅代人也其先魏之別種號尉
遲部因而姓焉父俟燉性弘裕有鑒識尚太祖
姊昌樂大長公主生迥及維俟燉病且卒呼二子
撫其首曰汝等並有貴相但恨吾不見爾各宜

周書列傳十三　一

勉之迥少聰敏美容儀及長有大志好施愛士
拜駙馬都尉從太祖復弘農破沙苑皆有功果
稍遷大丞相帳內都督尚魏文帝女金明公主
遷尚書左僕射兼領軍將軍迥通敏有幹能雖
任無文武頗允時望太祖以此深委仗焉後拜
大將軍侯景之渡江梁元帝時鎮江陵既以内
難方殷請修隣好其弟武陵王紀在蜀稱帝率
衆東下將攻之梁元帝大懼乃移書請救又請
伐蜀太祖曰蜀可圖矣取蜀制勝在茲一舉乃與

擧公會議諸將多有異同唯迥以為紀既盡銳
東下蜀必虛王師臨之必有征無戰大祖深以
為然謂迥曰伐蜀之事一以委汝計將安出迥
曰蜀與中國隔絕百有餘年恃其山川險阻
不虞我師之至宜以精甲銳騎星夜襲之平路
則倍道兼行險途則緩兵漸進出其不意衝
其腹心蜀人震駭官軍之臨速必望風不守矣
於是乃令迥督開府元珍乙弗亞萬俟呂陵始
叱奴興蔡連宇文昇等六軍甲士一萬二千騎

周書列傳十三　二

萬定伐蜀以魏廢帝二年春自散關由固道
出白馬趣晉壽開平林舊道前軍臨劍閣紀
安州刺史樂以州先降紀梁州刺史楊乾運
時鎮潼州又降六月迥至潼州大饗將士引之
而西紀益州刺史蕭撝不敢戰遂嬰城自守
軍圍之初紀至巴郡聞迥來侵遣譙淹回師為
撝外援迥分遣元珍乙弗亞等以輕騎破之遂
降撝前後戰數十合皆為迥所破撝與紀子
宜都王肅及其文武官屬詣諸軍門請見迥以禮

接之其吏人等各令復業唯收僮隸及儲積以
賞將士號令嚴肅軍無私焉詔迥為大都督益
潼等十八州諸軍事益州刺史以平蜀迥功乃明
為公自劍閣以南得承制封拜及黜陟夷夏懷而
賞罰布恩威綏緝新邦經略未附
歸之迥性至孝色養不怠身雖在外所得四時
甘脆必先薦奉然後敢嘗大長公主年高多病
迥往在京師每退朝參候起居憂悴形於容色
大長公主每為之和顏進食以寧迥心太祖知

周書列傳十三　三

其至性徵迥入朝以尉其毋意遣大鴻臚郊勞
仍賜迥衮冕之服蜀國公之立碑頌德孝閔踐
祚進位柱國大將軍又以迥有平蜀之功同霍
去病冠軍之義封蜀公進蜀公爵邑萬戶
宣帝即位以迥為大前疑出為相州總管宣帝
崩隋文帝輔政迥望位風重懼為異圖乃
令迥子魏安公惇齎詔書以會葬徵迥尋以
郎公韋孝寬代之為總管迥以隋文帝當權
將圖篡奪遂謀舉兵留惇而不受代隋文帝

又使儀候正破六汗裒詣迥喻旨密與總管府長
史晉昶等書令為之備迥聞之殺長史及裒乃
集文武士庶登城北樓而令之曰楊堅以庸之
才籍后父之勢挾幼主而令天下威福自已賞
罰無章不臣之迹暴於行路吾居將相與國休
戚同休共戚義由一體先帝處吾於此本欲寄
以安危令欲與卿等糾合義勇以匡國庇人進
可以享榮名退可以終臣節卿等以為何如於
是衆感從命莫不感激乃自稱大總管承制署

周書列傳十三　四

置官司于時趙王招已入朝留少子在國迥又
奉以號令迥弟子勤時為青州總管亦從迥
迥令管相衛黎洛貝趙冀瀛滄勤所統青
膠光莒諸州皆從之衆數十萬榮州刺史邵公
宇文胄申諸州皆從之東楚州刺史費也利
進東潼州刺史曹孝遠各據州以應迥迥又此
結高寶寧以通突厥南連陳人以割江淮之地
隋文帝於是徵兵討迥即以韋孝寬為元帥隔
率衆十萬入武德軍於沁東孝寬等諸軍隔

水相持不進隋文帝又遣高熲馳驛督戰悖
布兵二十里麾軍小却欲待孝寬軍半度擊
之孝寬因其小却鳴鼓齊進悖大敗孝寬乘
勝進至鄴迥與子惇祐等又悉其麾下千兵陳
於城南迥別統萬人皆綠巾錦襖號曰黃龍兵
勤率衆五萬自青州赴迥以三千騎先到迥舊
習軍旅雖老猶被甲臨陣其麾下千兵皆關
中人為之力戰孝寬等軍失利而却鄴中士女
觀者如堵高熲與李詢整陣先犯觀者因其擾
而乘之迥大敗遂入鄴迥走保北城孝寬縱兵
圍之李詢賀婁子幹以其屬先登迥上樓射殺
數人乃自殺勤悼等東走并追獲之餘黨月餘
皆斬之迥末年衰耄惑於妻王氏而諸子多
不聰以開府小御正崔達拏為長史餘委任亦
多用齊人達拏文士無籌略舉措多失綱紀不
能有所匡救迥自起兵至敗六十八日武德中
迥從孫庫部員外郎者福上表請改葬朝議
以迥忠於周室有詔許之

王謙字勅萬太保雄之子也性恭謹無他才能
以父功累遷驃騎大將軍開府孝閔踐阼治右
小武伯雄從晉公護東討為齊人所斃朝議以謙
父殞身行陣特加殊寵乃授謙柱國大將軍以
情禮未終固辭不拜高祖手詔奪情龍襃舊庸
公巴萬尸從皇至六子討吐谷渾力戰有功是時
勢謙以世受國恩忠將圖匡復遂舉兵署官司所
令司錄比曰印本表詣闕還具陳京師事
高祖東征從謙又力戰進上柱國益州惣管時謙
管益潼新始龍印青瀘戎寧汶陵遂合楚資
眉普十八州及全嘉渝沔臨渠蓬隆通興武庸十州
之人多從之惣管長史乙弗虔益州刺史達奚
甚勸謙据險觀變隆州刺史阿史那瓌為謙
畫三策曰公親率精銳直至散關蜀人知公有勤
王之節必當各思効命此上策也出兵梁漢以顧
天下此中策也坐守劍南發兵自備此下策也
謙參用舉中下之策梁睿未至大劍謙遣兵
鎮始州隋文即以庸為行軍元帥便發利鳳文

泰成諸州兵討之達奚甚乙弗虔等眾十萬攻
利州聞睿至眾潰睿乘其弊縱兵深入甚虔
密使詣睿請爲內應以贖罪謙不知之並令守
成都謙先無籌略承籍父勳遂居重任初謀
舉兵咸以地有江山之險進可以立功退可以
自守且任用多非其才及聞睿兵奄至惶懼乃
自率眾叛謙又以甚虔之子爲左軍行數十
里軍皆叛謙以二十騎奔新都縣令王寶斬之
傳首京師甚虔以成都降隋文以其首謀斬

之阿史那瓌亦誅

司馬消難字道融河內溫人父子如爲齊神武
佐命位至尚書令消難幼聰惠微涉經史好
自矯飾以求名譽起家著作郎子如旣當朝
貴消難亦愛賓客邢子才王元景魏收陸
崔瞻等皆遊其門尋拜駙馬都尉祿卿
出爲北豫州刺史齊文宣末年昏虐滋甚消
難旣懼禍及常有自全之謀曲意撫納頗爲
百姓所附屬文宣在升驛召其弟上黨王渙

七

渙懼於屠害遂斬使者東奔數日間搜捕鄴
中鄴中大擾後竟獲於濟州渙之初走朝士私
相謂曰今上黨亡叛似赴成皋若與司馬北豫
州連謀必爲國患此言遂達於文宣文頗疑
之消難懼密令所親裴操行入關請舉州
來附晉公護遣達奚武楊忠迎之消難遂與
武俱入朝授大將軍滎陽公從高祖東伐遷大
後丞納女爲靜帝后尋出爲交州總管隋文
帝輔政消難旣聞蜀公迥不受代遂欲與迥合

勢亦舉兵應之以開府田廣等爲腹心殺總管
長史侯莫陳泉郧州刺史蔡澤等四十餘人
所管郧隨溫應土順沔環岳九州魯山甑山沌
陽應城平靖武陽上明溳水八鎮並從之使其
子泳質於陳以求援隋文帝命襄州總管王誼
爲元帥發荊襄兵以討之八月消難聞誼軍將
至夜率其麾下歸於陳陳宣帝以爲都督安趙
九州八鎮車騎將軍司空隋公初楊忠之迎消
難結爲兄弟情好甚篤隋文每以叔禮事之

八

及陳平消難至京特免死配為樂戶經二旬放
免猶被舊恩特蒙引見尋卒于家性貪淫輕
於去就故世之言反覆者皆引消難云其妻高
氏齊神武之女在鄴敬重之後入關便相弃薄
消難之赴印州留高及三子在京高言於隋文曰
榮陽公性多變詐今以新寵自隨必不顧妻子
願防慮之消難入陳而高母子因此獲免

史臣曰尉遲迥迴地則舅甥職惟台袞沐恩累葉
荷瞻一時居形勝之地受藩維之託顛而不扶
憂責斯在及圭威云謝鼎業將遷九服移心三靈
改卜遂能志存赴蹈投袂稱兵忠君之勤未宣
違天之禍便及校其心翟義葛誕之儔歟

列傳第十三　　　　周書二十一

周惠達　馮景

揚寬　兄穆倫

柳慶　子機

令狐　德棻　等撰

周書列傳十四　一

周惠達字懷文章武文安人也父信少仕州郡
歷樂卿平舒平成三縣令皆以廉能稱惠達
幼有志操好讀書美容貌進退可觀見者莫不
重之魏齊亦王蕭寶寅爲瀛州刺史召惠達及
河間馮景同在閤中甚禮之及寶寅還朝惠達隨
入洛陽領軍元乂勢傾海內惠達嘗因寶寅與
乂言論乂歎重之於是遺惠達衣物孝昌初魏
臨淮王或比討以惠達爲府長流參軍及万俟
醜奴等構亂蕭寶寅西征惠達復隨入關寶公
後與賊戰不利退還仍除雍州刺史令惠達使
洛陽未還而寶寅及謀聞於京師有司以惠
達是其行人將執之乃私馳還至潼開遇大使
揚侃仍關惠達曰蕭氏逆謀已成何爲故入獸

周書列傳十四　二

口惠達曰蕭王爲左右所誤今往庶其改圖及
至寶寅反形已露不可彌縫遂用惠達爲光祿
勳中書舍人寶寅旣敗人悉逃散唯惠達等數
人從之寶寅語惠達曰人生冨貴左右共咸言盡
節及遭厄難乃知賀拔岳襪寶寅送洛
留惠達爲府祭酒給其衣馬即與參議岳爲關
中大行臺以惠達爲從事中郎嘗使至洛魏孝
武與惠達語及世難惠達陳天下事勢还岳有
誠節唯以憂國定亂爲事言辭激切帝甚嘉之
及還其以自岳岳曰人生於天受命於君豈有
利人榮祿而不憂其禍難卿之所奏實獲吾忠
自是更被親禮岳毎征討命惠達居守又轉
岳府屬岳爲侯莫陳悅所害悅得惠達欲官之
惠達辭以疾不見許乃遁入漢陽之麥積崖悅
平惠達歸於太祖即用惠達爲府司
太祖爲大都督總管兵起雍復以惠達爲府司
馬便委任焉魏孝武詔太祖尚馮翊長公主以
惠達爲長史赴洛陽奉迎至潼關遇孝武已西即

令惠達先太祖謂惠達曰昔周之東遷晉鄭是
俠今乘輿播越舊關右吾雖猥當其任而才
愧昔人卿宜勠力共成功業以取富貴之事非
惠達官遊有年屬明公二匡之運當富貴之對曰
所敢望但顧明公威德加於天下惠達得効其
尺寸則志願畢矣太祖為大將軍大行臺以惠
達為行臺尚書大將軍府司馬封文安縣子邑
三百戶太祖出鎮華州留惠達知後事于時既
承喪亂庶事多闕惠達營造戎仗儲積食糧
簡閱士馬以濟軍國之務時甚賴焉為安東將
軍拜太子少傅進爵為伯增邑三百戶尋除中
書令進爵為公增邑通前九百戶加衞大將軍
左光祿大夫四年兼尚書右僕射其年太祖與
魏文帝東征惠達輔魏太子居守惚留臺事惠
達前後辭讓帝手詔荅曰西顧無憂唯公是屬
蕭寇之重深所寄懷及邙山失律人情駭動趙
青雀率東人據長安子城反惠達奉太子出渭
橋北以禦之軍還青雀等伏誅拜吏部尚書久

之復為右僕射目開右草創禮樂缺然惠達與
禮官損益舊章至是儀軌稍備魏文帝因朝饗
樂顧謂惠達曰此卿之功也尋拜儀同三司惠
達雖居顯職性謙退善下人盡心勤公進拔良士
以此人皆敬而附之十年薨子題嗣隋開皇初以
惠達著績前代追封蕭國公
馮景字長明少與惠達同志相友延景中梁人
寇抄徐楊景謂蕭寶寅曰今梁寇憑凌朝廷
思靖邊之將王若能先驅効命非唯雪家國之
恥亦是保身之長策也寶寅深然之及寶寅為
大都督以景為功曹參軍後景為右僕射引景入
省領尚書都令史正光中寶寅為關西大行臺
又假景陵江將軍領大行臺都令史從寶寅征
討寶寅將舉兵反景固諫不從寶寅敗後景還
洛朝廷先聞景有諫言故免之除本軍都尉汝
陽王元叔昭為隴右大行臺又以景為行臺郎中
賀拔岳為大都督又以景為從事中郎太祖平
侯莫陳悅除景洛陽郡守尋兼行臺左丞留守

原州魏孝武西遷封高陽縣伯邑三百戶遷散
騎常侍行臺尚書加瀛州刺史大統初行涇州
事後以疾卒
揚寬字景仁弘農華陰人也祖恩魏鎮遠將軍
河間內史父鈞博學彊識舉秀才拜大理平轉
廷尉正累遷洛陽令左中郎將軍華州大中
正河南尹廷尉卿安北將軍七兵尚書北道大行
臺恒州刺史懷朔鎮將軍卒於鎮贈侍中司空
公追封臨貞縣伯諡曰恭寬少有大志每與諸

周書列傳四　五

兒童遊戲必擇高大之物而坐之見者咸異焉及
長頗解屬文尤尚武藝弱冠除奉朝請屬鈞出
鎮恒州請從展效乃改授將軍高闕戍主鈞
茹茹既亂其主阿那瓌來奔魏帝遣使納之詔
率兵衛送寬亦從以功拜行臺郎中時北邊賊
攻圍鎮城鈞卒城民等推寬守禦尋而城陷寬
乃北走茹如後討鎮賊破之寬始得還朝魏廣
陽王深與寬素相委昵深得罪寬被逮捕
魏孝莊時為侍中與寬有舊崔曰藏之於宅遇赦得

免除宗正丞北海王顥少相器重時為大行臺
比征葛榮啟寬為左右丞與參謀議寬辭以
孝莊厚恩欲報義未見利而動顥未之許顥妹
婿李神軌謂顥曰揚寬義士也必不為父用顥乃止
志況義士乎王今彊之以行亦恐不為父用不可奪
孝莊踐阼拜通直散騎侍郎領河南尹行洛
陽令邢杲反寬以都督從太宰上黨王元天穆
討平之就拜通直散騎常侍師未遠屬元顥自
梁入洛孝莊出居河內天穆懼計無所出集諸

周書列傳第十四　六

將謀之寬曰吳人輕跳非王之敵況懸軍深入師
老兵疲彊弩之末何能為也願徑取成皐會兵
伊洛戮帶定襄於是乎在此事易同摧枯王何
疑焉天穆然之乃引軍趣成皐令寬與尒朱能
為後拒尋以眾議不可乃回赴石濟寬夜行失
道後期諸將咸言寬少與北海周旋今不來矣
天穆荅曰揚寬非輕於去就者也其所逗留必
有他故吾當為諸君保明之語訖候騎白寬至
天穆撫髀而笑曰吾固知其必來遽出帳迎之

握其手曰是所望也即給牛三十頭車五乘綿
一十五車羊五十口與天穆俱詣孝莊於太
行拜散騎常侍安東將軍仍為都督從平河內
進圍北中時梁將陳慶之為顥兵守北門天穆
駐馬圍外遣寬至城下說慶之寬先自稱姓名
然後與語備陳利害勸令早降慶之不荅义之
乃曰賢兄撫軍在此頗欲相見寬荅曰僕既
力屈王威述淪逆黨人臣之理何煩相見向所
以先申姓名者豈不知兄在彼乎直以信不見
疑忠為令德耳僕之昆季辛不待言但當議良
圖自求多福天穆聞之謂左右曰揚寬大異人
何至不惜形便如此是彌敬重之孝莊反正
拜中軍將軍太府卿華州大中正封登城縣伯
邑三百戶仒朱榮被誅其徒弟世隆等權部曲
燒城門出據河橋還過京師進寬鎮北將軍使
持節大都督隨機扞禦世隆謂寬曰豈忘太宰
相知之深也事君常節世隆止走寬追至河內
目之事事君常節世隆止走寬追至河內俄而仒朱兆

隋洛陽凶執孝莊帝寬還洛不可遂目成皋本
梁至建業聞孝莊帝弑崩寬發哀盡禮梁武義
之待之甚厚而尋禮送還朝至下邳仒朱仲遠
啟後寬官爵留為大行臺吏部尚書孝武初改
授散騎常侍驃騎將軍給事黃門侍即監內
書事時夏州戍兵數千人據兗州反詔寬兼侍
中節慶諸軍討平之中尉綦儁與寬有宿憾誣
以他罪劾之孝武謂侍臣曰揚寬清直朕極
知其無罪但不能杜法官之奏耳事下廷尉尋
得申釋又除黃門侍即兼武衛將軍孝武與齊
神武有隙遂召甚驍勇廣增宿衛以寬為閣內
大都督專掌禁旅從孝武入關兼吏部尚書錄
從駕勳進爵華山郡公邑一千二百戶大統初
遷車騎大將軍太子太傅儀同三司三年使妁
迎魏文悼后還拜侍中都督涇州諸軍事涇
州刺史五年除驃騎大將軍開府儀同三司都
督東雍州諸軍事東雍州刺史即本州也十年
轉河州刺史十六年兼大丞相府司馬朝議

欲經略漢川而梁宜豐侯蕭循固守南鄭十七
年寬從大將軍達奚武討之梁武陵王蕭紀遣
將楊乾運率兵萬餘人救循武令寬督開府王
傑賀蘭願德等邀擊之軍至白馬與乾運合戰
破之俘斬數千人軍還除南幽州刺史魏廢帝
初入爲尚書左僕射將作大監坐事免魏恭帝
二年除廷尉卿世宗初拜大將軍增邑一千二百
戶從賀蘭祥討吐谷渾破之別封宜陽縣公邑
一千戶除小冢宰轉御正中大夫武成二年詔寬

與麟趾學士參定經籍寬性通敏有器識頻
牧數州號稱清簡歷居臺閣有當官之譽然
與柳慶不協欲按成其罪時論頗以此譏之保
定元年除揔管梁興等十九州諸軍事梁州
刺史其年薨於州贈華陝虞上潞五州刺史諡
曰元子紀嗣大象末官至上儀同大將軍虞部
下大夫寬二兄穆儉穆字紹叔魏永安中除華
州別駕孝武末寬請以澄城縣伯讓穆詔許之
仍拜中軍將軍金紫光祿大夫除車騎將軍都

督幷州諸軍事幷州刺史卒於家贈驃騎大將
軍開府儀同三司華州刺史儉字景則偉容儀
有才行魏正始中起家侍御史加奉朝請遷員
外散騎侍郎孝昌中除鎮遠將軍頓丘太守未
及述職元顥啓請隨軍建義初兼給事黃門
侍郎左將軍太府少卿元顥入洛授撫軍將軍
孝莊反正廢於家尋拜散騎常侍都督潁州
諸軍事潁州刺史建明中加征南將軍金紫光
祿大夫孝武初除衛將軍北雍州刺史政尚寬

惠夷夏安之孝武西遷除侍中驃騎將軍大統
初以本官行東秦州事加使持節當州大都督
從破齊神武於沙苑封夏陽縣侯邑八百戶七
年領大丞相府諮議參軍出爲都督東雍華二
州諸軍事驃騎大將軍開府儀同三司華州刺
史八年卒於家贈本官諡曰靜

柳慶字更興解人也五世祖恭仕後趙爲河東
郡守後以秦趙喪亂乃率民南徙居於汝潁之
間故世仕江表祖緝守同州別駕宋安郡守父

僧習齊奉朝請魏景明中與豫州刺史裴叔業
據州歸魏歷北地頻川二郡守揚州大中正慶
幼聰敏有器量博涉羣書不治章句好飲酒
閑於占對年十三因曝書僧習謂慶曰汝雖聰
敏吾未經持試乃今慶立讀三徧便誦之無所遺漏時
僧習為頻川郡地接都畿民多豪右將選鄉
官皆依倚貴勢競來請託僧習謂
諸子曰權貴請託吾並不用其後欲還皆須有

乃朝廷恒典僧習讀書歎曰此兒有意氣丈夫
官受委天邦選吏之日有能者進不肖者退此
荅汝等各以意為吾作書也慶乃具書草云下

理當如是即依慶所草以報起家奉朝請慶出
後第四叔及遭父憂慶議者不許為服重慶泣而
言慶者蓋緣人情若於出後之家更有甚斬
之服可奪此從彼令四叔尧背已久情事不追
豈容奪禮乖違天性時論不能抑遂以苦凶終
喪既葬乃與諸兄負土成墳服闋除中堅將軍

魏孝武將西遷除慶散騎侍郎傳入關慶至
高平見太祖共論時事太祖即請奉迎與駕仍
命慶先還復命時賀拔勝在荊州帝屏左右謂
慶曰高歡巳屯河北關中兵旣未至朕欲往荊
州卿意何如慶對曰關中金城千里天下之彊
國也宇文諱忠誠舊發朝廷之良臣也陛下之
聖明伏宇文諱之力用進可以東向而制羣雄
退可以開關而固天府此萬全之計也荊州地
非要害衆又寡弱外迫梁寇內拒歡黨斯乃危

亡是懼寧足以固鴻基以臣斷之未見其可帝
深納之及帝西遷慶以母老不從獨孤信之鎮
洛陽乃得入關除相府東閤祭酒領記室轉戶
曹參軍八年遷大行臺郎中如故并領記室時
年除尚書都兵郎中領此華州長史十
獻白鹿羣臣欲草表陳賀當書蘇綽謂慶曰
近代已來文章華靡逮于江左彌復輕薄洛
陽後進祖述不已相公柄民軌物君職典文房
宜製此表以革前弊慶操筆立成辭兼文質

縛讀而笑曰枳橘猶自可移況才子也尋以本
官兼雍州別駕廣陵至元欣魏之懿親其甥孟
氏屢為凶橫或有告其盜牛慶捕推得實趣令
就禁孟氏殊無懼容乃謂慶曰今若加以桎梏
後復何以脫之此亦遣使辨其無罪孟氏由此
益驕慶於是大集僚吏盛言孟氏依倚權威侵
虐之狀言罪便集殺之此後貴戚斂手不敢
侵暴有賈人持金二十斤詣京師交易寄人傳
止每欲出行常自執管鑰無何緘閉不異而失

【周書列傳西】 十三

之謂是人所竊郡縣訊問主人遂自誣服慶聞
而歎之乃召問賈人曰卿鑰恒置何處對曰恒自
帶之慶曰頗與人同宿乎曰無與人同飲乎曰
者曾與一沙門再度酣宴醉而書寢慶曰主人
特以痛自誣非盜也彼沙門乃真盜耳遣吏
逮捕沙門乃懷金逃匿後捕得盡獲所失之金
十二年改三十六曹為十二部詔以慶為計部郎
中別駕如故有胡家被劫郡縣按怒莫知賊所
隣近被囚繫者甚多慶以賊徒既狼似是烏合

既非舊交必相疑阻可以詐求之乃作匿名書
多牓官門曰我等共劫胡家徒侶混雜終恐泄
露今欲首懼不免誅若聽先首免罪便欲來告
慶乃復施免罪之牓居二日廣陽王欣家奴面
縛自告牓下因此推窮盡獲黨與慶之守正
明察皆此類也每歎曰昔于公斷獄無私闗高
門可以待封慶有驗矣吾其庶幾乎十三年
封清河縣男邑二百戶兼尚書右丞攝計部十
四年正右丞太祖嘗怒安定國臣王茂將殺之

【周書列傳十四】 十四

而非其罪朝臣咸知而莫敢諫慶乃進曰王茂
無罪奈何殺之太祖愈怒聲色甚厲謂慶曰王
茂當死卿若明其無罪亦須坐之乃執慶於前
慶辭氣不撓抗聲曰竊聞君有不達者為不
明臣有不爭者為不忠慶謹竭愚誠實不敢
愛死但懼公為不明之君耳願深察之太祖乃
悟而赦茂已不及矣太祖默然明日謂慶曰吾
不用卿言遂令王茂冤死可賜茂家錢帛以雉
吾過尋進爵為子增邑三百戶十五年加平南

將軍十六年太祖東討以慶為大行臺右丞加
撫軍將軍還轉尚書右丞加通直散騎常侍魏
廢帝初除民部尚書慶威儀端肅樞機明辨太
祖每發號令常使慶宣之天性抗直無所回避
太祖亦以此深委仗焉三年授車騎大將軍開府儀同
司尚書右僕射領著作六官建拜司
三司魏恭帝初進位驃騎大將軍開府儀同三
會中大夫孝閔帝踐阼賜姓宇文氏進爵平齊
縣公增邑通前二千五百戶晉公護初攝政欲

引為腹心慶辭之顏忤旨又與楊寬有隙及寬
參知政事慶遂見踈忌出為萬州刺史尋悟
留為雍州別駕領京兆尹武成二年除宜州刺
史慶自為郎迄于司會府庫儲峙並其職也及
在宜州寬為小冢宰乃囚慶故吏求其罪失按
驗積六十餘日吏或有死於獄者終無所言唯
得乘錦數匹時人服其廉慎保定三年又入為
司會先是慶兄檜為魏興郡守為賊黃寶所
害檜子三人皆幼弱慶撫養甚篤後寶率衆

歸朝朝廷待以優禮居數年檜次子雄亮白曰
寶於長安城中晉公護聞而大怒執慶及
諸子姪皆四之讓慶曰國家憲網皆君等所為
雖有私怨寧得擅殺人也對曰慶聞父母之讎
不同天昆弟之讎不同國明公以孝治天下何
乃責於此平護愈怒慶辭色無所屈卒以此
免天和元年十二月薨時年五十贈鄜綏丹三
州刺史諡曰景子機嗣

機字匡時少有令譽風儀辭令為當世所推
歷小納言開府儀同三司司宗中大夫大象中
御正上大夫華州刺史機弟弘字匡道少聰穎
亦善草隸博涉羣書辭彩雅贍與弘農楊素
為莫逆之交解巾中外府記室參軍建德初除
內史上士歷小宮尹御正上士陳遣王偃民來
聘高祖令弘勞之偃民謂弘曰來日至於藍田
正逢滋水暴長所齎國信溺而從流令所進
者假之從吏請勒下流人見為追尋此物也弘
曰昔淳于之獻空籠前史稱以為美足下假物

而進詒是陳君之命乎偃民慙不能對高祖聞
而嘉之盡以偃民所進之物賜弘仍令報聘占
對詳敏見稱於時使還拜內史都上士遷御正
下大夫尋卒於官時年三十一高祖甚惜之贈
晉州刺史揚素誄之曰山陽王弼風流長逝頴
川荀粲零落無時脩竹夾池永絕梁園之賦長
楊映沼無復洛川之文其為士友所痛惜如此
有文集行於世慶三兄鷟蚪檎蚪檎並自有傳

鷟好學善屬文魏臨淮王記室參軍事早卒子

帶韋字孝孫深沈有度量少好學身長八尺三
寸美風儀善占對韓賢素為洛州刺史召為主
簿後與諸父歸朝太祖辟為參軍時侯景作亂
江右太祖帶韋使江郢二州與梁邵陵南平
二王通好行至安州值假寶等及帶韋乃矯為
太祖書以撫安之並即降附既至郢見邵陵為
申太祖意邵陵即使隨帶韋報命以奉使稱旨
授轉輔國將軍中散大夫十七年太祖遣大將軍
達奚武經略漢川以帶韋為治行臺左丞從軍

南討時梁宜豐侯蕭循守南鄭武攻之未拔乃令
帶韋入城說循曰足下所固者險所恃者援所
守者民今王師深入棧道長驅漢川此則所馬之
險不足固也武興陷沒於前白馬破亡於後自餘
川谷酋豪路阻而不敢進此則所望之援不可恃
也夫顧親戚懼誅夷貪榮慕利生人常也令
大兵摠至長圍四合戮以勸安居賞先降以
招後服人人懷轉禍之計家家圖安堵之謀此
則所部之民不可守也且足下本朝喪亂社禝

無主盡忠將何所託死節不足成名竊為足下
不取也僕聞賢者相時而動智者因變立功當
今為足下計者莫若肉袒軍門歸命下吏免生
民於塗炭全彤膚於孝道必當紆青拖紫製土
分珪名重當時業光後嗣豈若進退無據身名俱
滅者哉循然之後乃降魏廢帝元年出為解縣
令二年加授驃騎將軍左光禄大夫明年轉汾
陰令發摘姦伏百姓畏而懷之世宗初入為地
官上士武成元年授帥都督治御伯下大夫遷

武藏下大夫保定三年授大都督四年加儀同
三司中外府揆天和六年封康城縣男邑五百
戶轉職方中大夫三年授兵部中大夫雖頻徙
職仍領武藏尋丁母憂起為職方中大夫六年
轉武藏中大夫俄遷驃騎大將軍開府儀同三
司凡居劇職十有餘年處斷無滯官曹清肅時
誰王儉為益州揔管漢王賛為益州刺史高祖
乃以帶韋為益州揔管府長史領軍別駕輔
弼二王揔知軍民事建德中大軍東討徵帶韋
為前軍揔管齊王憲府長史齊平以功授上開
府儀同大將軍進爵為公增邑一千戶陳王純
出并州以帶韋為并州揔管府長會并州揔管府長
史六年卒於位時年五十五諡曰愷子祚嗣少
有名譽大象末宜納上士
史臣曰周惠達見禮於寶寅揚寬荷恩於晉
泰既而蕭氏獲罪莊帝出居遂能契闊戎
不以興亡革慮嶇崎危難不以夷險易心斯固
篤終之士柳慶東帶正朝懷匪躬之節莅官從

三面廿二　周書列傳十四　十九　何宗七

政者清白之美並遭逢興運各展志能舉重擢
紳望隆端揆非虛云也然慶畏避權寵達忤宰
臣雖取詘於一時實獲由於千載矣

列傳第十四　　周書二十二

周書列傳十四　二十

蘇綽

令狐　德棻　等撰　　周書二十三

蘇綽字令綽武功人魏侍中則之九世孫也累世
二千石父協武功郡守綽少好學博覽羣書尤
善筭術從兄讓為汾州刺史太祖餞于東都門
外臨別謂讓曰卿家子弟之中誰可任用者讓
因薦綽太祖乃召為行臺郎中在官歲餘太祖
未深知之然諸曹疑事皆詢於綽而後定所行

周書列傳十五　一

公文綽又為之條式臺中咸稱其能後太祖與
僕射周惠達論事惠達不能對請出外議之乃
召綽告以其事綽即為量定惠達入呈太祖稱
善謂惠達曰誰與卿為此議者惠達以綽對因
稱其有王佐之才太祖曰吾亦聞之久矣尋除著
作佐郎屬太祖與公卿往昆明池觀漁行至城
西漢故倉地顧問左右莫有知者或曰蘇綽博
物多通請問之太祖乃召綽具以狀對太祖大悅
因問天地造化之始歷代興亡之迹綽既有口辯

周書列傳十五　二

應對如流太祖益喜乃與綽並馬徐行至池竟不
設網罟遂留綽至夜問以治道太祖臥而聽
之綽於是指陳帝王之道兼述申韓之要太祖乃
起整衣危坐不覺膝之前席語遂達曙不厭詰
朝謂周惠達曰蘇綽真奇士也吾方任之以政即
拜大行臺左丞參典機密自是寵遇日隆綽始
制文案程式朱出墨入及計帳戶籍之法大統三
年齊神武三道併力拒竇泰擒之於潼關四
意與太祖同遂入寇諸將咸欲分兵禦之獨綽

加衞將軍右光祿大夫封美陽縣子邑三百
通直散騎常侍進爵為伯增邑二百戶十年授大
行臺度支尚書領著作兼司農卿太祖方欲革
易時政務弘彊國富民之道故綽得盡其智能
贊成其事減官員置二長并置屯田以資軍國
為六條詔書奏施行之其一先治心曰凡今之方伯
守令皆受命天朝出臨下國論其尊貴並古之
諸侯也是以前世帝王每稱共治天下者唯良
宰守耳明知百僚卿尹雖各有所司然其治民

之本莫若君宰守之最重也凡治民之體先當治心
者一身之主百行之本宗清淨則思慮妄生思
慮妄生則見理不明見理不明則是非謬亂是
非謬亂則一身不能自治安能治民也是以治
民之要在清心而已夫所謂清心者非不貪貨
財之謂也乃欲使心氣清和志意端靜心和志
靜則邪僻之慮無因而作邪僻不作則凡所思
念無不皆得至公之理率至公之理以臨其民則
彼下民孰不從化是以稱治民之本先在治心

其次又在治身凡人君之身者乃百姓之表一國
之的也表不正不可求直影的不明不可責射
中今君身不能自治而望治百姓是猶曲表而求
直影也君行不能自修而欲百姓修行者是猶
無的而責射中也故為人君者必心如清水形如
白玉躬行仁義躬行孝悌躬行忠信躬行禮讓
躬行廉平躬行儉約然後繼之以無倦加之以明
察行此八者以訓其民是以其人畏而愛之則而
象之不待家教日兀而自興行矣其二敦教化曰

天地之性唯人為貴明其有中和之心仁恕之行
異於木石不同禽獸故貴之耳然性無常守隨
化而遷化於敦朴者則質直化於澆偽者則浮
薄浮薄者則襄弊之風質直者則淳和之俗襄
弊則禍亂交興淳和則天下自治亂興亡無
不皆由所化也然世道彫喪已數百年大亂滋
甚且二十歲民不見德唯兵革是聞上無教化
惟刑罰是用而中興始爾大難未平加之以師旅
因之以饑饉凡百草創率多權宜致使禮讓弗

興風俗未改比年稍登稼穡嬈賦差輕衣食不切
則教化可修矣凡諸牧守令長宜洗心革意上
承朝旨下宣教化矣夫化者貴能扇之以淳風
浸之以太和被之以道德示之以朴素使百姓亹
亹中遷於善邪偽之心嗜慾之性潛以消化而
不知其所以然此之謂化也然後教之以孝悌
使民慈愛教之以仁順使民和睦教之以禮義
使民敬讓慈愛則不遺其親和睦則無怨於人
敬讓則不競於物三者既備則王道成矣此之謂

教也先王之所以移風易俗還淳反素垂拱而治
天下以至太平者莫不由此此之謂要道也其三
盡地利曰人生天地之間以衣食為命食不足
則饑衣不足則寒饑寒切體而欲使民興行禮
讓者此猶逆坂走丸勢不可得也是以古之聖
王知其若此故先王其衣食然後教化隨之夫
衣食所以足者在於地利地利所以盡者由
於勸課有方王此教者在乎牧守令長而已民
者冥也智不自周必待於勸教然後盡其力諸州
郡縣每至歲首必戒敕部民無問少長但能操
持農器者皆令就田墾發以時勿失其所及布
種既訖嘉苗須理秋在野蠶停於室若此之
時皆宜少長悉力男女併功若援溺救火寇盜
之將至然後可使農夫不廢其業蠶婦得就其
功若有遊手怠惰早歸晚出好逸惡勞不勤事
業者則正表牌名郡縣守令隨事加討罪一勸
百此則明宰之教也夫百畝之田必春耕之夏
種之秋收之然後冬食之此三時者農之要也

若失其一時則穀不可得而食故先王之戒曰夫
不耕天下必有受其饑者一婦不織天下必有
受其寒者若此三時不務省事而令民廢農者
是則絕民之命驅以就死然單劣之戶及無牛
之家勸令有無相通使得兼濟三農之隙及陰
雨之暇又當教民種桑植果藝其菜蔬修其
園圃畜育雞豚以備生生之資以供養老之具
夫為政不欲過碎碎則民煩勸課亦不容太簡
簡則民怠善為政者必消息時宜而適煩簡之
中故詩曰不剛不柔布政優優百祿是求如不
能爾則必陷於刑辟矣其四擢賢良曰天生蒸
民不能自治故必立君以治之人君不能獨治故
必置臣以佐之上至帝王下及郡國置臣得賢
則治失賢則亂此乃自然之理百王不能易也
今刺史守令悉有僚吏皆佐治之人也刺史府
官則命於天朝其州吏以下並牧守自置自昔
以來州郡大吏但取門資多不擇賢良末曹小
吏唯試刀筆並不問志行夫門資者乃先世之

爵禄無妨子孫之愚瞽刀筆者乃身外之末材
不廢性行之燒偽若門資之中而得賢良是則
策驥驪而取千里也若門資之中而得愚瞽是則
則土牛木馬形似而用非不可以涉道也若刀
筆之中而得志行是則金相玉質內外俱美實
爲人寶也若刀筆之中而得燒偽是則飾畫朽
木悦目一時不可以充楝樑之用也今之選舉
者當不限資蔭唯在得其人自可起斯
養而爲卿相伊尹傅説是也而況州郡之職乎

三百六　七　吳

周書列傳十五

苟非其人則丹朱商均雖帝王之胤不能守百
里之封而況於公卿之冑乎由此而言觀人之
道可見矣凡所求材材藝者爲其可以治民若有
材藝而以姦僞爲本者必以其材而爲亂也若
有材藝而以正直爲本者必由其官而爲治也
何治之可得乎是故將求材藝必先擇志行其
志行善者則與之其志行不善者則去之而今
擇人者多云邦國無賢莫知所舉此乃未之思
也非適理之論所以然者古人有言明主事興

不降佐於昊天大人基命不擇才於后土常引
世之人治一世之務故殷周不待稷契之臣魏晉
無假蕭曹之佐仲尼曰十室之邑必有忠信如
丘者焉豈有萬家之都而云無士但求其材故
擇之不審或用之不得其所任之不盡其材故
云無耳古人云千金之秀曰英萬人之英曰儁今之
智效官行閭一邦者豈非近英儁之士也但能
勤而審察去虛取實各得州郡之最而用之則
民無多少皆足治矣執云無賢夫良玉未剖與

周書列傳十五　八

瓦石相類名驥未馳與駑馬相雜及其剖而瑩
之馳而試之玉石駑驥然後始分彼賢士之未
用也混於凡品竟何以異要任之以事業責之以
成務方與彼庸流較然不同昔吕望之三敗當
百里奚之飯牛甯生之扣角管夷吾之三敗當
此之時悠悠之徒豈謂其賢及升王朝登霸國
積數十年功成事立始識其奇士也於是後世
稱之不容於口彼瓌偉之材不世之傑尚不能
以未遇之時自異於凡品況降此者哉若必待

太公而後用是十載無太公必待夷吾而後任

是百世無夷吾所以然者士必從微而至著功

必積小以至大豈有未任而已成而先達

也若城此理則賢可求士可擇得賢而任之得

士而使之則天下之治何向而不可成也然善官

人者必先省其官官省則善人易充善官

則事無不理官煩則必雜不善之人雜不善之

人則政必有得失故語曰官省則事省事省則

民清官煩則事煩事煩則民濁清濁之由在於

官之煩省自案全吏負其數不以昔民殷事廣尚

能克濟況今戶口減耗依負而置猶以為少如

聞在州郡尚有兼假擾亂細民甚為無理諸

如此輩必悉宜罷黜無得習常非直州郡之官

宜須善人爰至黨族閭里正長之職皆當審擇

各得一鄉之選以相監統夫正長者治民之基

基不傾者上必安凡求賢之路自非一途欽所以

得之審者必由任而試之考而察之起於居家

至於鄉黨訪其所以觀其所由則人道明矣賢

與不肖別矣率此以求則庶無惡悔矣其五郵

獄訟曰人受陰陽之氣以生有情有性則為

善情則為惡善惡既分而賞罰隨焉賞罰得中

則惡止而善勸賞罰不中則民無所措手足民

無所措手足則怨叛之心生是以先王重之特

加戒慎夫戒慎者欲使治獄之官精心恕意推

究事源先之以五聽參之以證驗妙覩情狀窮

鑒隱伏使姦無所容罪人必得然後隨事加刑

輕重皆當赦過矜愚得情勿喜又能消息情理

斟酌禮律無不曲盡人心遠明大教使復罪者

如歸此則善之上也然宰守非一不可人人皆有

通識推理求情時或難盡當平當聽察之理必窮

阿枉之志務求曲直念盡平當聽察之理必窮

所見然後拷訊以法不苟不暴有疑則從輕未

審不妄罰隨事斷理獄無停滯此亦其次若

乃不仁恕罰而肆其殘暴同民未石專任捶楚巧

詐者雖事彰而復免辭弱者乃無罪而被罰有

如此者斯則下矣非共治所寄令之宰守當勤

於中科而慕其上善如在下條則刑所不赦又當
深思遠大念存德教先王之制曰與殺無辜寧
赦有罪與其害善害寧其利淫明必不得中寧濫
捨有罪不謬害善人也今之從政者則不然深
文巧劾寧致善人於法不免有罪於刑所以深
者皆非好殺人也但去為吏寧酷可免後患此
則情存自便不念至公奉法如此皆姦人也夫
人者天地之貴物一死不可復生然楚毒之下以
痛自誣不被申理遂陷刑戮者將恐往往而有

是以自古以來設五聽三宥之法著明慎庶獄
之典此皆愛民甚也凡伐木殺草田獵不順上
違時令而戲帝道沉刑罰不中濫害善人寧不
傷天心犯和氣也天心傷和氣損而欲陰陽調
適四時順序萬物阜安著生悅樂者不可得也
故語曰夫吁嗟乎王道為之傾覆正謂此也凡百
宰守可無慎乎若有深姦巨猾傷化敗俗悖亂
人倫不忠不孝故為背道者殺一礪百以清王
化重刑可也識此二途則刑政盡矣其六均賦

役曰聖人之大寶曰位何以守位曰仁何以聚人曰
財明先王必以財聚人以仁守位國而無財位不
可守是故五三以來皆有征稅之法雖輕重不同
而濟用一也今逆寇未平軍用資廣未違減
省以邮民瘼然令平均使下無匱夫平均者不
捨豪彊而徵貧弱不縱姦巧而固愚拙之謂
均也故聖人曰蓋均無貧然財貨之生其功不
易須勸課使預營理絹鄉先事織紝麻土早修

紡績紝時而備至時而輸故王賦獲供下民無
困如其不預勸戒臨時迫切復恐稽緩以為已
過懂扑交至取辦目前富商大賈緣茲射利有
者從之貴買無者舉之與息輸稅之民於是幣
矣後皆事起於正長而繫之於守令若斟酌貧富差次先
則政和而民悅若檢理無方則吏姦而民怨又
差發徭役多不存意致令貧弱者或重徭而遠
成富彊者或輕使而近防守令用懷如此不存

邸民之心皆王政之罪人也太祖甚重之常置
諸座右又令百司習誦之其牧守令長非通六
條及計帳者不得居官自有晉之季文章競爲
浮華遂成風俗太祖欲革其弊因魏帝祭廟群
臣畢至乃命綽爲大誥奏行之其詞曰惟中興
有一年仲夏庶邦百辟咸會於王庭柱國譖泊
群公列將罔不來朝時廷大稽百憲敷于庶邦
用綏我王度皇帝曰昔兢命義和允釐百工舜
命九官庶績咸熙武丁命說克號高宗時惟休
哉朕其欽若爾有位胥暨我大祖之庭朕將
不命其欽官六月丁巳皇帝朝格於太廟凡
厥其僚罔不在位皇帝若曰資我元輔群公列
將百辟卿士廉尹御事朕惟寅敷祖宗之靈命
稽于先王之典訓以大誥于爾在位昔我大祖
神皇肇膺明命以創我皇基烈祖景宗廓四
表底定武功暨平文祖誕敷文德龔惟武考不
賈其舊自時厥後陵夷之獎用興大難于彼
東匄則我黎人咸嗟塗炭惟台一人繼戎下武

夙夜祗畏若涉大川罔識攸濟是用稽於帝典
揆於王廷拯我民瘼惟彼哲王示我通訓曰天
生蒸民罔克自乂上帝降鑒嶽聖植元后以乂
之惟時元后弗克獨乂傳求明德命百辟群更
以佐之肆天之命辟之命官惟以邸民辟惟
逸念辟惟元首庶黎惟趾股肱惟弼上下一體
各勤收司茲用克臻於皇極故其彝訓曰后克
艱厥后臣克艱厥臣政廼乂令台一人膺天之
嘏既陟元后股肱百辟又服我國家之命罔不
咸守厥職嗟夫后弗艱厥臣弗艱厥臣於政
何弗數嗚呼艱哉凡爾在位其敬聽命皇帝若
曰柱國唯四海之不造載籙二紀天未絶我太
祖列祖之命用錫我以元輔國家將墜公惟棟
梁皇之弗極公作相百揆譽度公惟大錄公其
允文允武克明克乂迪七德敷九功寵暴除亂
下綏我蒼生旁施於九土若伊之在商周之有呂
諮之相丁用保我無疆之祚皇帝若曰群公太
宰太尉司徒司空惟公作朕鼎足以弼乎朕躬

宰惟天官克諧六職尉惟司武武在止戈徒惟
司衆敷五教空惟司土利用厚生惟時三事
若三階之在天惟茲四輔若四時之成歲天工
人其代諸皇帝若曰列將汝惟鷹揚作朕爪牙
寇賊姦宄蠻夷猾夏汝祖征綏之以愚董之以
命時汝功皇帝若曰庶邦列辟汝惟守土作民
咸刑期於無刑萬邦咸寧俾八表之內莫違朕
父母民惟不勝其饑故先王重農不勝其寒故
先王貴女功民之不率於孝慈則骨肉之恩薄

周書列傳十五

十五

弗悖於禮讓則爭奪之萌生民惟茲六物定為教
本嗚呼爲上在寬寬則民急齊之以禮不剛不
柔稽極於道皇帝若曰卿士庶尹凡百御事王
省惟歲庶卿士惟月庶尹惟日御事惟時歲月日
時罔易其度百憲貞庶績其凝嗚呼惟若王
官陶均萬國若天之有斗斟元氣酌陰陽弗失
其和蒼生永賴悖其序萬物以傷時惟艱哉皇
帝若曰惟天地之道一陰一陽禮俗之變一文
一質爰自三五以迄於茲匪惟相華惟其救弊

匪惟相襲惟其可玄父惟我有魏承平周之末流
接秦漢遺弊襲晉之華誕五代澆風因而未
華將以穆俗興庸可暨乎嗟我公輔庶僚列
侯朕惟否德其一心力祗慎厥艱克遵前王之
丕顯休烈弗敢怠荒咨爾在位亦協乎朕心惇
德允元惟厥難是務克捐厥華即厥實背厥偽
崇誠勿信勿忘一乎三代之舜典歸於道德
仁義用保我祖宗之丕命荷天之休綏我萬
方永康我黎庶戒之哉戒之哉朕言不再柱國

周書列傳十五

十六

韡洎庶僚百辟拜手稽首曰寘聰明作元后
后作民父母惟三五之王率於此道用臻於刑
措目時厥後歷千載而未聞惟帝念功將反叔
世逖致於雍庸錫隆不命于我羣臣博哉王
言非言之難行之實難罔不有初鮮克有終
商書曰終始惟一德迺日新惟帝敬厥始慎
厥終以濟日新之德明我羣臣敢不夙夜對
揚休哉惟茲大誼未光於四表以邁種德俾
九域幽遐咸昭奉元后之明訓率遵於道永

膺無疆之休帝曰欽哉自是之後文筆皆依此

體綽性儉素不治產業家無餘財以海內未

平常以天下為已任博求賢俊共弘治道凡所

薦達皆至大官太祖亦推心委任而無間言太

祖或出遊常預署空紙以授綽若須有處分則

隨事施行及還啓之而已綽嘗謂治國之道當

愛民如慈父訓民如嚴師每與公卿議論自晝

達夜事無巨細若指諸掌積思勞倦遂成氣

疾十二年卒於位時年四十九太祖痛惜之哀

動左右及將葬乃詔公卿等曰蘇尚書平生謙

退敢尚儉約吾欲全其素志便恐悠悠之徒有

所未達如其厚加贈諡又乖宿昔相知之道進

靈惟谷亦有疑焉尚書令史麻瑤越次而進曰

昔晏子齊之賢大夫一狐裘三十年及其死也

遺車一乘齊侯不奪其志綽既操履清白謙

挹自居愚謂宜從儉約以彰其美太祖稱善因

薦瑤於朝廷及綽歸葬武功唯載以布車一乘

太祖與羣公皆步送出同州郭門外太祖親於

車後酹酒而言曰尚書平生為事妻子兄弟不

知者吾皆知之惟爾知吾心吾知爾意方欲共

定天下不幸遂捨我去奈何因舉聲慟哭不覺

失卮於手至葬日又遣使祭以太牢帝自為

其文綽又著佛性論七經論並行於世明帝二

年以綽配饗太祖廟庭子威嗣威少有父風襲

爵美陽伯娶晉公護女新興公主拜車騎大將

軍儀同三司進爵懷道縣公建德初稍遷御伯

下大夫大象末開府儀同大將軍隋開皇初以

綽著名前代乃下詔曰昔漢高歆無忌之義魏

武艷子幹之風前代名賢後王斯重故度支

尚書美陽伯蘇綽文雅政事遺跡可稱展力

前王垂聲著績宜開土宇用旌善人於是追

封邳國公邑三千戶

綽弟椿字令欽性廉慎況勇有決斷正光中

關右賊亂椿之授溫寇將軍累功封

遷奉朝請厲威將軍中散大夫賜封美陽子

加都督持節平西將軍大中大夫大統初拜鎮

東將軍金紫光祿大夫賜姓賀蘭氏四年出為
武都郡守改授西夏州長史除帥都督行弘農
郡事椿當官疆濟特為太祖所知十四年置黨州
鄉師自非鄉望充當眾心不得預焉乃令驛追
椿領鄉兵其年破槃頭氏有功除散騎常侍加
大都督十六年征隨郡軍還除武功郡守既為
本邑以清儉自居小大之政必盡忠恕尋授使
持節車騎大將軍儀同三司進爵為侯武成二
年進位驃騎大將軍開府儀同三司大都督保

定三年卒子植嗣
史臣曰書云惟后非賢弗乂惟賢非后罔食是
以知人則哲有國之所先用之則行爲下之常
道若乃庖厨昏麻種德微管之臣罕聞於世
黜魯逐荊抱關執戟之士無芝於時斯固典籍
所以昭則風雅所以興德刺也誠能監前事之得
喪勞虚已於握其柄賢也必用其授爵也勿
疑則舜禹湯武之德可連衡矣稷契伊呂之流
可比肩矣太祖提劒而起百度草創施約法之

制於競逐之辰修治定之禮於鼎峙之日終能
斷彫為朴戀奢從儉風化既被而下蕭上尊
疆場屢擾而內親外附斯蓋蘇令綽之力也
名冠當時慶流後嗣宜哉

列傳第十五

周書二十三

令狐　德棻　等撰

盧辯

盧辯字景宣范陽涿人累世儒學父靖太常
丞辯少好學博通經籍舉秀才為太學博士
以大戴禮未有解詁辯乃注之其兄景裕為當
時碩儒謂辯曰昔侍中注小戴今爾注大戴庶
纂前修矣父帝入關事起倉卒辯不及至家單
馬而從或問辯曰得辭家不辯曰門外之治以義
斷恩復何辭也孝武至長安授給事黃門侍
郎領著作太祖以辯有儒術甚禮之朝廷大議
當日顧問趙青雀之亂魏太子出居渭北辯時
隨從亦不告家人其執志敢決皆此類也尋除
太常卿太子以傅魏太子及諸王等皆行束脩
之禮受業於辯進爵范陽公轉少師自魏末離
亂孝武西遷朝章禮度湮墜咸盡辯因時制
宜皆合軌度性強記默契能斷大事凡所創制
處之不疑累遷尚書右僕射世宗即位進位大將軍

帝嘗與諸公幸其第齒儒者榮之出為宜州刺史
巍配食太祖廟庭子慎初太祖欲行周官命蘇
綽專掌其事未幾而綽卒乃令辯成之於是依
周禮建六官置公卿大夫士并撰次朝儀車服
器用多依古禮革漢魏之法事並施行令辯
所述六官著之於篇天官府（領冢宰等襄職）地官府（領司徒等襄職）
春官府（領宗伯等襄職）夏官府（領司馬等襄職）秋官府（領司寇等襄職）冬官府
（領司空等襄職）史雖具載文多不錄辯所述六官太祖以
魏恭帝三年始命行之自茲厥後世有損益宣

帝嗣位事不師古官員班品隨意寡華至如初
置四輔官及六府諸司復置中大夫并御正內
史增置上大夫等則載於外史餘則朝出夕改
莫能詳錄于時雖行周禮其內外眾職又兼用
秦漢等官令略舉其名號及命數附之於左其
紀傳內更有餘官而於此不載者亦史闕文也
柱國大將軍大將軍（右正九命）
馬驃騎車騎等大將軍開府儀同三司雍州牧（右正九命）
驃騎車騎等將軍左右光祿大夫凡三萬以上

州刺史 右正八命

征東征西征南征北中軍鎮軍撫軍等將軍左右

金紫光祿大夫大都督 戶二萬以上刺史京兆尹 右八命

平東平西平南平北前後將軍 左右將軍左右

銀青光祿大夫帥都督 戶一萬以上刺史柱國大

將軍府長史司馬司錄

冠軍輔國等將軍太中散等大夫都督 戶五 右正七命

千以上刺史 戶一萬五千以上郡守 右七命

鎮遠建中等將軍諫議誠議等大夫別將開

三五

府長史司馬司錄 戶一萬以上郡守大呼藥 右正六命

中堅寧朔等將軍左右中郎將儀同府正八命 三

州長史司馬司錄 戶五千以上郡守小呼藥 右六命

寧遠揚烈伏波等將軍左右員外常侍統軍驃

騎車騎府八命州長史司馬司錄開府府正

中郎掾戶二千以上郡守長安萬年縣令 右正五命

輕車將軍奉車奉騎等都尉四征中鎮撫府正

七命州長史司馬司錄開府府中郎掾屬戶不滿

千以下郡守戶七千以上縣令正八命州呼藥 右五命

宣威明威等將軍武賁完從等給事儀同府中

郎掾屬蜀國柱國大將軍府列曹參軍四平前後左

右將軍府七命州長史司馬司錄正八命州別

駕戶四千以上縣令 八命州長史司馬司錄呼藥 右正四命

襄威厲威等將軍給事中奉朝請軍主開府府列

曹參軍冠軍輔國府正六命州長史司馬司錄

正七命州別駕正八命州治中七命郡丞戶二 右正

千以上縣令正七命州呼藥 右四

威烈討寇將軍左右員外侍郎憧主儀同府正

寧朔府長史司馬司錄正六命州別駕正七命州治中

八命州列曹參軍柱國府參軍鎮遠建忠中堅

三卅

正六命郡丞戶五百以上縣令正七命州呼藥 右正三命

蕩寇蕩難將軍武騎常侍侍郎開府府參軍驃

騎車騎府八命州列曹參軍武騎常侍寧遠揚烈伏波輕

車府長史司馬正六命州治中六命郡丞戶不滿百

以下縣令戍主正六命州呼藥 右三

殄寇殄難將軍強弩司馬四征中鎮撫府正七

命州列曹參軍正五命 郡丞 右正二命

掃寇掃難將軍武威司馬四平前後左右府七

命州列曹參軍戎副五命郡丞右二

曠野橫野將軍殿中員外二司馬冠軍輔國府

正六命州列曹參軍右正一命

武威武牙將軍淮海山林二都尉鎮遠建忠中

堅寧朔寧遠揚烈伏波輕車府列曹參軍右一命

周制封郡縣五等爵者皆加開國授柱國大將

軍開府儀同者並加使持節大都督其開府又

加軍騎大將軍散騎常侍其授摁管刺史則加

使持節諸軍事以此為常大象元年詔摁管刺

史及行兵者加持節餘悉罷之建德四年增置

上柱國大將軍改儀同三司為儀同大將軍

列傳第十六　　　周書二十四

李賢　弟遠

令狐　德棻　等撰

周書二十五

李賢字賢和其先隴西成紀人也曾祖富魏
太武時以子都督討兩山屠各殺於陣贈寧西
將軍隴西郡守祖斌襲領父兵鎮於高平因家
焉父文保早卒魏大統末以賢兄弟著勲追贈
涇原東秦三州刺史司空賢幼有志節不妄舉
動嘗出遊遇一老人鬚眉皓白謂之曰我年八
十觀士多矣未有如卿者必為台牧勉之
九歲從師受業略觀大旨而已不尋章句或謂
之曰學不精勤不如不學賢曰夫人各有志賢
豈能強學待問領徒授業邪唯當粗聞教義補
己不足至如忠孝之道實銘之於心問者慙服年十
四遭父喪撫訓諸弟友愛甚篤魏永安中万俟
醜奴據岐涇等諸州反叛魏孝莊遣爾朱天光率
兵擊破之其黨万俟道洛費連少渾猶據源州
未知醜奴已敗天光遣使造賢令密圖道洛天

光率兵續進會賊黨万俟阿寶戰敗逃還私告
賢曰醜奴已敗王師行至此阿寶以性命相託願
能存濟賢因令阿寶偽為醜奴使給道洛等曰
今已破臺軍須與公計事今阿寶權守原州
宜速往道洛等信之是日便發既出而天光至
遂克原州道洛將麾下六千人奔于牽屯山
天光見賢以助軍天光大悦時原州凡覆天光
出馬千四以賢為之出子之力也賢又率鄉人
以父水草乃退舍城東五十里牧馬息兵令都
督長孫邪利行原州事以賢為主簿道洛復
乘虛忽至時賊黨千餘人在城中密為內應引
道洛入城遂殺邪利賢復率鄉人殊死拒戰道
洛乃退走又有賊帥達符顯圍逼州城晝夜攻
戰屢被摧衄賢間道赴雍州詣天光請援天光
許之賢乃返而賊營壘四合無因入城候日向
多乃偽負薪與賊樵采者俱得至城下城中垂
布引之賊衆方覺乃弓弩亂發射之不中遂得
入城告以大軍將至賊聞之便即散走累遷威

烈將軍殿中將軍高平令賀拔岳為族莫陳
悅所害太祖西征賢與其弟遠穆等密應族
莫陳崇以功授都督仍守原州及大將軍至秦
州悅棄城走太祖令兄子導勒兵追之以賢為
前驅轉戰四百餘里至牽屯山及之悅自到於
陣賢亦被重瘡馬中流矢太祖嘉之賞奴婢布
帛及雜畜等授持節撫軍大將軍都督魏孝武
歸帝乃令賢以精騎三百為殿眾皆憚之莫敢
西遷太祖令賢率兵迎衛時山東之眾多欲逃
亡叛封卞邽縣公邑二千戶俄授左都督安東將
軍還鎮原州大統二年州民豆盧狼害都督大
野樹兒等據州城反賢乃招集鄉家傑與之
謀曰賊起倉卒便誅二將其勢雖盛其志已驕
然其政令莫施唯以殘剝為業夫以驕旅之賊
而駆烏合之眾勢自離解今若從中擊之賊必
喪膽如吾計者指日取之眾皆從焉賢乃率敢
死士三百人分為兩道乘夜鼓噪而出羣賊大
驚一戰而敗狼乃斬關遁走賢輕與三騎追斬

之遷原州長史尋行原州事四年莫折後熾連
結賊黨所在寇掠賢率鄉兵與行涇州事史寧
討之後熾列陣以待賢謂寧曰賊聚結歲久徒
眾甚多數州之人皆為其用我若總一陣併大
擊之彼既同惡相濟必總萃於我其勢不分
眾寡莫敵我便救尾無以制之今令諸軍分
為數隊多設旗鼓掎角而前以靜諸柵公別統
精兵直指後熾按甲而待莫與交鋒後熾欲前
則憚公之銳諸柵欲出則懼我疑兵後熾其進不
得戰退不得走以候其懈擊之必破後熾一敗
則眾柵不攻自拔矣寧不從屢戰頻北賢乃率
數百騎徑掩後熾營收其妻子僮隸五百餘人
并輜重等屬後熾與寧接戰勝方欲追奔忽聞
賢至乃棄寧與賢接戰賢手斬十餘級生獲
六人賊遂大敗後熾單騎遁走師還以功賞奴
婢四十口雜畜數百頭八年授原州刺史賢雖
少從我旅而頗閑政事撫導鄉里甚得民和十二
年隨獨孤信征涼州平之又撫慰張掖等五郡

而還俄而如茹茹圍逼州城剽掠居民驅擁畜牧
賢欲出戰大都督王德猶豫未決賢固請德乃
從之賢勒兵將出賊密知之乃引軍退賢因率
騎士追擊斬二百餘級捕虜百餘人獲馳馬牛
羊二萬頭財物不可勝計所掠之人還得安堵
加授使持節車騎大將軍儀同三司十六年遷
驃騎大將軍開府儀同三司太祖之奉魏太子
西巡也至原州遂幸賢第讓齒乘輅備儀服
酒禮焉其後太祖又至原州令賢乘輅備儀飲

周書列傳十七　三二二四　　五　樊

以諸庶會遇禮相見然後幸賢第歡宴終日
凡是親族頒賜有差魏恭帝元年進爵河西
郡公增邑通前二千戶後以弟子植被誅賢
坐除名俄授使持節車騎大將軍儀同三司時
荊州羣蠻及開府潘招討之令賢與賀若敦率
騎士七千別道邀截陽城蠻帥文子榮大破之
遂於平州比築汝陽城以鎮之尋治郢州刺史
時以巴湘初附詔賢揔監諸軍略定乃遷江夏
民二千餘戶以實安州并築甑山城而還保定

二年詔復賢官爵仍授瓜州刺史高祖及齊王
憲之在襁褓也以避忌不利居宮中太祖令於
賢家處之六載乃還宮因賜賢妻吳姓宇文氏
養為姪女賜與甚厚及高祖西巡幸賢第詔曰
朕昔沖幼愛寓此州使持節驃騎大將軍開府
儀同三司大都督瓜州諸軍事瓜州刺史賢斯
規弼勤勞甚茂食彼桑梓尚懷好音貽茲惠
主良家勳德兼著受委居輔導積年念其
矣其庸可忘令巡撫居此不殊代邑舉目依然

周書列傳十七　三九八一　　六　孫

益增舊想雖無屬籍朕處之若親凡厥昆季
乃至子姪等可並豫宴賜於是令中侍上士尉
遲愷往瓜州降璽書勞賢賜衣一襲及被褥并
御所服十三環金帶一要中廄馬一匹金裝鞍
勒雜綵五百段銀錢一萬賜賢弟申國公穆亦
如之子姪男女中外諸孫三十四人各賜衣一襲
又拜賢甥庫狄樂為儀同賢門生昔經侍奉
者二人授大都督四人授帥都督六人別將奴
已免賤者五人授軍主未免賤者十二人酬替

後之四年王師東討朝議以西道空虛慮羌渾
侵擾乃授賢使持節河州揔管三州七防諸軍
事河州刺史舊非揔管至是創置焉賢乃
大營屯田以省運漕多設斥候以備寇戎於是
羌渾斂迹不敢向東五年宕昌寇邊百姓失業
乃於洮州置揔管府以鎮遏之遂廢河州揔管
改授賢洮州揔管七防諸軍事賢率千騎禦之
寇石門戌撤破橋道以絕援軍賢率千騎禦之
前後斬獲數百人賊乃退走羌復引吐谷渾數

周書列傳十七　七　孫

千騎將入西疆賢密知之又遣兵伏其隘路復
大敗之虜遂震懾不敢犯塞俄廢洮州揔管遷
於河州置揔管府復以賢為之高祖思賢舊恩
徵拜大將軍天和四年三月卒於京師時年六
十八高祖親臨哀慟左右贈使持節柱國大將
軍大都督涇原秦等十州諸軍事原州刺史
謚曰桓子端嗣

端字永貴歷位開府儀同三司會中大夫中
州刺史從高祖平齊於鄴城戰歿贈上大將軍

追封襄陽公謚曰果端弟壹儀同三司吉弟崇
位至大府中大夫上柱國廣宗郡公崇弟孝軌
開府儀同大將軍升遷縣伯孝軌弟謐少歷顯
位大象末上柱國隴西郡公

賢弟遠字萬歲幼有器局志度恢然嘗與羣兒
為戲鬭之戲指麾部分便有軍陣之法郡守見
而異之召使更戲羣兒懼而散走遠持杖叱之
復為向勢意氣雄壯始甚於前郡守曰此小兒
必為將軍非常人也及長涉獵書傳略知指趣

周書列傳七　八　五

而已魏正光末天下鼎沸勑勒賊胡琮侵逼原
州其徒甚盛遠昆季率勵鄉人欲圖拒守而
眾情猜懼頗有異同遠乃按劍而言曰頃年以
來皇家多難兇黨乘機肆其毒螫王略未振緩
其桀逆皇正是忠臣立節之秋義士建功之日丈
夫豈可臨難苟免當在死中求生耳諸人並世
載忠貞沐浴教義今若棄同即異去順効逆雖
五尺童子猶或非之之將復何顏以見天下之士有
異議者請以劍斷之於是眾皆股慄莫不聽命

乃相與盟歃遂深壁自守而外無救援城遂陷其
徒多被殺害唯遠兄弟並爲人所匿得免遠乃
言於賢曰今逆賊遠兄煬屠戮忠良遠欲間行入
朝請兵救援可晦迹和光可以免禍內伺豐隙
因變立功若王師西指得復表裏相應既而
寇境得達京師魏朝嘉之授武騎常侍俄轉別
將賜帛千四并弓刀衣馬等及爾朱天光西伐
夷滅賢曰是吾心也遂定東行之策遠乃崎嶇
國家之急且全私室之危豈若窘迫凶威坐見
乃配遠精兵使爲鄉導天光欽遠才望特相引
接除伏波將軍長城郡守原州大中正後以應
袞莫陳崇功遷高平郡守太祖見遠與語悅之
今居麾下甚見親遇及魏孝武西遷授假節銀
青光祿大夫主衣都統封安定縣伯邑五百戶
魏文帝嗣位之始思享退年以遠字可嘉令扶
帝升殿遷使持節征東大將軍進爵爲公增
邑千戶仍領左右從征實泰復弘農並有殊勳
授都督原州刺史入太祖謂遠曰孤之有卿若身

九　五

體之有手臂之用豈可暫輟於身本州之榮乃
私事耳卿若述職則孤無所寄懷於是遂令遠
兄賢代行州事沙苑之役遠功居最除車騎大
將軍儀同三司進爵陽平郡公邑三千戶尋從
獨孤信東略遂入洛陽爲東魏將侯景等所圍
之畏避權勢若不在已時河東初復民情未安
不利而退除大丞相府司馬軍國機務遠皆參
太祖至乃解及河橋之戰遠與獨孤信爲右軍
太祖謂遠曰河東國之要鎮非卿無以撫之乃
授河東郡守遠敦獎風俗勸課農桑蕭過姦非
兼脩守禦之備魯未朞月百姓懷之太祖嘉焉
隆書勞問徵爲侍中驃騎大將軍開府儀同三
司魏建束宮授太子少傅尋轉少師束魏屯豫
州刺史高仲密所據請舉州來附時齊神武屯河
陽太祖以仲密所據遠在賊境高歡又屯兵河陽
此行遠曰北豫難爲應接諸將皆憚
常理而論實難救援但兵務神速事貴合機
古人有言不入獸穴不得獸子若以奇兵出

十　六

其不意事或可濟脫有利鈍故是兵家之常如
其顧望不行便無克定之日太祖喜曰李萬歲
所言差強人意乃授行臺尚書前驅東出太祖
率大軍繼進遠乃潛師而往拔仲密以歸仍從
太祖戰於邙山時大軍不利遠獨整所部為殿
尋授都督義州弘農等二十一防諸軍事遠善
綏撫有幹略守戰之備無不精銳每厚撫之至
人使為間諜敵中動靜必先知之至有事泄被
誅戮者亦不以為悔其得人心如此嘗校獵於
莎柵見石於叢蒲中以為伏兔射之而中鏃入
寸餘就而視之乃石也太祖聞而異之賜書曰
昔李將軍廣親有此事公今復爾可謂世載其
德雖熊渠之名不能獨擅其美東魏將段孝先
率步騎二萬趣宜陽以送糧為名然實有窺窬
之意遠密知其計遣兵襲破之獲其輜重器械
孝先遁走太祖乃賜所乘馬及金帶林帳衣被
等并雜綵二十四拜大將軍頃之除尚書左僕
射遠白太祖曰遠秦隴匹夫才藝俱爾平生

念望不過一郡守耳遭逢際會得奉聖明主貴
臣遷以至於此令位居上列爵邁通侯受委方
面生殺在手非直榮寵一時亦足光華身世但
尚書僕射任居端揆今以賜授適所以重其罪
責明公若欲全之乞寢此授太祖曰公勳德兼
美朝廷欽屬眾而舉何足為辭且孤之於公
義等骨肉豈容於官位之間便致退讓深乖所
望也遠不得已方拜職太祖又以第十一子達
令遠子之即代王也其見親待如此時太祖嫡
嗣未建明帝居長已有成德孝閔帝嫡年尚幼
冲乃召群公謂之曰孤欲立子以嫡恐大司馬有
疑大司馬即獨孤信明帝敬后父也眾皆默未
有言者遠曰夫立子以嫡不以長禮經明義略
陽公為世子公何所疑若以信為嫌請即斬信
便按刀而起太祖亦起曰何事至此頼公決此
遠乃止於是群公竝從遠議出外拜謝信曰
臨大事不得不爾信亦謝遠曰今日賴公決此
大議六官建授小司寇孝閔帝踐阼進位柱

國大將軍邑千戶復鎮弘農遠子植在太祖
時已為相府司錄參軍掌朝政及晉公護執權
恐不被任用乃密欲誅護語在孝閔帝紀謀頗
漏泄護知之乃出植為梁州刺史尋而廢帝召
還及植還朝遠恐有變沉吟久之乃見大夫寧
為忠鬼安能猶作叛臣遂就徵既至京師護謂以
遠功名素重猶欲全有之乃引與相見謂之曰
公見遠有異謀非止屠戮護身乃是傾危社
叛臣賊子理宜同疾公可早為之所乃以植付

遠素鍾愛於植植又曰辯乃云初無此謀遠
謂為信然詰朝將植調護謂植已死乃曰陽
平公何意乃自來也左右二植亦在門外護大
怒曰陽平公不信我矣乃召入仍命遠同坐令
帝與植相質於遠前植辭窮謂帝曰本為此
謀欲安社稷利至尊耳今日至此何事云云遠
聞之自投於林曰若爾誠合萬死於是護乃害
植并遍遠令自殺時年五十一植弟叔諧叔
叔讓亦死餘並立以年幼得免建德元年晉公護

誅乃詔曰故使持節柱國大將軍大都督陽平
郡開國公遠早蒙驅任風著勳績內參帷外
屬藩維靖誠王室乃罹橫禍言念貞良追增
傷悼宜加榮寵用彰忠節□贈本官加陝熊等
十五州諸軍事陝州刺史諡曰忠隋開皇初
追贈上柱國黎國公邑三千戶改諡曰懷植及
諸弟並加贈諡
植弟基字仲和幼有聲譽美容儀善談論涉
獵羣書尤工騎射太祖召見奇之乃令尚義歸

公主大統十年釋褐員外散騎常侍後以父
勳封建安縣公邑一千戶累遷撫軍將軍銀
青光祿大夫通直散騎常侍領大丞相親信俄
轉大都督進爵清河郡公太祖扶危定傾威權
震主及魏廢帝即位之後猜隙彌深時太祖
諸子皆幼沖章武公導中山公護復東西
作鎮唯託意諸甥以為心膂基與義城公李
暉常山公千翼等俱為武衞將軍分掌禁旅
帝深憚之故密謀遂泄魏恭帝即位遷使持節

車騎大將軍儀同三司加散騎常侍進爵燉煌
郡公尋加侍中驃騎大將軍開府儀同三司拜
陽平國世子六官建授御正中大夫孝閔帝踐
阼出爲海州刺史尋以兄植被收例合坐死既
以主貴又爲季父穆所請得免武成二年除江
州刺史既被譴謫常憂懼不得志保定元年
卒於位年三十一申公穆尤所鍾愛每哭輒悲
慟謂其所親曰好兒捨我去門戶豈是欲興宣
政元年追贈使持節上開府儀同三司大將軍

曹魯徐謙三州刺史燉煌郡公謚曰孝子威嗣
威字安民起家右侍上士累遷至開府儀同三
司又改襲遠爵陽平郡公從高祖平齊以功
授上開府拜軍司馬宣帝即位進授大將軍出
爲熊州刺史大象末位至柱國

史臣曰李賢和兄弟屬亂離之際居戎馬之
間志略縱橫忠勇奮發誅推勛敵屢涉艱危
而功未書於王府仕不過於州郡及逢時值主
策名委質或使煩莫府或契闊戎行荷生成

之恩蒙國士之遇俱廑好畤各著勳庸遂得
任兼文武督彰彰內外位高望重國榮家跗蓽
連暉椒聊繁衍冠冕之盛當時莫比焉目周迄
隋鬱爲西京盛族雖金張在漢不之尚也然而太
祖初崩嗣君沖幼內則功臣放命外則強寇臨
邊晉公以猶子之親鴈負圖之託遂能撫寧家
國開翦翼君端華魏興周遠安通悅功勤已著過
惡未彰本李植受遇先朝宿參機務恐威權之
已去懼將來之不容生此厲階成茲貝錦乃以
訴嫌隙既兆豐故因之啓家宰無君之心成閻
小謀大由疎間親主無昭帝之明臣有上官之
皇廢弑之禍植之由也李遠既關義方之訓又
無先見之明以是誅夷非爲不幸

列傳第十七

長孫儉　　令狐　德棻　等撰

長孫紹遠　弟澄　兄子兒
斛斯徵

大二六一　周書列傳十八　一　三全

長孫儉河南洛陽人也本名慶明其先魏之枝
族姓托拔氏孝文遷洛改為長孫五世祖嵩魏
太尉比平王儉少方正有操行狀貌魁梧神彩
嚴肅雖在私室終日儼然性不妄交非其同志
雖貴遊造門亦不與相見孝昌中起家員外散
騎侍郎從爾朱天光破隴右太祖臨夏州以儉
為錄事深敬器之賀拔岳被害太祖赴平涼凡
有經綸謀策儉皆參預從平侯莫陳悅留儉為
秦州長史時西夏州仍未內屬而東魏遣許和為
刺史儉以信義招之和乃舉州歸附即以儉為
西夏州刺史揔統三夏州時荊襄初附太祖表
儉功績尤美宜委東南之任授荊州刺史東南
道行臺僕射所部鄭縣令泉璨為民所訟推治

獲實儉即大集僚屬而謂之曰此由刺史教誨不
明信不被物是我之懲非泉璨之罪遂於廳事前
肉袒自罰捨璨不問於是屬城肅勵莫敢犯法
魏文帝璽書勞之太祖又與儉書曰近行路傳
公以部內縣令有罪遂自杖三十用肅羣僚下吾
昔聞王臣謇謇匪躬之故蓋謂憂公忘私知無
不為而已未有如公刻身罰己以訓羣僚者也
聞之嘉歎荊蠻舊俗少不敬長儉殷勤勸導勤
風俗大革務廣耕桑兼習武事故得邊境無

周書列傳十八　二

虞民安其業吏民表請為儉構清德樓樹碑
刻頌朝議許焉在州遂歷一載徵授大行臺尚
書兼相府司馬嘗與羣公侍坐於太祖及退太
祖謂左右曰此公閑雅孤每與語嘗肅然畏敬
恐有所失佗日太祖謂儉曰昔王褒雅操又除行臺
書既志安貧素可改名實以彰雅操又除行臺
僕射荊州刺史時梁嶽陽王蕭詧內附初遣
使入朝至荊州儉於聽事列軍儀具戎服與使
人以賓主禮相見儉容貌魁偉音聲如鍾大

為鮮卑語遣人傳譯以問客客惶恐不敢仰視
日晚儉乃著希褥紗帽引客宴於別齋因序
梁國喪亂朝廷招攜之意發言可觀使人大悅
出曰吾所不能測也及梁元帝嗣位於江陵外
敦隣睦內懷異計儉啟太祖陳攻取之謀於
是徵儉入朝問其經略儉對曰今江陵既在江
北去我不遠湘東即位已涉三年觀其形勢不
欲東下骨肉相殘民厭其毒荊州軍資器械
儲積已久若大軍西討必無圖之之慮且兼弱
攻昧之善經國家既有蜀土若更平江漢撫
而安之收其貢賦以供軍國天下不足定也太
祖深然之乃謂儉曰如公之言吾取之晚矣令
儉還州密爲之備尋令柱國燕公于謹摠我衆
伐江陵平以儉元謀賞奴婢三百口太祖與儉
書曰本圖江陵由公畫計今東如所言智者見
未萌何其妙也但吳民散事籍招懷南服
重鎮非公莫可遂令儉鎮江陵進爵昌寧公
遷大將軍移鎮荊州摠管三十二州儉舊督

三　五

即便給外令還其妻子子隆
嘉尚弗忘于懷而有司未達大體遂以其第
蕭何就窮僻之鄉以古方今無慙曩哲尋
儉辛廟樹碑詔趙超等七百人感儉遺愛請爲
荊民儀同趙超等之宅還官詔皆從之追封爲
側并以官所賜之宅還官啟請乞葬於太祖陵
還京爲夏州摠管薨遺啟世宗請葬於太祖陵
暮竟無憾容其奉公勤至皆此類也三年以疾
詣闕奏事時值大雪遂立於雪中待報自且達
長孫紹遠字師河南洛陽人少名仁父稚魏太
師錄尚書上黨王(紹遠)性寬容有大度望之儼
然朋儕莫敢藝押雅好墳籍聰慧過人時稚
作牧壽春紹遠幼年甫十三稚管記王碩聞紹
遠之姿發於天性目所一見誦之於口既歷世
之姿有竊願驗之於是命紹遠試焉讀月令數紙
緫一徧誦之若流自是碩乃歎服魏孝武初累
遷司徒右長史及齊神武摠兵而帝西遷紹遠

四

隨難奔赴累遷殿中尚書錄尚書事太祖每
之蕭寇何足多也然其容止常堂足為當今模
楷六官建拜大司樂孝閔踐阼封上黨公初紹
遠為太常廣召工人創造樂器土木絲竹各得
其宜唯黃鐘不調紹遠每以為意嘗因退朝經
韓使君佛寺前過浮圖三層之上有鳴鐸焉忽
聞其音雅合宮調取而配奏方始克諧紹遠乃
啓世宗行之紹遠所奏樂以八為數故梁黃門

【周書列傳十八　五　朱】

侍郎裴正上書以為昔者大舜欲聞七始下洎
周武爰創七音持林鐘作黃鐘以為正調之首
詔與紹遠詳議往復於是遂定以八為數焉又
小司空高祖讀史書見武王克殷而作七始又
欲廢八而懸七并除黃鐘之正宮用林鐘為調
首紹遠奏云天子懸八降自先民百王共軌萬
古不易下逮周武甫修七始之音詳諸經義又
無廢八之典且黃鐘為君天子正位今欲廢之
朱見其可後高祖竟廢七音屬紹遠違疾未獲

百陳廞有司遠損樂器乃書與樂部齊樹之
後疾甚乃上遺表又陳之而卒帝省表涕零以
痛惜之

【周書列傳十八　六】

澄字士亮年十歲司徒李琰之見而奇之遂以
女妻焉十四從征有籌謀勇冠諸將及長容
貌魁岸風儀溫雅孝武初除征東將軍渭州
刺史魏文帝嘗與太祖及羣公宴從容言曰孝
經一卷人行之本諸公宜各引要言澄應聲曰
夙夜匪懈以事一人座中有人次曰匡救其惡

既而出閣太祖深歎澄之合機而譴其次答者
後從太祖援玉璧又從戰卲山進位驃騎大將
軍開府孝閔踐阼拜大將軍封義門公為玉璧
摠管卒自有喪初至及葬世宗三臨之典中大
夫宇文容諫曰君臨臣喪自有節制今乘輿屢降
恐乖禮典世宗不從澄操履清約家無餘財太
祖嘗謂澄曰我於公閣志無所惜公有所須宜即
其道澄自頂至足皆是明公恩造即如今
者實無所須雅對賓客接引忘疲雖不飲酒而

好觀人酣興常恐客立請歸每勒中廚別進具
饌留之止
兄字若汗性機辯強記聞雅重賓遊尤善談
論從魏孝武西遷天和初累遷驃騎大將軍開
府遷絳州刺史
斛斯徵字士亮河南洛陽人父椿太傅尚書令徵
幼聰穎五歲誦孝經周易識者異之及長博涉
羣書尤精三禮兼解音律有至性居父喪朝少
共一溢米以父勳累遷太常卿自魏孝武西遷
雅樂廢缺徵博採遺逸稽諸典故剗新改舊方
始備焉又樂有鐘于者近代絕無此器或有
自蜀得之皆莫之識徵見之曰此鐘于也衆弗
之信徵遂依于寶周禮注以笙簡將之其聲極
振衆乃歎服徵乃取以合樂焉六官建拜司樂
中大夫進位驃騎大將軍開府後高祖以徵治
經有師法詔令教授皇太子宣帝時為魯公典
諸皇子等咸服青衿行束脩之禮受業於徵仍
立呼徵為夫子儒者榮之宣帝嗣位遷上大將

軍大宗伯時高祖初崩梓宮在殯帝意欲速葬
令朝臣議之徵與內史宇文孝伯等固請依禮
七月帝竟不許帝之為太子也官尹鄭譯坐不
能以正道調護被謫除名而帝雅親愛譯至是
拜譯內史中大夫甚委任之譯乃獻新樂十二
月各一笙每一笙用十六管帝令與徵議之徵
駁而奏帝頗納焉及高祖山陵還帝欲作樂復
令議其可不徵曰孝經云聞樂不樂聞尚不樂
其況作乎鄭譯曰既云聞樂明即非無止可不
樂何容不奏帝遂依譯議譯因此銜之帝後肆
行非度民虐日甚徵以荷高祖重恩嘗備位師
傅若生不能諫死何以見高祖乃上疏極諫指陳
帝失帝不納譯因譖之遂下徵獄獄卒張元哀
之乃以佩刀穿獄牆倒復官除太子太傅
言徵遇赦得免隋文踐極卒元卒被拷而終無所
詔修撰樂書開皇初薨子諺徵所撰樂典十卷

列傳第十八　　周書二十一

令狐德棻　等撰

赫連達
韓果
蔡祐
常善
辛威
厙狄昌
田弘

梁椿
梁臺
宇文測　弟深

赫連達字朔周盛樂人勃勃之後也曾祖庫多汗因避難改姓杜氏達性剛鯁有膽力少從賀拔嶽征討有功拜都將賜爵長廣鄉男遷都督及嶽為侯莫陳悅所害軍中大擾趙貴建議迎太祖諸將猶豫未決達曰宇文夏州昔為左丞明略過人一時之傑今日之事非此公

不濟趙將軍議是也達請輕騎告哀仍迎之諸將或欲南追賀拔勝或云東告朝廷達又曰此皆遠水不救近火何足道哉貴於是謀遂定令達馳往太祖見達慟哭問故達以實對太祖遂以數百騎南赴平涼引軍向高平令達率騎方扶老弱驅畜牧欲入山避難軍士爭欲掠之達據彈箏峽時百姓惶懼奔散者多有數村民曰遠近民黎多受制於賊令若便掠縛何謂伐罪吊民不如因而撫之以示義師之德乃撫以

恩信民皆悅附於是迭相曉語咸復舊業太祖聞而嘉之悅平加平東將軍太祖謂諸將曰當清水公遇之時君等性命懸於賊手雖欲及遂得共盡忠節同雪讎恥雖籍眾人之力實賴杜子之功勞而不酬何以勸善乃賜馬二百四達固讓太祖弗許魏孝武入關襲叙勳義以達首迎元帥匡復秦隴進爵魏昌縣伯邑五百戶從儀同李虎破曹泥除鎮南將軍金紫光祿

太夫加通直散騎常侍增邑并前二千戶從復
弘農戰沙苑皆有功又增邑八百戶除泉郡
守轉帥都督加持節除濟州刺史詔復姓赫
連氏以達勳望兼隆乃除雲州刺史即本州
也進爵為公拜大都叔目尋授儀同三司從大
將軍達寞武攻漢中梁宜豐侯蕭循拒
守積時後乃送歆武間諸將進止之宜開府
賀蘭願德等以其食盡欲急攻取之達曰
不戰而獲城策之上者無容利其子女貪其
財帛窮兵極武仁者不為且觀其士馬猶強城
池尚固攻之縱克必將彼此俱損如其困獸猶鬬
則成敗未可知況行師之道以全軍為上武曰公
言是也乃命帥各申所見於是開府楊寬
等並同達議武遂受徇降師還遷驃騎大將
軍開府儀同三司加侍中進爵藍田縣公六官
初建授左遂伯出以為隴州刺史保定初遷大將
軍夏州摁管三州五防諸軍事達雖非文吏
然性質直遵奉朝法度輕於鞭撻而重慎死罪

性又廉儉邊境胡民或饋達以羊者達欲招納
異類報以繒帛主司請用官物達曰羊入我厨物
出官庫是欺上也命取私帛與之識者嘉其仁矩
焉尋嗣進爵樂川郡公建德三年進位柱國薨
子遷嗣大象中位至大將軍蒲州刺史
韓果字阿六拔代武川人也少驍雄善騎射賀
拔嶽西征引為帳內擊萬俟醜奴及其枝黨
轉戰數十合立破之贊力絕倫被甲荷戈升陟
峯嶺猶涉平路雖數十百日不以為勞以功
授宣威將軍子都督從太祖討平侯莫陳悅遷
都督賜爵邯鄲縣男魏孝武入關進封石縣
伯邑五百戶大統初進爵為公增邑通前千戶加通
直散騎常侍果性強記兼有權略所行之處
山川形勢備能記憶兼善伺敵虛實揣知情
狀有潛匿溪谷欲為間偵者果登高望之所
疑處往必有獲太祖由是以果為虞候都督每
從征行常領候騎晝夜巡察略不眠寢從襲
實泰於潼關太祖依其規畫軍以勝返賞以

珠金帶一賈帛二百匹授征虜將軍又從復引
農攻拔河南城獲郡守人論功為最破沙苑戰
河橋立有功授撫軍將軍銀青光祿大夫增邑
九百戶遷朔州刺史撫軍轉安州刺史加帥都督九
年從戰邙山軍還除河東郡守又從大軍破稽
胡於北山山地險阻人迹罕至果進兵窮討散
其種落稽胡憚果勁健號為著翅人太祖
聞之笑曰著翅之名寧減飛將累遷人太祖
督車騎大將軍儀同三司驃騎大將軍開府
儀同三司出為宜州刺史録前後功進爵襄
中郡公魏恭帝元年授大將軍從賀蘭祥討
吐谷渾以功別封一子縣公武成二年又率軍破
稽胡大獲生口賜奴婢一百口除寧州刺史保定
三年拜少師進位柱國四年從尉遲迥圍洛陽
軍退果所部獨全天和初授華州刺史為政
寬簡吏民稱之建德初薨子明嗣大象末位
至上大將軍黎州刺史與尉遲迥同謀被誅
蔡祐字承先其先陳留圉人也曾祖紹為夏

州鎮將從居高平因家焉祖護魏景明初為
陳留郡守父龍襲名著西州正光中萬俟醜奴
冠亂關中龍乃背賊棄妻子歸洛陽拜齊
安郡守又魏孝武西遷仍在關東後始難
西歸賜爵平舒縣伯除岐州刺史卒贈
原州刺史祐性聰敏有行檢龍襲之背賊東歸
也祐年十四事母以孝聞及長有膂力便騎射
太祖在原州召為帳下親信太祖遷夏州以祐
為都督及侯莫陳悅害賀拔嶽諸將遣使
迎太祖將赴夏州首望彌姐元進等陰有異計
太祖微知之先與祐議執元進祐曰狼子野心會
當及噬今若執縛不如殺之太祖曰汝大決也於
是召元進等入計事太祖曰隴賊逆亂與諸人
力討之觀諸人輩似有不目者太祖微以此言動
之因目祐祐即出外衣甲持刀直入瞋目叱諸人曰
與人朝謀夕異豈是人也蔡祐今日必斬姦人之頭
因按劍臨之舉坐皆叩頭曰顧有簡擇祐乃叱元
進而斬之幷其黨立伏誅一坐皆戰慄莫敢以

視於是與諸將結盟同心誅悅太祖以此知重之
乃謂祐曰吾今以爾為子爾其事我後從討
悅破之又從迎魏孝武於潼關以前後功封甚
鄉縣伯邑五百戶大統初加寧朔將軍羽林監
尋持節員外散騎常侍進爵為侯增邑一
千一百戶從太祖擒竇泰復弘農戰沙苑皆有
功授平東將軍太中大夫又從太祖戰於河橋祐
乃下馬步鬬手殺數人左右勸乘馬以備急
卒祐怒曰丞相養我如子今日當以性命為念
遂率左右十餘人齊聲大呼殺傷甚多敵以其
無繼遂圍之十餘重謂祐曰觀君似是勇士但弛
甲來降豈慮無富貴邪祐罵之曰死卒吾今取
頭自當封公何假賊之官號也乃彎弓持滿四
面拒之東魏人弗敢逼乃募厚甲長刀者直進
取祐去祐可三十步左右勸射之祐曰吾曹性命在
一矢耳豈虛發哉敵人漸進可十步祐乃射之正
中其面應弦而倒便以稍刺殺之因此戰數合
唯失一人敵乃稍却祐徐引退是戰也我軍不

利太祖已還祐至弘農中與太祖相見太祖
見祐至字之曰承先爾來吾無憂矣太祖心驚
不得寢枕祐股上乃安以功進爵為公增邑三
百戶授京兆郡守九年東魏豫州刺史高仲
密舉州來附太祖率軍援之與齊神武遇戰
於邙山祐時著明光鐵鎧所向無前敵人咸曰
此是鐵猛獸也皆避之俄除大都督十三年遭父
憂請終喪紀弗許尋遷車騎大將軍儀同三司
州刺史加帥都督
加驃騎大將軍開府儀同三司侍中賜姓大利
稽氏進爵懷寧郡公魏恭帝二年中領軍六
官建授兵部中大夫江陵初附諸蠻騷動詔
祐與大將軍豆盧寧討平之三年拜大將軍
給後部鼓吹以前後功增邑并前四千戶別封
一子縣伯太祖不豫祐與晉公護賀蘭祥等
侍疾及太祖崩祐悲慕不已遂得氣疾孝
閔帝踐阼拜少保祐與尉遲綱俱掌禁兵遞
直殿省時帝信任司會李植等謀害晉公

護祐每泣諫帝不聽尋而帝廢世宗即位拜
小司馬少保如故帝之爲公子也與祐特相友昵
至是禮遇彌隆御膳每有異味輒輟以賜祐
羣臣朝宴每被別留或至昏夜列炬鳴笳送
祐還宅祐以過蒙禮遇常辭疾避之至於婚
姻尤不願交於勢要尋以本官獲鎮原州頃
之授宜州刺史未之部因先氣疾動卒於原州
時年五十四祐少有大志與鄉人李穆布衣齊
名嘗相謂曰大丈夫當建立功名以取富貴安

三二七 周書列傳九 九

能久處貧賤邪言訖各大笑穆即申公也後
皆如其言及從征伐常潰圍陷陣爲士卒先
軍還之日諸將爭功祐終無所競太祖每歎之
嘗謂諸將曰承先口不言勳孤當代其論叙
其見知如此性節儉所得祿皆散與宗族身
死之日家無餘財贈使持節柱國大將軍大
都督五州諸軍事原州刺史謚曰莊子正嗣
官至使持節車騎大將軍儀同三司祐第澤頗
好學有幹能起家魏廣平王參軍丞相府兼

記室加宣威將軍給事中從尉遲迥平蜀授帥
都督賜爵安彌縣男稍遷司轄下大夫車騎
大將軍儀同三司禮州刺史在州受賂撗管代
王達以其功臣子弟密奏貫之後爲邠州刺
史不從司馬消難被害
常善高陽人也世爲豪族父安成魏正光末
茹茹寇邊以統軍從鎮將慕容勝與(戰大
破之時破六汗拔陵作亂欲逼安成不從乃
率所部討陵以功授伏波將軍給鼓節後與

三二八 周書列傳九 十

拔陵連戰卒於陣善魏孝昌中從爾朱榮入
洛授威烈將軍都督加龍驤將軍中散大夫直
寢封房城縣男邑三百戶後從太祖平侯莫陳
悅除天水郡守魏孝武西遷授武衛將軍進爵
武始縣伯增邑三百戶大統初加平東將軍
爵爲疾搖實泰復弘農晨破沙苑累有戰功
除使持節衛將軍假驃騎大將軍泰州刺史
四年從戰河橋加大都督進爵爲公除涇州刺
史屬茹茹入寇抄掠北邊善率所部破之盡

獲所掠拜車騎大將軍儀同三司遷驃騎大將軍開府儀同三司晉安州刺史轉蔚州刺史頻莅三蕃頗有政績魏恭帝二年進爵永陽郡公增邑二千戶孝閔帝踐阼拜大將軍寧州揔管保定二年入為小司徒四年突厥出師與隨公楊忠東代令善應接之五年夏卒時年六十四贈使持節柱國大將軍大都督延夏鹽恆燕五州諸軍事延州刺史子昴嗣先以善勳拜儀同三司

辛威隴西也祖大汗魏渭州刺史父生河州刺史威慷慨有志略初從賀揆征討有功帥都督及威著勳追贈大將軍涼甘等五州假輔國將軍都督及太祖統嶽之眾見威奇之引為帳內尋授羽林監封白土縣伯邑五百戶從魏孝武因攻回洛城功居最大統元年拜寧遠將軍增邑二百戶累遷通直散騎常侍進爵為侯增邑三百戶從擒竇泰復弘農戰沙苑並先鋒陷敵勇冠一時以前後功授撫軍

將軍銀青光祿大夫從于謹破襄城又從獨孤信入洛陽經河橋陣加大都督十三年遷車騎大將軍儀同三司驃騎大將軍開府儀同三司賜姓普毛氏出為鄜州刺史威時望既重朝廷以桑梓榮之遷河州刺史本州大中正頻領二鎮頗得民和閔帝踐阼拜大將軍進爵枹罕郡公增邑五千戶及司馬消難來附威與達奚武帥眾援接保定初復率兵討丹州叛胡

三年與達奚武攻陽關拔之明年從尉遲迥圍洛陽還拜小司馬天和初進位柱國復為行軍揔管討綏銀等諸州叛胡並平之六年從齊王憲東伐拔伏龍等五城建德初拜大司寇三年遷少傅出為寧州揔管宣政元年進位上柱國大象二年進封宿國公增邑并前五千戶復為少傅其年冬薨時年六十九性持重有威嚴歷官數十年未嘗有過故得以身名終兼其家門友義五世同居世以此稱之子永達嗣大象

末以威勳拜儀同大將軍

庫狄昌字恃德神武人也少便騎射有膂力及
長進止閑雅膽氣壯烈每以將帥自許年十八
爾朱天光引為幢主加討夷將軍奉車都尉統軍從天光定
關中以功拜寧遠將軍金紫光祿大夫後從
太祖迎魏孝武復潼關改封長子縣子邑八百
戶大統初進爵為公增邑二千戶從破竇泰授
車騎將軍左光祿大夫又從復弘農戰沙苑昌
皆先登陷陣大祖嘉之授帥都督四年從戰河
橋除黃州刺史後與于謹破胡賊劉平伏於上
郡授馮翊郡守十三年錄前後
功授大都督通直散騎常侍又從隋公楊忠
破蠻賊田社清昌功為最增邑三百戶拜儀同
三司尋遷開府儀同三司十六年出為東夏州
刺史魏廢帝元年進爵方城郡公增邑分前

四千一百戶六官建授稍伯中大夫閔帝踐阼
拜大將軍後疾卒

田弘字廣略高平人也少慷慨志立功名膂力
過人敢勇有謀略魏永安中陷於万俟醜奴
爾朱天光入關弘自原州歸順授都督及大祖
初統衆弘求謁見乃論世事深被引納即處
以爪牙之任又以迎魏孝武功封鶉陰縣子邑五
百戶大祖嘗以所著鐵甲賜弘云天下若定還
將此甲示孤也大統三年轉帥都督進爵為公
從太祖復弘農戰沙苑解洛陽圍破河橋陣
弘功居多累蒙殊賞賜姓紇干氏尋授原州
刺史以弘勳望兼至故以衣錦榮之太祖在同
州文武並集乃謂之曰人人如弘盡忠天下豈不早
定即授車騎大將軍儀同三司魏廢帝元年加
驃騎大將軍開府儀同三司平蜀之後梁信州
刺史蕭韶等各據所部未從朝化詔弘討平
之文討西平叛羌及鳳州叛氐等並破之弘每臨
軍鋒推直前身被一百餘箭所破骨者九馬被

十稍朝廷牲之信州羣蠻反又詔弘與賀若敦
等平之孝閔帝踐阼進爵鷹門郡公邑通前
二千七百戶保定元年出為岷州刺史弘雖武
將而動遵法式百姓頗安之三年從衛公楊忠
伐齊拜大將軍明年又從忠東伐師還乃旋
所鎮吐谷渾寇西邊宕昌羌潛相應接詔弘
援與陳人戰不利仍以弘為江陵揔管及陳將
和二年陳湘州刺史華皎來附弘從衞公直赴
討之獲其二十五王拔其七十六柵遂破平之天

吳明徹來寇弘與梁主蕭巋歸退保紀南令副
揔管高琳拒守明徹退乃還江陵尋以弘為
仁壽城主以逼宜陽齊將段孝先䬃律明月
出軍定隴以為宜陽援弘與陳公純破之遂
拔宜陽等九城以功增邑五百戶進位柱國大
將軍建德二年拜大司空遷少保三年出為揔
管襄郢昌豐唐蔡六州諸軍事襄州刺史
覽于州子恭嗣恭少有名與譽皁歷顯位大象
末位至柱國小司馬朝廷又追錄弘勳進恭

爵觀國公

梁春字千年代人也祖屈朱魏昌平鎮將父
提内正郎椿初以統軍從爾朱榮入洛復從
榮破葛榮於滏口以軍功進授都將後從
賀拔嶽討平萬俟醜奴蕭寶寅等遷中
堅將軍屯騎校尉子都督普泰初拜征西
將軍金紫光祿大夫二年除高平郡守初
縣男邑二百戶太昌元年進授都督從盧奴
平侯莫陳悅拜衞將軍右光祿大夫大統初

進爵戀城縣伯增邑五百戶出為隴東郡
守尋進爵為公增邑五百戶遷梁州刺史從
復弘農戰沙苑與獨孤信入洛陽從宇文貴
破東魏將堯雄等累有戰功授車騎大將
軍儀同三司大都督從戰河橋進爵東平郡
公增邑二千戶俄遷侍中驃騎大將軍開府儀
同三司七年從于謹討楷胡劉平伏椿擒其別
帥劉持塞又從獨孤信討岷州羌梁企定破之
除渭州刺史在州雖無他政績而夷夏安之十

三年從李弼赴趙川援侯景別攻闡韓鎮斬其
鎮城徐衛城主卜貴洛率軍士千人降以功增
邑四百戶孝關帝踐祚除華州刺史改封清陵
郡公增邑通前三千七百戶二年入爲少保轉少
傳保定元年拜大將軍卒於位贈恒廊延冊寧五
州諸軍事行恒州刺史諡曰烈椿性果毅善於
撫納所獲賞物分賜麾下故每踐敵場咸得其
死力雅好儉素不營貲產時論以此稱爲子明
魏恭帝二年以椿功襲爵豐陽縣公尋授大都

督遷車騎大將軍儀同三司散騎常侍治小吏
部歷小御伯御正下大夫保定五年詔襲椿爵
舊封回授弟朗大和中改封樂陵郡公除上州
刺史增邑并前四千三百戶
梁臺宇洛都長池人也父去斤魏獻文時爲隴
西郡守臺少果敢有志操孝昌中從爾朱天光
一平關隴一歲之中大小二十餘戰以功授子
都督賜爵隴鄉男普泰初進授都督後隸侯
莫陳悅討南秦州群盜平之悅表臺爲假

節衛將軍左光祿大夫進封隴城縣男邑二百
戶尋行天水郡事轉行趙平郡事頻治郡頗有
聲績未幾天光追臺還引入帳內及天光敗於
寒陵賀援嶽又引爲心膂破之侯莫陳悅所害
臺與諸將議朔戴太祖從討悅破之又拜天水郡
守大統初復除趙平郡守又與大僕石猛破兩山
屠者各增邑二百戶轉平涼郡守時莫折後熾
結聚輕剽寇掠居民州刺史史寧討之歷時
不克臺陳賊形勢兼論攻取之策寧善而

從之遂破賊徒復與于謹破劉平伏錄前後勳
授頴州刺史賜姓賀蘭氏從援王壁戰邙山授
帥都督大統十五年拜南夏州刺史加通直散
騎常侍本州大中正進驃騎大將軍儀同三司魏廢帝二年
遷使持節車騎大將軍儀同三司進驃騎大將
軍開府儀同三司加侍中孝關帝踐祚進爵征
部縣公增邑通前二千戶武成中從賀蘭祥征
洮陽先登有功別封綏安縣侯邑一千戶詔聽
轉授其子元慶保定四年拜大將軍時大軍圍洛

陽父而不拔齊公憲率兵御宗之乃
有數人為敵所執已去陣二百餘步望見之
憤怒單馬突入射殺兩敵皆披靡執者遂
得還齊公憲每歎曰梁臺果毅膽決不可及
也五年拜鄜州刺史臺果果毅膽決至於
蒞民處政尤以仁愛為心不過識千餘字口占
書啓辭意可觀年過六十猶能被甲跨馬足
不蹕蹕馳射弋獵矢不虛發後以疾卒

宇文測字澄鏡太祖之族子也高祖中山曾祖
豆頹祖騏驎父永仕魏位垤顯達測性沉密少
篤學每旬月不窺戶牖起家奉朝請殿中侍
御史累遷司徒右長史安東將軍嘗宣武女
陽平公主拜駙馬都尉及魏孝武嘗宣武有
異圖詔測詣太祖言令密為之備太祖見之甚
歡使還封廣川縣伯邑五百戶尋從孝武西
進爵為公太祖為丞相以測為右長史軍國政
事多委任之文令測詳定宗室昭穆遠近附於
屬籍除通直散騎常侍黃門侍郎大統四年

拜侍中長史六年坐事免尋除使持節驃騎大
將軍開府儀同三司大都督行汾州事測政存
簡惠頗得民和地接東魏數相鈔竊或有獲
其為寇者多縛送之測皆命解縛置之賓館
然後引與相見如客禮焉仍設酒餚宴勞放
還其國并給糧餼衛送出境自是東魏人大
慙乃不為寇汾晉之閒各安其業兩界之民
遂通慶弔不復為仇雖時論稱之方於羊
叔子或有慙德測與外境交通懷貳心者大祖

怒曰測為我安邊吾知其無貳志何為閒我
骨肉生此月錦乃命斬之仍許測以便宜從事
全加金紫光祿大夫轉行綏州事每歲河冰
合後突厥即來寇掠先是常預遣居民入城
堡以避之測至皆令安堵如舊乃於要路數百
處一時縱火突厥謂行大軍至懼而遁走自相
蹂踐委棄雜畜及輜重不可勝數測徐率
月突厥從連谷入寇去界數十里測命積柴之

所部收之分給百姓自是突厭不敢復至測因請
置戍兵以備之十年徵拜太子少保十二年十月卒
於位時年五十八太祖傷悼親臨慟焉仍令水池
公護監護喪事賻本官謚曰靖測性仁恕好施
與衣食之外家無蓄積在洛陽之日嘗被篇
盜所失物即其妻陽平公主之衣服也州縣擒
盜并物俱獲測恐此盜坐之以死乃不認焉遂
遇救得免既感恩因請為測左右及測從
魏孝武西遷事極狼狽此人亦從測入關竟無
異志子諼嗣歷官內外位至上開府儀同三
司臨淄縣公測弟深
深字奴干性縝正有器局年數歲便累石為
營伍并折草作旌旗布置行列皆有軍陣
之勢父永遇見之乃大喜曰汝自然知此於後必
為名將至永安初起家祕書郎時群盜蜂
起深屬言時志于闕朱榮雅知重之拜屬武將
軍尋除車騎府主簿三年授子都督領宿衛兵
卒及齊神武舉兵入洛孝武西遷既事起倉卒

人多逃散深循所部並得入關以功賜爵長樂
縣伯太祖以深有謀略欲引致左右圖議政事大
統元年乃啓為丞相府主簿加朱衣直閤尋轉
尚書直事郎中及齊神武屯蒲坂分遣其
寶泰趨潼關高敖曹圍洛州太祖將龍襲泰諸
將咸難之太祖乃隱其事陽若未有謀者而獨
問策於深對曰寶泰歡之驍將也頑凶而勇戰
丞將於深每使之必為禦悔今者大軍若
就蒲坂則高歡拒守寶泰必援之內外受敵
取敗之道也不如選輕銳之卒潛出小關寶性躁
急必來決戰高歡持重未即救之則寶可擒
也既虜寶氏歡勢自沮回師禦歡可以制勝
太祖喜曰是吾心也軍遂行果獲泰而齊神武
亦退深又說太祖進取弘農復克之太祖大悅
謂深曰君即吾家之陳平也是冬齊神武又
率大眾度河涉洛至於沙苑諸將皆有懼色唯
深獨賀太祖詰之曰賊來充斥何賀之有對曰
高歡之撫河北甚得眾心雖之智謀人皆用命

以此自守未易可圖今懸師度河非眾所欲唯
歡恥失實氏愎諫而來所謂忿兵一戰可以擒
也此事昭然可見不賀何為請假深一節發王
罷之兵邀其走路使無遺類矣太祖然之尋而
大破齊神武軍如深所策四年從戰河橋六年
別監本彌軍討白額稽胡立有戰功俄進爵為
侯歷通直散騎常侍東雍州別駕使持節大
都督東雍州刺史深為政嚴明示民以信抑挫
豪右吏民懷之十七年入為雍州別駕魏恭帝

二年進車騎大將軍儀同三司散騎常侍六官
建拜小吏部下大夫孝閔帝受禪進位驃騎大
將軍開府儀同三司遷吏部中大夫武成元年
除幽州刺史改封安化縣公二年徵拜宗師大夫
轉軍司馬保定初除京兆尹入為司會中大夫
近侍每進篤策及在選曹頗獲時譽性仁
深少喪父事兄甚謹性多奇謫好讀兵書既在
愛情隆宗黨從弟神與晉神慶幼孤深撫訓
之義均同氣世亦以此稱焉天和三年卒於位贈

使持節少師恒雲蔚三州刺史諡曰成康子孝
伯自有傳
史臣曰太祖屬禍亂之辰以征伐定海內大則
連兵百萬繫以存亡小則轉戰邊亭不關旬
月是以人無少長士無賢愚莫不投筆要功
橫戈請奮若夫數將者誓攀翼雲漢底績
屯夷雖運移年世而名成終始美矣哉以赫
連達之先識而加之以仁恕蔡祐之敢勇而終之
以不伐斯企及所致平抑亦天性也宇文測
昆季政績猷咸有可述其當時之良臣歟

列傳第十九　　周書二十七

史寧

陸騰

賀若敦

權景宣

今狐　周書二十八　德棻　等撰

史寧字永和建康表氏人也曾祖豫仕沮渠氏
為臨松令魏平涼州祖灌隨例遷於撫寧因
家焉父遵初為征虜府鎧曹參軍屬杜洛周
構逆六鎮自相屠陷遂率鄉里二千家奔恒
州其後恒州為賊所歿遵復歸洛陽拜橫頵郡
守及寧著勳追贈散騎常侍征西大將軍涼州
刺史謚曰貞寧少以軍功拜別將遷直閤將軍
都督宿衛禁中尋加持節征東將軍金紫光
禄大夫賀拔勝為荊州刺史寧以本官為勝軍
司率步騎二千隨勝之部值荊蠻騷動一鵶路
絕寧先驅平之因撫慰蠻左翕然降附遂稅得
馬一千五百四供軍尋除南鄮州刺史及勝為

【周書列傳二十】　一

大行臺表寧為大都督率步騎一萬攻梁下溠
戍破之封武平縣伯邑五百戶又攻拔汝興
鎮等九城獲尸二萬而還未及論功屬魏孝武
西遷東魏遣侯景率衆寇荊州寧隨勝奔梁梁
武帝引寧至香蹬前謂之曰觀卿風表終至富
貴我當使卿衣錦還鄉寧荅曰臣世荷魏恩位
為列將天長喪亂本朝傾覆不能北面逆賊幸
得息肩有道儻如明詔欣幸實多因淶泣橫流
梁武為之動容在梁二年勝乃與寧密圖歸計

【周書列傳二十】　二

寧曰朱异既為梁主所信任請往見之勝然其
言寧乃見异异申以投分之言微託思歸之意辭
氣雅至异亦嗟把謂寧曰桑梓之思其可忘懷
當為奏聞必望遂所請耳未幾梁主果許勝等
歸大統二年寧自梁歸關進爵為侯增邑三百
戶父之遷車騎將軍行涇州事時賊帥莫折後
熾寇掠居民寧率州兵與行原州事本賢計破
之轉通直散騎常侍東義州刺史東魏亦以故
胡梨苟為東義州刺史寧僅得入州梨苟

亦至臺寧迎擊破之斬其洛安郡守馬善道州既
鄰接疆場百姓流移寧留心撫慰咸來復業十
二年轉涼州刺史寧未至而前刺史宇文仲和
據州作亂詔遣獨孤信率兵與寧討之寧先至
涼州為陳禍福城中吏民皆相率降附仲和仍
據城不下尋亦克之加車騎大將軍儀同三司
大都督涼西涼二州諸軍事散騎常侍涼州刺
史十五年遷驃騎大將軍開府儀同三司加侍
中進爵為公十六年宕昌叛羌獠甘作亂逐其
王彌定而自立并連結傍乞鐵忽及郎五醜等
詔寧率軍與宇文貴豆盧寧等討之寧別擊獠
甘而山路險阻繞通單騎獠甘已分其黨立柵
守險寧進兵攻之遂破其柵獠甘率三萬人逆
戰寧復大破之追奔至宕昌獠甘將百騎走投
生羌鞏廉王彌定遂得復位寧以未獲獠甘密
欲圖之乃揚聲欲還獠甘聞之復招引叛羌依
山起柵欲攻彌定寧下諸將曰此羌入吾術中
當進兵擒之耳諸將思歸咸曰生羌聚散無常

依據山谷今若追討恐引日無成且彌定還得
守蕃將軍功已立矣獠甘勢弱彌定能制之
以此還師策之上者寧曰一旦縱敵數世之患豈
可捨將滅之寇更煩再舉人臣之禮知無不為
以此諸君不足與計事也如更汨眾寧豈不能
斬諸君邪遂進軍獠甘眾亦至臨戰大破之生
獲獠甘徇而斬之并執鞏廉王送關所得軍實
悉分賞將士寧無私焉師還詔寧率所部鎮河
陽寧先在涼州戎夷服其威惠遷鎮河民
亞那嵬之魏廢帝元年復除涼甘瓜三州諸軍
事涼州刺史初茹茹與魏和親後更離叛寧為
突厥所破殺其主阿那瓌部落逃逸者仍奉瓌
之子孫抄掠河右寧率兵邀擊獲瓌子孫二人
并其種落酋長自是每戰破之前後獲數萬人
進爵安政郡公三年吐谷渾通使於齊寧擊獲
之就拜大將軍寧後遣使詣太祖請事太祖即
以所服冠履衣被及弓箭稍等賜寧謂其使
人曰為我謝涼州孤解衣以表公推心以委公公

其善令終無損功名也時突厥木汗可汗假
道涼州將襲吐渾太祖令寧率騎隨之軍至番
禾吐渾已覺奔於南山木汗將分兵追之令俱
會於青海寧謂木汗曰樹敦賀真二城是吐渾
巢窟今若援其本根餘種自然離散此上策也
木汗從之即分為兩軍木汗從北道向賀真寧
趣樹敦渾婆同國王率衆逆戰寧擊斬之踰山
履險遂至樹敦敦是渾之舊都多諸珍藏而渾
主先巳本賀真留其征南王及數千人固守寧
進兵攻之退渾人果開門迸之因回兵奮擊門未
及闔寧兵遂得入生獲其征南王俘虜男女財
寶盡歸諸突厥渾賀羅拔王依險為柵周回
五十餘里欲塞寧路寧交破其柵破之俘斬萬計
獲雜畜數萬頭木汗亦破賀真虜渾主妻子
大獲珍物寧還軍於青海與木汗會木汗握寧
手歡其勇決弁遺所乘良馬令寧於帳前乘之
木汗親自兵送突厥以寧所圖必破皆畏憚之
咸曰此中國神智人也及將班師木汗又遺寧

奴婢一百口馬五百四羊一萬口寧乃還州尋被
徵入朝屬太祖崩寧悲慟不已乃請赴陵所盡
哀并告行師克捷孝閔帝踐阼拜小司徒出為
荊襄淅郢等五十二州及江陵鎮防諸軍事荊
州刺史寧有識量識丘權臨敵指撝皆如其策
甚得當時之譽及在荊州頗自奢縱貪濁不修
法度嘗出有人訴州佐曲法寧還付被訟者治之
自是有事者不復敢言聲名大損於西州保定

三年卒於州諡曰烈子雄嗣雄字世武少勇敢
贊力過人便弓馬有筭略年十四從寧於牽屯
山奉迎太祖仍從校獵弓無虛發太祖歎異之
尋尚太祖女永富公主除使持節驃騎大將軍
開府儀同三司累遷駕部中大夫大駙中大夫
從桂國枹罕公辛威鎮金城遂卒於軍時年二
十四雄弟祥以父勳賜爵武遂縣公歷位司織下大夫儀同
以父勳賜爵武平縣公祥弟雲亦
大將軍雲弟威亦以父勳賜爵武當縣公
陸騰字顯聖代人也高祖俟魏征西大將軍東

祖彌夏州刺史父旭性雅澹好老易緯候
之學撰五星要訣及兩儀真圖頗得其指要太
和中徵拜中書博士稍遷散騎常侍知天下將
亂遂隱於太行山孝莊即位屢徵不起後贈并
汾恒肆四州刺史騰少慷慨有大節解巾貟外
散騎侍郎司徒府中兵參軍尒朱榮入洛以騰
為通直散騎侍郎帳内都督從平葛榮以功賜
爵清河縣伯普泰初遷朱衣直閤尚安平主即
東萊王卖平女也魏孝武幸平第見騰與語

【周書列傳二十　七】　朱

悅之謂貴平曰阿翁真得好壻即擢為通直散
騎常侍及孝武西遷騰時使青州遂没於鄴東
魏興和初徵拜征西將軍領陽城郡守大統九
年大軍東討以騰所據衝要遂先攻之時兵威
甚盛長史麻休勸騰降不許經月餘城陷
被執太祖釋而禮之問其東間消息騰陳東
州人物又叙述時事辭理抑揚太祖笑曰卿真
不背本也即拜帳内大都督未幾除太子庶子
還武衛將軍既為太祖所知頗立功効不求内

職太祖嘉之十三年拜車騎大將軍儀同三司
魏廢帝元年安康賊黃眾寶等作亂連結漢
中眾人攻圍東梁州城中糧盡詔騰率軍自
子午谷以援之騰乃星言就道至便與戰大破
之軍還拜龍州刺史太祖謂騰曰今欲通江由路
直出南奏卿宜善思經略騰曰必望臨機制變
未敢預陳太祖曰此是卿取桂國之日卿其勉之
即解所服金帶賜之州民李廣嗣李武等憑據
嚴險以為堡壁招集不逞之徒攻刦郡縣歷政

【三二十七　周書列傳二十　八】　朱

不能治騰密令多造飛梯身奉麾下夜往掩
襲未明四面俱上遂破之執廣嗣等於鼓下其
黨有任公忻者更聚徒眾圍逼州城乃語騰曰
但免廣嗣及武即散兵請罪騰謂將士曰吾若
不殺廣嗣等可謂隨軍實而長寇雠事之不
可者也公忻竪子乃敢要人即斬廣嗣及武以
首示之賊徒沮氣於是出兵奮擊盡擒之魏恭
帝三年拜驃騎大將軍開府儀同三司轉江州
刺史爵上庸縣公邑二千尹陵州木籠獠特險

龐顧曠每行抄劫詔騰討之療既因山為城攻之未
可拔騰遂於城下多設聲樂及諸雜伎示無戰
心諸賊果棄其兵仗或攜妻子臨城觀樂騰知
其無備密令衆軍俱上諸賊惶懼不知所為遂
縱兵討擊盡破之斬首萬級俘獲五千人世宗
初陵貢戎江資卭新遂八州夷夏及合州民張
轉潼州刺史武成元年詔徵騰入朝世宗面勑之
瑜兄弟并反衆數萬人攻破郡縣騰率兵討之
曰益州險遠非親勿居故令齊公作鎮卿之武
略巳著退通兵焉鎮防皆當委卿統攝於是徙
隆州刺史隨憲入蜀及趙公招代憲復請留之
保定元年遷隆州揔管領刺史二年資州盤榮石
民反殺郡守據險自守州軍不能制騰率軍討
擊盡破斬之而蠻獠兵及所在蜂起山路險阻
難得掩襲騰遂量山川形勢隨便開道蠻獠
畏威承風請服所開之路多得古銘並是諸葛
亮桓温舊道是年鐵山獠抄斷内江路使驛
不通騰乃進軍討之欲至鐵山乃偽還師賊不

以為虞遂不守備騰出其不意擊之應時奔潰
一日下其三城斬其魁帥俘獲三千人招納降附
者三萬戶帝以騰毋在齊未令偽告騰適有其
親屬自東還朝者晉公護奉令偽告騰云齊為
無道已誅公家毋兄並從塗炭蓋欲發其怒也
騰乃發哀泣血志在復讎四年齊公憲與晉公
護東征請騰為副趙公招時在蜀復留之晉公
護與招書曰今朝廷令齊公掃蕩河洛欲與此
人同行汝彼無事且宜借吾兄也於是命騰馳傳

入朝副憲東討五年拜司憲中大夫天和初信州
蠻延安據江硤反叛連結二千餘里自稱王侯殺
刺史守令等又詔騰率軍討之騰乃先趣益州
進驍勇之士兼具樓船泛外江而下軍至湯口分
道奮舊擊所向摧破乃築京觀以旌武功語在
蠻傳涪陵郡守蘭休祖又據楚向臨容開信
等州地方二千餘里阻兵為亂復詔騰討之初
臨大戰斬首二千餘級俘獲千餘人當時雖摧
其鋒而賊衆既多自夏又秋無日不戰師老糧

盡送俘軍集市更思方略賊見軍騰不出四面競
前騰乃激勵其衆士皆爭奮復攻其魚令城大
獲糧儲以充軍實又破銅鑾等七柵前後斬獲
四千人并船艦等又築臨州集市二城以鎮過
之騰自在龍州至是前後破平諸賊凡賞得奴
婢八百口馬牛稱是於是巴蜀悉定詔令樹碑紀
績焉四年遷江陵揔管陳遣其將章昭達率衆
五萬船艦二千圍江陵衛王直聞有陳寇遣大
將軍趙閣李遷哲等率步騎赴之並受騰節
度時遷哲等守外城陳將程文季雷道勤夜來
掩龍裂遷哲等驚亂不能抗禦騰夜遣開門出
甲士奮擊大破之陳人奔潰道勤中流矢而斃
虜獲二百餘人陳人又決龍川寧邦堤引水灌
江陵城騰親率將士戰於西堤破之斬首數千
級陳人乃遁六年進位柱國進爵上庸郡公增
邑通前三千五百戶建德二年徵拜大司空尋
出為涇州揔管宣政元年冬薨於京師贈本官
加并汾等五州刺史重贈大後丞諡曰定子玄

嗣玄子士鑒騰入關時年始七歲仕齊為奉朝
請歷成平縣令齊平高祖見玄特加勞勉即拜
地官府都上士大象末為隋文相府內兵參軍
玄弟萬字士傾最知名少歷顯職大象中位至
大將軍定陵縣公
賀若敦代之也父統為東魏潁州長史
年執刺史田迅以州降至長安魏文帝謂統曰
卿自潁川從我何日能忘即拜右衛將軍散騎
常侍宛州刺史賜爵當亭縣公尋除北雍州刺
史卒贈侍中燕朔恒三州刺史司空諡曰哀敦
少有氣幹善騎射統之謀執迅也處事不果又
以累弱既多難以自拔沉吟者久之敦時年十
七乃進策曰大人往事萬榮已為將帥後入介
朱禮遇尤重韓陵之後屈節高歡既非故人又
無功效令日委任無異於前者正以天下未定方
藉英雄之力一旦清平豈有相容之理以敦愚計
恐將來有危亡之憂願思全身遠害不得有所
顧念也統乃流涕從之遂定謀歸太祖時羣盜

蜂起各據山谷大龜山賊張世顯潛來襲統敦
挺身赴戰手斬七八人賊乃退走統大悦謂左右
僚屬曰我少從軍旅戰陣非一如此兒年時膽略
者未見其人非惟一成我門戶亦當為國名將明
年從河內公獨孤信於洛陽被圍太祖異之引置麾
下授都督封安陵縣伯邑四百戶嘗從太祖校
獵於甘泉宮時圍人不齊獸多逃逸太祖大怒
人皆股戰圍內唯有一鹿俄亦突圍而走敦躍馬
馳之鹿上東山敦棄馬步逐至山半便制之而
下太祖大悦諸將因得免責累遷太子庶子撫
軍將軍通直散騎常侍大都督車騎大將軍散
騎常侍儀同三司進爵廣鄉縣侯敦既有武藝
太祖恒欲以將帥任之魏廢帝二年拜右衛將軍
俄加驃騎大將軍開府儀同三司進爵為公時
岷蜀初開民情尚梗巴西人譙淹據南梁州與
梁西江州刺史軍開業共為表裏扇動羣蠻太祖
令敦率軍討之山路艱險人迹罕至敦身先將

周書列傳二十　三百七四　十三　犇

士攀木緣崖倍道兼行乘其不意又遵儀同扶
猛破其別帥向鎮侯於白帝淹乃與開業并其
黨泉王成侯造等率衆七千口衆三萬自墊江
而下就梁王琳敦邀擊破之淹復依山立柵南
引蠻帥向白彪為援敦設反間離其黨與因其
懈怠復破之斬淹盡得其衆進爵武都公增邑
通前二千七百戶拜典祀中大夫尋出為金州都
督七州諸軍事金州刺史向白彪又與蠻帥向
五子等聚衆為寇圍通信州詔敦與開府田

周書列傳二十　三百七八　十四

弘赴救未至而城已陷進與白虎等戰破之俘
斬二千人仍進軍迫討遂平信州是歲荊州蠻
帥文子榮自號仁州刺史擁逼土人據沮漳為
逆復令敦與開府潘詔討之擒子榮并虜其衆
武成元年入為軍司馬自江陵平後巴湘之地
並內屬每遣軍人守之至是陳將侯瑱侯安都
等圍逼湘州過絕糧援乃令敦率步騎六千度江
赴救瑱等以敦孤軍深入規欲取之敦每設奇
伏連戰破瑱乘勝徑進遂次湘州因此輕敵不

以為虞俄而霖雨不已秋水汎溢陳人濟師江

路遂斷援既絕人懷危懼敦於是分兵抄掠

以充資費恐瑱等知其糧少乃於營內多為土

聚覆之以米集諸營軍士人各持囊遺官部

分若欲給糧者因召近村民陽有所訪問令

於營外遙見曠日以老敦師敦又增修營壘造

廬舍示以持久湘羅之間遂廢農業瑱等無如

之何初土人吸乘輕船載米粟及籠雞鴨以餉

周書列傳二十 十五

瑱軍敦患之乃偽為土人裝船伏甲士於中瑱兵

人望見謂餉船之至逆來爭取敦甲士出而擒

之敦軍數有叛人乘馬投瑱者輒納之敦又別

取一馬牽以趣船令船中逆以鞭鞭之如是者再

三馬便畏船不上後伏兵於江岸遣人以招瑱

軍詐稱投附瑱便遣兵迎接競來牽馬既畏

船不上敦發伏掩之盡殪此後實有饋餉及亡

命奔瑱者猶謂敦之設詐遣扦擊並不敢受

相持歲餘瑱等不能制求借船送敦度江敦慮

其或詐拒而許瑱後遺使謂敦曰驃騎在此

既久今欲給船相送何為不去敦報云湘州是

我國家之地為爾侵逼敦來之日欲相平殄既

未得一決所以不去瑱後見復遺使求敦謂使者

云必須我還可舍我百里當為汝去瑱等留船

於江將兵去津路百里敦覘知非詐徐理舟檝

勤眾而還在軍病死者十五六晉公護以敦失

地無功除名為民保定二年拜工部中大夫尋

出為金州總管七州諸軍事金州刺史三年從

周書列傳二十 十六

柱國楊忠引突厥破齊長城至并州而還以敦

為殿別封一子順義縣公邑二千五年除中州

剌史鎮函谷敦特功負氣頗其流輩皆為大將

軍敦獨未得兼以湘州之役全軍而反不蒙旌

賞翻被除名每懷怨怒怒屬有臺使至乃出怨

言晉公護遂徵敦還逼令自殺時年四十九

建德初追贈大將軍諡曰烈子弼有文武材略

大象末位至開府儀同大將軍揚州剌史襄邑

縣公敦弟誼亦知名官至柱國海陵縣公．

權景宣字暉遠天水顯親人也父曇勝魏隴西
郡守贈秦州刺史景宣少聰悟有氣俠宗黨皆
歎異之年十七魏行臺蕭寶寅見而奇之表為
輕車將軍及寶寅敗景宣歸鄉里太祖平隴右
擢為行臺郎中魏孝武遷授鎮遠將軍步兵
校尉加平西將軍秦州大中正大統初轉祠部
郎中景宣曉兵權有智略從太祖拔弘農破沙
苑皆先登陷陣轉外兵郎中從開府于謹援洛
陽景宣督課糧儲軍以周濟時初復洛陽將修
繕宮室景宣率徒三千先出採運會東魏兵至
司州牧元李海等以泉少拔還屬城悉叛道路
擁塞景宣將二十騎且戰且走從騎略盡景宣
輕馬突圍景宣手斬數級馳而獲免因投民家自匿
景宣以久藏非計乃偽作太祖書招募得五百
餘人保據宜陽聲言大軍續至東魏將段琛
等率眾至九曲憚景宣不敢進景宣恐琛審其
虛實乃將腹心自隨詐云迎軍同得西道隨儀
同李延孫相會攻孔城洛陽以南尋亦來附太

祖即留景宣守張白塢節度柰南義軍東魏將
王元凱入洛景宣與延孫等擊走之以功授大行
臺右丞進屯宜陽攻襄城拔之獲郡守王洪顯
俘斬五百餘人太祖嘉之徵入朝錄前後功封
顯親縣男邑三百戶除南陽郡守郡鄰敵境舊
制發民守防三十五處多廢農桑而姦宄猶作
景宣至並除之唯修起城樓多備器械寇盜歛
迹民得肆業百姓稱之選廣州刺史侯景舉河南來附景
帛以旌其能
宣從僕射王思政經略應接既而侯景南叛恐
東魏復有其地以景宣為大都督豫州刺史鎮
樂口東魏亦遣張伯德為刺史伯德令其將劉
貴平率其戍卒及山蠻屢來逼景宣兵不滿
千人隨機奮擊前後擒斬三千餘級貴平乃
退走進授使持節車騎大將軍儀同三司潁川
陷後太祖以樂口等諸城道路阻絕悉令拔還
襄州刺史杞秀以狼狠得罪景宣號令嚴明戎
旅整肅蕭所部全濟獨被優賞仍留鎮荊州委以

鴟南之事初梁嶽陽王蕭詧將以襄陽歸朝仍
勒兵攻梁元帝於江陵詧叛將杜岸乘虛襲之
景宣乃率騎三千助詧破岸詧因是乃送其妻
王氏及子寮入質景宣又與開府楊忠取梁將
柳仲禮拔安陸隨郡又之隨州城民吳士英等
殺刺史黃道王因聚為冠景宣以英等小賊可
以計取之君聲其罪恐同惡者衆廼與英書偽
稱道王凶暴歸功英等信之遂相率而至
景宣執而戮之散其黨與進攻應拔之獲夏

三千三十　周書列傳二十　十九　奐

侯珍洽於是應禮安隨並平朝議以景宣威行
南服廼授幷安肆鄖新應六州諸軍事幷州刺
史尋進驃騎大將軍開府儀同三司加侍中兼
督江北司二州諸軍事進爵為伯邑五百戶唐
州蠻田魯嘉自號豫州伯引致齊兵大為民患
景宣又破之獲魯嘉以其地為郡轉安州刺史
梁定州刺史李洪遠初欵後叛景宣惡其懷貳
密襲破之虜其家口及部衆洪遠脫身走免自
是酋帥懾服無敢叛者燕公于謹征江陵景宣

別破梁司空陸法和司馬羊亮於澠水又遣別
帥攻拔魯山多造舟艦益張旗幟臨江欲度以
懼梁人梁將王琳在湘州景宣請遺之書論以禍
福琳遂遣長史席豁因景宣請舉州欵附孝閔
帝踐阼徵為司憲中大夫尋除基郡竦平四
州五防諸軍事江陵防主加大將軍保定四
良永州刺史蕭世怡並以城降景宣以開府謝
徹守永州開府郭彥守豫州以士良世怡及降
晉公護東討景宣別討河南齊豫州刺史王士

周書列傳二十　二十

卒一千人歸諸京師尋而洛陽不守乃棄二州
拔其將士而還　至昌州而羅陽蠻及景宣回軍
破之斬首千級獲生口二千雜畜千頭送關還
次灞上晉公護親迎勞之天和初授荊州總管
十七州諸軍事荊州刺史進爵千金郡公陳湘
州刺史華皎舉州欵附表請援兵已勑景宣統
軍與皎俱下景宣到夏口陳人已至而景宣以
任遇隆重遂驕懶縱多自矜伐兼納賄貨指
魔節度朝出夕改將士憤怒莫肯用命及水軍

始交一時奔北船艦器伏略　無子遺時衛公直
摠督諸軍以景宣負敗欲縋以軍法朝廷不忍
加罪遣使就軍赦之景之尋遇疾卒贈河渭鄯三州
刺史諡曰恭子如璋嗣位至開府膠州刺史如
璋弟如玖儀同大將軍廣川縣侯景宣之去樂
口南荊州刺史郭賢據魯陽以拒東魏
賢字道因趙興陽州人也父雲涼州司馬賢性
彊記學涉經史魏正光末賊帥宿勤明達通
臨州刺史畢暉補賢統軍與之拒守後為州主簿

行北地郡事以征討有功授都督大統二年齊
神武龍驤夏州太祖慮其南下與朝臣議之賢
進曰高歡兵士雖衆智勇已竭策其舉措必不
敢乘便進取雍州是其無智及鑾駕西遷六軍
敢遠來昔賀拔公初薨關中振駭而歡不能因
利乘便進取關門不守又不能乘此危機
寡弱毛鴻賓喪敗關中令上下同心士民勠力
以要一戰是其無勇今上下同心士民勠力
喪寧敢送死且函夏荒阻千里無煙縱欲南侵
資糧莫繼以此而言不來必矣齊神武後果退

如賢所策尋加伏波將軍從王思政鎮弘農
使持節行義州事當州都督轉行弘農郡事
賢質直有算略思政甚重之禦邊之謀多與賢
參決十二年除輔國將軍南州刺史及侯景來
附思政遣賢先出三鵶鎮於魯陽加大都督封
安武縣子邑四百戶尋進軍騎大將軍儀同三司
加散騎常侍及潁川被圍東魏遣蠻酋魯和為
廣郡守率其部曲侵擾州境賢密簡輕馬
動眾壁規斷鴉路和乃遣其從弟與和為漢

往掩襲大破之遂擒魯和既而潁川陷權景宣
等並拔軍西還自魯陽以東皆附東魏將彭樂
因之遂來攻逼賢撫循將士咸為盡其力用樂
不能克乃引軍退而東魏又以土民韋默兒為
義州刺史鎮父城以逼賢賢又率軍攻攻覩兒
之轉廣州刺史後從尉遲逈伐蜀行安州事魏
恭帝元年行寧蜀郡事兼行始州事孝閔帝
踐阼進位驃騎大將軍開府儀同三司進爵為
勳進爵為伯增邑五百戶轉行益州長史以平蜀

候增邑通前一千四百戶世宗初除迎師中大夫
尋出為勲州刺史鎮玉壁武成二年遷安應等
十二州諸軍事安州刺史進爵樂昌縣公賢在
官雖無明察之譽以廉平待物去後頗亦見思
保定三年轉陝州刺史天和元年卒於位贈少
保寧尉朔三州刺史謚曰節賢衣服飲食雖以
儉約自處而居家豐麗室有餘貲時論譏其
詐云子正嗣

史臣曰昔耿恭抗勁虜於疏勒馬敦拒羣兵於

汧城雖以易死終賴王師之助其嘉聲峻節
亦見稱於良史焉賀若敦志略慷慨深入敵境
勍敵絕其糧道長江阻其歸塗勢危而策出無
方事迫而雄心彌厲故能使士卒感其義敵人
畏其威誠宜若此者乎俯窺元定之傳曾冀土之
不君其孰能若此者乎佾政之分職以授之而茂勲
者其威也全師而返非夫忘生以徇國
莫其紀嚴刑已及嗟乎賞之紕繆一至於此天下
以知宇文護不能終其位焉史寧權景宣並以

將帥之才受内外之寵總戎薄伐著剋敵之功
布政蒞民稱職之譽若此者豈非有國之良
翰歟然而史在末年貨財虧其雅志權亦晚節
孫敭喪其威聲傳曰終之實難其斯之謂矣陸
騰志氣慄然雅杖名節及授戎律建藩摩席卷
巴梁則功著銘典雲撤江漢則聲流帝籍身名
俱劭其最優乎

列傳第二十

周書二八

王傑　　　　　　　　令狐　德棻　等撰

王勇
宇文虯
宇文盛（弟丘）
耿豪
高琳
李和

▲周書列傳二十一　　　一

伊婁穆
楊紹
王雅
達奚寔
劉雄
侯植

王傑金城直城人也本名文達高祖萬國魏伏
波將軍燕州刺史父龍驤將軍揄中鎮將
傑少有壯志每以功名自許善騎射有旅力魏

孝武初起家子都督（後從西遷）賜爵都昌縣
子太祖奇其才擢授揚烈將軍羽林監尋加都
督太祖嘗謂諸將曰王文達萬人敵也但恐勇
決太過耳復潼關破沙苑爭河橋戰邙山皆以
勇敢聞親待日隆賞賜加於倫等於是賜姓宇
文氏除岐州刺史加撫軍將軍銀青光祿大夫
進爵為公邑八百戶累遷大都督車騎大將軍
儀同三司侍中驃騎大將軍開府儀同三司魏
恭帝元年從于謹圍江陵時柵內有人善用長

▲周書列傳二十一　　　二

稍戰士將登者多為所斃謹令傑射之應弦而
倒登者乃得入餘眾繼進遂拔之謹喜曰濟我
大事者在公此箭也孝閔帝踐阼進爵張掖郡
公增邑二千戶出為河州刺史朝廷以傑勳望俱
重故授以本州保定三年進位大將軍三年詔傑
與隨公楊忠自漢北伐齊至并州而還天和三年
除宜州刺史增邑通前三千六百戶六年從齊公
憲東禦齊將斛律明月進位柱國建德初除涇
州揔管傑少從軍旅雖不習吏事所歷州府咸

以忠恕為心以是頗為百姓所慕宣帝即位拜
上柱國大象元年薨時年六十五贈河鄯鄧延
洮岩冀七州諸軍事河州刺史追封鄂國公謚
曰威子孝儁大象末位至開府儀同大將軍
馬旅力過人魏永安中万俟醜奴等寇亂關隴
勇占募隨軍討之以功授寧朔將軍奉車都
尉又數從侯莫陳悅岳征討功每居多拜
別將及太祖為丞相引為帳內直盪都督加後

【周書列傳二十一】 三

將軍太中大夫封包信縣子邑三百戶大統初
增邑四百戶進爵為侯從擒竇泰復弘農戰
沙苑氣蓋衆寡一所當必破太祖歎其勇敢賞
賜特隆進爵為公邑二千五百戶拜鎮南將軍
授師都督從討趙青崔平之論功居最除衛大
將軍殷州刺史加通直散騎常侍兼太子武衛
率邙山之戰勇率敢死之士三百人金鈚短兵大
呼直進出入衝擊殺傷甚多敵人無敢當者是
役也大軍不利唯勇及王文達耿令貴三人力

戰皆有殊功太祖於是賞帛二千疋令自分之
軍還皆拜上州刺史以雍州歧州北雍州擬授
勇等然州頗有優劣又令探籌取之勇遂得
雍州文達得歧州令貴得比雍州仍賜勇名為
都督遷使持節車騎大將軍開府儀同三司魏恭帝元
勇令貴名豪文達名傑以彰其功十三年授大
年從柱國趙貴征茹茹破之勇追擊獲雜畜數
千頭進爵新陽郡公增邑通前二千戶仍賜姓

【周書列傳二十一】 四

庫汗氏六官建拜稍伯中大夫又論討茹茹功別
封永固縣伯邑五百戶時有別封者例聽回授
次子男獨請兄子元興時人義之尋進位大將
軍世宗初岷山羌豪笄廉俱和叛勇師討平
之勇性雄猛為當時驍將然稍功代善好揚人
之惡時論亦以此鄙之柱國侯莫陳崇勳高望
重與諸將同謁晉公護聞勇數論人之短乃於
衆中折辱之勇遂慙恚因沮發背疽而卒子昌
嗣官至大將軍

宇文虬字樂仁代武川人也性驍悍有膽略少從
軍征討累有戰功魏永安中除征虜將軍中散
大夫加都督魏孝武初從獨孤信在荊州破梁人
於下溠遂平歐陽鄚城虬俘獲甚多又攻南陽
廣平二城擒郡守以功加安西將軍銀青光禄
大夫貟外直閤將軍閤內都督封南安縣侯邑九
百戶及孝武西遷以獨孤信為行臺信引虬為帳
內都督破田八能又擒東魏荊州刺史辛纂論
功居多尋隨信奔梁大統三年歸關朝廷論
前後功增邑四百戶進爵為公僑實泰復弘農
及沙苑河橋之戰皆有功增邑八百戶進車騎將
軍左光禄大夫七年除漢陽郡守又從獨孤信討
梁企定破之十一年出為南秦州刺史加車騎大
將軍儀同三司進驃騎大將軍開府儀同三司
追論斬辛纂功增邑二千戶十七年與大將軍王
雄征上津魏興等並平之又於白馬與大將軍王
紀將楊乾運戰破之虬每經行陣必身先卒伍
故上下同心戰無不克尋而魏興復叛虬又與王

雄討平之俄除金州刺史進位大將軍後必疾卒
宇文盛字保興代人也曾祖伊與敦祖長壽父
文孤並為沃野鎮軍主盛志力驍雄初為太祖
帳內從破侯莫陳悅授威列將軍封漁陽縣子
邑三百戶大統三年兼都督從擒竇泰復弘農
增邑八百戶除馮翊郡守加帥都督
破沙苑授都督平遠將軍步兵校尉進爵為公
正通直散騎常侍撫軍將軍儀同三司驃騎大
大都督車騎大將軍儀同三司驃騎大將軍開府
儀同三司臨州刺史及楚公趙貴謀為亂盛密
赴京告之貴誅授大將軍進爵忠城郡公除涇
州都督賜奴婢二百口馬五百疋牛羊及莊
田什物等稱是仍從賀蘭祥平洮陽供和二城
別封一子甘棠縣公轉延州摁管進位柱國天和
五年入為大宗伯六年與桂國王傑從齊公憲東
討時汾州被圍日久憲遺盛運粟以給之仍赴
姚襄城受憲節度齊將段孝先率兵大至盛
力戰拒之孝先退乃　築大寧城而還建德二年

授少師五年從高祖東代率步騎一萬守汾水
關宣帝即位拜上柱國增邑通前四千六百戶
大象中薨子述嗣大象末上柱國濮陽公盛第
立立字胡奴起家襄威將軍奉朝請都督賜爵
臨邑縣子稍遷輔國將軍大都督預告貴謀
拜車騎大將軍儀同三司進爵安義縣侯一
千戶加驃騎大將軍開府儀同三司進位大將軍
咸陽郡守遷汾州刺史入爲左宮伯進位大將軍
出爲延綏卅三州三防諸軍事延州刺史轉涼甘

氏三州諸軍事涼州刺史加柱國大將軍建德元
年薨時年六十贈柱國豳鄜等州刺史子隴嗣
耿豪鉅鹿人也本名令貴其先避劉石之亂居
遼東因仕於燕曾祖超率眾歸魏遂家於神武
川豪少麤獷有武藝好以氣凌人賀拔岳西征
引爲帳内小麾儁被害歸太祖以武勇見知豪亦自
謂所事得主從討侯莫陳悅及迎魏孝武錄前後
功封平原縣子邑三百戶除寧朔將軍奉車都
尉遷征虜將軍加通直散騎常侍進爵爲侯增

邑七百戶從擒竇泰復弘農豪先鋒陷陣加
前將軍中散大夫沙苑之戰豪殺傷甚多血染
甲裳盡赤太祖見之歡曰令貴武猛所向無前
觀其甲裳足以爲驗不須更論級數也於是進
爵爲公增邑通前一千五百戶除鎮北將軍金紫
光祿大夫南郢州刺史九年從太祖戰於邙山豪
直刺史所憤莫敢眉畏死遂大呼獨入敵人鋒刃
謂所部曰大丈夫見賊須右手援刀左手把稍
亂下當時感爲豪殺俄然奮刀而還戰數合當
豪前者死傷相繼又謂左右曰吾豈樂殺人俱壯
士除賊不得不爾若不能殺賊又不爲人所傷何
異逐坐人也太祖嘉之拜北雍州刺史十三年論
前後戰功進授車騎大將軍儀同三司侍中驃騎增邑通
前二千八百十五年賜姓和稽民進位侍中驃騎通
大將軍開府儀同三司豪性凶悍言多不遜太祖惜
其驍勇每優容之豪亦自謂意氣冠群終無
所屈李穆蔡祐初與豪同時開府後並居豪之
右豪意不平謂太祖曰外聞物議謂豪勝李穆

蔡祐太祖曰何以言之豪曰世言李穆蔡祐丞
相臂膊耿豪王勇丞相咽項在上故爲勝
也豪之鹿猛皆此類十六年卒時四十五太祖痛
惜之贈以本官加朔州刺史子雄嗣位大將軍
高琳字季珉其先高勾麗人也六世祖欽爲質
於慕容廆遂仕於燕五世祖宗率衆歸魏魏
一領民酋長賜姓羽真氏祖明父遷仕魏咸亦
顯達琳母嘗祓禊泗濱遇見一石光彩朗潤遂
持以歸是夜夢見一人衣冠有若仙者謂其母

【周書列傳二十一】　九

曰夫人向所將來之石是浮磬之精若能寶持
必生令子其毋驚寤便舉身流汗俄而有娠及
生因名琳字季珉焉魏正光初起家衛府都督
從元天將討邢杲破梁將沈慶之以功轉統軍
又從尒朱天光破万俟醜奴論功爲最除寧朔
將軍奉車都尉後隨天光敗於韓陵山琳因留洛
陽魏孝武西遷從入關至滦水爲齊神武所追
拒戰有功封鉅野縣子邑三百戶大統初進爵
爲侯增邑四百戶轉龍驤將軍項之授直閤將軍

遷平西將軍加通直散騎常侍三年從太祖破
齊神武於沙苑死轉安西將軍進爵爲公增邑八
百戶累遷衛將軍銀青光祿大夫右光祿大夫
四年從擒莫多妻貸文仍戰河橋琳先驅奮
擊勇冠諸軍太祖嘉之謂之曰公即我之韓白
也拜太子左庶子尋以本官鎮玉壁復從太祖
戰邙山除正平郡中加大都督增邑三百戶齊將
東方老來寇琳率衆禦之老恃其勇健直前
趣琳短兵接琳擊之老中數槍而退謂其左右曰

【周書列傳二十】　十

吾經陣多矣未見如此健兒後乃密使人勸琳
東歸琳斬其使以聞進使持節車騎大將軍儀
同三司散騎常侍除廊州刺史加驃騎大將軍
開府儀同三司侍中孝閔帝踐祚進爵捷爲
郡公邑二千戶武成初從賀蘭祥征吐谷渾以
別封一子許昌縣公邑二千戶除延州刺史又從柱
國豆盧寧討稽胡郝阿保劉桑德等破之二年
文州氐首反詔琳率兵討平之師還帝宴羣公
卿士仍命賦詩言志琳詩六章云云帝曰實車騎

為謝霍將軍何以報天子沙漠所妖氣帝大悅
曰獯猻陸梁未時欸塞卿言有驗國之福也保定
初授梁州揔管十州諸軍事天和二年徙丹州刺
史三年遷江陵揔管時陳將吳明徹來寇揔管
田弘弘與梁主蕭歸出保紀南城唯琳與梁僕
射王操固守江陵三城以抗之晝夜拒戰凡經十旬
明徹退去歸表言其狀帝乃優詔追琳入朝親
加勞問進授大將軍仍副衛公直鎮襄州六年進
位柱國建德元年薨時年七十六贈本官加冀定

郡公位至儀同大將軍
齊滄州五州諸軍事冀州刺史諡曰襄子儒少以
父勳賜爵許昌縣公拜左侍上士後襲爵犍為
李下本名慶和其先隴西狄道人也後徙居朔方
父僧養以累世雄豪善於統御為州里所推賀拔岳
少敢勇有識慶狀貌魁偉為帳內都督以破諸賊功稍遷
作鎮關中乃引和為帳內都督以破諸賊功稍遷
征比將軍金紫光祿大夫賜爵思陽公尋除漢
陽郡守治存寬簡百姓稱之至大統初加車騎將

軍右衛祿大夫都督累遷使持節車騎大將軍儀
同三司散騎常侍侍中驃騎大將軍開府儀同三
司夏州刺史賜姓宇文氏太祖嘗謂諸將曰宇文
慶和智略明贍立身恭謹累經委任毋稱吾意
遂賜名意焉改封永豐縣公邑二千戶保定二年
除司憲中大夫進爵義城郡公尋又改封德廣
郡公出為洛州刺史和前在夏州頗留遺惠及有
此授商洛父老莫不想望德音和至州以仁恕訓
物獄訟為之簡靜天和三年進位大將軍拜延

綏丹三州武安伏夷安民三防諸軍事延州刺史
六年進柱國大將軍建德元年改授延綏銀三州
文安伏夷安民周昌梁和五防諸軍事以罪免尋
復柱國隋開皇元年薨上柱國和立身剛簡老
而逾勵諸子趨事若奉嚴君娑意是太祖賜名
市朝已革慶和則父之所命義不可違至是遂
以和為名三年薨贈本官加司徒公徐兗邳沂
海泗六州刺史諡曰蕭子徽嗣
伊婁穆字奴干代人也父靈善騎射為太祖所知

太祖嘗謂之曰昔伊尹阿衡於殷致主堯舜卿
既姓伊厥卿不替前緒於是賜名尹焉歷金紫
光祿大夫將軍隆州刺史賜爵盧奴縣公穆
弱冠爲太祖內親信以機辯見知授奉朝請常
侍左右邙山之役力戰有功拜子都督丞相府參
軍事轉外兵參軍累遷師都督平東將軍中
散大夫歷中書舍人尚書駕部郎中撫軍將軍大
都督通直散騎常侍嘗入臺事太祖整見悅之
字之曰奴干作儀同面見我矣於是拜軍騎大

將軍儀同三司賜封安陽縣伯邑五百戶轉大丞
相府掾遷從事中郎除給事黃門侍郎魏廢
帝二年穆使於蜀屬伍城郡人趙雄傑與梓潼
郡人王令公鄧朏等構逆衆三萬餘人阻涪水立
柵進逼潼州穆遂與刺史叱羅協率兵破之增
邑五百戶閔帝踐祚拜兵部中大夫治御正
進爵爲侯增邑五百戶尋進位驃騎大將軍
開府儀同三司保定初授軍司馬進爵爲公
年除金州總管八州諸軍事金州刺史天和二年

增邑二千二百戶又爲民部中大夫衛公直出鎮
襄州以穆爲長史鄖州城民王道貴反龍襲擾州
城直遣穆率百餘騎馳往接之穆進至城下頻破
賊衆會大將軍高琳率衆軍繼進貴等乃降
唐州山蠻恃險逆命穆率軍討之蠻酋保據石
窟十四處穆分軍進討旬有四日並破之虜獲
六千五百六十六年進位大將軍建德初授荊州復
以穆爲總管府長史穆頻戍藩甚得邊贊
之譽又爲小司馬從柱國李穆平軹關等城賞

布帛三百定粟三百石田三十頃五年從皇太子
討吐谷渾還穆殿爲渾人圍會劉雄救至乃得
解後以疾卒
楊紹字子安弘農華陰人也祖興魏新平郡守
父國中散大夫紹少慷慨有志略屢從征伐力戰
有功魏永安中授廣武將軍屯騎校尉直盪別
將普泰初封廣武將軍右光祿大夫進
光祿大夫魏孝武初遷衞將軍金紫
爵冠軍縣伯邑二百戶大統元年進爵爲公增

邑六百戶累遷車騎將軍通直散騎常侍驃騎
將軍左先祿大夫四年出為鄜城郡守紹性恕直
兼有威惠百姓安之稽胡恃眾屢為抄竊
紹率郡兵從侯莫陳崇討之死馬先登破之於黔
泉之上加帥都督驃騎常侍朔州大中正十三年
錄前後功增邑通前二千二百戶除燕州刺史累
遷大都督車騎大將軍儀同三司復從大將軍
達奚武征漢中時梁恒農侯蕭循圍守梁州紹
以為懸軍敵境圍守堅城曠日持久糧饟不繼
城中若致死於我懼不能歸請為計必誘之乃頻
至城下挑戰設伏待之循初不肯出紹又遣人萬
辱之循怒果出兵紹率眾偽退城降以功授輔國
將軍中散大夫聽回授子又從桂國燕國公于謹
圍江陵紹關於枇杷門流矢中股而力戰不衰事
平賞奴婢二百進驃騎大將軍開府儀同三司除
衡州刺史賜姓叱利氏孝閔帝踐祚進位大將軍
保定二年卒贈成文等八州刺史諡曰信子雄嗣
大象末上柱國邽國公

王雅字度容闡熙新固人也少而沈毅木訥寡言
有膽勇善騎射太祖聞其名召文軍累有戰功
除都督賜爵居庸縣子東魏將竇泰入冠雅從
太祖擒之於潼關沙苑之戰雅謂所部曰彼軍殆
有百萬今我不滿萬人必常理論之實難與敵但
相公神武命世股肱王室以順討逆出眾寡
夫若不以此時破賊何用生為乃擐甲步戰所向
披靡太祖壯之又從邙山時大軍不利為敵所
乘諸將皆引退雅獨迴騎拒之敵人見其無繼步
騎競進雅左右奮擊頻斬九級敵眾稍却雅乃
還軍太祖歡曰王雅舉身悉是膽也輕前後功進
爵為伯除帥都督鄜城郡守政尚簡易吏人安
之遷大都督延州刺史轉夏州刺史加車騎大將
軍儀同三司進驃騎大將軍開府儀同三司世宗
初除汾州刺史厲精為治人悅而附之自遠
至者七百餘家保定初復為夏州刺史卒於州
子世積嗣少倜儻有文武幹略大象末上大將
軍宜陽郡公

達奚寔字什伐代河南洛陽人也高祖涼州魏
征西將軍山陽公父顯相武衛將軍寔少修立
有幹局起家給事中加冠軍將軍魏孝武初授
都督鎮弘農後從西遷封臨汾縣伯邑六百戶
遷大行臺郎中仍與行臺郎神鎮潼關及潼關
失守即與大都督陽山武戰於關東魏人甚憚
之從太祖擒竇泰復弘農破沙苑皆力戰有功
增邑三百戶加車騎將軍左光祿大夫十三年
又授大行臺郎中相府掾轉從事中郎寔性嚴

重太祖深器之累遷大都督持節通直散騎常
侍魏廢帝二年除中外府司馬大軍伐蜀以寔行
南歧州事兼都軍糧先是山氏生獷不供賦役
歷世羈縻莫能制御寔道之以政民人感悅並從
賦稅於是大軍糧餉咸取給焉尋徵還仍為司
馬六官建拜蕃部中大夫加驃騎大將軍開府儀
同三司進爵平陽縣公武成二年授御正中大夫
治民部兼晉公護司馬保定元年出為文州刺
史卒於州時年四十九贈文康二州刺史諡曰恭

子豐嗣

劉雄字猛雀臨洮子城人也少機辯慷慨有大
志大統中起家為太祖親信尋授統軍宣威將軍
給事中除子城加都督輔國將軍中散大夫兼
中書舍人賜姓宇文氏孝閔帝踐祚加大都督歷
司市下大夫齊右下大夫治小駕從征洛陽天
軍儀同三司保定四年治中外府屬從征天
和二年還駕部中大夫四年兼齊公憲府掾從
憲出宜陽築安義等城五年齊相斛律明月率

眾築通關城以援宜陽先是國家與齊通好約
言各保境息民不相侵擾至是憲以齊人失信令
雄使於明月責其背約雄辭義辯直齊人憚焉
使還兼中府外掾尋加驃騎大將軍開府儀同三
司封周昌縣伯邑六百戶齊人又於姚襄城伏龍
等五城以處戎卒雄從齊公憲攻之五城皆拔憲
復遣雄與柱國宇文盛於齊長城已西連營防禦
齊將段孝先等率眾圍盛營外先有長塹雄
將軍韓歡與孝先交戰不利雄身負排率所

部二十餘人據堞力戰孝先等乃止軍還遷軍

司馬進爵為侯邑二千四百戶建德初授納言轉

軍正復為納言二年轉內史中大夫除侯正高祖

曾從容謂雄曰古人云富貴不歸故鄉猶衣錦

夜遊今以卿為本州何如雄稽首拜謝於是詔

以雄為河州刺史雄先已為本縣令復有此授

鄉里榮之四年從桂國李穆出軹關攻邵州等

城拔之以功獲賞五千皇太子西征吐谷渾雄自

涼州從滕王逌率軍先入渾境去伏侯城二百餘

周書列傳二十一　十九

里逌遣雄先至城東舉火與大軍相應渾洮王

率七百餘騎逆戰雄時所部數百人先並介遣

斥候在左右者二十許人即率與交戰斬首

七十餘級雄亦亡其三騎自是從逌連戰之雄功

居多賞物甚厚止軍還伊婁穆殿為賊所圍

皇太子命雄救之雄率騎一千解穆圍增邑三

百戶加上開府儀同三司其年大軍東討雄從

齊王憲援洪洞下永安軍還仍與憲迴援晉

州未至齊後主已率大兵親自攻圍晉州垂陷

憲遣雄先往察其軍勢雄乃率步騎十人鳴鼓

角遙報城中尋而高祖兵至齊主遁走從平并

州拜上大將軍進爵邑三千戶舊封廻

授一子明年從平鄴城進封桂國其年從齊王憲

揔北討稽胡軍還出鎮幽州宣政元年四月突

厥寇幽州揔管七州諸軍事亳州刺史子昇

戰歿幽州揔管居民雄出戰為突厥所圍臨陣

嗣以雄死王事大象末授儀同大將軍

侯植字仁幹上谷人也燕散騎常侍龕之八世

周書列傳二十一　二十

孫高祖恕魏北地郡守子孫因家于北地之三水

遂為州郡冠族父欣泰州刺史義縣公植少

倜儻有大節容貌奇偉武藝絕倫正光中起家

奉朝請尋而天下喪亂群盜蜂起植乃散家

財率募勇敢討賊以功拜統軍遷清河郡守

後從賀拔岳討万俟醜奴等每有戰功除義州

刺史在州甚有政績為夷夏所懷及齊神武

逼洛陽植從魏孝武西遷大統元年授驃騎將

軍都督賜姓侯伏侯氏從太祖破沙苑戰河橋

進大都督加左光祿大夫涼州刺史字文仲和據
州作逆字文植從開府獨孤信討擒之拜車騎大將
軍儀同三司封肥城縣公邑二十户又賜姓賀屯
魏恭帝元年從于謹平江陵進驃騎大將軍
開府儀同三司賜奴婢一百口别封二子汧源縣
伯六官建拜司倉下大夫時帝紹冲晉公護執政
郡公增邑通前二千户孝閔帝踐阼進爵
植從兄龍恩為護所親任及護誅趙貴而諸
宿將等多不自安植謂龍恩曰今主上春秋既

【周書列傳二十一】　　　二十一

富安危繫於數公共為屑齒高憂不濟況以
纖介之間自相夷滅植恐天下之人因此解體兄
既受人任使安得知而不言龍恩竟不能用植
又承閒言於護植曰君臣之分情均父子理須同其
休戚期之始終明公以骨肉親當社稷之寄與存
與亡在於兹日願公推誠王室擬迹伊周使國
有泰山之安傳世禄之盛則率土之濱莫不
幸甚護曰我蒙太祖厚恩且屬當猶子誓將
以身報國賢兄應見此心卿今有是言豈謂吾

有他志邪又聞其先與龍恩言乃陰忌之植
懼不免禍遂以憂卒贈大將軍正楊光三州諸
軍事平州刺史謚曰節子定嗣及護伏誅龍
恩與其弟大將軍武平公萬壽並預其禍高祖
治護事知植忠於朝廷乃特免其子孫定後
位至車騎大將軍儀同三司
史臣曰王傑王勇字文虬之徒咸以果毅之姿效
節於擾攘之際終能屢摧堅覆銳立擒悔之
功裂骨壤據勢位固其宜也仲尼稱無求備

【周書列傳二十一】　　　二十二

於一人信矣夫文士懷溫恭之操其弊也惻弱
武夫稟剛烈之質其失也敢悍故有使酒不遜
之禍拔鉤爭功之尤大則草全其生小則僅而
獲免耿豪王勇不其然乎

列傳第二十一　　　周書二十九

寶熾　兄子毅　　令狐　德棻　等撰

于翼　李穆

【周書列傳第二十二】

寶熾字光成扶風平陵人也漢大鴻臚章十二
世孫章子統靈帝時為鴈門太守避竇武之難
亡奔匈奴遂為部落大人後魏南徙子孫因家
於代賜姓紇豆陵氏累世仕魏皆至大官父略
平遠將軍以熾著勳贈以保桂國大將軍建昌

記什六

公熾性嚴明有謀略美鬚髯身長八尺二寸少
從范陽祁忻受毛詩左氏春秋略通大義善騎
射膂力過人魏正光末北鎮擾亂熾乃隨路避
地定州因沒於葛榮榮欲官略略不受榮疑其
有異志遂留略於冀州將熾及熾兄善隨軍魏
永安元年尒朱榮破葛榮熾乃將家詣榮於并
州時葛榮別帥韓婁眾數萬人據薊城
不下以熾為都督從驃騎將軍侯深討熾手
斬妻以功拜揚烈將軍三年除貟外散騎侍郎

遷給事中建明元年加武厲將軍魏孝武即位
茹茹等諸蕃並遣使朝貢帝臨軒宴之有鴟飛
鳴於殿前帝素知熾善射因欲示遠人乃給熾
御箭兩隻射之鴟乃應弦而落諸蕃人咸歎
異焉帝大悅賜帛五十疋尋率兵隨東南道行
臺樊子鵠追討尒朱仲遠之子鵠令熾率騎兵
擊破之封行唐縣子邑五百戶尋拜直閤將軍
銀青光祿大夫領華騶令進爵上洛縣伯邑二

【周書列傳二十】

千戶時帝與齊神武搆隙以熾有威重堪處爪
牙之任拜閤內大都督遷撫軍將軍朱衣直閤
遂從帝西遷仍其兄善重至城下與武衛將
軍高金龍戰於千秋門敗之因入宮城取御馬
馬各二疋駕馬十疋大統元年以從加駕功別封真
四十疋并鞍勒進之行所帝大悅賜馬及善駿
定縣公除東豫州刺史加衛將軍從擒寶泰
復弘農破沙苑皆有功增邑八百戶河橋之戰
諸將退走熾時獨從兩騎為敵人所追至卭山

熾乃下馬背山抗之俄而敵衆漸多三面攻圍
矢下如雨熾騎士所執弓並爲敵人所射破熾
乃摠收其箭以射之所中人馬皆應弦而倒敵
以殺傷既多乃相謂曰得此人未足爲功乃稍
引退熾因其怠遂突圍得出又從太保李弼討
白額稽胡破之除車騎將軍高仲密以北豫州
來附熾率兵從太祖
邙山爲陣太祖命留輜重於壓曲率輕騎奮擊
中軍與右軍大破之悉虜其步卒熾獨追至石

濟而還遷車騎大將軍儀同三司散騎常侍增
邑一千十三年進使持節驃騎大將軍開府
儀同三司加侍中增邑通前三千六百戶出爲
涇州刺史涖職數年政號清靜改封安武縣公
進授大將軍魏廢帝元年除大都督原州刺史
熾抑挫豪右申理幽滯每親巡壟畝勸民耕桑
在州十載甚有政績州城之北有泉水焉熾嘗
經遊踐眷與僚吏宴於泉側酌水自飲曰吾
在此州唯當飲水而已及去職之後人吏感其

遺惠每至此泉者莫不懷之魏恭帝元年進
爵廣武郡公屬茹茹寇廣武熾率兵與柱國
趙貴分路討之茹茹聞軍至引退熾度河至
蟣使川追及與戰大破之斬其酋帥郁久閭是
發獲生口數千及雜畜數萬頭孝閔帝踐阼增
邑三千戶武成二年拜柱國大將軍世宗以熾前
朝忠勳望重兼欲獨爲造第熾辭以天下未
平干戈未偃不宜輕發徒役世宗不許尋而
帝崩事方得寢保定元年進封鄧國公邑一萬

戶別食資陽縣一千戶收其租賦四年授大宗伯
隨晉公護東征天和五年出爲宜州刺史先是
太祖田於渭北令熾與晉公護分射走兔熾一日
獲十七頭護獲十一頭護恥其不及因以爲嫌至
是熾又以高祖年長有勸護歸政之議護惡之
故左遷焉及護誅徵熾既朝之元老名位
素隆至於軍國大謀常與參議嘗有疾高祖
至其第而問之因賜金石之藥其見禮如此
帝於大德殿將謀伐齊熾時年已衰老乃扼腕

曰臣雖朽邁請執千檛首啟戎行得一觀即誅翦
鯨鯢廓清襄宇省方觀俗登岳告成然後歸魂
泉壤無復餘恨高祖壯其志節遂以熾第二子
武當公恭爲左三軍惣管齊平之後帝乃召熾
歷觀相州宮殿熾拜賀曰陛下眞不負先帝矣
帝大悅賜奴婢三十人及雜繒帛千定進位上
柱國宣政元年兼雍州牧及宣帝營建東京以
熾爲京洛營作大監宮死制度皆取決焉大象
初改食樂陵縣邑戶如舊隋文帝輔政停洛陽
宮作熾請入朝爲尉遲迴舉兵熾乃移入金墉
城簡練關中軍士得數百人與洛州刺史平涼
公元亨同心固守仍權行洛州鎮事相州平熾
方入朝屬隋文帝初爲相國百官皆勸進熾自
以累代受恩遂不肯署熾時人高其節隋文帝
踐極拜太傅加殊禮贄拜不名開皇四年八月薨時
年七十八贈本官冀滄瀛趙衞貝魏洛八州諸軍事
冀州刺史謚曰恭熾事親孝奉諸兄以悌順聞及其
位望隆重而子孫皆處列位遂爲當時盛族子

茂嗣茂有弟十三人恭威最知名恭位至大將軍
從高祖平齊封贊國公除西兖州惣管以罪賜死
熾兄善以中軍大都督南城公從魏孝武西遷後
仕至太僕衞尉卿汾北華二州刺史驃騎大將
軍開府儀同三司卒贈諡曰忠子榮定嗣進
家魏文帝千牛備身稍遷平東將軍大都督進
驃騎大將軍儀同三司歷伏飛中大夫右司衞上
大夫大象中位至大將軍熾兄子毅
毅字大武父岳早卒又毅著勳追贈大將軍冀

州刺人毅沉深有哮羆之事親以孝聞魏孝武初起
家爲貢外散騎侍郎時齊神武擅朝毅慨然有
殉主之志及孝武西遷遂從入關封奉高縣子邑
六百戶除符璽郎從擒竇泰復弘農戰沙死皆
有功拜右將軍太中大夫進爵爲侯增邑二千
累遷持節撫軍將軍通直散騎常侍魏廢帝二
年授軍騎大將軍儀同三司大都督進爵安武縣
公增邑二千四百戶魏恭帝元年進授驃騎大將軍
開府儀同三司大都督改封永安縣公出爲幽州刺

史孝閔帝踐阼進爵神武郡公增邑通前五千
戶保定三年徵還朝治左宮伯轉小宗伯尋拜
大將軍時與齊人爭衡戎軍嵗動並交結突厥以
為外援在太祖之時突厥已許納女於我齊人亦
甘言重幣遣使求婚狄固念森便欲有悔朝廷
乃令楊荐等累使結之往反十餘方復前好至是
雖期往逆猶懼改圖以毅地兼動戚素有威重
命為使及毅之至齊使亦在焉突厥君臣猶有
貳志毅抗言正色以大義責之累旬乃定卒以

周書列傳十三　七

皇后歸朝議嘉之別封城都縣公邑二千戶進位
柱國出為同州刺史遷蒲州摠管徒金州摠管加
授上柱國入為大司馬隋開皇初拜定州摠管累
居藩鎮咸得民和二年薨於州年六十四贈襄
郢等六州刺史謚曰肅毅性溫和每以謹慎自守
又尚太祖第五女襄陽公主持為朝廷所委信
雖任兼出納未嘗有矜恃之容時人以此稱焉子
賢嗣賢字託賢志紫通敏少知名天和二年策
拜神武國世子宣政元年授使持節儀同大將

軍隋開皇中龔爵神武公除遷州刺史有二
女即唐太穆皇后武德元年詔贈司空穆摠
管荊郢硤夔復沔岳沅澧鄂十州諸軍事荊州
刺史封杞國公并追贈賢金遷房直均五州
諸軍事金州刺史襲杞國公父追贈賢子紹
泰州刺史并襲爵紹宣無子仍以紹宣
度年十尚太祖女平原公主拜員外散騎常侍
于翼字文若太師燕公謹之子美風儀有識
兄孝宣子德藏為嗣

周書列傳二十二　八

封安平縣公邑二千戶大統十六年進爵郡公加
大都督領太祖帳下左右禁中宿衛遷鎮南
將軍金紫光祿大夫散騎常侍武衛將軍謹平
江陵所贈得軍實分給諸子翼一無所取唯簡
賞口內名望子弟有士風者別待遇之太祖聞
之特賜奴婢二百口翼固辭不受尋授車騎大將
軍儀同三司加侍中驃騎大將軍開府儀同三司
官建除左宮伯孝閔帝踐阼出為渭州刺史翼
兄寔先薨此州頗有惠政翼又推誠布信事存

寔簡夷夏威悅比之大小馮君焉時土谷渾入寇
河右涼鄯河三州咸被攻圍使來告急秦州都
督遣翼赴援不從寮屬咸以為言翼曰攻取
之術非夷俗所長此寇之來不過鈔掠邊牧耳
安能頓兵城下父事攻圍掠之已了幸勿復言居
勞師以往亦無所及翼揣之已了幸勿復言居
數日聞至果如翼所策賀蘭祥討土谷渾翼率
州兵先鋒深入以功增邑二千二百戶尋徵拜右
宮伯世宗雅愛文忠立麟趾學在朝有藝業
者不限貴賤皆預聽焉乃至蕭撝王襄等與
甲邸之徒同為學士翼言於帝曰蕭撝梁之宗
子王褒梁之公卿今與趙走同僑恐非尚賢貴
爵之義帝納之詔翼定其等次於是有等差矣
世宗崩翼與晉公護同受遺詔立高祖保定元
年徙軍司馬三年改封常山郡公邑二千九百戶
天和初遷司會中大夫增邑通前三千七百戶
三年皇后阿史那氏至自突厥高祖行親迎之禮
命翼揔司儀制狄人雖跼蹐無節然咸憚翼之

禮法莫敢違犯遭父憂去職居喪過禮為時
輩所稱尋有詔起令視事高祖又以翼有人倫
之鑒皇太子及諸王等相傳以下並委翼選置
其所擢用皆民譽也時論僉謂得人遷大將軍
揔中外宿衛兵事晉公護以帝委翼腹心內懷
猜忌轉為小司徒加拜柱國雖外示崇重實翦
之及誅護帝刀翼遣往河東取護子中山公訓仍
代鎮蒲州其百家宰無君雖夷元惡既
除餘爵官亦然皆陛下骨肉猶謂踈不間親陛
下不使諸王而使臣異姓非直物有橫議惠臣亦
所未安帝灼之乃遣越王盛代翼先是與齊陳
二境各脩邊防雖通聘好而每歲交兵然一彼一
此不能有所克獲高祖親萬機將圖東討詔
邊城鎮並益儲偫加戍卒二國聞之亦增脩守禦
翼諫曰宇文護專制之日興兵至洛不戰而敗所
喪實多數十年委積朝廷散雖為護無制勝
之策亦由敵人之有備故也且疆場相侵互有勝
敗徒損兵儲非策之上者不若解邊嚴減戍防

繼好息民敬待來者彼必善於通和懈而少備
然後出其不意一舉而山東可圖若猶習前蹤
恐非湯定之計帝納之建德二年出為安隨等
六州五防諸軍事安州總管時屬大旱涓泝絶流
舊俗每逢亢陽禱白兆山祈雨高祖先禁群祀
山廟已除翼道主薄祭之即日澍雨霑洽咸遂
有年民庶感之聚會歌舞頌翼之德四年高
祖將東伐朝臣未有知者遵納言盧韞等立前後
乗駟三詣翼閒策焉翼贊成之又軍出詔翼率

荊楚兵二萬自死葉趣襄城大將軍張光洛鄭恪
等並隸焉旬日下齊二十九城所部都督軻入民村即
斬以徇由是百姓欣悅赴者如歸屬高祖有疾班師
翼亦旋鎮五年轉陜能等七州十六防諸軍事宜
陽總管翼以冝陽地非襟帶請移鎮於陜詔從之
仍除陜州刺史總管如舊冝其年大軍復東討翼
自陜入九曲攻拔造澗等諸城徑到洛陽齊洛州
刺史獨孤永業開門出降河南九州三十鎮一時
俱下襄城民庶等喜復見翼並壺漿塞道尋即

除洛懷等九州諸軍事河陽總管尋徙豫州總
管給兵五千人馬千疋以之鎮并配開府及儀
同等二十人仍勅河陽襄州安州荊州泗州總
管內有武幹者任翼徵牒不限多少儀同以下
官爵承制先授後聞陳將魯天念久圍光州聞
翼到汝南望風退散霍州蠻首田元顯貧險不
賓於是送質請附陳將任蠻奴悉衆攻顯立
柵拒戰莫有離心及翼還朝元顯便叛其得殊
俗物情皆此類也大象初徵拜大司徒詔翼巡

長城立亭鄣西自鴈門東至碣石創新改舊咸
得其要害云仍除幽定七州六鎮諸軍事幽州
總管先是突厥屢為冦抄居民失業翼素有威
武兼明斥候自是不敢犯塞百姓安之及尉遲
迥據相州舉兵以書招翼翼執其使開書送之千
隋文帝執政賜翼雜繒一千五百段粟麥二千五百
石弁珍寶服玩等進位上柱國封任國公增邑通前
五千戶別食任城縣一千戶收其租賦翼又遣子讓
通表勸進弁請入朝隋文帝許之開皇初拜太尉或

有言翼云往在幽州欲同尉遲迥者賾文召致
清室遣理官按驗尋以無實見原仍復本位三
年五月薨贈本官加蒲晉懷絳邠汾□州諸軍
事蒲州刺史諡曰穆翼性恭儉與物無競常以
滿盈自戒故能以功名終子繟嗣官至上大將軍
司馬裛陽郡公詮弟讓儀同三司尉遲迥之亂兵也河西
常山公詮弟穆為并州揔管亦執迥子送之

李穆字顯慶少明敏有度量太祖入關便給事
左右深被親遇穆亦小心謹肅未嘗懈怠太祖
嘉之遂處以腹心之任出入卧內當時莫與為比
及侯莫陳悅害賀拔岳太祖自夏州起兵而悅
黨史歸據原州猶為悅守太祖令侯莫陳崇
輕騎襲之穆先在城中與兄賢遠等據城門
應崇遂擒悅以功授都督從迎魏孝武封永平
縣子邑三百戶擒實泰復弘農並有戰功沙苑
之捷穆又言於太祖曰高歡今日已喪膽矣請速
逐之則歡可擒也太祖不聽論前後功進爵為

公河橋之戰太祖所乘馬中流矢驚逸太祖
墜於地軍中大擾敵人追及之左右皆奔散穆
乃以策扶太祖因大罵曰爾曹主何在爾獨住
此敵人不疑是貴人也遂捨之而過穆以馬授太
祖遂得俱免是日微穆太祖已不濟矣自是恩
睠更隆擢授武衛將軍加大都督車騎大將軍
儀同三司進爵武安郡公增邑二千七百戶前後
之所賞賜不可勝計久之太祖美其志節乃歎曰人
之所貴唯身命耳李穆遂能輕身命之重濟
孤於難雖復加之以爵位賞之以王帛未足窮
報也乃特賜鐵券恕以十死進驃騎大將軍開
府儀同三司侍中初穆授太祖以駿馬其後中
廄有此色馬者悉以賜之又賜穆世子惇安樂
郡公姊一人為郡君自餘姊妹並為縣君兄弟
子姪又總麻以上親并舅氏皆霑厚賜其見襃
崇如此從解玉壁圍拜安定國中尉尋授同州
刺史入為太僕卿征江陵功封三子長城縣侯邑
千戶尋進位大將軍賜姝穟拔氏俄除原州刺

史又以賢子為平高郡守遠子為平高縣令並
加鼓吹穆自以叔姪三人皆任鄉里恩遇
過隆固辭不拜太祖不許後轉雍州刺史入為
小冢宰孝閔帝踐祚增邑通前三千七百戶
又別封一子為縣伯穆請迴封賢子孝軌之
及遠子植謀害晉公護植詐死穆亦坐除名許
植弟基任浙州刺史例合從坐穆頻詣護請以
子惇怡等代基死辭理酸切聞者莫不動容
護矜之遂特免基死世宗即位拜驃騎大將軍
開府儀同三司大都督安武郡公直州刺史武成
二年拜少保保定二年進位大將軍三年從隨公
楊忠東伐還拜柱國大將軍別封一
子即公邑三千五年遷大司空天和二年進
申國公邑五千戶舊爵迴授子建德元年遷
太保尋出為原州總管四年高祖東征以帝疾
兵三萬別攻軹關及河北諸縣並破之後以帝
班師棄而不守六年進位上柱國除幷州總管時
東夏再平人情尚擾穆鎮之以靜百姓懷之大

象元年西遂大左輔總管如舊二年加大傅仍總
管及尉遲迥舉兵穆子榮欲應之穆弗聽曰周
德既衰惡智共悉天時若此吾豈能違天乎遂
使謁隋文帝帝开上十三環金帶盖天子之服也以
微申其意時迥子詢為朝州刺史亦執刺史趙
威署城民郭子勝為刺史穆遣兵討之獲子勝
隋文帝喜之以穆勞劲同破鄴城第一勳加三轉
聽分授其二子榮才及兒賢子孝軌榮及才並
儀同大將軍孝軌進開府儀同大將軍又別封
子雄為密國公邑三千穆長子惇字士宇大統
四年以穆功賜爵安平縣侯尋授車騎大將軍
儀同三司大都督進爵為公太祖令子世子並與
略陽公遊觀悼於時軍之中特被引接每有遐
方服玩異域珍奇無不班錫俄授小武伯進爵安
樂郡公天和三年遷驃騎大將軍原靈函三州刺史
鳳州刺史卒於位贈大將軍開府儀同三司
史臣曰嘗燉儀表魁梧器識雄遠入參朝政則

嘉謀以陳出捴蕃條則惠政洽實殺忠庸
奉上溫恭接下茂實貞彰於本朝義聲揚於殊
俗並以國命以華民望論道當官榮映一時慶流來
葉及爓　進疑勸進有送故之心雖王公恨恨何
以加此語曰君使臣以禮臣事君以忠然則攷忠
之迹或殊處臣之理斯一權言指要其維致命
乎是以典午擅朝葛公休為之投袂新都篡盜
翟仲文所以稱兵及東郡誅夷竟速漢朝之禍
淮南覆敗無救魏室之亡而烈士貞臣赴蹈不

十七

已豈忠義所感視死如歸者畞于李之送往事
居有曲於此翼既功臣之子地即姻親穆乃早著
勳庸寄深肺腑並兼文武之任荷累世之恩理
宜與存與亡同休戚加以受扞城之託捴戈馬
之權勢力足以勤王智能足以衛難乃宴安寵
祿曾無釋位之權誠但務隨時之義弘
名節以高貴其所望於六爻若捨彼天時徵諸
人事顯慶起晉陽之甲文若發幽薊之兵叶
勢岷峨約從漳滏北控沙漠西扼崤函則成敗

之數未可量也

列傳第二十二

韋孝寬
韋敻
梁士彥

　　　　令狐德棻　等撰

韋叔裕字孝寬，京兆杜陵人也，少以字行。世為三輔著姓。祖直喜，魏馮翊、扶風二郡守。父旭咸威郡守。建義初，為大行臺右丞，加輔國將軍、雍州大中正。永安二年，拜右將軍、南幽州刺史。

時氏賊數為抄竊，旭隨機招撫，立即歸附，尋卒官，贈司空、冀州刺史，諡曰文惠。孝寬沉敏和正，涉獵經史。弱冠，屬蕭寶夤作亂關右，乃詣闕請為軍前驅。冠軍……隨馮翊公長孫承業西征，每戰有功，拜國子博士，行華山郡事。屬侍中楊侃為大都督，出鎮潼關，引孝寬為司馬。侃奇其才，以女妻之。尋安中授宣威將軍、給事中。尋賜爵山北縣男。普泰中，以都督從荆州刺史源子恭鎮襄城，以功除析陽郡守。時獨

孤信為新野郡守，同荆州與孝寬情好款密。政衍俱美，荆部更人號為連壁。孝武初，以都督鎮城。文帝自原州赴雍州，命孝寬隨軍。及克潼關，即授弘農郡守。從擒竇泰，兼左永節度宜陽兵馬事。仍與獨孤信入洛陽城守，復與宇文貴、怡峯應接潁州義徒，破東魏將任祥、葛榮於潁川。孝寬又進平樂口，下豫州，獲東魏刺史馮邑。又從戰於河橋，時大軍不利，孝寬……獨孤信守……軍，行宜陽郡事。尋遷南兗州刺史。是歲，東魏將

段琛驍傑，復據宜陽，遣其揚州刺史牛道恒扇誘邊民。孝寬深患之，乃遣諜人訪獲道恒手迹，令善學書者偽作道恒與孝寬論歸欵意，又為落燼燒迹，若火下書者，還令諜人送於琛營。琛得書，果疑道恒，其所欲經略皆不見用。孝寬知其離阻，日出奇兵掩襲，擒道恒及琛等，峯瀍遂清。大統五年，進爵為侯。八年，轉晉州刺史。尋移鎮玉壁，兼攝南汾州事。先是山胡賀險屢為劫盜，孝寬示以威信，州境肅然，進授大都督

十二年齊神武傾山東之眾志圖西入以玉壁衝要先命攻之連營數十里至於城下乃於城南起土山欲乘之以入當其山城上先有兩高樓孝寬更縛木接之命極高峻多積戰具以禦之齊神武使謂城中曰縱爾縛樓至天我會穿城取爾遂於城南鑿地道又於城北起土山攻具晝夜不息孝寬復掘長塹要其地道仍飭戰士屯塹城外每穿至塹戰士即擒殺之又於塹外積柴貯火敵人有伏地道內者便下柴火

三百三枝　周書列傳第二十三　三

以皮韛吹之吹氣一衝咸即灼爛城外又造攻車車之所及莫不摧毀雖有排楯豈之能抗孝寬乃縫布為縵隨其所向則張設之布既懸於空中其車竟不能壞城又縛松於竿灌油加火規以燒布并欲焚樓孝寬復長作鐵鉤利其鋒刃竿來以鉤遙割之松麻俱落城外又於城四面穿地作二十一道分為四路於其中各施梁柱作訖以油灌柱放火燒之柱折城並崩壞孝寬又隨崩處豎木柵以扞之敵不得入城外盡其

鉤端

攻擊之術孝寬咸拒破之神武無如之何乃遣倉曹參軍祖孝徵謂曰本聞救兵何不降也孝寬報去我城池嚴固兵食有餘攻者自勞守者常逸豈有旬朔之間已須救援適憂爾眾有不及之危孝寬開西門男子必不為降將軍也俄而爾自外軍士何事相隨入湯火中邪乃射募格於城中去能斬城主降者拜太尉封開國郡公邑萬戶屠員昂萬定孝寬手題書背及射城外云

三百四　周書列傳第二十三　四

若有斬高歡者一依此賞孝寬弟子遷先在山東文鎮至城下臨以白刃去若不早降便行大戮孝寬慷慨激揚略無顧意士莫不感勵人有死難之心神武苦戰六旬傷及病死者十四五殂魏文帝嘉孝寬功令殿中尚書長孫紹遠左智力俱困因而發疾其夜遁去後因此忿恚遂永王悅至玉壁勞問授驃騎大將軍開府儀同三司進爵建忠郡公廢帝二年為雍州刺史先是路側一里置一土候經雨頹毀每須修之自孝

馬

寬臨州乃勒部內當候處植槐樹代之既免修
復行旅又得庇廕周文後見惟問知之曰豈得
一州獨爾當令天下同之於是令諸州夾道一里
種一樹十里種三樹百里種五樹焉恭帝元年以
大將軍與燕公于謹代江陵平之以功封穰縣
公還拜尚書右僕射賜姓宇文氏三年周文
巡還命孝寬還鎮玉壁周世閔帝踐祚拜小司徒
明帝初參麟趾殿學士考校圖籍保定初以孝
寬立勳玉壁遂於玉壁置勳州仍授勳州刺史

齊人遣使至玉壁求通五市晉公護以其相持
日久絕無使命一旦忽來求交易疑別有故又
以皇姑皇世母先沒在彼因其請知之際或可
致之遂令司門下大夫尹公正至玉壁共孝寬
詳議孝寬乃於郊盛設帷帳令公正接對使人
兼論皇家親屬在東之意使者辭色甚悅時又
有汾州胡抄得關東人孝寬復放東還並致書
一牘具陳朝廷欲敦隣好途以禮送皇姑及護母
等孝寬善於撫御能得人心所遣間諜入齊者

皆為盡力亦有齊人得孝寬金貨遙通書疏
故齊動靜朝廷皆先知特許金貨益孝寬度
必齊贅令中一成益乃以城東入孝寬孝寬深
之俄而斬首而還其能致物情如此汾州之北
惠之而地入於齊無方誅前刃欲當其要處置一
石以南悉是生胡抄掠居人阻斷河路孝寬深
大城乃於河西徵役徒十萬甲士百人遣開府
姚岳監築之岳色懼以兵少為難孝寬曰計成
此城十日即畢既去晉州四百餘里一日創手二

曰偽境始知設令晉州徵兵二日方集謀議之
間自稽三日計其軍行二日不到我之城隍足
得辨矣乃令築之齊人果至南首疑有大軍乃
停留不進其夜又令汾水以南傍介山稷山諸
村所在縱火齊人謂是軍燧遂收兵自固版築
克就卒如其言四年進位柱國時晉公護將東
討孝寬遣長史辛道憲啟陳不可護不納既而
大軍果不利後孔城遂陷宜陽被圍孝寬乃謂
其將帥曰宜陽一城之地未能損益然兩國爭

之勞師數載彼多君子窜言之謀猷若棄崤東
來圖汾北我之彊界必見侵擾今宜於華谷及
長秋速築城以杜賊志脫其先我圖之實難於
是畫地形具陳其狀晉公護令長史叱羅協謂
使人曰韋公子孫雖多數不滿百汾北築城遣
誰固守事遂不行天和五年進爵鄖國公增邑
通前一萬戶是歲齊人果解律明月至汾東請與
孝寬相見明月云宜陽小城久勞戰爭今既入

彼欲於汾北我取償幸勿怪也孝寬答曰宜陽彼
之要衝汾北我之所棄我棄彼圖取償安在且
君輔翼幼主位重聖隆理宜調陰陽撫百姓焉
用極武窮兵構怨連禍且滄大水千里無煙
復欲使汾晉之間橫尸暴骨苟貪尋常之地塗
炭疲斃吾人竊爲君不取孝寬寒軍曲嚴頗
知小靈謂孝寬曰比來年東朝必大相殺戰孝寬
因令嚴作謠歌曰百升飛上天明月照長安百升斛
也又言高山不摧自崩槲樹不扶自竪令讒人

多所侦问此义遗之於邺祖孝徵既闻更润色之明
月竟以此诛建德之後武帝志在平齊孝寬乃
上疏陳三策其第一策曰臣在邊積年頗見閒
隙不因際會難以成功是以往歲出軍徒有勞
費功績不立由失機會何者長淮之南舊爲沃
土陳氏以破亡餘燼猶能一舉平之况乎歷年赴
救喪敗而反内離外叛計盡力窮不云平雋
有暴焉不可失也今大軍若出軹關方軌而進
兼與陳氏共爲掎角并令廣州義旅出自三鵶

又募山南驍銳沿河而下復遣此山稽胡絕其
并晉之路凡此諸軍仍令各募關河之外勁勇
之士厚其爵賞使爲前驅岳動川移雷駭電激
百道俱進運虜庭必當望旗奔潰所向摧殄
一戎大定寔資此機其第二策曰若國家更爲
後圖未即大舉宜與陳人分其兵勢三鵶以
萬春以南廣事屯田預爲貯積募其驍悍以爲
部伍彼既東南有敵戎馬相持我出奇兵破其
疆場彼若興師赴援我則堅壁清野待其去遠

還復出師常以邊外之軍引其腹心之衆我無
宿春之費彼有奔命之勞三年中必自離叛
且齊氏昏暴政出多門弼嬖擅賣官唯利是視荒
滛酒色忌害忠良闔境熟然不勝其弊以此而
觀覆亡可待然後乘間電掃事等摧枯其
河右底定唯彼趙魏獨為榛梗者正以有事三
之中大功克舉南清江漢西會龍巴蜀塞表無虞
建領之勢太祖受天明命與物更新是以二紀
策曰竊以大周土宇跨據關河

方未遑東略遂使漳滏遊魂更存餘晷晉勾踐
亡吳尚期十載武王取亂猶煩再舉今若更令
導養且復相時臣謂宜還崇陣好申其盟約安
人和衆通商惠工蓄銳養威觀釁而動斯則長
策遠駕坐自兼并也書奏武帝道小司寇淮南
公元衛開府伊婁謙等重幣聘齊爾後遂大舉

九

也五年帝東伐過幸玉壁觀禦敵之所深歎羨
之移時乃去孝寬自以習練齊人虛實請為先
驅帝以玉壁要衝非孝寬無以鎮之乃不許及趙
王招率兵出稽胡與大軍掎角孝寬為行
軍摠管圍守華谷以應接之孝寬克其四城武
帝平晉州復令孝寬旋舊鎮及帝凱旋復幸
王壁從容謂孝寬曰世稱老人多智善為軍謀
然朕唯共少人舉平賊公以為如何孝寬對曰
臣今衰老唯有誠心而已然昔在少壯亦曾輸

力先朝以定關右帝大咲曰實如公言乃詔孝寬
隨駕還京拜大司空出為延州摠管進位上柱
國大象元年除徐兗等十一州十五鎮諸軍事
徐州摠管又為行軍元帥徇地淮南乃分遣杞公
宇文亮攻黃城郕公梁士彥攻廣陵孝寬率
衆攻壽陽並拔之初孝寬到淮南所在見
誠歎然彼五門尤為險要陳人若開塘放水即
津濟路絕孝寬遽令分兵據守之陳刺史吳文
立柬遣決堰已無及於是陳人退走江北悉平

十

軍還至豫州宇文亮舉兵反文宣立以數百騎龍襲孝
寬營時亮圍逼茹寬追獲之詔以平淮南之功別
封子滑國公及宣帝崩隋文帝輔政時尉遲
迥先為相州揔管詔孝寬代之又以小司徒叱
列長文為相州刺史先令赴鄴孝寬續進至朝
歌與語以察之疑其有變遂稱疾徐行又使人
迥遣大都督賀蘭貴齎書候孝寬留
貴遣迥密以伺之既到湯陰逢長文奔
至相州求殿賣藥密以伺之既到湯陰逢長文奔

還孝寬兄子魏郡守藝棄郡南走孝寬審許
其狀乃馳還所經橋道皆令毀撤驛馬悉擁以
自隨又勒驛將曰蜀公將至可多備餚酒及芻
粟以待之迥果遣儀同梁子康將數百騎追孝
寬驛司供設豐厚所經之處皆輒得留由是不
及時或勸孝寬以為洛京虛弱素無守備河陽
鎮防悉是關東鮮卑迥若先往據之則為禍不
乃入保河陽河陽城內舊有鮮卑八百人家立在
鄴見孝寬輕來謀欲應迥孝寬知之遂密造東

京官司詐稱迥行分人詣洛陽受賜既至洛陽
拉留不遣因此解其謀不成六月詔發關中
兵以孝寬為元帥東伐七月軍次河陽迥所署
儀同薛公禮等圍逼懷州孝寬遣兵擊破之進
次懷縣永橋城之東南其城既在要衝雉堞甚
固迥已遣兵據之諸將士以此城當路請先攻
取孝寬曰城小而固若攻而不拔損我兵威令
破其大軍此亦何能為也於是引軍次于武陟
大破迥子惇惇輕騎奔鄴軍次於鄴西門豹祠
之南迥出戰又破之迥窮迥自殺兵士在小
城中者盡阬於遊豫園諸有未服皆隨機討之
東悉平十月凱還京師十一月薨時年七十二贈

太傅十二州諸軍事雍州牧謚曰襄孝寬在邊
多載屢抗強敵所有經略布置之初人莫之解
見其成事方乃驚服雖在軍中篤意文史政事
之餘每自披閱末年患眼猶令學士讀而聽之
又早喪父母事兄嫂甚謹所得俸祿不入私房
親族有孤遺者必加振贍朝野以此稱焉長子

諶年巳十歲魏文帝欲以女妻之孝寬辭以兄
子世康年長帝嘉之遂以妻世康孝寬有子
總壽霈津知名

韋夐字敬遠志尚夷簡澹於榮利弱冠被召
拜雍州中從事非其好也遂謝疾去職前後十
見徵辟皆不應命屬太祖經綸王業側席求賢
聞夐養高不仕虛心敬悅遣使辟之備加禮命
雖情諭甚至而竟不能屈彌以重之亦弗之奪
也所居之宅枕帶林泉夐對翫琴書蕭然自
逸時人號為居士焉至有慕其閑素者或載酒
從之夐亦為之盡歡接對忘倦明帝即位禮敬
逾厚乃為詩以貽之曰欥公貞遯出三辰光少
微潁陽讓逾遠滄州去不歸香動秋蘭珮風
飄蓮葉衣坐石窺仙洞乘槎下釣磯嶺松千仞
直巖泉百丈飛聊登平樂觀遙望首陽微詎
能同四隱來希余萬機夐答帝詩願時朝謁帝
大悅勅有司給河東酒一斗號之曰逍遙公時晉
公護執政廣營第宅嘗召夐至宅訪以政事夐

仰視其堂徐而歎曰酣酒嗜音峻宇雕牆有一
於此未或弗亡護不悅有識者以為知言陳遣
其尚書周弘正來聘素聞夐名請與相見朝
廷許之弘正乃造夐談謔盈日恨相遇之晚後
請夐至賓館夐時赴弘正仍贈詩曰德星猶未
動真車詎肯來其為時所欽挹如此武帝嘗與
夐夜宴大賜之繒帛令侍臣數人負以送出夐
唯取一匹以示承恩旨而已帝以此益重之孝為
延州總管夐至州與孝寬相見將還孝寬以所
乘馬及轡勒與夐夐以其華飾心弗欲之笑
謂孝寬曰昔人不棄遺簪墜屨者蓋惡其與之同
出不與同歸吾雖不逮前烈然捨舊錄新亦非
吾志也於是乃乘舊馬以歸武帝又以佛道儒
三教不同詔魯又辯其優劣夐以三教雖殊同歸
於善其迹似有深淺其致理如無等級乃著
教序奏之帝覽而稱善時宣帝在東宮亦遺
夐書并令以帝所乘馬迎之問以立身之道夐
對曰傳不云乎儉為德之恭侈為惡之大欲不

可縱志不可滿竝聖人之訓也願殿下察之復
子瑾行隨州刺史因疾物故孝寬子總復於并
州戰歿一日之中凶問俱至家人相對悲慟而復
神色自若謂之曰死生命也去來常事亦何足
悲援琴撫之如舊貪又雅好名義虛襟善誘
雖耕夫牧豎有一介可稱者皆接引之特與族
情著述手自抄錄數十萬言晚年虛靜唯以體
道會眞爲務舊所製述咸削其藁故文筆多逸
人處玄及安定梁曠爲放逸之友少愛文史留

周書列傳十三

十五

不存建德中貪以年老預戒其子等曰昔士安
以爲除東體王孫以布囊續尸二賢高達非庸
才能繼吾死之日可斂舊衣勿更親造使棺足周
尸牛車載柩墳高四尺壙深丈其餘煩雜悉
無用也朝晡奠食於事彌煩吾不能頓絶汝輩
之情可朔望一奠而已仍薦蔬素勿設牲牢親友
欲以物弗祭者並不得爲受吾當恐爲終惚故
以此言預戒汝等瞑目之日勿違吾志也宣政元年
三月卒於家時年七十七武帝遣使祭贈賻開有

加其喪禮制葬禮諸子等並遵其遺戒子世康

梁士彥字相如安定烏氏人也少任俠好讀兵
書頗涉經史周武帝將平東夏聞其言男決自扶
風郡守除爲九曲鎮將進位上開府封建威縣
公齊人甚憚之後以熊州刺史及帝還援晉州
進位大將軍除晉州刺史及帝還武帝援晉州
圍之樓堞皆盡短兵相接士彥慷慨自若謂將
士曰死在今日吾爲爾先於是勇猛齊奮號聲
動天無不當百齊兵少卻乃令妻及軍人子女

周書列傳十三

十六

晝夜修城三日而就武帝大軍亦至齊師圍解
士彥見帝捋帝鬚泣帝亦爲之流涕時帝欲班
師士彥叩馬諫帝從之執其手曰朕有晉州爲
平齊之基宜善守之及齊平封郕國公位上柱
國雍州總管宣帝即位除徐州總管與烏丸
禽陳將吳明徹裴忌於呂梁略定淮南地隋文
帝作相轉其毫州總管尋遷邽及爲行軍總管及
韋孝寬擊之令家僮采默等爲前鋒士彥繼之
所當皆破及迴平除相州刺史深見忌乃代還京

師閑居無事恃功懷怨與宇文忻劉昉等謀反
將率僮僕候上享廟之際以發機復欲於蒲州
起事略取河北捉黎陽關塞河陽路却調布爲
年申莫賊爲戰士其甥裴通知而奏之帝未
發其事授晉州刺史欲觀其志士彥欣然謂昉
等曰天也又請儀同薛摩兒爲長史帝從之後

與公卿朝謁帝令執士彥忻昉等於行間詰之
狀猶不伏捕薛摩兒至對之摩兒具論始末云
第二子剛垂泣苦諫第三子叔諧曰作猛獸須

七

成班士彥失色顧曰汝殺我於是伏誅年七十
二有子五人操字孟德位上開府義鄉縣公卒
辛剛字永固位大將軍通政縣公涇州刺史以
諫父獲免徙瓜州叔諧坐士彥誅梁默者士彥
之蒼頭也驍武絕人士彥每從征伐常與默陷
陣仕周位開府開皇末以行軍惣管從楊素征
突厥進位大將軍又從平楊諒授柱國大業五
年從煬帝征吐谷渾力戰死之贈光祿大夫

申徽

陸通 弟逞

柳敬

盧柔

唐瑾

令狐德棻 等撰

周書列傳二十四　一

申徽字世儀魏郡人也六世祖鍾爲後趙司徒典
閔末中原喪亂鍾子邁避地江左曾祖奕仕宋
位雍州刺史祖隆道宋北兖州刺史父明仁郡功
曹早卒徽少與母居盡心孝養及長好經史性
審慎不妄交遊遭母憂喪畢乃歸於魏元顥入
洛以元遂爲東徐州刺史遂引徽爲主簿顥敗
遂被檻車送洛陽故吏賓客並委去唯徽送之
及遂得免乃廣集賓友歡徽有古人風尋除太
尉府行參軍孝武初徽以洛陽兵難未已遂西
行入關見文帝文帝與語奇之薦之於賀拔岳
岳亦雅相敬待引爲賓客文帝臨夏州以徽爲

周書列傳二十四　二

記室參軍兼府主簿文帝察徽沉密有度量每
軍信委之乃爲大行臺郎中時軍國草創幕府
務殷四方書檄皆徽之辭也以迎孝武功封博平
縣子本州大中正大統初進爵爲侯四年拜中
書舍人俯起居注徽獨不離左右魏帝稱歎之十年
遷給事黃門侍郎先是東陽王元榮爲瓜州刺
史其女壻劉彥隨焉及榮死瓜州首望表榮子
康爲刺史彥遂殺康而取其位屬四方多難朝
廷不遑問罪因授彥刺史頻徵不奉詔又南通
吐谷渾將圖叛逆文帝難於動衆欲以權略致
之乃以徽爲河西大使密令圖彥徽輕以五十騎
行既至止於賓館彥見徽單使不以爲疑徽乃
遣人微勸彥便從之遂來至館徽先與瓜州豪右
成其往計彥遂歸朝以揣其意彥不從徽又使
密謀執彥遂叱而縛之彥辭無罪徽數之曰君
無尺寸之功濫居方嶽之重特遠背誕不恭貢
職戮辱使人輕忽詔命計君之咎實不容誅但授

詔之日本令相送歸關所恨不得申明罰訓以謝
邊遠耳於是宣詔慰勞吏人及彥所部復云大
軍續至城內無敢動者使還還都官尚書十二
年瓜州刺史成慶爲城人張保所殺都督令狐
延等起義逐保啟請刺史以徽信洽西土拜假
節瓜州刺史徽在州五稔儉約率下邊人樂而
安之十六年徵兼尚書右僕射加侍中驃騎大
將軍開府儀同三司廢帝二年進爵爲公正右
僕射賜賜宇文氏徽性勤至凡所居官案牘無
大小皆親自省覽必是事無稽滯吏不得爲姦
後雖歷公卿此志不惰出爲襄州刺史時南方
初附舊俗官人皆通餉遺徽性廉慎乃畫楊震
像於寢室以自戒及代還人吏送者數十里不
絕徽自以無德於人慨然懷愧因賦詩題於清水
亭長幼聞之競來就讀遞相謂曰此是申使君
手迹並寫誦之明帝以徽正任總絲綸更崇其
秩爲上大夫員四人號大御正又以徽爲之歷小司
空少保出爲荊州刺史入爲小司徒小宗伯天和

六年上疏乞骸骨詔許之薨贈泗州刺史謚曰
章子康嗣位瀘州刺史織下大夫上開府康
弟敦汝南郡守敦弟靜齊安郡守靜弟處上開
府同昌縣侯卒

陸通字仲明吳郡人也曾祖載從宋武帝平關
中軍還留載隨其子義貞鎮長安遂沒赫連
氏魏太武平赫連氏載仕魏任中山郡守父政性
至孝其母吳人好食魚此土魚少政求之常苦
難後通宅側忽有泉出而有魚遂得以供膳時人
以爲孝感所致因謂其泉爲孝魚泉初從尒朱
天光討伐及天光敗歸文帝以政
爲行臺左丞原州長史賜爵中都縣伯大統中
卒通少敦敏好學有志節幼從在河西遂逢寇
難與政相失通乃自披東歸從尒朱榮死又從
尒朱兆及尒朱氏滅乃入關從文帝時在夏州引
爲帳內督頃之賀拔岳爲侯莫陳悅所害時有
傳兵軍府已亡散者文帝憂之通以爲不然居
數日問至果如所策自是愈見親禮遂晝夜陪

侍家人罕見其面通雖處機密愈自恭謹文帝
以此重之後以迎孝武功封都昌縣伯大統元
年進爵為侯從禽賨秦復弘農沙苑之役力戰
有功又從解洛陽圍軍還屬趙青雀反於長安
臨之必當面縛通進曰青雀等既以大軍不和
謂朝廷傾危同惡相求遂成反亂然其逆謀又
定必無遷善之心且其詐言大軍敗績東冠將
等一時陸梁不足為應乃丟我到長安但輕騎
至若以輕騎往百姓謂為信然更沮兆庶之望
大兵雖疲獎精銳猶多以明公之威率思歸之
衆以順討逆何應不平文帝深納之因從平青
雀錄前後功進爵為公徐州刺史以冠難未平
留不之部與千謹討劉平復加大都督從文帝
援王璧進儀同三司九年高仲密以地來附通
從若千惠戰於芒山衆軍皆退唯惠與通率所
部力戰至夜中乃陰引還敵亦不敢過進授
驃騎大將軍開府儀同三司太僕卿賜姓步

六孤氏進爵綏德郡公周孝閔踐祚拜小司空
保定五年累遷大司寇通性柔謹雖父處列位
常清慎自守所得祿賜盡與親故共之家無餘
財常曰凡人患貧而不貴不貴而貧也建德
元年轉大司馬其年薨通弟逞
逞字季明初名彥字世雄魏文帝常從容謂之
曰爾既溫裕何因乃字世雄且為世之雄非所
宜也於爾兄弟又復改為逞少謹密
有名譽元通先以軍功別受茅土乃讓父爵中
都縣伯令逞襲之起家羽林監文帝內親信時
輦皆以驍勇自達唯逞獨兼文雅文帝由此加
禮遇焉大統十四年參大丞相府軍事尋兼記
室保定初累遷吏部中大夫歷藩部御伯中大
夫進驃騎大將軍開府儀同三司徙授司宗中
大夫轉軍司馬逞幹識詳明歷任三府所在著
績朝廷嘉之進爵為公天和三年齊遣侍中解
斯文略中書侍郎即劉逖來聘初修鄰好盛選行
人認逞為使主尹公正為副以報之逞美容止

善辭令敏而有禮齊人稱焉還屆近畿詔令路
車儀服郊迎而入時人榮之四年除京兆尹都界
有豕生數子經旬而死其家又有貜遂乳養之諸
豚賴之以活時論以遷仁政所致俄遷司會中大
夫出為河州刺史晉公護重其才表為中外
府司馬頗委任之壽復為司會兼納言小司
馬及護謀坐免官頃之壽起為納言又以疾不堪
劇任乃除宜州刺史故事刺史奉辭例備鹵簿
遲以時屬農要奏請停之武帝深嘉焉詔遂

【周書列傳第二十三】 七

其所請以彰雅操遷在州有惠政吏人稱之東
宮初建授太子太保卒贈大將軍子操嗣
敏字白澤河東解縣人晉太常純之七世孫也
柳
父懿魏車騎大將軍儀同三司汾州刺史敏九
歲而孤事母以孝聞性好學沈獵經史陰陽卜
筮之術靡不習焉年未弱冠起家貞外散騎
侍郎累遷河東郡丞朝議以敏之本邑故有此
授敏雖統御鄉里而處物平允甚得時譽及文
帝剋復河東見而器異之乃謂之曰今日不喜

得河東喜得卿也即拜丞相府參軍事俄轉戶
曹參軍兼記室每有四方賓客恒令接之爰及
吉凶禮儀亦令監綜文與蘇綽等修撰新制為
朝廷政典遷禮部郎中封武城縣子加帥都督
領本鄉兵俄進大都督遭母憂居喪旬日之間
鬚髮半白尋起為吏部郎中毀瘠過禮杖而後
起文帝見而歎異之特加廩賜及尉遲迥伐蜀
以敏為行軍司馬軍中籌略並以委之益州平
進驃騎大將軍開府儀同三司加侍中遷尚書賜

【周書列傳二十四】 八

進爵為公又除河東郡守尋復徵拜禮部出
姓宇文氏六官建拜禮部中大夫孝閔帝踐祚
為鄖州刺史物情及將還朝夷夏士人
感其惠政並齋酒餚及土產候之於路敏乃從
他道而還復拜禮部後改禮部為司宗仍以敏
為之敏操履方正性又恭勤每日將朝必鳳興
待旦又父憂臺閣明練故事近儀或乖先典者
皆按據舊章刊正取中遷小宗伯監修國史轉
小司馬又參詳律令進位大將軍出為鄜州刺史

疾不之部武帝平齊進爵武德郡公敏自建
德以後寢疾積年武帝及宣帝並親幸其第問
疾焉開皇元年進位上大將軍
卒贈五州諸軍事晉州刺史臨終誡其子
事所須務從簡約其子昂等並涕泣奉行少子昂
昂字千里幼聰穎有器識幹局過公武帝時為
內史中大夫開府儀同三司賜爵文城郡公當
為謙虛自處未嘗驕物時論以此重之武帝崩

周書列傳卅 九

受遺輔政稍被宣帝踈然不離本職隋文帝
為丞相輔政自結納文帝以為大宗伯拜曰遂得偏
風不能視事文帝受禪疾愈加上開府拜潞州
刺史昂見天下無事上表請勸學行禮上覽而
善之優詔答昂自是天下州縣皆置博士晉禮
焉昂在州甚有惠政卒官子調嗣
盧柔字子剛少孤為叔母所養撫視甚於其子
柔盡心溫清亦同己親宗族歎重之性聰敏好
學未弱冠解屬文但口吃不能持論頗使酒誕

節為世所譏司徒臨淮王或見而器之以女妻
焉及魏孝武與齊神武有隙詔賀拔勝出牧荊
州柔謂因此可著功績遂從勝之荊州以柔為
大行臺郎中掌書記軍中機務柔多預之及
勝為太保以柔為掾加冠軍將軍孝武後召
勝引兵赴洛席卷赴都髙歡託晉陽之甲意
實難知公宜席卷赴都與決勝負託晉陽之甲
忠之上策也若此阻魯陽南并舊楚東連兖豫
西接關中帶甲十萬觀釁而動亦中策也舉三

周書列傳卅 十

荊之地通款梁國可以身免功名去矣策之下
者勝輕年少笑而不應及孝武西遷東魏遣
侯景襲穰勝敗遂南奔梁柔亦從之勝頻表梁
求歸武帝覽表嘉其辭彩既知柔所制長史因遣
舍人勞問并遺繼錦柔隨勝俱還行至襄陽齊
神武懼勝西入遣侯景以輕騎邀之勝及柔懼乃
棄船山行贏糧冒險經數百里時屬秋霖徒侶
凍餒死者太半至豐陽界柔迷失道獨宿僵木
之下寒雨衣濕殆至於死大統二年至長安封容

城縣男邑二百戶太祖重其才引爲行臺郎中加平東將軍除從事中郎與蘇綽對掌機密時沙苑之後大軍屢捷汝潁之間多舉義來附書翰往反日百餘牒柔隨機報答比皆合事宜進爵爲子增邑三百戶除中書舍人選司農少卿轉郎兼著作撰起居注後拜黃門侍郎文帝知其貧解衣賜之魏廢帝元年加車騎大將軍儀同三司散騎常侍遷内史大夫進位開府卒於位所作詩頌碑銘表啓行於世者數十篇子愷嗣愷字長仁涉獵經史有當世幹能起家齊王記室歷吏部内史上士禮部下大夫尋爲聘陳副使大象初拜東京吏部下大夫

唐瑾字附璘父永性溫恭有器量博涉經史雅好屬文身長八尺二寸容貌甚偉年十七周文聞其名乃貽永書曰聞公有二子皆從横多武略瑾雍容富文雅可並遣入朝孤欲委以文武之任因召拜尚書員外郎相府記室參軍事軍

書曰檄瑾多掌之從破沙苑戰河橋並有功封姑臧縣子累遷尚書右丞吏部郎中于時魏室播遷庶務草剏朝章國典瑾並參之遷戶部尚書進位驃騎大將軍開府儀同三司賜姓宇文氏時燕公于謹勳高望重朝野所屬白文帝言瑾學行兼脩願與之同姓結爲兄弟庶子孫承其餘論有益方文帝歡異者久之更賜姓萬紐于氏瑾乃深相結納敘長幼之序瑾亦庭羅子孫行弟姪之敬其爲朝望所宗如此

進爵臨淄縣伯轉吏部尚書銓綜衡流雅有人倫之鑒以父憂去職尋起視事時六尚書皆一時之秀周文自謂得人號爲六俊然瑾尤見器重于謹南伐江陵以瑾爲元帥府長史軍謀多出瑾焉江陵既平衣冠仕伍並沒爲僕隸瑾察其才行有片善者輒議免之賴瑾獲濟者甚衆時論多焉又軍還諸將多因虜掠大獲財物瑾一無所取唯得書兩車載之以歸或白文帝曰唐瑾大有輜重悉是梁朝珍玩文

帝初不信之然欲明其虛實密遣使檢閱之唯
見墳籍而已乃嘆曰孤知此來二十許年明其
不以利干義也若不令檢視恐常人有投杼之
疑所以益明之耳凡受人委任當如此也論平江
陵功進爵爲公六官建授禮部中大夫出爲蔡
州刺史歷柘州硤州所在皆有德化人吏稱之
轉并州揔管府長史六爲吏部中大夫歷御正
納言中大夫曾未十旬遂遷四職搢紳以爲榮
父之除司宗中大夫兼內史尋卒于位贈小宗

周書列傳三四　十三

伯諡曰方瑾性方重有風格退朝休假恒著衣
冠以對妻子遇迅雷烈風雖閒夜宴寢必起冠
帶端笏危坐又好施與家無餘財所得祿賜常
散之宗族其允貧者又割膏腴田宇以賑之所
留遺子孫者並塉埆之地朝野以此稱之撰新
儀十篇所著賦頌碑誄二十餘萬言孫大智嗣
瑾次子令則性好篇章兼解音律文多輕豔
爲時人所傳天和中以齊駁下大夫使於陳大
象中官至樂部下大夫仕隋位太子左庶子皇

列傳第二十四　　周書三十二

右此卷內申徽陸通柳敏唐
瑾傳全與北史同

周書列傳二十四　十四

令狐　德棻　等撰

庫狄峙

楊荐

趙剛

王慶

趙昶

王悅

趙文表

庫狄峙其先遼東人本姓段氏匹磾之後也因
避難改焉後徙居代世爲豪右祖淩武威郡守
父貞上洛郡守峙少以弘厚知名善騎射有謀
略仕魏位高陽郡守爲政仁恕百姓頗悅之孝
武西遷峙乃棄官從入關大統元年拜中書舍
人參掌機密以恭謹見稱遷黃門侍郎時與東
魏爭衡戎馬不息蠕蠕乘虛屢爲邊患朝議欲
結和親乃使峙往蠕蠕狀貌魁梧善於辭令蠕蠕
主雅信重之自旦達夜不復爲冠太祖謂峙曰昔

魏絳和戎見稱前史以君方之彼有愧色封高
邑縣公邑八百戶遷驃騎將軍岐州刺史加散
騎常侍增邑三百戶開府儀同三司恭帝元年
徵拜侍中蠕蠕滅後突厥強盛雖與文帝通好
而外連齊氏太祖又令峙銜命喻之突厥感悟
即執齊使歸諸京師錄前後功拜大將軍安豐
郡公邑通前二千戶尋除小司空孝閔踐阼轉
世宗小司徒初爲都督益潼等三十一州諸軍
事益州刺史峙性寬和尚清靜甚爲夷獠所安

保定四年除宣州刺史天和三年入爲少師峙
以年老表乞骸骨手詔許之五年卒贈同州刺
史謚曰定子疑嗣少知名起家吏部上士歷小
內史小納言授開府階遷職方中大夫爲蔡州
刺史卒於官子授嗣

楊荐字承略秦郡寧夷人也父寶昌平郡守
幼孤早有名譽性廉謹喜怒不形於色魏求安
中隨爾朱天光入關討群賊封高邑縣男文帝
臨夏州補帳內都督及平侯莫陳悅荐入洛陽

請事魏孝武帝授文帝關西大行臺仍除荐直

閤將軍時馮翊長公主嫠居孝武意欲歸諸文

帝乃令武衛元毗喻旨荐歸白文帝文帝又遣荐入

洛陽請之孝武即許焉孝武欲向關中荐贊成其

計孝武曰卿歸語我文進爵清水縣

史宇文測出關候接孝武至長安進爵

魏大統元年荐蠕蠕請和親文帝遣射趙善使蠕蠕

使荐結婚而還進爵為侯又使荐納幣於蠕蠕

魏文帝郁久閭后崩文帝遣僕射趙善使蠕蠕

更請婚善至夏州聞蠕蠕貳於東魏欲執使者

善懼乃還文帝乃使荐往賜黃金十斤雜絲三

百疋荐至蠕蠕責其背惠食言幷論結婚之意

蠕蠕感悟乃遣使隨荐報命焉及侯景來附文

帝令荐與鎮過荐知景翻覆遂求還具陳事實

文帝乃遣使密追荐景之兵尋而景叛十六年

大軍東討文帝恐蠕蠕乘虛冠掠乃遣荐往更

論和好以安慰之進使持節驃騎大將軍開府

儀同三司加侍中孝閔帝踐祚除御伯大夫進

蠕蠕谷渾公復使突厥結婚突厥可汗地頭

可汗阿史那庫頭居東面與齊通和說其兄欲

背先約計謀已定將以荐等送齊荐知其意乃

正色責之辭氣慷慨涕泗橫流可汗慘然良久

曰辛無所疑當共平東賊然後發遣我女乃令

荐先報命仍請東討女於突厥還行小司馬又行大司

徒從陳公純等逆女於突厥進爵南安郡公天

定四年又納幣於突厥進爵大將軍保

和三年遷總管梁州刺史後以疾卒

趙剛字僧慶河南洛陽人也曾祖蔚魏幷州刺

史祖寧高平太守父和太中陵江將軍南討

度淮聞父喪報還所司將致之於法和曰周極

恩終天莫報若許安厝禮畢而即罪戮死且無

恨言訖號慟悲感傍人主司以聞遂宥之喪畢

除寧遠將軍大統初追贈右將軍膠州刺史剛

少機辯有幹能起家奉朝請累遷鎮東將軍銀

青光祿大夫歷大行臺郎中征東將軍加金紫

階領司徒府從事中郎加閤內都督及魏孝武

與齊神武搆隙剛奉旨召東荆州刺史馮景
昭率兵赴關未及發而神武已逼洛陽孝武西
遷景昭集府僚文武議其去就司馬馮道和請
據州待北方處分剛曰公宜勤兵赴行在所久
之更無言者剛抽刀投地曰公若為忠臣可斬
道和如欲從賊可見殺景昭感悟遂率衆赴關
景以其衆邀景遍於路景戰敗剛遂没於蠻後
右屬侯景逼穰城東荆州人楊祖歡等起兵應
自贖兗乃見東魏東荆州刺史李魔憐勸令歸

【周書列傳二十五】　　五　茅

關西魔憐納之使剛至并州密觀事勢神武引
剛内宴因令剛蕭書申勑荆州剛還報魔憐仍
說魔憐斬祖歡等以州歸西魔憐乃使剛入朝
大統初剛於霸上見太祖具陳關東情實太祖
嘉之封陽邑縣子邑三百戶除車騎將軍左光
禄大夫論復東荆州功進爵臨汝縣伯邑五百
戶。初賀拔勝獨孤信以孝武還之後並以剛
江左至是剛言於魏文帝請追而復之乃以剛
為兼給事黄門侍郎使梁魏與蕭移書與其梁

州刺史杜懷寶員等論隣好并致請勝等移書宣寶
即與剛盟歃受移赴建康仍遣行人隨剛報命
是年又詔剛使三荆聽在所便宜從事使還稱
旨進爵武城縣侯除大丞相府帳内都督復使
魏興軍申前命尋而梁人禮送賀拔勝獨孤信
等頃之御史中尉董紹進策請圖梁漢以紹為
行臺梁州刺史率士馬向漢中剛以為不可而
朝議已決遂出軍紹竟無功而還免為庶人除
剛潁川郡守加通直散騎常侍御大將軍從復

【周書列傳二十五】　　六

弘農進拜大都督東道軍司節度開府李延孫
等七軍攻復陽城擒太守王智納轉陳留郡守
東魏行臺司靈率衆三萬攻陷郡城剛突出還
保潁川重行郡事復為侯景所破乃率餘衆赴
洛陽大行臺元海遣剛還郡徵粮時景衆己入
潁川剛於西界招復陽翟二萬戶轉輸送洛明
年洛陽不守剛遠隔敵中連戰破東魏廣州刺
史李仲品時侯景別師陸太潁川郡守高冲等
衆八千人寇襄城等五郡剛簡步騎五百大破

沖等開府本十延孫為長史楊伯簡所害剛擊斬
之又攻拔廣州進軍翟侯景自鄴入魯陽與
剛接戰旬有三日旋軍宜陽時河南城邑一彼
一此剛復出軍伊洛侯景亦度河築城剛前後
下景三郡獲郡守一人別破其行臺梅遜斬首
千餘級除尚書金部郎中高仲密以北豫州來
附兼大行臺左持節赴潁川節度義軍師還
剛別破侯景前驅於南陸復獲其郡守二人時
有流言傳剛東叛齊神武因設反間聲遣迎接

周書列傳二十五 七

剛乃率騎龍襲其下塢拔之露板言狀太祖知
無貳乃加賞賚焉除營州刺史進爵為公增邑
二百戶加大都督車騎大將軍儀同三司散騎
常侍剛往鎮之將發魏文帝引見内寢舉觴屬
應令剛往鎮溽州民鄭五醜構逆與叛羌傍乞鐵忩相
卿謀慮也時五醜已剋定夷鎮所在立柵剛至
剛曰昔侯景在東為卿所困黙羕小豎豈足勞
立攻破之散其黨與五醜於是西奔鐵忩剛又
進破鐵忩偽廣寧郡屬宇文貴等西討詔以剛

行渭州事資給粮餼鐵忩平所獲羌卒千人配
剛軍中敇以戎旅皆盡其力用加驃騎大將軍
開府儀同三司入為光祿卿六官建拜膳部中
大夫孝閔帝踐祚進爵浮陽郡公出為利州總
管利沙方渠四州諸軍事沙州氏特險逆命剛
州濱江負阻遠連諸獠自此始從賦役剛以信
再討服之方州生獠殊俗蠻歷世不賓乃
表請討之詔剛率利沙等十四州兵兼督儀同
十人馬步一萬徃經略焉仍加授渠州刺史剛初

周書列傳二十五 八

至渠帥憚其軍威相次降欵後以剛師出踰年
士卒疲獘尋復二叛後遂以無功而還又與所
部儀同尹才失和被徵赴闕遇疾卒於路年五
十七贈忠浙涿三州刺史謚曰成子元卿嗣
王慶字興慶太原祁人也父因魏靈州剌史懷
德縣公慶少開悟有才略初從文帝征伐復弘
農縣破沙苑並有戰功每獲殊賞大統十年授殿
中將軍孝閔帝踐祚晉公護引為典籤慶樞機
明辨漸見親待授大都督武成元年以剛後功賜

爵始安縣男二年行小賓部保定二年使吐谷
渾與其分疆仍論和好之事渾主悅服遣所親
隨慶貢獻初突厥與周和親許納女為后而齊
人知之懼成合從之勢亦遣使求婚財饋甚厚
突厥貪其重賂便許之朝議以魏氏昔與蠕蠕
結婚遂為齊人雖貳令者復恐改變欲遣使結
之遂授慶左武伯副楊薦為使是歲遂興入并
之役慶乃引突厥騎與隋公楊忠至太原而還
以齊人許送皇姑及世母朝廷遂與通和突厥

聞之復致疑阻於是又遣慶往喻之可汗感悅
結好如初五年復與宇文貴使突厥逆女自此
以慶久信著北蕃頻歲出使後更至突厥屬其可
汗暴殂突厥謂慶曰前後使來達我國喪者皆
教刀面表哀況今二國和親豈得不行此事慶抗
辭不從突厥見其守正卒不敢逼武帝聞而嘉
之錄慶前後使功選開府儀同三司兵部大夫
進爵為公歷丹中二州刺史為政嚴肅吏不敢
欺大象元年授小司徒加上大將軍總管汾石

二州五鎮諸軍事汾州刺史又除延州總管進
位柱國開皇元年進爵平昌郡公卒于鎮贈上
柱國諡曰莊子淹嗣

趙昶字長舒天水南安人也曾祖泓廣武令父珤至中
山郡守因家於代祖泓廣武令父珤上洛郡守
昶少聰敏有志節弱冠以材力聞孝昌中起家
拜都督鎮小平津魏北中郎將高于甚敬重之
千牧兗州以昶行臨洮北梁二郡事大統初千
遷鎮陝州又以昶為長史中軍都督太祖平弘農

擢為相府典籤六統九年大軍失律於芒山清
水氏酋李鼠仁自軍逃還憑險作亂隴右大都
督獨孤信頻遣軍擊之不克太祖將討之欲先
遣觀其勢顧問誰可為左右莫對昶曰此小竪
爾以公威勲不聽命太祖壯之遂令昶使焉昶
見鼠仁喻以禍福羣凶聚議或從或否其逆命
者復將加刃於昶而昶神色自若志氣彌厲鼠
仁感悟遂相率降氏梁道顯等叛攻南由太祖復
遣昶慰諭之道顯等皆即欵附東泰州刺史魏

光因從其豪帥四十餘人并部落於華州太祖
即以昶為都督領之先是汾州胡叛再遣昶慰
勞之皆知其虛實及大軍往討昶為先驅遂破
之以功封章武縣伯邑五百戶十五年拜安夷
郡守帶地鎮將氐族獷世號難治昶威懷
以禮莫不悅服碁歲之後樂從軍者千餘人加
授帥都督時屬軍機科發切急昶之復相
率謀叛昶又潛遣誘說離間其情因其攜貳遂
輕往臨之羣氐不知所為咸來見昶乃收其首
逆者二十餘人斬之餘衆遂定朝廷嘉之除大
都督行南秦州事時氐帥蓋閙等反昶復討擒
之進撫軍將軍加通直散騎常侍又與史寧破
宕昌羌獠二十餘萬拜武州刺史車騎大將軍
儀同三司諸州軍事魏恭帝初加驃騎大將軍
開府儀同三司潭水羌叛殺武陵潭水二郡守
昶率儀同騎步五千討平之世宗初
鳳州人仇周魏興豎守又督號周公有衆八千
人破廣化郡攻沒諸縣分兵西八圍廣業脩城

二郡廣業郡守薛英脩城郡守位杲等請昶為
援昶遣使報杲為周二員當黑樊伏興等所獲興等
知昶將至觧脩城圍據泥嶺設六伏以待昶
昶至遂遇其伏合戰破之廣業之圍亦解而昶追
之至泥陽川而還與州人段吒及氐酋姜多復
反攻沒郡縣昶討斬之氐傳昶自以被拔
擢居將帥之任傾心下士虜獲氐羌馬而能威
皆為昶盡力太祖常曰不煩國家士馬而能威
服氐羌者趙昶有之矣至是世宗錄前後功進
爵長道郡公賜姓宇文氏賞勞甚厚二年徵拜
賓部中大夫行吏部尋以疾卒
王悅字衆喜京兆藍田人也少有氣幹為州里
所稱魏永安中兩朱天光西討引悅為其府騎
兵參軍除石安令太祖初定關隴悅率募鄉里
從軍屢有戰功大統元年除平東將軍相府刑
獄參軍封藍田縣伯邑六百戶四年東魏將侯景
攻圍洛陽太祖赴援悅又率鄉里千餘人從軍
至洛陽將戰之夕悅蒸其行資市牛饗戰士及

戰悅所部兵盡力斬獲居多六年加通直散騎常
侍遷大行臺右丞十年轉左丞久居管轄頗獲
時譽十二年齊神武親率諸軍圍王壁大都督
韋孝寬拒守累旬敵方引退朝廷以寬勳重遣
尚書長孫紹遠為大使悅為副使勞問寬等并
校定勳人十三年侯景據河南來附仍請兵為
援太祖先遣韋法保賀蘭願德等帥眾助之悅
言於太祖曰侯景之於高歡始則篤鄉黨之情
末乃定君臣之契位居上將職重台司論其分
義有同魚水令歡始死景便離貳豈不知君臣
之道有同忠義之禮不足蓋其所圖既大不郵
小嫌然尚能背德於高氏豈肯盡節於朝廷今
若益之以勢援之以兵非唯侯景不為池中之
物亦恐朝廷貽笑將來也太祖納之乃遣行臺
郎中趙士憲追法保等而景尋叛十四年授雍
州大中正帥都督加衛將軍右光祿大夫都督
率所部兵從大將軍楊忠征隨郡安陸並平之
時懸兵深入悅支度路程勒其部伍節減糧食

及至竟陵諸軍多有匱乏之悅出粟米六百石分
給之太祖聞而嘉焉尋拜京兆郡守加使持節
車騎軍將軍儀同三司散騎常侍遷大行臺令
尚書又領所部兵從達奚武征梁漢軍出武令
悅說其城主楊賢悅乃貽之書曰天惟德是輔
天道之常也見機而作人事之會也梁主內虧
刑政外闕藩籬定夫攘袂舉國傾覆非直下民
離心抑亦上玄所棄我相公膺千齡之運剷三
分之業道洽區中威振方外聲教所被風行草
偃兵車所指雲除霧廓斯固天下所共聞無俟
二談也大將軍高陽公韜略之祕摠熊罷之
旅受脤廟堂威懷巴漢先附者必賞後服者必
誅君兵粮既寡救援路絕欲守則城池無繁帶
之險欲戰則士卒有土崩之勢此求安未見
其可昔韓信背項前典以為美談黃權歸魏
良史稱其盛烈事有變通今其則也賢於是遂
降悅白武云白馬要衝是必爭之地今城守寡弱
易可圖也若蜀兵更至攻之實難武然之令悅

率輕騎七百徑趣白馬悅先示其禍福其將梁
深遂以城降梁武陵王泉遣其將任奇率步騎
六千欲先據白馬行及闕城聞已降乃還及梁
州平太祖即以悅行刺史事招攜初附民吏安
之魏廢帝二年徵還本任屬蜀改行臺為中外府
尚書貟廢以儀同領兵還鄉里悅既久居顯職
及此之還私懷快快猶陵駕鄉里失宗黨之情
其長子康恃怙昌望遂首驕縱所部軍人許之
禮康乃非理凌辱軍人許之悅及康並坐除名
仍配流遠防及于謹伐江陵平悅從軍展効因
留鎮之孝閔踐祚依例復官授鄀州尋拜使持
節驃騎大將軍開府儀同三司大都督司水中
大夫進爵監田縣侯邊司憲中大夫賜姓宇文
氏又進爵河北縣公悅性儉約不營生業雖出
入榮顯家徒四壁而已世宗手勅勞勉之賜粟六
百石保定元年卒於位康嗣官司邑下大夫
趙文表其先天水西人也後徙居南鄭累世為
千石父江性方嚴有度量歷官東巴州刺史計

部中大夫驃騎大將軍開府儀同三司御伯中
大夫封昌國縣伯贈虞絳二州刺史謚曰貟文
表少而修謹志存忠節便弓馬能左右馳射好
讀左氏春秋略舉大義起家為太祖親信魏恭
帝元年從開府田弘征山南以功授都督復從
平南巴州及信州遷帥都督又從許國公宇文
貴鎮蜀蜀郡事加中軍將軍左金紫光祿
大夫保定元年除許國公府司馬轉大都督五
年授畿伯下大夫又為許國公府長史尋拜車
騎大將軍儀同三司仍從宇文貴使突厥迎皇
后進止儀注皆令文表典之文表斟酌而行皆
合禮度及皇后將入境突厥託以馬瘦行徐文
表慮其為變遂說突厥曰礼天緣曰后自發彼
藩已淹時序途經沙漠人馬疲勞且東冠每伺
間隙吐谷渾亦能為患今君以可汗之愛女結
姻上國曾無防虜之臣之體寧可汗緣然之遂
倍道兼行數日至廿州以迎后功別封伯陽縣邑
六百戶天和三年除梁州揔管府長史所管地

名恒陵者方數百里並生獠所居恃其險固常
懷不軌文表率衆討平之遷蓬州刺史政尚仁
恕夷獠懷之加驃騎大將軍開府儀同三司又
進位大將軍爵爲公大象中拜吳州總管時開
府于顗爲吳州刺史及隋文帝執政尉遲迴等
舉兵遠近騷然人懷異望顗自以族大且爲國
家肺腑懼文表圖己謀欲先之乃稱疾不出文
表徃問之顗遂手刃文表因令更人告云文表
謀反仍馳啓其狀隋文以諸方未定恐顗爲變
不罪顗而聽其子仁海襲爵
遂授顗吳州總管以安之後知文表無異志雖

周書列傳廿五　十七

列傳第二十五　　　周書二十三

右此卷內楊荐王慶傳全與北史同

趙善　　令狐
元定　　德棻
揚摚
裴寬
揚敷　　等撰

趙善字僧慶太傅楚國公貴之從祖兄也祖國
魏龍驤將軍洛州刺史父更安樂太守善少好
學涉獵經史美容儀沈毅有遠量永安初尒朱
天光為肆州刺史辟為主簿深器重之天光討
邢杲及万俟醜奴以善為長史軍中謀議每參
預之天光為關右行臺善表善為行臺左丞加都
督征虜將軍普泰初賞平關龍之功拜驃騎將
軍大行臺散騎常侍封山北縣伯邑五百戶俄除
持節東雍州諸軍事雍州刺史天光東拒齊神
武於寒陵令善又以長史從及天光敗見殺善請
收葬其屍丞齊神武義而許之賀拔岳擁關中兵

三卅七　周書列傳二六　一

乃遣迎善復以為長史岳為侯莫陳悦所害善
芸諸將翊戴太祖仍從平悦魏孝武遷除都官
尚書改封襄城縣伯仍從平悦魏孝武遷除都官
行臺與儀同李譚等討曹泥克之遷車騎大將
軍儀同三司尚書右僕射進爵為公增邑并前
一千五百戶大統三年轉左僕射兼侍中監著
作領太子詹事善性溫恭有器局雖位居端右
而逾自謙退其職務克舉則曰某官之力若有
罪責則曰善之咎也時人稱其公輔之量太祖亦
雅敬重焉九年從戰邙山屬大軍不利善為敵
所獲遂卒於東魏建德初朝廷與齊通好齊人
乃歸其柩其子絢表請贈諡詔贈大將軍大都
督歧宜寧幽四州諸軍事歧州刺史諡曰敬子
度字濟濟車騎大將軍開府儀同三司度弟絢字會
績驃騎大將軍開府儀同三司浙資二州刺史
元定字願安河南洛陽人也祖比頬魏安西將軍
務州刺史父道龍征虜將軍鉅鹿郡守定惇厚
少言內沉審而外剛毅永安初從尒朱天光討

三卅三　周書列傳第二十六　二

關隴羣賊並破之除襄虜將軍及賀拔岳被害
定從太祖討侯莫陳悅以功拜平遠將軍步兵
校尉魏孝武西遷封高邑縣男邑三百戶從擊
潼關援回洛城進爵為伯增邑三百戶加前將
軍太中大夫從擒竇泰復弘農破逐苑戰河橋
定皆先鋒當其衝者無不披靡以前後功累遷
都督征東將軍金紫光祿大夫大師都督增邑三百
戶邙山之役敵人如堵定奮衝之殺傷甚眾
無敢當者太祖親觀之論功為最賞物甚厚十
三年授河北郡守加大都督通直散騎常侍增
邑通前一千二百戶定有勇略每戰必陷陣然未嘗
自言其功太祖深重之諸將亦稱其惠者十五
年遷使持節車騎大將軍開府儀同三司進爵
為公魏廢帝二年以宗室進封建城郡王二年
行周禮爵隨例改封長湖郡公世宗初拜岷州
刺史威恩兼濟甚得羌豪之情先時羌豪擾陵
不賓者至是並出山谷從征賦焉又定代還羌
豪等感繼之保定中授左宮伯中大夫父之轉

左武伯中大夫進位大將軍天和二年陳湘州
刺史華皎舉州歸梁梁主欲因其隙更圖改取
乃遣使請兵詔定從衛公直率眾赴之梁人與
華皎皆為水軍定為陸軍直撫督之俱至夏口
而陳郢州堅守不下令定率步騎數千圍之
陳遣其將淳于量徐度吳明徹等水陸來拒量
等以定已度江勢分遂先與水軍交戰而華皎
所統之兵更懷疑貳遂進退路絕陳人乘勝水陸
逼之定乃率所部所研竹開路且行且戰欲趣湘州
而湘州已陷徐度等知定窮迫遣使偽與定
通和重為盟誓許放還國定疑其詭詐欲力戰
死之而定長史孫隆及諸將等多勸定和定乃
許之於是與度等刑牲歃血解仗就船遂和為度
等所執所部眾軍亦被凶虜送詣丹陽居數月
憂憤發病卒子樂嗣
楊檦字顯進正平高涼人也祖貴父猛並為縣
令檦少豪俠有志氣魏孝昌中介朱榮殺害朝

古大司馬城陽王元徽逃難投攄攄藏而免之
孝莊帝立徵乃出復爲司州牧由是攄以義烈
聞擢拜伏波將軍給事中元顥入洛孝莊欲往
晉陽就尒朱榮尒朱榮詔攄率其宗人收舡馬渚攄未
濟北郡事進都督平東將軍步兵校尉行江不以資敵及
顥平封肥如五百戶加鎮遠將軍太中大夫從魏孝
尒朱榮奉帝南討至馬渚攄乃具船以濟王師
至帝已北度太行攄遂匡所收州不以資敵及
武入關進爵爲侯增邑八百二戶加撫軍銀青光

禄大夫時東魏遷鄴太祖欲知其所爲乃遣攄
閒行詣鄴以觀察之使還稱旨授通直散騎常
侍車騎將軍稽胡特險不賓屢行抄竊以攄兼
黃門侍郎往尉撫之攄頗有權略能得邊情誘
化酋渠多來欸附於是有隨攄入朝者時弘農爲
東魏守攄從太祖攻拔之然自河以北猶附東魏
攄父猛先爲邵白水令攄與其家右相知微
行詣邵舉兵以應朝廷太祖許之攄遂行與土
豪王覆憐等陰謀舉事密相應會者三千人

內外俱發遂拔邵郡擒守程保及令四人並斬
之眾議推攄行邵郡事攄以因覆憐成事遂表覆
憐爲邵郡守以功授大行臺左丞率義徒更爲
經略於是遣諜人誘說東魏城堡旬月之間正平
河北南涉二絳建州大寧等城並有請爲內應
者大軍因攻而拔以攄行正平郡事左丞如故
齊神武敗於沙苑其將韓軌潘洛可朱渾元等
爲殿攄分兵要截殺傷甚眾東雍州刺史馬恭
懼攄威聲棄城遁走攄遂移據東雍州太祖以

攄有謀略堪委邊任乃表行建州事時建州遠
在敵境三百餘里然攄威恩凤著所經之處多
並畜糧附之比至建州眾已一萬東魏折
于洛出兵逆戰攄擊敗之文破其行臺解律俱
步騎二萬於州西大獲甲仗及軍資以給義士
由是威名大振東魏遣太保侯景攻陷正平復
遣行臺薛循義徒兵與斛律俱相會於是敵眾
漸盛攄以孤軍無援率且腹背受敵謀欲拔還恐
義徒背叛遂僞爲太祖書遣人若從外送來者

云巳道軍四道赴援因令人漏泄使所在知之
又分土人義首令領所部四出抄掠擬供軍費
標分道詭遂於夜中拔還邵郡朝廷嘉其權以
全軍即授建州刺史時東魏以正平為東雍州
遣薛㮕祖鎮之標將謀取之乃先遣奇兵急攻
汾橋拒守其夜

七

樹率步騎二千從他道濟遂襲克之進驃騎將
軍既而邵郡民以郡東叛郡守郭武安脫身走
免標又率兵攻而復之轉正平郡守又擊破東
魏南絳郡虜其郡守屈僑珍錄前後切別封
陽縣伯邑五百戶邙山之戰標攻拔栢谷塢因
即鎮之及大軍不利標亦拔還而東魏將侯景
率騎追標與儀同韋法保同心抗禦且前經十
數里景乃引退標從太祖嘉之賜帛三百疋復授建
州刺史鎮車箱標久從軍役未及葬父至是表
請還葬詔贈其父車騎大將軍儀衛州刺史晉州
刺史贈葬其母夏陽縣君並給儀衛里築之及
齊神武圍玉壁別令侯景趣齊子鎮標恐入宼

邵郡率騎禦之景聞標至斫木斷路者六十餘
里猶驚而不安遂退還河陽其見憚如此十二年
進授大都督加管建州諸軍事又攻破蓼塢
獲魏將李顯進儀同三司尋遷開府復除建州
邵郡河內汲郡黎陽等諸軍事領邵郡十六年
大軍東討授大行臺尚書率義眾先驅敵境攻
其四戍拔之時以齊軍不出乃追標還併肥如於
邵郡置邵州以標為刺史率所部兵鎮之保定

八

四年遷少師其年大軍圍洛陽詔標率義兵萬
餘人出軹關然標負鎮東境二十餘年數與齊人
戰每常克獲以此遂有輕敵之心時洛陽未下
而標深入敵境又不設備齊人奄至大破標軍
標以眾敗遂降於齊標之立勳也有慷慨壯烈
之志及軍敗遂就虜以求苟免時論以此鄙之
朝廷猶錄其切不以為罪令其子龍標襲之封
新平郡守韓盛亦於洛陽戰沒盛宇文燮南陽
堵陽人也五世祖遠為鄭縣令因徙居京兆之

渭南焉曾祖良舉秀才奉朝請於臧令祖與魏

僮城郡守贈直州刺史父藥安夷鄭城二郡

守贈鎮遠將軍義州刺史盛幼有操行涉獵經

史兼善騎射督力過人魏大統初起家開府行

參軍轉參軍事從李遠積年征討每有戰功累

遷至都督輔國將軍中散大夫都督持節平

東將軍太中大夫銀青光祿大夫大都督明

帝二年封臨洮縣子邑三百戶保定四年授使

持節車騎大將軍儀同三司虞部下大夫出

為新平郡守居官清靜嚴而不殘矜恤孤貧抑

挫豪右賊盜止息郡治肅然尋以本官從晉公

護東討於洛陽戰没贈浙洛義二州刺史謚曰

壯子謙嗣官至大都督盛弟德興恭德興安

貌魁傑有異常人歷官持節車騎大將軍儀同

三司通洛慈澗防主邵州刺史仲茶同

美容儀澹於榮利郡累辟為功曹中正仲茶同

荅曰第五之號豈減驃騎平後歷廣原靈有新

豐三縣令所在皆有聲績有八子並有志操少

子綱約後最知名

裴寬字長寬河東聞喜人也祖德歡魏中書郎河

內郡守父靜廬銀青光祿大夫贈汾州刺史寬兒

貌瑰偉博涉書傳弱冠為州里所稱與二弟漢尾

是和知名親歿撫弟以篤友聞榮陽鄭穆常謂

從弟文直曰裴長寬兄弟天倫篤睦吾之師也孝

愛之重之汝可與之遊處年十三以選為廣陵王

挽郎釋褐員外散騎侍郎魏孝武末除廣陵王

府直兵參軍加帥都寧朔將軍貞外散騎常侍及孝

武西遷寬謂其諸弟曰權臣擅命乘輿播越戰爭

方始當何所依諸弟咸不能對寬曰君臣逆順大

義昭然今天子西至羊理無東面以臣節乃將

家屬避難於大石嶺獨孤信鎮洛陽始出見焉時

汾州刺史韋子粲降於東魏子粲兄弟在關中

著咸已從坐其季弟粲先在洛寬急乃投寬

寬開懷納之遇有大赦或傳子粲合免因爾來見

出子粲卒以伏法獨孤信召而責之寬曰窮來見

歸義無執送今日獲罪是所甘心以經救宥遂得

不坐大統五年授都督同軌防長史加征虜
將軍十三年從防主韋法保向潁川解侯景圍
景密圖南叛軍中頗有知者以其事計未成外
示無貳往來諸軍間侍從寬少軍中名將必躬
自造至於法保尤被親附寬謂法保曰侯景狡
猾必不肯入關雖託款於公恐未須可信若使兵
不得信其詐誘自貽後悔法保納之然不能圖
景但自固而已十四年與東魏將彭樂戰於
新城因傷被擒至河陰見齊文襄寬舉止詳
雅善於占對文襄甚賞之謂寬曰卿三河冠
蓋材識如此我必使卿富貴關中貧校何足可
依勿懷異圖也因解鏃什館厚加其禮寬乃裁
卧檀夜縋而出因得逃還見於太祖太祖顧謂
諸公曰被堅執銳或有其人疾風勁草歲寒方
驗裝長寬為高澄如此厚遇乃能冒死歸我雖
古之竹帛所載何以加之乃手書署寬名下授持
節帥都督封夏陽縣男邑三百戶并賜馬一

定衣一襲即除孔城城主十六年遷河南郡守
仍鎮孔城尋加撫軍大都督通直散騎常侍魏
廢帝元年進使持節車騎大將軍儀同三司散
騎常侍孝閔帝踐阼進爵為子寬儀在孔城十三
年與齊洛州刺史獨孤永業相對永業有計謀
多譎詐或聲言春發秋乃出兵掩蔽消息倏忽
而至寬每揣知其情用兵邀擊無不克之永業常
戒其所部曰但好鎮孔城自外無足慮其見憚如
此齊伊川郡守梁鮮常在境首抄掠太祖患之
命寬經略焉鮮行過妻家椎牛宴飲既醉之後
不復自防寬密知之遣兵往襲遂斬之太祖嘉
焉賜奴婢金帶粟帛等武成二年徵拜司士中大
夫保定元年出為汾州刺史尋轉魯山防主四
年加驃騎大將軍開府儀同三司天和二年行復
州事三年除溫州刺史初陳氏與國通和每修聘
好自華皎附後乃圖冠掠汾州既接敵境事資
守備於是復以寬為汾州刺史而州城埤狹器械又
少寬知其難守深以為憂又恐秋水暴長陳人

得乘其便即白襄州總管請戍兵并請移城於
羊蹄山權以避水總管府許增兵守禦不許遷
移城寬乃量度年常水至之處豎大木於岸以
備艙行襄州所遣兵未至陳將程靈洗已率眾
至於城下遂分布戰艦四面攻之水勢猶小靈洗
未得近城寬每簡募驍兵令夜掩擊頻挫其銳
相持旬日靈洗無如之何俄而雨水暴長所豎
木上皆通船過靈洗乃以大艦臨逼拍于打樓
應即擢碎弓弩大石晝夜攻之苦戰三十餘日
死傷過半女垣朋盡陳人遂得上城短兵相拒
猶經二日外無繼援力屈城陷之後水便退縮
陳人刀執寬至揚州尋被送頒外經數載後還
建業遂卒於江左時年六十七子義宣後從御
正杜杲使於陳始得將寬柩還開皇元年隋文
帝詔贈司金二命士合江令寬弟漢王儉府記
室轉聰敏好學嘗見人作百字詩一覽便誦魏
弘雅
孝武初解褐員外散騎侍郎大統五年除大丞

相府士曹行參軍補墨曹參軍漢善尺牘尤
便簿領理識明贍決斷如流相府為之語曰早粲
爛有裝漢十一年李遠出鎮弘農啟漢為司馬
遠特相器遇尋加安東將軍銀青光祿大夫
成都上士尋轉司車路下大夫與工部郭彥太
府高賓等參議格令每較量時事必有條理
典祀薛慎同為八使巡察風俗五年加車騎大
將軍儀同三司漢少有宿疾恒帶虛羸職劇煩
官非其好也時晉公護擅權摺紳等多謅附之
以圖仕進唯漢直道固守八年不徙職性不飲
酒而雅好賓遊每良辰美景必招引時彥宴
賞留連間以篇什當時人物以此重之自寬沒
後遂斷絕遊從不聽琴瑟歲時伏臘哀慟而
撫養兄弟之子情甚篤至借人書必躬自錄
本至于疹疾彌年亦未嘗釋卷建德元年卒
時年五十九贈晉州刺史
子鏡民少聰敏涉獵經史大將軍譚公會記

室參軍後歷宋王寊侍讀轉記室遷司錄宣
政初吏部上士大象末春官府都上士
尼字景尼性弘雅有器局起家奉朝請除梁王
東閤祭酒遷從事中郎加通直散騎常侍隴西
李綜范陽盧誕並有高名於世與尼結忘年之
交魏恭帝元年以本官從子謹平江陵南獲軍
實謹恣諸將校取之餘人皆競取珍玩尼唯取
梁元帝素琴一張而已謹深歎美之六官建拜
御正下大夫尋以疾卒贈輔國將軍隨州刺史
三〇十

子之隱趙王招府記室參軍之隱弟師民好學
有識度見稱於時起家秦王贇府記室參軍仍
兼侍讀寬族弟鴻
鴻少恭謹幹略歷官內外孝閔帝踐祚拜輔城公
司馬加儀同三司爲晉公護主鎮雍州治中累遷御
正中大夫進位開府儀同三司轉民部中大夫保
定末出爲中州刺史九曲城主鎮守邊鄙甚有
扞禦之能衛公直出鎮襄州以鴻爲襄州司馬天
和初拜郢州刺史轉襄州總管府長史賜爵高

邑縣侯從直南征軍敗遂没尋卒於陳朝廷
之贈豐資遂三州刺史
楊敷字文衍華山公寬之兄子也父暄字景和
性朗悟有識學弱冠拜奉朝請歷貟外散騎侍
郎華州別駕從魏廣陽王深征菖榮爲榮所害
大夫以別將從魏二州諸軍事鎮西將軍華州刺
贈殿中尚書華夏二州諸軍事鎮西將軍諫議
史敷少有志操重之魏建義初龔祖鈞爵臨貞
之事常慨然景慕之諸每覽書傳見忠臣烈士

縣伯邑四百戶除貟外羽林監大統元年拜奉
車都尉歷尚書左士郎中祠部郎中大丞相府
墨曹參軍帥都督平東將軍太中大夫加撫軍
將軍通直散騎常侍魏恭帝二年遷廷尉少卿
所斷之獄號稱平允孝閔帝踐祚進爵爲侯增
邑并前八百戶除小載師下大夫使持節蒙州
馬消難遠授使持節諸軍事蒙州刺史先
是蠻左等多受齊假署數爲亂逆敷推誠布信
隨方慰撫蠻左等感之相率歸附敷乃送其首

四十餘人赴闕請因齊所假而授之諸蠻等愈
更感悅州境獲寧特降璽書勞問加車騎大將
軍儀同三司保定中徵爲司水中大夫夷夏更民
及荊州摁管長孫儉並表請留之時議欲東討將
委敷以舟艦轉輸之事故弗許焉陳公純鎮陝
州以敷爲摁管長史五年轉司水中大夫軍器居
監敷明習吏事所在以勤察著名每歲奏課居
最累獲優賞進位驃騎大將軍開府儀同三司
天和六年出爲汾州諸軍事汾州刺史　進爵爲
公增邑二千五百戸齊將段孝先率衆五萬來寇
梯衝地道晝夜攻城敷親當矢石隨事扞禦拒
守旬孝攻之愈急時城中兵不滿二千戰死
者已十四五糧儲又盡公私窮感齊公憙摁兵
赴救憚孝先不敢進軍敷乃召其衆
謂之曰吾與卿等俱在邊鎮豈願同心勠力破
賊全城但彊寇四面道攻圍日久吾等糧食已
盡救援斷絶守死窮城非大夫也今膮兵之士
猶數百人欲突圍出戰死生一決儻或得免猶

冀生還受罪闕庭軌與死於寇乎吾計決矣於
諸君意何如衆咸涕泣從命敷乃率夜出
擊殺齊軍數十人齊軍衆稍却俄而孝先所擒齊人
軍盡銳圍之敷殊死戰矢盡爲孝先所擒齊人
方欲任用之敷不爲之屈遂以憂懼卒於鄴高祖
平齊贈使持節大將軍淮廣復三州諸軍事三
州刺史諡曰忠壯葬於華陰舊塋
子素有文武材略大象末上柱國清河郡公

史臣曰目三方鼎峙羣雄競逐俊能駊騀各吠主
爭奮屬其智勇思赴蹈於仁義臨危不顧前哲
所難趙善等或行彰於孝友或誠顯於忠鯀咸
躬志力俱徇功名兵凶戰危城孤援絶楊敷趙
善類龐德之勢窮元定裴寬同黃推之無路王
旅不振非其罪也敷少而慷慨終能立節仁而
有勇其最優乎楊檦屢有奇功可嗟矣易曰師
敵無備兵破身囚未能遠謀良可歎矣易曰師
出以律否臧凶傳曰不備不虞不可以師其楊檦
之謂也

列傳二十六　　　　周書三十四

令狐　德棻　等撰

鄭孝穆

崔謙　弟說　子弘度

崔猷

裴俠

薛端

薛善　弟慎

鄭孝穆字道和滎陽開封人魏將作大匠渾
之十世孫祖敬叔魏潁川濮陽郡守本邑中
正父瓊范陽郡守贈安東將軍青州刺史孝
穆幼而謹厚以清約自居年未弱冠涉獵經
史父叔四人並早歿昆季之中孝穆居長撫訓
諸弟有如同生閨庭之中怡怡如也魏孝昌初
解褐太尉行參軍轉司徒主簿屬盜賊蜂
起除假節龍驤將軍別將屬有戰功永安
中遷冠軍將軍持節都督從元天穆討平邢
杲進驃騎將軍左光祿大夫太師咸陽王長

史及魏孝武西遷從入關除司徒左長史領臨
洮王友賜爵永寧縣侯大統五年行武功郡事
遷使持節本將軍行岐州刺史當州都督在任
未幾有能名就加通直散騎常侍王罷時為
雍州刺史欽其善政遣使貽書盛相稱述先
是所部百姓久遭離亂飢饉相仍逃散殆盡
孝穆下車之日戶止三千留情綏撫遠近咸
至數年之內有四萬家每歲考績為天下最
太祖嘉之賜書曰知鄉蒞職近畿留心治術
凋弊之俗禮教興行厭亂之民襁負而至昔
郭伋政成并部賈琮譽重冀方以古方今彼
有慚德於是徵拜京兆尹十五年梁雍州刺
史岳陽王蕭詧稱藩來附時議欲遣使威
選行人太祖歷觀內外無逾孝穆者十六年
乃假孝穆散騎常侍持節策拜詧為梁王
使還稱旨進車騎大將軍儀同三司加散騎
常侍是年太祖惣戎東討除大丞相府右
長史封金鄉縣男邑二百戶軍次潼關命

孝穆與左長史孫儉司馬楊寬尚書蘇亮諸
議劉孟良等分掌衆務仍令孝穆引接關
東歸附人士并品藻才行而任用之孝穆無納
銓敘咸得其宜大將軍達奚武率經略漢
中以孝穆為梁州刺史以疾不之部拜中書令
賜姓宇文氏尋以疾免孝穆閔帝踐祚加驃騎
大將軍開府儀同三司進爵為子增邑通一
千戶晉公護為雍州牧辟為別駕又以疾固
辭武成二年徵拜御伯中大夫徙授御正保定

三七五

【周書列傳二十七】　　三

三年出為宜州刺史轉華州刺史五年除虞
州刺史轉陝州刺史頻歷數州皆有政績復
以疾篤屢乞骸骨入為少司空卒於位時年
六十贈本官加鄭梁比豫三州刺史諡曰貞
子詗嗣歷位納言為聘陳使後至開府儀同
三司大將軍邵州刺史詗弟譯於隋文帝有翊
贊功開皇初又追贈并孝穆大將軍徐兗等六
州刺史改諡曰文
譯幼聰敏涉獵群書尤善音樂有名於時

世宗詔令事輔城公及高祖即位除都督稍遷
御正下大夫頗被顧待建德二年為聘齊使副
大夫特被太子親愛建德二年為聘齊使副
及太子西征多有失德王軌宇文孝伯等以
聞高祖大怒宮臣親幸者咸被譴責譯坐除
名後例復官仍拜吏部下大夫宣帝嗣位授
開府儀同大將軍內史中大夫封昌縣公邑
千戶既以恩舊任遇甚重朝政機密並得
參詳尋遷內史上大夫進爵沛國公上大夫

【周書列傳二十七】　　四

之官自譯始也及宣帝大漸御正下大夫劉昉
乃與譯謀以隋公受遺輔少主隋文帝執政
拜柱國大丞相府長史內史如故尋進位上
柱國

崔謙字士遜博陵安平人也祖辯魏平遠將
軍武邑郡守父楷散騎常侍光祿大夫殷州
刺史贈待中都督冀定相三州諸軍事驃騎
大將軍儀同三司冀州刺史謙幼聰敏神彩
凝然及長深沉有識量歷觀經史不持章

句志在博聞而已每覽一經國緯民之事心常好之未嘗不撫卷歎息孝昌中解褐著作佐即從太宰元天穆討邢杲破之功授輔國將軍太中大夫遷平東將軍尚書殿中郎賀岳之任至於安輯夷夏綱紀衆務皆委謙焉謙亦盡其智能以相匡弼勝有聲南州援勝出鎮荊州以謙為行臺左丞勝雖居方謙之力也及魏孝武將備齊神武之逼乃詔勝引兵赴洛軍至廣州帝已西遷勝乃遲

疑將旋所鎮謙謂勝曰昔周室不造諸族釋位漢道中微列藩盡節令皇家多故主上蒙塵寇忠臣枕戈之時義士立功之日也公受方面之重撫宛葉之衆若杖義而動首唱勤王天下聞風孰不感激誠宜順義勇之志副邁邇之心倍道兼行謂帝關右然後與宇文行臺同心協力電討不庭則桓文之勳復興於兹日矣捨此不為中道而退便恐人皆解體士各有心一失事機後悔何及勝不能

用而人情果大騷動還未至州州民鄧誕引疾景軍奄至勝與戰敗績遂將尾下數百騎南奔於梁勝亦與勝俱行及至梁每乞師赴援梁武帝雖不為出軍而嘉勝等志節竝許其還國乃令謙先還且通隣好魏文帝見謙甚悅謂之曰卿出萬死之中投身江外今得生還本朝當豈非忠貞之報也太祖素聞謙名甚禮之乃授征西將軍金紫光祿大夫賜爵千乘縣男及勝至拜太師以謙有疋

輔之功又授太師長史大統三年從太祖擒竇泰戰沙苑竝有功進爵為子遷車騎大將軍右光祿大夫拜尚書石丞謙明練時事及居樞轄時論以為得人四年從太祖解洛陽圍仍經河橋戰加定州大中正瀛州刺史十五年授車騎大將軍儀同三司又破柳仲禮於隨郡討平李遷哲於魏興竝有功進驃騎大將軍開府儀同三司直州刺史賜姓宇文氏魏恭帝初轉利州刺史謙性明悟深曉政術又

勤於理務民訟雖繁未嘗有懈倦之色吏民
以是敬而愛之時有蜀人賈晃遷舉兵作亂
率其黨圍逼梁州城謙倉卒分部繞得千許
人便率拒戰會梁州援兵至遂擒晃遷餘人
乃散謙誅其渠帥餘並卒
安輯世宗初進爵唐縣公保定二年遷安
州揔管隨應等十州䶅山上明魯山三鎮諸
軍事安州刺史四年加大將軍進爵武康郡公
天和元年授江陵揔管三年遷荊州揔管荊

【周書列傳二十七　七

浙等十四州南陽平陽等八防諸軍事荊州刺
史州既統攝遷長俗兼夏又南接陳境東
隣齊寇謙外禦彊敵內撫軍民風化大行號
稱良牧每年考績常為天下最屢有詔褒
美焉謙隨賀拔勝之在荊州也雖被親遇而
名位未顯及踐其位朝野以為榮四年卒於
州閭境痛惜之乃共立祠堂四時祭饗
嗣謙性至孝少喪父歾將滅性與弟訦特相
友愛雖復年事並高名位各重所有資産

皆無私焉其居家嚴肅動導禮度曠與
訦子弘度等並奉其遺訓云曠少溫雅仁而
汎愛釋褐中外府記室大象末位至開府儀
同大將軍浙州刺史訦本名士約少鯁直有
事轉諮議參軍及賀拔勝出牧荊州以訦為
節餘替力過人尤工騎射釋褐領軍府録
假節冠軍將軍防城都督又隨勝奔梁復自
梁歸國授弘農將軍都督封安昌縣子邑三百
戶從太祖復弘農戰沙苑皆有功進爵為

周書列傳二十七　八

疾增邑八百戶除京兆郡守累遷帥都督
撫軍將軍通直散騎常侍大都督車騎大
將軍儀同三司都官尚書定州大中正改封
安固縣疾增邑三百戶賜姓宇文氏并賜名
訦焉進爵驃騎大將軍開府儀同三司加侍
中進爵萬年縣公增邑通前二千四百戶除
隴州刺史訦蒞政彊毅百姓畏之齊王憲東征以
刺史訦為行軍長史軍還除使持節崇德安義

十三防熊和忠等三州諸軍事崇德防主加
授大將軍政封安平縣公建德四年卒時年六
十四贈鄜延丹綏長五州刺史諡曰壯子弘度
猛毅有父風大象末上柱國武鄉郡公
孫也祖挺光州刺史秦昌縣子贈輔國將
軍幽州刺史諡曰景父老芬左光祿大夫儀
同三司兼吏部尚書為蒸月神武所害獸少好
學風度閑雅性鯁正有軍國籌略釋褐貞

外散騎侍郎領大行臺郎中尋為吏部
尚書李神儁所薦拜通直散騎侍郎攝
尚書駕部郎中普泰初除征虜將軍司徒
從事中郎既遭家難遂間行入關及謁魏孝
武哀動左右帝為之改容既退帝目送之曰
忠孝之道萃此一門即以本官奏門下事大統
初兼給事黃門侍郎封平原縣伯邑八百戶
二年正除黃門加中軍將軍榆實泰復弘農
破沙苑獸常以本官從軍典文翰五年除司

徒左長史加驃騎將軍時太廟初成四時祭祀
猶設俳優角抵之戲其郊廟禁官多有假兼
獸屢上疏諫書奏並納焉遷京兆尹時婚姻
禮廢嫁娶之辰多舉音樂又壞里富室衣服
奢溽乃有織成文繡者獸又請禁斷事亦
施行與盧辯等剏修六官十二年除大都督驃
騎將軍浙州刺史加車騎大將軍儀同三司十
四年侯景據河南歸欵遣行臺王思政赴之
太祖與思政書曰崔宣獸智略明贍有應變
之才若有所疑宜與量其可不思政初頓兵
襄城後欲於潁川為行臺治所遣使人魏仲
奉啓陳之并致書於獸論將移之意獸復書
曰夫兵者務在先聲後實故能百戰百勝以
弱為彊也但襄城控帶京洛寔當今之要
地如有動靜易相應接潁川既隣寇境又無
山川之固賊若充斥徑至城下輒以愚情權
其利害莫若頓兵襄城為行臺治所潁川
置州遣郭賢鎮守則表裏膠固人心易安縱

有不虞豈能爲患仲見太祖具以啟聞太祖
即遣仲還令依猷之策思政重啟求與朝廷
立約賊若水攻乞一周爲斷陸攻請三歲爲期
限內有事不煩赴援過此以往惟朝廷所裁
太祖以思政既親其事兼復固請遂許之及
潁川没後太祖深追悔焉十六年以疾去職
屬大軍東征太祖賜以馬輿命隨軍與之籌
議十七年進侍中驃騎大將軍開府儀同三司
本州大中正賜姓宇文氏魏恭帝元年太祖

欲開梁漢舊路乃命猷督儀同劉道通陸
騰等五人率衆開迴車路鑿山堙谷五百餘里
至于梁州即以猷爲都督梁利等十二州白
馬僚城二防諸軍事梁州刺史及太祖崩始
利沙興等諸州阻兵爲逆信合開楚四州
亦叛唯梁州境內民無貳心利州刺史崔謙
請援猷遣兵六千赴之信州糧盡猷又送米
四十斛二鎮獲全猷之力也進爵固安縣公
邑三千戶猷深爲晉公護所重護乃養猷

第三女爲巳女封富平公主世宗即位徵拜御
正中大夫時依周禮稱天王又不建年號猷以
爲世有澆淳運有治亂故帝王以之沿革聖
哲因時制宜今天子稱王不足以威天下請遵
秦漢稱皇帝建年號朝議從之武成二年除
司會中大夫御正如故世宗朋仁太祖諸子之
公護謂猷曰魯國公畫性寬仁戴爲主君以
中年又居長今奉遺旨翊戴爲主君以
爲何如猷對曰殷道尊尊周道親親今朝

廷既遵周禮無容輒違此義護曰天下事大
但恐畢公沖幼耳猷曰昔周公輔成王以朝諸
疾況明公親賢莫二若行周公之事方爲不
員顧託事雖不行當時稱其守正保定
元年重授撚管梁州刺史開府十四州白馬僚成
二防諸軍事華皎來附晉公護議欲南伐公卿
二年陳將華皎來附晉公護議欲南伐公卿
莫敢正言猷獨進曰前歲東征死傷過半此
雖加撫循而瘡痍未復近者長星竟天災乃上

所以重臨誠也誠 其脩德以禳天變豈可
窮兵極武而重其遣貟哉今陳氏保境息
民共敦鄰好無容違盟約之重納其叛臣興
無名之師利其土地詳觀前載非所聞也護
不從其後水軍果敗而禪將元定等遂沒江
南建德四年出為同州司會六年徵拜小司
徒加上開府儀同大將軍隋文帝踐極以獻
前代舊齒禮授大將軍進爵汲郡公增邑通
前三千戶開皇四年卒諡曰明子仲方字不

周書列傳二十七　十三

齊旱知名機神穎悟文學優敏大象末儀
同六將軍司玉下大夫
裴俠字嵩和河東解人也祖思齊舉秀才
拜議郎父欣博涉經史魏昌樂王府司馬
西河郡守贈晉州刺史俠幼而聰慧有異常
童年十三遭父憂哀毀有若成人州辟主簿
舉秀才魏正光中解巾奉朝請稍遷貟外
散騎侍郎義陽郡守元顥入洛俠執其使人
焚其赦書魏孝莊嘉之授輕車將軍東郡

太守帶防城別將及魏孝武與齊神武有隙
徵河南兵以備之俠率所部赴洛陽授建威將
軍左中郎將俄而孝武西遷俠將行而妻子猶
在東郡滎陽鄭偉謂俠曰天下方亂未知烏
之所集何如就妻子徐擇木焉俠曰忠義
之道庸可忽乎吾既食人之祿寧以妻子
圖也遂從入關賜爵清河縣伯除丞相府士曹
參軍大統三年領鄉兵從戰沙苑先鋒陷陣俠
本名協至是太祖嘉其勇決乃曰仁者必有

周書列傳二十七　十四

勇因命改焉以功進爵為侯邑八百戶拜行
臺郎中王思政鎮玉壁以俠為長史未幾為
齊神武所攻神武以書招思政思政令俠草
報辭甚壯烈太祖善之曰雖魯連無以加也
除河北郡守俠躬履儉素愛民如子所食
唯菽麥臨菜而已吏民莫不懷之此郡舊
制有漁獵夫三十人以供郡守俠曰以口腹役
人吾所不為也乃悉罷之又有丁三十人供
郡守役俠亦不以入私並收庸直為官市

馬歲月既積馬遂成群去職之日一無所取民
歌之百肥鮮不食丁庸不取裴公貞惠爲世
規矩俠嘗與諸牧守俱謁太祖太祖命俠別
豆謂諸牧守曰裴俠清愼奉公爲天下之最
今衆中有如俠者可與之俱立衆皆默然
無敢應者太祖乃厚賜俠朝野歎號爲獨
立君俠又撰九世伯祖貞族傳以爲裴氏清公
自此始也欲使後生奉而行之宗室中知名者
咸付一遍從弟伯鳳世彥時並爲丞相府佐

笑曰人生仕進須身名並裕清苦若此竟欲何
爲俠曰夫清者蒞職之本儉者持身之基況
我太宗世濟其美故能存見稱於朝廷没流芳
於典策今吾幸以凡庸濫蒙殊遇固其窮困
非慕名也志在自修懼辱先也離被嗤笑知復
何言伯鳳等慙而退九年入爲大行臺郎中居
數載出爲郢州刺史加儀同三司尋轉柝州刺
史徵拜雍州別駕孝閔帝踐祚除司邑下
大夫加驃騎大將軍開府儀同三司進爵

爲公增邑通前二千六百戶遷民部中大夫時有
姦吏主守倉儲積年隱没至千萬者及俠在官
勵精發摘數旬之內姦盜略盡轉工部中大夫
有大司空掌錢物典李貴乃於府中悲泣或問
其故對曰所掌官物多有費用裴公清嚴有名
懼遭罪責所以泣耳俠聞之許其自首貴言
隱費錢五百萬俠之譖遍姦伏皆此類也初俠
嘗遇疾沉頓大司空許國公宇文貴小司空
北海公申徽並來候俠俠所居第屋不

免風霜貴等邊言之於帝矜其貧苦乃
爲起宅并賜良田十頃奴隸耕牛糧粟莫不備
足搢紳咸以爲榮武成元年卒於位贈太子少師
蒲州刺史諡曰貞河北郡前功曹張回及吏民
等感俠遺愛乃作頌紀其清德焉子祥性忠
謹有治劇才少爲成都令清不及俠斷決過之
後除長安令所愭遷司倉下大夫俠之
終也遂以毀卒祥弟肅貞亮有才藝天和中舉
秀才拜給事中士稍遷御正大夫賜爵胡原縣子

薛端字仁直河東汾陰人也本名沙陁魏雍州刺
史汾陰廞辨之六世孫代爲河東著姓高祖謹泰
州刺史內都坐大官涪陵公曾祖洪隆河東太守
以隆兄洪祚尚魏文帝女西河公主有賜田在馮
翊洪隆子麟駒徙居之遂家於馮翊之夏陽焉麟
駒舉秀才拜中書博士兼主客郎中贈河東太
守父英集通直散騎常侍端少有志操遭
父憂居喪合禮與弟裕勵精篤學不交人事
年十七司空高乾辟爲參軍賜爵汾陰縣

男端以天下擾亂遂弃官歸鄉里魏孝武西
遷太祖令大都督薛崇禮據龍門引端同行
崇禮尋失守遂降東魏道行臺薛端循義都
督乙千貴率衆數千西度據楊氏壁端與宗
親及家僮等叛之循義遣騎追端且戰且馳遂入石城
等東度方欲濟河會日暮端密與宗室及家
僮等先在壁中循義乃令其兵逼端
柵得免柵中先有百家端與并力固守貴等數
來慰喻知端無降意遂接還河東東魏又遣

其將賀蘭懿南汾州刺史薛琰達守楊氏壁端
率其屬弁招喻村民第多設奇以臨之懿等疑
有大軍便即東遁爭舟溺死者數千人端收其
器械復還楊氏壁太祖遣南汾州刺史蘇景
恕鎮之降書問徵端赴闕以爲大丞相府
戶曹參軍從擒竇泰復弘農戰沙苑並有
功加冠軍將軍中散大夫進爵爲伯轉承相東
閤祭酒加本州大中正遷兵部郎中端性彊直每
伯加使持節平東將軍吏部郎中端性彊直每

有奏請不避權貴太祖嘉之故賜名端欲令
弟才劣行薄者未嘗外擢之每啓太祖云設
官分職本康時務苟非其人不如曠職太祖深
名顗相副自居選曹先盡賢能雖貴遊子
然之大統十六年大軍東討柱國李弼爲別道元
帥妙簡首僚數日不定太祖謂弼曰爲公思得一
長史無過薛端弼對曰尚書左丞仍掌選事
車騎大將軍儀同三司轉尚書賜姓宇文氏端名
進爵大吏部尚書賜姓宇文氏端名處選曹雅有

人倫之鑒其所擢用咸得其才十六官建拜軍司
馬加待中驃騎大將軍開府儀同三司進爵為
族孝閔帝踐祚除上部中大夫轉民部中大夫進
爵為公增邑通前二千八百戶質公護廢帝召
群官議之端頗有同異護不悅出為蔡州刺史
為政寬惠惠民吏愛之尋轉基州刺史基州催
令赴任蔡州父老訴留端者千餘人至其
州未幾卒時年四十二遺誡薄葬府州贈遺勿有

周書列傳二十七　三世　十九

所受贈本官加大將軍追封文城郡公諡曰賢子
曹字紹玄幼聰敏沈獵群書雅達政事起家師
都督累遷上儀同歷司金中大夫徐州總管府
長史合州刺史大象中位至開府儀同大將軍
端弟裕字仁友少以孝悌聞於州里初為末學
生時賢中多是貴遊好學之者少唯裕旣不
卷弱冠辟丞相參軍事是時京兆韋傻志安
放逸不干世務裕甚恭其恬靜數載酒餚候之談
晏終日嘗送以從徐女置艾之裕嘗謂親友曰

大丈夫當聖明之運而無灼然文武之用為世所
知雖復栖栖遑遑徒為勞苦耳至如章居士退
不丘壑進不市朝怡然守道樂厚不及何其樂
也尋遇疾而卒時年四十一文章之士誄之者數

周書列傳二十七　二十

人太祖傷惜之贈洛州刺史
薛善字仲良河東汾陰人也祖瑚魏河東郡守
父和南青州刺史善少為司空府參軍事遷
儻城郡守轉臨池都將魏孝武西遷東魏攻
河東為秦州以善為別駕善家素富僮僕
數百人兄元信仗氣豪侈每食方文坐客恒
滿絃歌不絕而善獨供已亞素愛樂開靜大統
三年齊神武敗於沙死留善族兄崇禮守河東
太祖遣李弼圍之崇禮固守不下善密謂崇禮
曰高氏戎車犯順致令大主播越與兄忝是衣
氏盡力若城陷之日送首長安云逆賊某甲之
首死而有靈豈不歿有餘愧不如早歸誠欽
雖未足以表奇節庶獲全首領而崇禮猶持

疑不決會善從弟馥妹夫高子信為防城都
督守城南面遣馥來詣善云意欲應接西軍
但恐力所不制善即令弟濟將門生數十人與
信馥等斬關引彌軍入時預謀者並賞五等爵
善以背逆歸順臣子常情豈容闔門大小俱
叨封邑遂與弟慎並固辭不受太祖嘉之以善
為分陰令善兼督六縣事尋徵為行臺郎中時欲
廣置屯田以供軍費乃除司農少卿領同州夏
陽縣二十屯監又於夏陽諸山置鐵冶復令善
為治監每月役八千人營造軍器善親自督
課兼加慰撫甲兵精利而皆忘其勞苦焉加
通直散騎常侍遷大丞相府從事中郎追論屯
田功賜爵龍門縣子遷黃門侍郎加車騎大將
軍儀同三司除河東郡守進驃騎大將軍開府
儀同三司賜姓宇文氏六官建拜御正中大夫進爵
博平縣公尋除御正中大夫轉民部中大夫時
晉公護設執政儀同齊軌語善云兵馬萬機須

歸天子何因猶在權門善白之護乃殺軌以善
忠於己引為中外府司馬遷司會中大夫副物六
府事加授京兆尹仍治司會出為隆州刺史兼
治孟州緫管府長史徵拜少傅卒於位時年
六十七贈蒲虜勳三州刺史高祖以善弟慎
軍謚曰緣公子哀嗣官至高陽守善弟慎
叔逸裴諏之柳虯范陽盧柔隴西李璨並相
慎字佛護好學能屬文善草書少與善弟慎
友善起家丞相府墨曹參軍太祖於行臺省置
理公務晚就講習先六經後子史又於諸生中間
德行淳懿者侍太祖讀書慎與李蔡及隴西
李伯良辛韶武功蘇衡譙郡夏侯裕安定梁
曠梁禮河南長孫璥河東裴舉薛同滎陽鄭
朝等十二人並應其選又以慎為學師以知諸生
課業太祖雅好談論並命慎等十二人兼學佛
百人於第內講說又命慎等十二人兼學識玄宗者一
內外俱通由是四方競為大乘之學數年復以

慎為旦都公侍讀轉丞相府記室魏東宮建除太子舍人遷庶子仍領令加通直散騎常侍兼中書舍人轉禮部郎中宣建拜膳部下大夫慎兄善又任工部並居清顯時人榮之考閔帝踐祚除御正下大夫進車騎大將軍儀同三司封淮南縣子邑八百戶歷師氏御伯中大夫保定初出為湖州刺史州界既雜蠻左恐以劫掠為務慎乃集諸豪帥具宣朝旨仍令首領每月參或須言事者不限時節慎每引見必殺勤勸誡及賜酒食一年之間翕然從化諸蠻乃相謂曰今日始知刺史真民父母也莫不欣悅自是稅負而至者千有餘戶蠻俗婚娶之後父母雖在即與別居慎謂守令曰牧守令長是化民者也豈有其子娶妻便與父母離析非唯垷俗之失亦是牧守之罪慎乃親自誘導示以孝慈并遣守令各喻所部有數戶蠻感其從善之速遂待養及行得果膳歸奉父母慎感其從善之速具以狀聞有詔諷其賦役於是風化大行有同華

俗尋入為蕃部中大夫以疾玄職卒於家有文集頗為世所傳薛善之以河東應本李弼也敬珍敬祥亦率屬屬縣歸附
敬珍字國寶河東蒲坂人也漢楊州刺史韶之十世孫父伯樂州主簿安邑令珍偉容儀有氣俠學業騎射俱為當時所稱祥即珍從祖兄也亦慷慨有大志唯以交結英豪為務珍與之深相友愛每同遊處及齊神武趨沙死珍謂祥曰高歡迫逐乘輿播遷關右有識之士孰不欲推刃於其腹中但力未能制耳今復稱兵內侮將逞凶逆此誠志士効命之日當與兄圖之祥聞其言甚悅曰計將安出珍曰宇文丞相寬仁大度有霸王之略挾天子而令諸侯已數年兵觀其政刑備舉將士用命雖有眾固非其儔況逆順理殊將不戰而自潰矣我若招集義勇斷其歸路殱戮凶徒使隻輪不反非直雪朝廷之耻亦壯士封侯之業祥深然之遂與同郡豪右張小白樊昭賢王玄略等舉兵數日之中眾至

萬餘將襲歡後軍兵未進而齊神武已敗珎

與祥邀之多所尅獲及李弼軍至河東珎與小白

等率檸氏南解北解安邑溫泉虞鄉等六縣戶

十餘萬歸附大祖嘉之即拜珎平陽大守領永寧

防主祥龍驤將軍行臺郎中領相里防主並賜鼓

吹以寵異老太祖仍執珎手曰國家有河東之地

者卿兄弟之力還以此地付卿我無東顧之憂矣

久之遷絳州刺史以疾免卒於家

子元約性貞正有識學位至布憲中大夫小白等

既與珎歸闕太祖嘉其立効並任用之後咸至

郡守刺史

史臣曰鄭孝穆撫寧離散岐多襐負之人崔謙

鎮禦邊江漢流載清之詠崔說居家理治

以嚴肅見稱蒞職當官以猛毅為政崔猷

朝贊務則嘉謀屢陳出撫宣條則威恩具舉

裴俠忠勤奉上廉約治身吏不能欺民懷其惠

薛端歷居顯要以彊直知名薛善任惟繁劇以

弘益流譽亞當時之良將也而善陷齊謟護以

列傳第二十七　　　周書三十五

12-298

周書三十六

令狐 德棻 等撰

鄭偉

楊纂

段永

王士良

崔彥穆

令狐整

司馬裔

裴果

周書傳二十八
一

鄭偉字子直滎陽開封人也小名閻提魏作大匠
渾之十一世孫思明少勇悍仕魏至直閤將軍贈
濟州刺史父先護亦以武勇聞起家員外散騎侍
郎魏孝莊帝在藩先護早自結託及即位
歷通直散騎常侍平南將軍廣州刺史遷都督二
侯元顥入洛以禦扞之功累遷都督二豫郢雍四州
諸軍征東將軍豫州刺史兼尚書右僕射進爵平昌縣公
尋入為車騎將軍左衛將軍及爾朱榮死徐州刺史

爾朱仲遠擁兵入洛詔先護以本官假驃騎將軍大
都督率所部與行臺賀拔勝同討之勝
於陣降為仲遠所害魏孝武初贈使持節都督青齊兗
梁四州刺史偉少倜儻有大志每以功名自許善騎
射膽力過人爾朱氏滅後自梁歸魏起家通直散騎
侍郎及孝武西遷偉亦歸鄉里不求仕進大統三年
河內公獨孤信既復洛陽偉乃謂其親族曰令嗣主
中興鼎業攄有嵇函河內公親董眾軍克復瀍洛率

周書列傳二十八
二

土之內孰不延首望風況吾等世荷朝恩家傳忠義
誠宜以此時効臣子之節成富貴之資豈可碌碌然
懦夫之事也於是與宗人榮業紀合州里建義於陳
留信宿閒眾有萬餘人遂攻拔梁州擒東魏刺史鹿
永吉及鎮城令狐德并獲陳留郡守趙季和乃率眾
來附因是梁陳之間相次降欵偉馳入朝太祖與語
歡美之拜龍驤將軍北徐州刺史封武陽縣伯邑六
百戶從戰河橋及解玉壁圍偉常先鋒陷陣侯景之
欵太祖命偉率所部應接之及景後叛偉亦全軍而
歸

還錄前後功除中軍將軍汾陽郡守加散騎常侍大
都督進爵襄城郡公邑二千戶加車騎大將軍開府
儀同三司魏恭帝二年進位大將軍除江陵防主都
督十五州諸軍事偉性麁儻不遵法度睚眦之間便行
殺戮朝廷以其有立義之效每優容之及在江陵乃
專戮副防主杞賓王坐除名保定元年詔復官爵仍
除宜州刺史天和六年轉華州刺史偉前後蒞職皆
以威猛為治吏民莫敢犯禁盜賊亦為之休止雖無
仁政然頗以此見稱其年卒於州時年五十七贈本官
加少傅都督司豫洛相冀五州諸軍事司州刺史謚
曰肅偉性吃少時嘗逐鹿於野失之遇牧堅而問焉
牧竪咨之其言亦吃偉怒謂其效已逐射殺之其忿
暴如此子大士嗣偉族人頊字寧伯少有幹用起家
貞外散騎侍郎稍遷行臺左丞陽城陳留二郡守與
偉同謀立義後隨偉入朝賜爵魏昌縣伯除太府少
卿出為扶風郡守復為太府少卿轉衛尉少卿歷職
內外並有恪勤之稱尋卒官贈儀同三司豫州刺史
子常字子元頗涉學有當官譽歷撫軍將軍通直散

騎常侍司皮下大夫遷信東徐南兗三州刺史以立
義效累戰功授上開府儀同大將軍賜爵饒陽侯卒
贈本官加鄧鄯陝二州諸軍事鄯州刺史子神符
楊纂廣寧人也父仁魏北道都督朝州鎮將
纂少習軍旅自以功高賞薄志懷怨憤每
年二十從齊神武起兵於信都以軍功稍遷安
西將軍武州刺史自以功名未立每
歎曰大丈夫富貴何必故鄉若以妻子撓懷豈
不沮人雄志大統初乃間行歸欵太祖執纂手
凡人所貴者忠義也所懼者危亡也其能不憚
危亡蹈茲忠義者今方見之於卿耳即授征南
將軍大都督封永興縣侯邑八百戶加通直散
騎常侍從太祖解洛陽圍經河橋邙山之戰纂
每先登軍中咸推其敢勇累遷使持節車騎
大將軍儀同三司散騎常侍驃騎大將軍開府
儀同三司加侍中進爵為公增邑通前一千
賜姓莫胡盧氏俄授岐州刺史孝閔帝踐祚進
爵宋熙郡公保定元年進位大將軍改封龍東

郡公除隴州刺史三年從隨公楊忠東伐至并
州而還天和六年進授柱國大將軍轉華州刺
史纂性質樸又不識文字前後拯職但推誠信
而已吏以其忠恕頗亦懷之尋辛於州時年六
十七子睿嗣位至上柱國漁陽郡公

周書列傳二十八 五

段永宇永賓其先遼西石城人晉幽州刺史
匹磾之後也永幼有志操閭里稱之魏正光末六
之河陽焉也曾祖懷仕魏黃龍鎮將因徙高陸
鎮擾亂遂攜老幼避地中山後赴洛陽拜殿中
將軍稍遷平東將軍封沃陽縣伯邑五百戶青
州人崔社客舉兵反永討平之進爵為侯除立
光祿大夫時有賊魁元伯生率數百騎西崎
童東至鞏洛屠陷塢壁所在為患魏孝武遣京
畿大都督匹婁昭討之昭請以五千人行永進
曰此賊旣無城柵唯以寇抄為資安則蟻聚窮
則鳥散取之在速不在衆也若星馳電發出其
不虞精騎五百自呂平殄若徵兵而後往彼必
遠寇雖有大衆無所用之帝然其計於是命永

代昭以五百騎討之永旣知所在倍道兼進遂
破平之帝西遷永時不及從大統初乃結宗人潛
謀歸欵密與都督趙業等襲斬西郎將慕容
顯和傳首京師以功別封昌平縣子邑三百戶
除比徐州刺史從擒竇泰復弘農破沙苑並有
戰功進爵為公河橋之役永力戰先登授南汾
州刺史累遷大都督車騎大將軍儀同三司散
騎常侍驃騎大將軍開府儀同三司賜姓爾綿
氏魏廢帝元年授恒州刺史于時朝貴多其部

周書列傳二十八 六

人謂永之曰冠蓋盈路當時榮之孝閔帝踐阼
進爵廣城郡公轉文州刺史入為工部中大夫
遷軍司馬保定四年拜大將軍永歷任內外所
在頗有聲稱輕財好士朝野以此重焉前後累
增凡三千九百戶天和四年授小司寇尋為右
二軍總管率兵北道講武遇疾薨於賀葛城年
六十八喪還京師高祖親臨贈使持節柱國大將軍
同華等五州刺史諡曰基子叉嗣官至儀同三
司兵部下大夫

王士良字君明其先太原晉陽人也後因晉亂
避地涼州魏太武平沮渠氏曾祖景仁歸魏為
燉煌鎮將祖公禮平城鎮司馬因家於代父延
蘭陵郡守士良少修謹不妄交遊魏建明初爾
朱仲遠啟為府參軍事歷大行臺郎中諫議
大夫封石門縣男邑二百戶後與紇豆陵步藩交
戰軍敗為步藩所擒遂居河右偽與紇豆陵
伊利欽其才擢授右丞妻以孫女士良既為姻
好便得盡言遂曉以禍福伊利等即歸附朝

廷嘉之太昌初進爵晉陽縣子邑四百戶尋進
爵琅邪縣侯授太中大夫右將軍出為殷州軍
騎府司馬東魏徙鄴之後置京畿府專典兵馬
時齋文襄為大都督以士良為司馬領外兵參
軍尋遷長史加安西將軍徙封符璽縣侯增邑
七百戶武定初除行臺左中兵郎中又轉大將
軍府屬從事中郎仍攝外兵事王思政鎮潁川
齋文襄率眾攻之授士良大行臺右丞加鎮西
將軍增邑二千戶進爵為公令輔其弟演於并

州居守齋文宣即位入為給事黃門侍郎領中
書舍人仍總知并州兵馬尹加征西將軍別封
新豐縣子邑三百戶俄除驃騎將軍尚書吏部
郎中齋文宣自晉陽赴鄴宮復士良為尚書左
丞統留後事仍遷御史中丞轉七兵尚書未幾
入為侍中轉殿中尚書頃之復為侍中除吏部
尚書士良頻首固讓文宣不許
又攝度支五兵二曹尚書士良少孤事繼母梁
氏以孝聞及卒居喪合禮文宣尋起令視事士

良屢表陳誠再三不許方應命文宣見其毀瘠
乃許之因此臥疾歷年文宣每自臨視疾愈除
滄州刺史乾明初徵還鄴授儀同三司孝昭即
位遣（三道）使搜揚人物士良與尚書令趙郡王
高叡太常卿崔昂分行郡國但有一介之善者
無不以聞齋武成初除太子少傅復除侍
中轉太常卿尋加開府儀同三司出為豫州道
行臺豫州刺史保定四年晉公護東伐權景宣
以山南兵圍豫州士良舉城降授大將軍小司

徒賜爵廣昌郡公尋除荊州總管行荊州刺史
復入為小司徒俄除鄜州刺史轉金州總管七
州諸軍事金州刺史建德六年授井州刺史士
良去鄉既久忽臨本州老舊故久猶有存者
遠近咸以為榮加授上大將軍以老病乞骸骨
優詔許之隋開皇元年卒時年八十二子德衡

大象末儀同大將軍

侯林之九世孫曾祖顗魏東府諮議祖尉遭

【周書列傳二十八】　九

從兄司徒浩之難南奔江左仕宋為給事黃門
侍郎汝南義陽二郡守延興初復歸於魏拜潁
川郡守因家焉後終於鄀州刺史父稚篤志經
史不以世事嬰心起家祕書郎稍遷永昌郡守
隋開皇初以獻后外曾祖追贈上開府儀同三
司新州刺史彥穆幼明悟神彩卓然年十五與
河間邢子才京兆韋夐俱入中書學偏相交
愛伏膺儒業為時輩所稱魏吏部尚書隴西
李神儁有知人之鑒見而歎曰王佐才也永安

末除司徒府參軍事轉記室遷大司馬從事
中郎魏孝武西遷彥穆時不得從大統三年乃
與兄彥珍於成皋舉義因攻拔滎陽擒東魏郡
守蘇淑仍與鄉郡王元洪威攻潁川斬其兵
李景道孝武嘉之拜鎮東將軍金紫光祿大夫
滎陽郡守四年兼行右民郎中潁川邑中正
賜爵千乘縣侯十四年加使持節車騎大將軍
儀同三司散騎常侍司農卿時軍國享翔眾務
殷繁太祖乃詔彥穆入幕府兼掌文翰及于謹

【周書列傳二十八】　十

伐江陵彥穆以本官從平之世宗初進驃騎大將
軍開府儀同三司俄拜安州總管十一州諸軍
事安州刺史入為御正中大夫陳氏請敦隣好
詔彥穆使焉彥穆風韻閑曠器度方雅善玄言
解談謔甚為江陵所稱轉民部中大夫進爵為
公天和三年復為使主聘於齊使還除金州總
管七州諸軍事金州刺史進位大將軍尋徵拜
小司徒大象二年宣帝崩隋文帝輔政三方兵
起以彥穆為行軍元總管率兵與襄州總管王誼

討司馬消難軍次荊州彥穆疑荊州總管獨孤
永業有異志遂以兵殺之及事平隋文帝徵王
誼入朝即以彥穆為襄州總管六州諸軍事襄
州刺史加授上大將軍進爵東郡公邑二千戶
頊之永業家自理得雪彥穆坐除名尋復官爵
隋開皇元年卒子君綽嗣君綽性夷簡博覽經
史有父風大象末丞相府賓曹參軍君綽弟君
肅解巾為道王侍讀大象末潁川郡守

令狐整字延保燉煌人也本名延世為西土冠 （十一）

晃曾祖嗣詔安定郡官至郡守咸為良二千石
父虬早以名德著聞仕歷瓜州司馬燉煌郡守
郢州刺史封長城縣子大統末卒於家太祖傷
悼之遣使者監護喪事又以鄉人為營墳壟贈
龍驤將軍瓜州刺史整幼聰敏沈深有識量學
藝騎射並為河右所推刺史魏東陽王元榮辟
整為主簿加盪寇將軍整進趨詳雅對揚辭暢
謁見之際府僚自然竦目榮器整德望官謂僚屬
曰令狐延保西州令望方城重器豈州郡之職

所可縶維但曰千里必基武步寡人當委以
庶務書諾而已頃之魏考武西遷河君擾亂榮
仗整防扞州境獲寧及鄧彥竊瓜州拒不授代
整與開府張穆等密應使者申徽執彥送京師
太祖嘉其忠節表為都督尋而城民張保文殺
刺史成慶與涼州刺史宇文仲和構逆規據河
西晉昌人呂興等復害郡守郭肆以郡應保杤
保等將圖為亂慮整守義不從既而密
欲及整圖以整人之墊也復恐其下叛之遂不敢

欲圖之陰令所親說保曰君與仲和結為唇齒
今東軍漸逼涼州彼勢孤危恐不能敵若或摧
衂則禍及此土宜分遣銳師星言救援二州合
勢則東軍可圖然後保境息人計之上者保然
之而未知所在整又令說保曰歷觀成敗在於
任使所擇不善旋致傾危令狐延保兼資文武
才堪統御若使為將蔑不濟矣保納其計具以整
父兄等並在城中弗之疑也遂令整行整至玉

門郡召集豪傑說保罪逆馳還龍襲之先定晉
昌斬呂興進軍擊保州人素服整威名並棄保
來附保遂奔吐谷渾衆議推整為刺史整曰本
以張保肆逆毒害無辜闔州之人俱陷不義今
者同心勠力務在除凶若其自相推薦復恐
尤致禍於是乃推波斯使主張道義行州事具
以狀聞詔以申徽為刺史徵整赴闕授壽昌郡
守封驤武縣男邑三百戶太祖謂整曰卿少懷
英略早建殊勳今者官位未足酬賞方當與卿

■周書列傳卅八　　十三

共平天下同取富貴遂立為瓜州義首仍除持
節撫軍將軍通直散騎常侍大都督整以國難
未寧常願舉宗効力遂率鄉親三千餘入朝
隨軍征討整善於撫馭躬同豐約是以人衆並
忘覊旅盡其力用遷使持節車騎將軍儀曰三
司散騎常侍太祖常從容謂整曰卿遠祖立忠
而去鄉今立忠而來可謂積善餘慶世濟其美
者也整遠祖漢建威將軍邁不為王恭屈其子
稱避地河右故太祖稱之云尋除驃騎大將軍

開府儀同三司加侍中太祖又謂整曰卿勳同
妻項義等骨肉立身敦雅可以範人遂賜姓宇
文氏并賜名整焉宗公二百餘戶並列屬籍孝
閔踐祚拜司憲中大夫處法平允為當時所稱
進爵彭陽縣公增邑一千戶初梁興州刺史席
固以州來附太祖以固為豐州刺史固莅職既
久猶冒梁法凡所施為多虧治典朝議密欲代
之而難其選遂令整權鎮豐州委以代固之略整
廣布威恩傾身撫接數月之間化洽州府於是

■周書列傳卅六　　十四

除整豐州刺史以固為湖州曹州舊貫沿不居人
民賦役參集勞逸不均整請移治武當詔可其
奏獎勵撫導遷者如歸旬月之間城府周備固
之遷也其部曲多願留為整左右整論以朝制
弗之許也流涕而去及整秩滿代至民吏戀之
老幼送整遠近畢集數日俱留方得出界其得
人心如此拜御正中大夫出為中華郡守轉同
州司會遷始州刺史整雅識情偽尤明政術恭
謹廉慎常懼盈滿歷居內外所在見稱天和

六年進位大將軍增通前二千一百戶晉公護
之初執政也欲委整以腹心整辭不敢當頗近
其意護以此踈之及護誅附會者咸伏法而整
獨保全時人稱其先覺建德三年卒時年六十一
賜保本官加郿宜逌鹽四州諸軍事郿州刺史諡
曰襄子熙嗣熙字長熙性方雅有度量雖在私
宦容止儼然非一時賢俊未嘗與之遊處善騎
射解音律涉章書尤明三禮累遷居職任竝
有能名大象中位至吏部中大夫儀同大將軍

敕正弟休幼聰敏有文武材起家太學生後與整
同起兵遂張保授都督累遷大都督樂安郡守
入為中外府樂曹參軍時諸功臣多為本州刺
史晉公護謂整曰以公勳誘至應得本州但朝廷
籍公委任無愆遠出然公門之內須有衣錦之
榮乃以休為燉煌郡守在郡十餘年甚有政績
進位儀同三司遷合州刺史尋卒官
司馬裔字遵胤河內溫人也晉宣帝弟太常馗
之後曾祖楚之屬宋武常誅晉氏咸屬避難歸

魏位至使持節侍中鎮西大將軍開府儀同三
司朔州刺史封琅邪王裔少孤有志操州郡辟
召竝不應命起家司徒府參軍事後以軍功授
中堅將軍員外散騎常侍及魏孝武西遷裔時
在鄴潛歸鄉里志在立功大統三年大軍復弘
農乃於溫城起義遣使送欵與東魏戰死傷過
半及大軍東征裔率所部從戰河橋又別攻懷
求洛王陵等晝夜交戰眾寡不敵義徒死傷
縣獲其將吳輔叔目此頻與東魏交戰每有克
獲六年授河內郡守尋加持節平東將軍北徐
州刺史八年率其義眾入朝太祖嘉之特蒙賞
勞頃之河內有四千餘家歸附竝裔之鄉舊乃
授前將軍大中大夫領河內郡守令安集流民
十三年攻拔東魏平齊柳泉蓩塢三城獲其鎮
將李熙之加授都督十五年太祖令山東立義
諸將等能率以入關者竝加重賞裔領戶千室
先至太祖欲以封裔裔固辭曰立義之士辭鄉
里捐親戚遠歸皇化者皆是誠心內發豈裔能

率之平令以封裔便是賣義士以求榮非所願
也太祖善而從之授裔拜爲前鋒遂入建
郡公主十六年大軍東伐裔請爲前鋒遂入建
州破東魏將劉雅與拔其五城魏廢帝元年徵
裔令以本兵鎮漢中除白馬城主帶華陽郡守
加授撫軍將軍大都督通直散騎迴伐蜀與叱羅
鎮宋熙郡尋率所部兵從尉遲迴伐蜀與叱羅
協破叛兵趙雄傑於槐林平鄧朏於梓潼以功
賜爵龍門縣子行蒲州刺史尋行新城郡事魏

恭帝元年授使持節車騎大將軍儀同三司散騎
常侍本郡中正孝閔帝踐祚除巴州刺史進使
持節驃騎大將軍開府儀同三司進爵琅邪縣
伯邑五百戶保定二年入爲御伯中大夫增邑
通前二千五百戶四年轉御正中大夫進爵爲
公大軍東討裔率義兵與少師楊摽守軹關即
授懷州刺史東道慰勞大使五年轉始州刺史
天和初信州蠻冉令賢等反連結二千餘里
裔隨上庸公陸騰討之裔自開州道入先遣使

宣示禍釁酉卅三公等二十餘城皆來降（附）
進次雙城蠻酋向寶勝等率其種落據險自固
向天王之徒爲其外援裔晝夜攻圍腹背受敵
自春至秋五十餘戰寶勝粮仗俱竭力屈乃降
梨向天王等出師再舉羣蠻率服信州刺
史五年還潼州刺史六年徵拜大將軍除西寧
州刺史未及之部卒於京師裔性清約不事生
業所得俸祿並散之親戚身死之日家無餘財
時尚有籠東一城未下尋亦獲之又獲賊帥舟西

宅宇甲陋喪庭無所有詔爲起祠堂焉贈大將
軍加懷邵汾晉四州刺史諡曰定子僴嗣僴字
道遷少敢勇未弱冠便從我旅保定四年隨少
師楊摽東征與齊人父戰摽爲敵所擒僴力戰
得免天和二年授右侍上士加都督進大都督
從大軍攻晉州以功授使持節車騎將軍儀同
三司又從平并鄴除樂安郡守後更論晉州及
平齊勳加驃騎大將軍開府儀同三司遷充州
刺史未之部而卒贈本官加豫州刺史諡曰惠

12-307

子運嗣

裴果字戎昭河東聞喜人也祖思賢魏青州刺
史父遵齊州刺史果少慷慨有志略魏太昌初
起家前將軍乾河軍主除陽平郡丞太祖曾使
并州與果相遇果知非常人密託焉永安末
盜賊蜂起果從軍征討乘黃驄馬衣青袍每先
登陷陣時人號為黃驄年少永熙中授河北郡
守又齊神武敗於沙苑果乃率其宗黨歸關太
祖嘉之賜田宅奴婢牛馬衣什物等從戰河

【周書列傳二十八　十九】

橋解王壁圍並摧鋒奮戟手所向披靡大統九年
又從戰邙山於太祖前挺身陷陣生擒東魏都督
賀妻烏蘭勇冠當時莫不歎服以此太祖愈
親待之補郡內都督遷平東將軍後從開府楊
忠平随郡安陸以功加大都督除正平郡守正
平果本郡也以威猛為政百姓畏之盜賊亦為
之屏息遷使持節車騎大將軍儀同三司散騎
常侍司農卿又從大將軍尉遲迥伐蜀果率所
部為前軍開劍閣破本子廋保降楊乾運皆有

功魏廢帝三年授龍州刺史封冠軍縣侯邑五
百戶俄而州民張道李拓驢率百姓圍逼州城
時粮仗皆闕兵士又募果設方略以拒之賊便
退走仗至足出兵追擊累戰破之旬月之間州境
清晏轉陵州刺史孝閔帝踐祚除隆州刺史加
使持節驃騎大將軍開府儀同三司進爵為公
增邑二千戶武成末轉眉州刺史保定五年授
復州刺史果性嚴猛能斷決每抑挫豪右申理
屈滯歷數州號為稱職天和二年卒於位贈

【周書列傳二十八　二十】

本官加絳晉建三州刺史諡曰質子孝仁嗣孝
仁幼聰敏涉獵經史有譽於時起家舍人上士
累遷大都督儀同三司出為長寧鎮將扞禦
齊人甚有威邊之略建德末遷建州刺史轉護
州刺史大象末又遷亳州刺史鄭偉之等以梁
州歸欵時劉志亦以廣州來附志弘農華陰人
本名思漢太尉寬之十世孫也高祖隆宋武帝
平姚泓以宗室首望召拜馮翊郡守後屬赫連
氏入寇避地河洛因家于夊潁祖善魏大安中

舉秀才拜中書博士後至弘農郡守北雍州
刺史父瓌波南郡守贈徐州刺史志少好學博
涉群書祖性方重兼有武略魏正光中以明經徵
拜國子助教除行臺郎中永安初賀拔勝威將軍
給事中二年轉東中郎府司馬征虜將軍永熙
二年除安北將軍銀青光祿大夫廣州別駕三
年齊神武舉兵入洛魏孝武西遷志據城不從
東魏潛遣間使奉表長安魏孝武書加之授
長史襄城郡守後齊神武遣兵攻圍志力屈城

陷潛逃得免大統三年太祖遣領軍將軍獨孤
信復洛陽志紀合義徒舉廣州歸國拜大丞相
府墨曹參軍封華陰縣男邑三百戶加大都督
撫軍將軍轉中外府屬遷國子祭酒世宗出
牧宜州太祖以志為幕府司錄世宗雅愛儒學
特欽重之事無大小咸委於志志亦忠恕謹慎
甚得匡贊之體太祖嘉之嘗謂之曰鄉之所為
每會五戶志於是遂賜名志為仍於宜州賜田宅
令徙居之世宗遷蒞岐州又令志以本官翊從

及世宗即位除右金紫光祿大夫車騎大將軍
儀同三司進爵武鄉縣公增邑通前一千戶仍
賜姓宇文氏高祖時為魯公詔又以志為其府
司馬高祖嗣位進授驃騎大將軍開府儀同三
司拜刑部中大夫志執法平允其得時譽蓮
芍界內數有群盜攻刼行旅郡縣不能制乃惌
為延壽郡守以督之志示以恩信群盜相率請
罪志長陳此狀詔訖免之自是郡界蕭清寇
盜屏息遷使持節成州諸軍事成州刺史政存

寬恕民吏愛之天和五年卒贈大將軍揚州
刺史諡曰文子子明嗣子明弘雅有父風歷官右
侍上士大都督絳州別駕隋文帝踐極除行
臺郎中順陽郡守子明弟子陵司右中帥都
督涼州別駕隋開皇初拜姑臧郡守尋加儀
同三司歷衞州蔚州長史幽州總管府司馬朔
州總管府長史

史臣曰昔陽貨外叛廞其籍邑而春秋譏之韓
信背項陳平歸漢而史遷美之蓋以運屬既

安君道已者則狥利忘德者罪也時逢擾攘
臣禮未備則轉禍為福者可也鄭偉崔彥穆等
之在山東竝以不羈之才遭回於曦鳶雀終能
翻然豹變自致龜組其知機之士歟王士良之
仕于齊班職上卿出為牧伯而臨危苟免失忠
與義其背叛之徒歟令狐整器幹礭然雅
望重於河右勳州里則勳著方隅升朝廷則
績宣中外而畏避權寵克保終吉不如是亦
何以立勳名取高位乎

寇儁

韓褒

趙肅

張軌

李彥

郭彥

裴文舉　高賓

令狐　德棻　等撰

周書列傳二十九　一

寇儁字祖儁上谷昌平人也祖讚魏南雍州
刺史父臻安遠將軍鄜州刺史儁性寬雅幼有
識量好學彊記兄祖訓祖禮及儁並有志行
闔門雍睦白首同居父亡雖父而猶於平生
所慶堂宇備設幃帳几杖以時節列拜垂涕陳
薦若宗廟焉吉凶之事必先啓告遠行往
返亦如之性又廉恕不以財利為心家人曾賣
物與人而剩得絹五匹儁於後知之乃曰惡木
之陰不可暫息盜泉之水無容惕飲得財

失行吾所不取遂訪主還之其雅志如此以
選為魏孝文帝挽郎除奉朝請大乘賊起
燕齊擾亂儁參護軍事東討以功授員外散騎
侍郎遷尚書左民郎中以母憂不拜正光三年
拜輕車將軍遷揚列將軍司空府功曹參軍
轉主簿時靈太后臨朝減食祿官十分之進求
寧州令儁之資費巨萬主吏不能欺隱
寺成佛寺令儁典之除左軍將軍孝昌
中朝議以國用不足乃置臨池都將秩比上郡

周書列傳二十九　二

前後居職者多有侵隱乃以儁為之加龍驤將
軍仍主簿永安初華州民史底與司徒楊椿
訟田長史以下以椿勢貴皆言椿直欲以田給
椿儁曰史底窮民楊公橫奪其地若欲損不
足以給有餘見使審同未敢聞命遂以地遝史
底孝莊帝後知之嘉儁守正不撓即拜司馬
賜帛百匹其附椿者咸謹責焉二年出為左
將軍梁州刺史民俗荒獷多為盜賊儁乃令
郡縣立庠序勸其耕桑敷以禮讓數年之中

風俗頓革梁遣其將曹琰之鎮魏興繼日版
築琰之屢擾疆場人患之儁遣長史杜休道
率兵攻克其城并擒琰之即梁大將軍
景宗之季弟也於是梁人憚焉屬魏室多故
州又僻遠采人知無外援遂遣大兵頓魏興志
圖攻取儁撫勵將士人思効命梁人知其得眾
心也弗之敢逼儁在州清苦不治產業秩滿其
子等並徒步而還吏人送儁留連於道久之
乃得出界大統三年東魏授儁洛州刺史儁因

■周書列傳无　三

拜祕書監時軍國草創墳典散逸儁始選置
此乃謀歸闕五年將家及親屬四百餘口入關
令史抄集經籍四部群書稍得周備加鎮東
將軍儀同三司加散騎常侍儁以年老乞骸骨
將軍封西安縣男邑二百一十七年除車騎大
太祖弗許遂稱疾篤不復朝覲魏恭帝三年賜
姓若口引氏孝閔帝踐祚進爵為子增邑
五百戶武成元年進驃騎大將軍開府儀同三
司增邑并前二千戶儁年齒雖邁而志識未

衰敕授子孫必先禮典世宗尚儒重德特欽
賞之數加恩錫思與相見儁不得已乃入朝世
宗與同席而坐因顧訪洛陽故事儁身長八
尺鬚鬢皓然容止端詳音韻清朗帝與之談
論不覺屢為前膝及儁辭還帝親執其手
曰公年德俱尊朕所欽尚乞言之事所望於
公宜數相見以慰虛想以御輿令於帝前乘
出顧謂左右曰如此之事唯積善者可以致之
何止見於今亦將傳之萬古時人咸以為榮

三百廿二　■周書列傳廿九　郇坐　四

保定三年卒時年八十高祖歎惜之贈本官
加冀定瀛三州諸軍事冀州刺史諡曰元儁篤
於仁義筭功之有孤者衣食豐約並與之同
少為司徒崔光所知光命其子勵與儁結友
儁每造光常清言移日小宗伯盧辯以儁業
行俱崇待以師友之禮每有閒暇輒詣儁讌
語彌日恒謂人曰不見西安君煩憂不遣其
為通人所敬重如此子奉位至儀同三司大
軍順陽郡守洵州刺史昌國縣公弟顒

少好學最知名居喪哀毀歷官儀同大將軍
掌朝布憲典祀下大夫小納言護澤郡公
韓褒字弘業其先潁川潁陽人也徙居昌黎
祖璝魏鎮西將軍平涼郡守安定郡公父演征
虜將軍中散大夫恆州刺史褒少有志尚好學
而不守章句其師怪而問之對曰文字之間常
奉訓誘至於商較異同請從所好師因此大奇
之及長涉獵經史深沉有遠略魏建明中起
家奉朝請加彊弩將軍遷大中大夫屬魏室

周書列傳十九　　　五

喪亂寰避地於夏州時大祖為刺史素聞其
名待以客禮及賀拔岳為侯莫陳悅所害諸
將遣使迎大祖大祖問以去留之計褒曰方今
王室凌遲海內鼎沸使君天資英武恩結士
心賀拔公奄及於難君若扼兵權據有關中之地
懷委身而託使君且侯莫陳悅亂常速禍乃
不乘勝進取平涼及自遁逃屯營洛水出斯乃
井中蛙耳使君往必擒之不世之勳在斯一舉

時者難得而易失誠願使君圖之大祖納焉
大祖為丞相引褒為錄事參軍賜姓侯呂陵
氏大統初遷行臺左丞賜爵三水縣伯尋轉
丞相府屬加中軍將軍銀青光祿大夫二年梁
人北寇商洛東魏復侵樊鄧於是以褒為鎮
南將軍丞相府從事中郎出鎮淅酈居二年
徵拜大將軍丞相府司馬進爵為侯出為北雍州刺
史加衛大將軍帶北山多有賊盜褒密訪之
並豪右所為也而陽不之知厚加禮遇謂之曰

周書列傳二十九　　　六　　鄭性

刺史起自書生安知督盜所賴鄉等共分其
憂耳乃悉召郡少年素為鄉里患者署
為主帥分其地界有盜發而不獲者以故縱
論於是諸被署者莫不惶懼皆首伏曰前盜
發者並其徒侶皆列其姓名或
亡命隱匿者亦悉言其所在褒乃取盜名簿
藏之因大牓州門曰自知行盜者可急來首即
除其罪盡今月不首者顯戮其身籍沒妻子
以賞前首者旬日之間諸盜感來首盡褒取

名簿勘之一無差異並原其罪許以自新由是
群盜屏息入為給事黃門侍郎九年遷侍中
十二年除都督西涼州刺史羌胡之俗輕貧弱
尚豪富豪富之家侵漁小民同於僕隸故貧
者日削豪富者日益富襃乃悉募貧人以充兵士
優復其家蠲免徭賦又調富人財物以振給之
每西域商貨至又先盡貧者市之於是貧富
漸均戶口殷實十六年加大都督涼州諸軍事
魏廢帝元年轉會州刺史三年進位車騎大將

軍儀同三司尋加驃騎大將軍開府儀同三司
進爵為公武成三年徵拜御伯中大夫保定二
年轉司會三年出為汾州刺史州界比接太原
當千里徑先是齊寇數入民廢耕桑前後刺
史莫能防扞襃至適會寇來襃乃不下屬縣
人既不及設備以故多被抄掠齊人喜相謂曰
汾州不覺吾至先未集兵令者之還必莫能
追躡我矣由是益懈不為營壘襃已先勒精
銳伏北山中分據險阻邀其歸路乘其無必怠

縱伏擊之盡獲其衆故事獲生口者並囚送
京師襃因是奏曰所獲賊衆不足為多俘而
厚之俱益其忿耳請一切放還以德報怨有
詔許焉自此抑兵頗息四年遷河洮封三州
諸軍事河州總管天和三年轉鳳州刺史尋
以老請致仕詔許之五年拜少保襃歷事三
帝以忠厚見知高祖深相敬重常以師道處
之每入朝見必有詔令坐然始與論政事
七年卒贈涇岐燕三州刺史諡曰貞子繼嗣

趙肅字慶雍河南洛陽人也世居河西及沮渠
氏滅曾祖武始歸於魏賜爵金城侯祖與中書
博士父申俟舉秀才後軍府主簿肅早有
操行知名於時魏正光五年酈元為河南尹
辟肅為主簿孝昌中起加殿中侍御史加威
列將軍奉朝請員外散騎侍郎尋除監後
轉直寢永安初授廷尉正以疾免父之授征
以母憂去職起為廷尉正天平二年轉監後
虜將軍中散大夫遷左將軍太中大夫東魏

天平初除新安郡守秩滿還洛大統三年獨
孤信東討肅率宗人爲鄉導導授司州治中轉
別駕監督粮儲軍用不匱太祖聞之謂曰
趙肅可謂洛陽主人也七年加鎮南將軍金紫
光祿大夫都督仍別駕領所部義徒據守大
塢又兼行臺左丞東道慰勞九年行華山郡
事十三年除廷尉少卿明年元日當行朝禮非
有封爵者不得預焉肅時未有茅土左僕
射長孫儉白太祖乃召肅謂曰歲初

行禮當得使卿不預然何爲不早言也於是
令肅自選封名肅曰河清乃太平之應竊
所願也於是封清河縣子邑三百斤六年除
廷尉卿加征東將軍肅久在理官執心平允
凡所處斷咸得其情廉慎自居不營產業
時人以此稱之二十七年進位車騎大將軍
同三司散騎常侍賜姓乙弗氏先是太祖命肅
撰定法律肅積思累年遂感心疾去職卒於
家子正禮嗣王憲府屬大都督新安郡守時有

高平徐招少好法律發言措筆常欲辨析秋
毫歷職內外有當官之譽從魏孝武入關爲
絵事黃門侍郎尚書右丞時朝廷播遷典章
有闕至於臺閣軌儀多招所參定論者稱之
尋遷侍中度支尚書大統初卒
張軌字元軌濟北臨邑人也父崇高平令軌少
好學志識開朗初在洛陽家貧與樂安孫樹
仁爲莫逆之友每易衣而出以此見稱永安
中隨爾朱濟北顯除封寇將軍奉朝請

軌常謂所親曰秦雍之間必有王者爾朱氏
敗後遂杖策入關賀拔岳以軌爲記室參軍
典機務尋轉倉曹加鎮遠將軍時穀糴踴貴
或有請貸官倉者軌曰以私害公非五呂宿志
濟人之難詎得相違乃責所服衣物羅粟以
賑其乏及岳被害太祖以軌爲都督從征侯
莫陳悅悅平使於洛陽見領軍斛斯椿曰
高歡逆謀已傳行路人情西望以日爲年未
知宇文何如賀拔也軌曰宇文公文足經國

武可定亂至於嵩識遠度非馬管所測椿曰
誠如卿言具可恃也太祖為行臺授軌郎中
魏孝武西遷除中書舍人封壽張縣子邑三
百戶加左將軍濟州大中正兼著作佐郎俶
起居注遷給事黃門侍郎兼吏部郎中六年
出為河北郡守在郡三年聲績甚著臨人泊
術有循吏之美大統間宰人者多推尚之為
丞相府從事中郎行武功郡事章武公道出
鎮泰州以軌為長史加撫軍將軍大都督通

【周書列傳二十九】 十二

直散騎常侍魏廢帝元年進車騎大將軍儀
同三司散騎常侍二年賜姓宇文氏行南秦
州事魏恭帝二年徵拜度支尚書復除隴右
府長史卒於位時年五十五諡曰質軌性清
素臨終之日家無餘財唯有素書數百卷子
肅世宗初為宣納士轉中外府記室參軍中
山公訓侍讀早有才名性頗輕猾時仳之魏
諷卒以罪考竟終
李彥字彥士梁郡下邑人也祖先之魏淮南

郡守父靜南青州刺史彥少有節操好學
慕古為鄉閭之所敬憚孝昌中解褐奉朝請
加輕車將軍從魏孝武入關兼著作佐郎俶
起居注加寧朔將軍太中大夫大統初除通直散
夫遷平東將軍進號冠軍將軍中散大
騎侍郎三年拜安東將軍銀青光祿大夫太
保轉太傅長史儀曹郎中左人郎中封平陽
省三十六曹改授民部十二部改授民部郎中
縣子邑三百戶十五年進號中軍將軍兼尚

【周書列傳二十九】 十二

書左丞領選部大軍東討加持節大都督通
直散騎常侍侍郎魏廢帝初拜尚書
右丞轉左丞彥在尚書十有五載屬軍國草
創庶務殷繁留心省閱未嘗懈怠斷決如流
略無疑滯臺閣莫不歎其公勤服其明察
遷給事黃門侍郎仍左丞尋進車騎大將軍
儀同三司賜姓宇文氏出為廊州刺史彥以東
夏未平固辭州任詔許之拜兵部尚書加驃
騎大將軍開府儀同三司仍兼著作六官建

改授軍司馬進爵為伯彥性謙恭有禮節雖
居顯要於親黨之間恂恂如也輕財重義好
施愛士時論以此稱之然素多疾而勤於莅職
雖沈頓枕席猶理務不輟遂至於卒時年四
十六諡曰敬彥臨終遺誡其子等曰昔人以斂
木為橫葛藥為緻下不亂曰水上不泄臭此實
吾平生之志也但事既矯枉恐為世士所譏今
可斂以時服葬於墳塋之地勿用明器芻塗及
儀衛等爾其念之朝廷嘉焉不奪其志子
昇明嗣少歷顯職大象末太府中大夫儀同大
將軍

郭彥太原陽曲人也其先從宦關右遂居馮
翊父渝郡功曹靈武令彥少知名太祖臨雍
州辟為西曹書佐尋除開府儀同主簿轉司
空記室太尉府屬遷虞部郎中大統十二年初
選當州首望統領鄉兵除帥都督持節平東
將軍以居郎官著稱封龍門縣子邑三百戶進
大都督遷車騎大將軍儀同三司司農卿是時

岷州羌酋傍乞鐵忽與鄭五醜等寇擾西服
彥從大將軍宇文貴討平之魏恭帝元年除
兵部尚書仍以本兵從柱國干謹南代江陵進
驃騎大將軍開府儀同三司增邑五百戶進爵
為伯六官建拜民部中大夫孝閔帝踐祚出為
澧州刺史蠻左生梗未遵朝憲彥至於賦稅違
禁其遊獵蠻民皆務本家有餘糧亡命之徒感從
命者多聚散無恒不營農業彥勸以耕稼
賦役先是以澧州糧儲之少每令濟南逼送貟彥

蒞職倉庚充實無復轉輸之勞濟南安城主
馮顯密遣使歸降其衆未之知也柱國宇文貴
令彥率兵應接齊人先令顯率所部送糧南下
彥懼其衆不從命乃於路邀之顯因得自拔其
衆果拒戰彥縱兵奮擊並虜獲之以南安無
備即引軍掩襲顯外兵參軍鄭紹既為彥所
復因請為鄉導彥遂夜至城下令紹詐稱顯
歸門者開門待之彥引兵而入遂有其城俘獲
三十餘人晉公護吉妧之進爵懷德縣公邑千戶

少南安懸遠尋令班師及秩滿遠朝民吏號
泣送彥二百餘里尋為東道大使觀省風俗
除蒲州總管府長史入為工部中大夫保定四
年護東討彥從尉遲迥攻洛陽迴復令彥與
權景宣南出汝潁及軍次豫州彥請攻之景
宣以城守既嚴卒難攻取將欲南轅更圖經
略彥以奉命出師須與大軍相接若向江畔
立功更非朝廷本意固執不從兼書攻取之
計會其剌史王士良妻弟董遠秀密遣送
欵景宣乃從於是引軍圍之士良遂出降仍
以彥鎮豫州增邑六百戶尋以洛陽班師亦
棄而不守屬純州剌史樊舍卒其地既東接
陳境俗兼蠻左初喪州將境內騷然朝議以
彥威信著於東南便令鎮撫彥至吏人畏
而愛之天和元年除益州總管府長史轉隴
右總管府長史四年卒於位贈小司空宜鄜
丹三州剌史。

裴文舉字道裕河東聞喜人也　祖秀業魏

中散大夫天水郡守贈平州剌史父遂性方
嚴累為州里所推挹解褐散騎常侍奉車都
尉累遷諫議大夫司空從事中郎大統三年
東魏來寇遂乃糾合鄉人分據險要以自固
時東魏以正平為東雍州遣其將司馬恭鎮
之每遣間人扇動百姓遣都督韓僧明
入城諭其將士即有五百餘人許為內應期
日未至恭知之乃棄城夜走因是東雍遂內
屬及李弼略地東境遂為之鄉道多所降下
太祖嘉之特賞衣物封澄城縣子邑三百戶
進安東將軍銀青光祿大夫加散騎常侍太
尉府司馬除正平郡守尋卒官贈儀同三司
定州剌史文舉少忠謹涉獵經史
起家奉朝請遷丞相府墨曹參軍時太祖
年幼盛簡賓友文舉以選與諸公子遊雅相
欽敬未嘗戲狎遷威烈將軍著作郎中外府
參軍事魏恭帝二年賜姓賀蘭氏孝閔帝踐
祚襲爵澄城縣子齊公憲初開幕府以文

舉為司錄世宗初累遷帥都督寧遠將軍大
都督及憲出鎮劍南復以鹽牛為益州總管
府中郎武成二年就加使持節車騎大將軍儀
同三司蜀土沃饒商販百倍或有勸文舉以
利者文舉荅之曰利之為貴莫若安身身安
則道隆非貨之謂是以不為非義財也憲矜
其貧寠每欲資給之文舉恒自謙遜辭多
受少保定三年遷絳州刺史竇之往正平也以
廉約自守每行春省俗單車巠及文舉臨
州一遵其法百姓美而化之總管韋孝寬特
相欽重每與談論不覺膝前於席天和初進
驃騎大將軍開府儀同三司尋為孝寬柱國
府司馬六年入為司憲中大夫進爵為公增
邑通前一千戶俄轉軍司馬建德二年又增
邑七百戶文舉少喪父其兄又在山東唯與
弟璣幼相訓養友愛甚篤璣又早亡文舉撫
視遺孤逾於巳子時人以此稱之初文舉叔父
季和為曲沃令卒於聞喜川而叔母韋氏卒

於正平縣屬東西分隔韋氏墳壠在所境及
文舉在本州每加賞募齊人感其孝義潛相
要結以韋氏樞西歸竟得合葬六年除南青
州刺史宣政元年卒於位子畐嗣官至大都
督早卒卒時有高賓者歷官內外亦以幹用見稱
賓渤海脩人也其先因官北邊遂沒於遼左
祖高以魏太和初自遼東歸魏官至安定郡
守襴尉卿父季安撫軍將軍兗州刺史賓少
聰穎有文武幹用仕東魏歷官至龍驤將軍
諫議大夫立義都督同列有忌其能者譖之
於齊神武賓懼及於難大統六年乃棄家屬
間行歸闕太祖嘉之授安東將軍銀青光祿
大夫稍遷通直散騎常侍撫軍將軍大都督
世宗初除咸陽郡守政存簡惠甚得民和世
宗聞其能賜田園於郡境賓既轊旅歸國親
屬在齊常慮見疑無以取信乃於所賜田內
多蒔竹木盛構堂宇并鑿池沼以環之有終
焉之志朝廷以此知無貳焉加使持節車騎

大將軍儀同三司散騎常侍賜姓獨孤氏武
成元年除御正下大夫兼小載師出爲益州揔
管府長史保定初徵拜計部中大夫治中外道
從事中郎賜爵武陽縣伯貟敏於從政果敢
決斷葉牘雖繁系緒有餘裕轉大府中大夫齊公
憲府長史天和二年除郡州諸軍事郡州刺
史進位驃騎大將軍開府儀同三司治襄州
揔管府司錄六年卒於州時年六十八子穎
爲隋文帝佐命開皇中贈胥禮部尚書武陽

公謚曰簡又有安定梁允本姓牛氏亦有器
幹知名於時歷官侍中驃騎大將軍開府儀
同三司工部尚書臨涇縣公賜姓宇文氏失
其事故不爲傅允子弘博學治聞宣政中内
史下大夫儀同大將軍大象末復姓牛氏
史臣曰寇儁委質兩朝以儒素見重韓褒奉
事三帝以忠厚知名趙肅平允當官宣張軌循
良播美李彥譽流省闥郭彦信著蠻貊歷
官出内並當時之選也文舉之在絳州世載清

德辭多受少有廉讓之風焉 附高賓贇缺

蘇亮　弟湛
令狐德棻　等撰

柳虯
呂思禮
薛憕
檀寘
李昶
元偉

周書列傳三十　　一　　朱

蘇亮字景順武功人也祖權魏中書侍郎王門
郡守父祐泰山郡守亮少通敏博學好屬文
善章奏初舉秀才至洛陽遇河內常景景深
器之退而謂人曰秦中才學可以抗山東者將此
人平魏齊王蕭寶夤引爲參軍後寶夤開
府復爲其府主簿從寶夤西征轉記室參軍
寶夤遷大將軍仍爲之祿寶夤雅知重亮凡
有文檄謀議皆以委之尋行武功郡事甚著聲
績寶夤作亂以亮爲黃門侍郎亮善處人間

與物無忤及寶夤敗從之者遇禍唯亮獲全及
長孫稚尒朱天光等西討亮以亮爲郎中專典
文翰累遷鎮軍將軍光祿大夫散騎常侍岐州
大中正賀拔岳爲關西行臺引亮爲左丞典
機密魏孝武西遷除吏部郎中加衛將軍右光
祿大夫大統二年拜給事黃門侍郎領中書舍
人魏文帝子宜都王式爲秦州刺史以亮爲司
馬帝謂亮曰黃門侍郎當可爲秦州司馬直
以朕愛子出蕃故以心腹相委勿以爲恨臨辭

二　　朱　　周書列傳三十

賜以御馬七年復爲黃門郎加驃騎將軍八年
遷都官尚書使持節行北華州刺史封臨涇
縣子邑三百戶除中書監領著作脩國史亮
有機辯善談笑太祖甚重之有所籌議率多
會旨記人之善忘人之過薦達後進常如弗及
故當世敬慕莫不歸焉十四年除祕書監車騎大將
軍儀同三司尋拜大行臺尚書出爲岐州刺
史朝廷以其作牧本州特給路車鼓吹先還其
宅幷給騎士三千列羽儀遊鄉黨經過故人歡

歛旬日然後入州世以為榮十七年徵拜侍中卒
於位贈本官亮少與從弟緯俱知名然緯文章
稍不逮亮至於經畫進趨亮又減之故世稱二
蘇焉亮自大統以來無歲不轉官一年或至三
遷僉曰才至不怍其速也所著文筆數十篇顧
行於世子師嗣以亮名重於時起家為黃門侍
郎亮弟湛字景雋少有志行與亮俱著名
士年二十餘舉秀才除奉朝請領侍御史加員
外散騎侍郎蕭寶寅西討以湛為行臺郎中
深見委任及寶寅將謀叛逆湛時臥疾於家
寶寅乃令湛從母弟天水姜儉謂湛曰吾不能
坐受死亡今便為身計不復作魏臣也與卿
生榮辱方當共之故以相報湛聞之舉聲大哭
儉遽止之曰何得便爾徐謂儉曰為我啟齊王王本
云何不哭哭數十聲徐謂儉曰閇門百口即時屠滅
既屬國步多虞不能竭誠報德豈可坐人間
以窮而歸人賴朝廷假王羽翼遂得榮寵至此
隙便有問鼎之心乎今魏德雖衰天命未改王

之恩義未洽於民咸亡之期必不旋踵蘇湛
終不能以積世忠貞之基一旦為王族滅也寶
寅復令儉謂湛曰此是救命之計不得不爾湛
復曰凡舉大事當得天下奇士今乃與長安博
徒小兒輩為此計豈有辦哉湛不忍見荊棘生
王戶庭也願賜骸骨還舊里庶得全地下無愧
先人寶寅後果敗莊帝即位徵拜尚書郎當
寶寅素重之知必不為己用遂聽還武功
謂之曰聞卿答蕭寶寅其有美辭可為我說
之也湛頓首謝曰臣自惟言辭不如伍被遠矣
然始終不易竊謂過之但臣與寶寅周旋契
闊言得盡心而不能令其守節此臣之罪也孝
莊大悅加授散騎侍郎遷中書侍郎鎮西將軍雍
以疾還鄉里終於家贈散騎常侍鎮西將軍雍
州刺史湛弟讓字景恕幼聰敏好學頗有人倫
鑒識初為本州主簿稍遷別駕武都郡守
鎮遠將軍金紫光祿大夫及太祖為丞相引
為府屬其見親待出為衛將軍南汾州刺史

治有善政尋卒官贈〓軍騎大將軍儀同三司

涇州刺史

柳虬字仲蟠司會慶之〓也年十三便專精好
學時貴遊子弟就學者望車服華盛唯虬不
事容飾遍受五經略通大義兼博涉子史
雅好屬文孝昌中揚州刺史李憲舉虬秀才
究州刺史馮儁引虬爲揚州治中加鎮遠將軍非
吏部尚書其兄義爲揚州主簿既而樊子鵠爲
其好也遂棄官還洛陽屬天下喪亂乃退耕

於陽城有終焉之志六統三年馮翊王元季海
領軍獨孤信鎮洛陽〓時舊京荒廢人物罕極
唯有虬在陽城裴諏在潁川信等乃俱徵之以
虬爲行臺即中諏爲都督府屬並掌文翰時人
爲之語曰北府裴諏南省柳虬時軍旅務殷虬
勵精從事或通夜不寢季海常云柳郎中判
事我不復重看四年入朝太祖欲官之虬辭母老
乞侍醫藥太祖許焉父之爲獨孤信開府從事
中郎信出鎮隴右因爲秦州刺史以虬爲二府司

馬雖處元僚不綜府事唯在信左右談論而已
因使見太祖被留爲丞相府記室遷論歸朝功
封美陽縣男邑三百戶虬以史官密書善惡未
足懲勸乃上疏曰古者人君立史官非但記事
而巳蓋所以爲監誡也動則左史書之言則右
史書之彰善癉惡以樹風聲故南史抗節崔
杼之罪董狐書法明趙盾之愆是知直筆於朝
其來久矣而漢魏巳還密爲記注徒聞後世無
益當時非所謂將順其美匡救其惡者也且著
述之人密書其事縱能直筆人莫之知何止物
生橫議亦自異端互起故班固致受金之名陳
壽有求米之論著漢魏者非一氏造晉史者至
數家後代紛紜莫知准的伏惟陛下則天稽古
努心庶政開誹謗之路納忠讜之言諸史官記
事者請皆當朝顯言其狀然後付之史閣庶
令是非明著得失無隱使聞善者日修有過
者知懼敢以愚管輕冒上聞乞以瞽言訪之衆
議事 遂施行十四年除祕書丞祕書雖領著

作不參史事自蚪爲丞始令監掌焉十六年還
中書侍郎修起居注仍領丞事時人論文體
者有今古之異蚪又以爲時有今古非文有今古
乃爲文質論文多不載魏廢帝初遷祕書監
加車騎大將軍儀同三司蚪脫略人間不事小節
食不過充飢孜孜營求徒勞思慮耳魏恭帝元
弊衣疎食未常改操或譏之蚪曰衣不過適體
年冬卒時年五十四贈兗州刺史謚曰孝有文章
數十篇行於世子鴻漸嗣

呂思禮東平壽張人也性溫潤不雜交遊年十
四受學於徐遵明長於論難諸生爲之語曰講
書論易其鋒難敵十九舉秀才對策高第除
相州功曹參軍葛榮圍鄴思禮有守禦勳賜
爵平陸縣伯除樂城令普泰中僕射司馬子
如薦爲尚書二千石郎中尋以地寒被出兼國
子博士乃求爲關西大行臺賀拔岳所重專
掌機密甚得時譽岳爲侯莫陳悅所害趙
貴等議道赫連達迎太祖恩禮預其謀及太

祖爲關西大都督以思禮爲府長史尋除行臺
右丞以迎魏孝武功封汝陽縣子邑四百戶加冠
軍將軍拜黃門侍郎魏文帝即位領著作郎除
安東將軍都官尚書兼七兵殿中二曹事從事
寶泰進爵爲族邑八百戶大統四年以讒訕朝
政賜死思禮好學有文才蚪務兼軍國而手不
釋卷書理政事夜則讀書爇燭執燭
夜有數升沙死之捷命爲露布食頃便成太
祖歎其工而且速所爲碑誄表頌並傳於世七年
追贈車騎大將軍定州刺史子亶嗣大象中位
至駕部下大夫時有博陵崔騰新蔡董紹並早
有名譽歷職清顯騰爲丞相府長史紹爲御
史丞俱以投書謗議賜死
薛憕字景猷河東汾陰人也曾祖弘敞值赫連
之亂率宗人避地襄陽憕早喪父家貧躬耕以
養祖母有暇則覽見文籍時人未之奇也江表
人多以世族驕既羈旅不被擢用然負才使氣
未嘗趣世祿之門左中郎將京兆韋潛慶謂憕

曰君門地非下身材不劣何不攝裾數祭吏部懲曰
世由甬躍高位英俊沉下僚古人以為歎息竊所
未能也潛度告只此年少極慷慨但不遭時
耳孝昌中杖策還洛陽先是懲從祖俱度與
族祖安都擁徐兗歸魏其子懷雋見懲甚相
親善屬尒朱榮廢立懷雋懼懷雋家不相
交父物終日讀書手自抄略將二百卷唯郡守不
里不營產業苦不肯取妻置復欲南乎懲亦恬

然自處不改其舊昌並自秦中拜給事中加伏波將
軍及齊神武起兵懲乃東遊陳梁間謂族人
孝通曰高歡阻兵陵上喪亂方始關中形勝
之地必有霸王居之乃與孝通俱遊長安侯莫
陳悅聞之召為行臺郎中除鎮遠將軍步兵
校尉及悅害加賀拔岳軍人咸相慶慰懲獨謂
所親曰悅十略本寡輒害良將敗亡之事其
則不遠吾屬今即為人所虜何慶慰之有乎
聞者以懼言為然乃有憂邑尋而太祖平悅

引懲為記室參軍魏孝武西遷授征虜將軍
中散大夫封夏陽縣男邑二百戶魏文帝即位
拜中書侍郎加安東將軍增邑一百戶進爵為
伯大統四年宣光殿初成懲為之頌魏文
帝又造二欹器一為二仙人共持一鉢同處鉢
蓋有山山有香氣仙人又持金瓶以臨器上
以水灌山則出於仙人歌器一為二荷同處
謂之仙人歌器一為一鉢同處一盤鉢
蓮下垂器上以水注荷則出於蓮而盈乎器

為鳧鴈蟾蜍以飾之謂之水芝欹器二盤各處
一㭗鉢圓而㭗方中有人言三才之象也皆置清
微殿前器形似觥而方滿則平溢則傾各
為作頌大統初儀制多闕太祖令懲與盧辨
蓊等參定之自以流離世故不聽音樂雖禮
獨處常有感容後坐事死子舒嗣官至禮部
下大夫儀同大將軍聘陳使副
薛寘河東汾陰人也祖遵彥魏平遠將軍河
東郡守安邑侯父尚書吏部郎清河廣平

二郡守實幼覽篇籍好屬文年未弱冠為州
主簿郡功曹起家本朝請稍遷左將軍太中大
夫從魏孝武西遷封郡陽縣子邑四百戶進號
中軍將軍魏廢帝元年領著作佐郎修國史
尋拜中書侍郎修起居注遷中書令車騎大
將軍儀同三司燕公于謹征江陵以實為司録
軍中謀略實竝參之江陵平進爵為伯增邑
五百戶朝廷方改物揣制欲行周禮乃令實與
小宗伯盧辯斟酌古今共詳定之六官建授內

周書列傳三十　十一

史下大夫孝閔帝踐阼進爵為疾增邑五百
戶轉御正中大夫時前中書監盧柔學業優
深文藻華贍而實與之方駕故世號曰盧薛
焉久之進位驃騎大將軍開府儀同三司出為
浙州刺史卒於位吏民哀惜之贈虞州刺史諡
曰理所著文筆二十餘卷行於世又撰西京記三
卷引據該洽世稱其博聞焉實性至孝雖年
齒已衰職務繁廣至於溫清之禮朝夕無違
當時以此稱之子明嗣大象末儀同大將軍清

水郡守

李子昶頓丘黃人也小名那祖彪名重魏朝為
御史中尉父遊亦有才行為當世所稱遊兄志
為南荊州刺史遊遊從至州屬爾朱之亂與志
俱奔江左昶性峻急不雜交遊昶幼年已解屬文有
聲洛下時洛陽荊置明堂昶為明堂
賦雖優洽未足而才制可觀見者咸曰有家風
矢初謂太祖太祖深奇之厚加資給令入太學
祖每見學生必問才行於昶昶神情清悟應對

周書列傳三十　十二　何宗七

祖辨太祖每稱歎之綏德公陸通盛選僚案請
以昶為司馬太祖許之昶雖年少通特加接待公
私之事咸取決焉又兼二千石郎中典儀注累
遷都官郎中相州大中正丞相府東閤祭酒中
軍將軍銀青光祿大夫昶雖為丞相府官太恒欲
以書記委之於是又以昶為丞相府記室參軍事
作郎修國史轉大行臺郎中中書侍郎領之轉
黃門侍郎封臨黃縣伯邑五百戶太祖嘗謂昶
曰卿祖昔在中朝為御史中尉卿操尚貞固理

應不隆家風但孤以中尉彈刻之官愛憎所在
故未即授卿其然此職久曠無以易卿乃奏昶
為御史中尉歲餘加使持節車騎大將軍儀同
三司賜姓宇文氏六官建拜內史下大夫進爵為
疾增邑五百戶遷內史中大夫世宗初行御伯
時以近侍清要成盛選國華乃以昶及安昌公
元則中都公陸逞臨淄公唐瑾等並為納言尋
進爵為公增邑通前二千三百戶五年出為
昌州刺史在州遇疾啓求入朝詔許之還未
至京卒於路時年五十贈相瀛二州刺史昶於
太祖世已當樞要兵馬處分專以委之詔冊
文筆皆昶所作也及晉公護執政委任如舊
昶常曰文章之事不足流於後世經邦致治庶
及古人故所作文筆了無藁草唯留心政事
而已又以父在江南身寓關右自少及終不飲
酒聽樂時論以此稱焉子丹嗣時有旬平櫃

者翥字鳳翔好讀書善屬文能鼓琴早為琅
邪王誦所知年十九為魏孝明帝挽郎其後司
州牧城陽王元徽以著為從事非其好也尋
謝病客遊三輔時毛鴻賓鎮比雍州表
者翥為行臺郎中會尒朱天光東拒齊神武
者翥為之尋副毛鴻賓鎮潼關加前將軍太中
軍加鎮遠將軍兼殿中侍御史臺中表奏皆
隨赴洛除西兗州錄事參軍歷司空田曹參
大夫魏孝武西遷賜爵高唐縣子兼中書舍

人脩國史加鎮軍將軍後坐談論輕躁為黃門
侍郎徐招所駁死於廷尉獄
元偉字猷道河南洛陽人也魏昭成之後曾祖忠
尚書左僕射城陽王祖盛通直散騎常侍城陽
公父順以左衛將軍從魏孝武西遷拜中書監雍
州刺史開府儀同三司封濮陽王偉少好學有
文性弱冠授員外散騎侍郎以侍從之勞賜爵
高陽縣伯大統初拜伏波將軍度支郎中領太
子舍人十一年遷太子庶子領兵部郎中尋拜

東南道行臺右丞十六年進位車騎大將軍儀
同三司以魏氏宗室進爵南安郡王邑五百戶千
七年除幽州都督府長史沒尉遲逈伐蜀以偉
爲司錄書檄文記皆偉之所爲蜀平以功增
邑五百六官建拜師氏下大夫爵隨逈降政
封淮南縣公孝閔帝踐祚除晉公護府司錄
世宗初拜師氏中大夫受詔於麟趾殿刊正經
籍尋除隴右揔管府長史加驃騎大將軍開
府儀同三司保定二年遷成州刺史偉政尚清
靜百姓悅附流民復業者三千餘口天和元年
入爲匠師中大夫轉司宗中大夫六年出爲隨州
刺史偉辭以母老不拜還爲司宗尋以母憂去
職建德二年復爲司宗轉司會中大夫兼民部
中大夫遷小司寇四年以偉爲使主報聘于齊是
秋高祖親戎東討偉遂爲齊人所執六年齊
平偉方見釋高祖以其父被幽繫加授上開
府大象二年除襄州刺史進位大將軍偉性溫
柔好虛靜居家不治生業篤學愛文政事

之暇未嘗棄書謹慎小心與物無忤時人以此稱
之初自鄴還也庾信贈其詩曰號平鄴友怒平
竇鼎歸其爲辭人所重如此後以疾卒太祖天
縱寬仁性罕猜忌元氏戚屬明武績業亦
使布列職孝閔踐祚無替前緒明保全之內任
遵先志雖天厭魏德昌祚鼎命已遷枝葉榮茂足
以逾於前代矣然簡牘散亡事多湮落今錄其
名位可知者附於此云
柱國大將軍太傅大司徒廣陵王元欣
柱國大將軍特進尚書令少師義陽王元子孝
尚書僕射馮翊王元季海
七兵尚書陳郡王元玄
大將軍淮安王元育
大將軍梁王元儉
大將軍尚書令少保小司徒廣平郡公元贊
大將軍納言小司空荊州揔管安昌郡公元則
侍中驃騎大將軍開府儀同三司少師韓國
公元羅

侍中驃騎大將軍開府儀同三司吏部尚書

魯郡公元正

侍中驃騎大將軍開府儀同三司中書監洵州

刺史宜都郡公元顏子

侍中驃騎大將軍開府儀同三司鄴州刺史安

樂縣公元壽

侍中驃騎大將軍開府儀同三司武衛將軍遂

州刺史房陵縣公元審

史臣曰太祖除暴寧亂創業開基夙食求賢

共康庶政既焚林而訪阮亦牓道以求孫可

謂野無遺才朝多君子蘇亮等並學備該

博文檀雕龍或揮翰鳳池或著書麟閣咸

居祿位各逞琳琅擬彼陳徐懃後生之可畏論

其任遇寔當時之良選也魏文帝有言古今文

人類不護細行其呂思禮薛憕之謂也

令狐　德棻　等撰

韋瑱

梁昕

皇甫璠

辛慶之　族子昂

王子直

杜杲

韋瑱字世珍京兆杜陵人也世爲三輔著姓曾

祖惠慶姚泓尚書郎隨劉義眞過江仕宋爲鎮

西府司馬順陽太守行南雍州事後於襄陽歸

魏拜中書侍郎贈安西將軍洛州刺史祖千雄

略陽郡守父英代郡守贈兗州刺史瑱幼聰敏

有風成之量間里咸敬異之篤志好學兼善騎

射魏孝昌三年起家太尉府法曹參軍稍遷直

後除明威將軍雍州治中假鎮遠將軍防城州

將累遷諫議大夫冠軍將軍太祖爲丞相加前

將軍太中大夫封長安縣男食邑三百戶轉行

臺左丞加撫軍將軍銀青光祿大夫遷使持

節都督南郢州諸軍事南郢州刺史復入爲行

臺左丞瑱明察有幹局再居左轄時論榮之從

復弘農戰沙苑加衛大將軍左光祿大夫又從

戰河橋進爵爲子增邑二百戶大統八年齊神

武侵汾絳瑱從太祖禦之軍還令瑱以本官

鎮蒲津關帶中潬城主尋除蒲州摠管府長史

之徵拜鴻臚卿以望族兼領鄉兵加帥都督還

大都督通直散騎常侍行京兆郡事進軍騎大

將儀同三司散騎常侍魏恭帝二年賜姓宇文

氏三年除瓜州諸軍事瓜州刺史州通西域蕃

夷來前後刺史多受賂遺胡寇犯邊遺又莫能

禦瑱雅性清儉兼有武略蕃夷懷之莫

受胡人畏威不敢爲寇公私安靜贈遺一無所

閣帝踐柞進爵平齊縣伯增邑五百戶秩滿還

宗嘉之進授待中驃騎大將軍開府儀同三司武

成三年卒時年六十一贈岐宜二州刺史謚曰惠

天和二年又追封為公增邑通前三千戶仍詔
其子峻襲峻後位至車騎大將軍儀同三司峻
弟師起家中外府記室歷兵部小府下大夫建
德末蒲州總管府中郎行河東郡事
梁昕字元明安定烏氏人也世為關中著姓其
先因官徙居京兆之盩屋焉祖重耳漳縣令父
勸儒州主簿冠軍將軍中散大夫贈涇州刺史
昕少溫恭見稱州里正光五年秦隴擾亂蕭寶
夤為大都督統兵出討以昕為行臺參軍孝昌
初拜盪冠將軍稍遷驍威將軍給事中仍從征
斎征万俟醜奴相持二年前後數十戰以功進
征西將軍尒朱天光入關復引為外兵參軍從
天光征討拜右將軍太中大夫太祖迎魏孝武
軍次雍州昕以三輔望族上謁太祖見昕容貌
瑰偉深賞異之即授右府長流參軍大統初加
鎮南將軍金紫光祿大夫轉丞相府戶曹參軍
從復弘農戰沙苑能皆有功除車騎將軍丞相府
主簿出為洛安郡守徵拜六將軍行臺兵部郎

中加帥都督十二年除河南郡守鎮大塢尋又
移鎮閻韓式過邊豐甚著誠信遷東荊州刺史
昕撫以仁惠蠻夷悅之流民歸附者相繼而至封
安定縣子邑三百戶累遷大都督車騎大將軍
散騎常侍儀同三司孝閔帝踐祚進位驃騎大
將軍開府儀同三司世宗初進爵胡城縣伯邑
五百戶三年除九曲城主保定元年遷中州刺
史增邑八百戶轉郢州刺史三年以母喪去職
尋起復本任天和初徵拜工部中大夫出為陝
州總管府長史昕性溫裕有幹能歷官內外咸
著聲稱尋卒於位贈大將軍諡曰貞
昕弟榮歷位至中外府中郎蕃部郡
伯司會計部下大夫開府儀同三司朝邨縣伯
贈涇寧幽三州刺史諡曰靜
皇甫璠字景瑜安定三水人也世為西州著姓
後徙居京兆焉父和本州刺史贈散
騎常侍儀同三司涇州刺史璠少忠謹有幹略
永安中辟州都督太祖為牧補主簿以勤事被

知母蒙賞賚大統四年引爲丞相府行參軍
尋轉田曹參軍東閤祭酒加散騎侍郎稍遷兼
太常少卿都水使者歷著作兵部虞部民部
吏部等諸曹郎中六官建拜計部下大夫孝閔
帝踐祚尋轉守廟下大夫以選爲東道大使撫巡
州防尋加車騎大將軍儀同三司封長樂縣子
邑五百戸出爲玉壁揔管府長史保定中遷鴻
州刺史入爲小納言俄除隴右揔管府司馬轉
陝州揔管府長史徵拜蕃部中大夫進驃騎大

周書列傳十一　五

將軍開府儀同三司復出爲隴右揔管府長史
璠性平和小心奉法安貧守志恒以清白自處
當時號爲善人建德元年除民部中大夫三年
授隨州刺史政存簡惠百姓安之其年增邑并
前二千六年卒於位贈交渭二州刺史論曰
恭子諒少知名大象中位至吏部下大夫
辛慶之字慶保隴西狄道人也世爲隴右著姓
父顯崇馮翊郡守贈雍州刺史慶之以文學徵
詣洛陽對策第一除秘書郎屬尒朱氏作亂魏

孝莊帝令司空揚津爲北道行臺節度慶之山東諸
軍以討之津啓慶之爲行臺左丞典參謀議至
鄴聞孝莊帝暴崩遂出死冀間謀結義徒以赴
國難尋而節閔帝立乃還洛陽普泰二年遷平
比將軍太中大夫及賀拔岳爲行臺慶之復啓慶之
爲行臺吏部郎中開府樣尋除雍州別駕大統
初加車騎將軍儀同三司時初復河東以本官兼
太祖東討爲行臺左丞光祿大夫後

臨池都將四年東魏攻正平郡陷之遂欲經略

周書列傳十一　六

臨池慶之守禦有備乃引軍退河橋之役大軍
不利河北守令棄城走慶之獨因臨池抗拒彊
敵時論稱其仁勇六年行河東郡事九年入爲
丞相府右長史兼給事黃門侍郎除慶之支尚書
復行河東郡事遷通直散騎常侍南荊州刺史
加儀同三司慶之位遇雖隆而率性儉素車馬
衣服亦不尚華侈志量淹和有儒者風慶之持爲
當時所重又以其經明行修令與盧誕等教授
諸王魏廢帝二年拜秘書監尋卒於位子加陵

主寢上士慶之族子昂昂字進君年數歲便有成人志行有善相人者謂其父仲略曰公家雖世載冠冕然名德富貴莫有及此兒者仲略亦重昂志氣深以為然年十八俟景辟為行臺郎中參軍大統十四年追論歸朝之勳封襄城縣男加鎮遠將軍景後來附昂遂(入朝除丞相府行邑二百戶轉丞相府田曹參軍及尉遲迥伐蜀昂召募從軍蜀平以功授輔國將軍魏都督迥仍表昂為龍州長史領龍安郡事州帶山谷舊

周書列傳三十　七

俗生梗昂威惠洽著吏民畏而愛之成都方之會風俗姧雜迥以昂達於從政復表昂行成都令昂到縣便與諸生祭文翁學堂因共歡宴謂諸生曰子孝臣忠師友信立身之要如斯而已若不事斯語何以成名各宜自勉克成令譽昂言切理至諸生等並深感悟歸而告其父曰辛君教誠如此不可違之於是井邑蕭然咸從其化遷梓潼郡守進位帥都督加通直散騎常侍六官建入為司隸上士襲爵繁昌縣公世

宗初授天官府上士加大都督武成二年授小職方下大夫治小兵部保定二年進車騎大將軍儀同三司轉小吏部四年大軍東討昂與大將軍權景宣下豫州以功賞布帛二百四時益州殷阜軍國所資經塗艱險每苦劫盜昂使於梁益軍民之務皆委夾焉為荒梗安置城鎮數年之中頗得寧靜天和初陸騰討信州群蠻歷時未克高祖詔昂便於通渠等諸州運粮饋之時臨信楚合等諸州民庶亦多從逆

周書傳三十　八

昂論以禍福赴者如歸乃令老弱負糧壯夫拒戰咸願為用莫有怨者使還屬巴州萬榮郡民反叛攻圍郡城遇絕山路昂謂其同侶曰凶狡狂悖一至於此若待上聞或淹旬月孤城無援必淪冦黨欲救近溺寧暇遠求越人苟利百姓專之可也於是遂募通開二州得三千人倍道兼行出其不意又令其眾皆作中國歌直趣賊壘賊既不以為虞謂有大軍赴救於是望風瓦解郡境獲寧朝廷嘉其權以濟事詔梁州惣管

杞國公亮即於軍中賞昂奴婢二十口繒綵四百
匹亮又以昂威信布於宕渠遂表為渠州刺史
俄轉通州刺史昂推誠布信甚得夷獠歡心秩
滿還京首領皆隨昂詣闕朝覲以昂化洽夷華
進位驃騎大將軍開府儀同三司時晉公護執
政因此遂卒昂族人仲景好學有雅量其高祖
欽後趙吏部尚書雍州刺史子孫因家焉父歡
魏隴州刺史宋陽公仲景年十八舉文學對

策高第拜司空府主簿選員外散騎侍郎建德
中位至內史下大夫開府儀同三司卒於官子衡
王子直字孝正京兆杜陵人也世為郡右族父
琳州主簿東雍州長史子直性節儉有幹能魏
正光中州辟主簿起家奉朝請除太尉府水曹
行參軍加明威將軍時梁人圍壽春臨淮王元
或率軍赴援子直以本官參或軍事與梁人戰
斬其軍主夏侯景起梁人乃退淮南民廢因
兵寇之後猶聚為盜或令子直招撫之旬日之

間感乘復業自合肥以北安堵如舊永安初拜
員外散騎常侍鴻臚少卿普泰初進後軍將軍
太中大夫賀拔岳入關以子直為開府主簿選
行臺郎中魏孝武西遷封山北縣男邑三百戶
大統初氐酋各阻丘於南山與隴東屠各共
為脣齒太祖令子直率涇州步騎五千討破之
南山平太祖嘉之賜書勞問除尚書左外兵郎
中三年進車騎將軍兼中書舍人四年從太祖解

洛陽圍經河橋戰兼尚書左丞出為秦州總管
府司馬時涼州刺史宇文仲和據州逆命子直
從隴右大都督獨孤信討平之復入為大行臺
郎中兼丞相府記室吐谷渾寇西平以子直兼
尚書兵部郎中出隴右經略之大破渾眾於長
寧川渾賊道走十五年進車騎將軍左光祿大
夫除太子中庶子領齊王友尋行馮翊郡事十
六年魏齊王廓出牧秦隴復以子直為秦州別
駕仍領齊王友隨陸初平授安州長史領別駕加帥
都督轉并州長史魏廢帝元年拜使持節大都

悅附魏恭帝初徵拜黃門侍郎卒於位子宣禮

柱國府參軍事

杜杲字子暉京兆杜陵人也祖建魏輔國將軍

贈豫州刺史父皎儀同三司武都郡守杲學涉

經史有當世幹略其族父瓚清貞有識鑒深器

重之常曰吾家千里駒也瓚時仕魏爲黃門侍

郎兼度支尚書杲因薦之於朝廷永熙三年起家奉朝

▌周書列傳三十一　　十一

請累遷輔國將軍成州長史漢陽郡守世宗初

轉脩城郡守屬鳳州人仇周貴等構亂攻逼俺

城杲信洽於民部內遂無叛者尋而開府趙昶

諸軍進討杲率郡兵與昶合勢遂破平之入爲

司命上士初陳文帝弟安成王頊爲質於梁及

江陵平頊隨例遷長安陳人請之太祖許而未

遣至是帝欲歸之命杲使焉陳文帝大悅即遣

使報聘并賂黔中數州之地仍請畫野分疆永

敦隣好以杲奉使稱旨進授都督治小御伯更

往分界焉陳人於是以魯山歸我帝乃拜頊柱

國大將軍詔杲送之還國陳文帝謂杲曰家弟

今蒙禮遣實是周朝之惠然不還彼魯山亦恐

未能及此杲答曰安成之在關中本朝親睦九族

恕已及物上遵太祖遺旨下思繼好之義所以

發德音者蓋爲此也若知止俾魯山固當不貪

一鎮況魯山梁之舊地梁即本朝藩臣若以始

末言之魯山自合歸國云以尋常之土易已骨

▌周書列傳三十二　　十二

肉之親使臣猶謂不可何以聞諸朝廷陳主慚

惡父之乃曰前言戲之耳自是接遇有加常禮

及杲還命引升殿親降御座執手以別朝廷嘉

之授大都督小載師下大夫治小納言復聘於

陳中山公訓爲蒲州揔管以杲爲府司馬州治

中兼知州府事加使持節車騎大將軍儀同三

司及華皎來附詔令衛公直督元定等接之與

陳人交戰我師不利元定等並沒自是連兵不

息東南騷動高祖患之乃授杲御正中大夫後

四年遷溫州諸軍事溫州刺史賜爵義興縣伯

大象元年徵拜御正中大夫復使於陳二年除
申州刺史加開府儀同大將軍進爵為侯邑一
千三百戶除同州司會隨開皇元年以果為同
州惣監進爵為公俄遷工部尚書二年除西南
道行臺兵部尚書尋以疾卒子運大象末宣
納上士果兄長暉位至儀同三司

史臣曰韋孝寬甫之徒並關右之舊族也或紆
組登朝懽當官之譽或張旃出境有專對之才

既茂國猷克隆家業美矣夫

尉遲運　　　令狐　德棻　等撰

　　尉遲運

　　王軌

　　宇文神舉

　　宇文孝伯

　　顏之儀樂運

尉遲運大司空吳國公綱之子也少彊濟志在
立功魏大統十六年以父勳封安喜縣侯邑一

▲周書列傳三十二　　　　　一

千戶孝閔帝踐祚授使持節車騎大將軍儀同
三司俄而帝廢朝議欲尊立世宗乃令運奉迎
於岐州以預定策勳進爵周城縣公增邑五百
戶保定元年進驃騎大將軍開府儀同三司三
年從楊忠攻齊之并州以功別封第二子端保
城縣侯邑一千戶四年出爲龍州刺史地帶汧
渭民俗難治運甚得時譽天和五
年入爲小右武伯六年遷左武伯中大夫尋加
軍司馬武伯如故運既職兼文武其見委任齊

將斛律明月寇汾北運從齊公憲禦之攻拔其
伏龍城進爵廣業郡公增邑八百戶建德元年
授右侍伯轉右司衛時宣帝在東宮親詔俟
數有罪失高祖於朝臣內選忠諒鯁正者以匡
弼之於是以運爲右宮正二年帝幸雲陽宮又
令運以本官兼司武與長孫覽輔皇太子居守
俄而衛刺王直作亂率其黨襲肅章門覽懼
走行在所運時偶在門中直兵禦至不暇命左
右乃手自閉懼直黨與運爭門斫傷運手指懼

▲周書列傳三十二　　　　　二

而得閉直既不得入乃縱火燒門運懼火盡直
黨得進乃取宮中材木及牀等以益火更以膏
油灌之火勢轉熾父之直不得進乃退運率留
守兵因其退以擊之直大敗而走是日微運宮
中已不守矣高祖嘉之授大將軍賜以直田宅
妓樂金帛車馬及什物等不可勝數四年出爲
同州浦津潼關等六防諸軍事同州刺史高祖
將伐齊召運參議東夏底定運有力焉五年拜
柱國進爵盧國公邑五千戶宣政元年轉司武

上大夫摁宿衛軍事高祖崩於雲陽宮秘未

發喪運持待衛立還京帝即位授上柱國運之

為宮正也數進諫於帝帝不能納反踈忌之時

運又與王軌宇文孝伯等皆為高祖所親待軌

屢言帝失於高祖帝謂運預其事愈更銜之及

伯傳誅運懼及於禍間計於宇文孝伯語在孝

軌被誅運尋而得出為秦州摁管秦渭等六州諸軍

事秦州刺史然運至州猶懼不免大象元年二

月遂以憂薨於州時年四十一贈大後丞秦渭

河郡成洮文等七州諸軍事秦州刺史論曰中

子靖嗣大象末儀同大將軍

王軌太原祁人也小名沙門漢司徒允之後世

為州郡冠族累葉仕魏賜姓烏丸氏父光少雄

武有將帥才略每從征討頻有戰功太祖知其

勇決遇之甚厚位至驃騎大將軍開府儀同三

司平原縣公軌性質直慷慨有遠量臨事彊正

人不敢干起家事輔城公及高祖即位授前侍

下士俄轉左侍上士頗被識顧累遷內史上士內

史下大夫加授儀同三司自此親遇彌重遂處

腹心之任時晉公護專政高祖密欲圖之以軌

沉毅有識度堪屬以大事遂問以可不軌贊成

之建德初轉內史中大夫加授開府儀同三司

又拜上開府儀同大將軍封上黃縣公邑二千

軍國之政皆豫焉五年高祖摁戎東伐六軍

圍晉州刺史崔景嵩守城北面夜中密遣送款

詔令軌率衆應之未明士皆登城鼓噪齊人駭

懼因即退走遂克晉州擒其城主特進海昌王

尉相貴偉甲士八千於是遂從平并鄴以功進

位上大將軍進爵鄭國公邑三千戶及陳將吳

明徹入寇呂梁徐州摁管梁士彥頻與戰不利

乃退保州城不敢復出明徹遂堰清水以灌之

列船艦於城下以圖攻取詔以軌為行軍摁管

率諸軍赴救軌潛於清水入淮口多竪大木以

鐵鑊貫車輪橫截水流以斷其船路方欲密決

其堰以斃之明徹知之懼乃破堰遽退冀乘決

水之勢以得入淮比至清口川流已闊水勢亦

哀船艦並礙於車輪不復得過軹因率兵圍而

廞之唯有騎將蕭摩訶以二千騎先走得免

徹及將士三萬餘人并器械輜重並就俘獲陳

之銳卒於是殲焉為高祖嘉之進位柱國仍拜徐

兼有呂梁之捷威振敵境陳人甚憚之宣帝之

州揔管七州十五鎮諸軍事軹性嚴重多謀略

征吐谷渾也高祖令軹與宇文孝伯並從軍之

進取皆委軹等帝帝在軍中頗有失德譯等皆預

等並得幸帝帝在軍中頗有失德譯等皆預

為軍還軹等言之於高祖高祖大怒乃撻帝除

譯等名仍加棰楚帝因此大銜之軹又嘗與小

內史賀若弼言及此事且言皇太子必不克負

荷弼深以為然勸軹陳之軹後因侍坐乃謂高

祖曰皇太子仁孝無聞又多涼德恐不了陛下

家事愚臣短暗不足以論是非陛下惟以賀若

弼有文武奇才識度宏遠而弼比每對臣深以

此事為慮高祖召軹問之軹乃詭對曰皇太子

養德春宮未聞有過未審陛下何從得聞此

言既退軹誚弼曰平生言論無所不道今者對

揚何得乃爾翻覆弼曰此公之過也皇太子國

之儲副豈易發言事有蹉跌便至滅門之禍本

謂公密陳臧否何得遂至昌言軹默然久之乃

曰吾專心國家遂不存私計向者對眾良為非

公但恨後嗣耳高祖深以為然但漢王次長

宜後軹因內宴上壽又前高祖頤曰可愛好老

又不才此外諸子並幼故不能用其說及宣帝

即位追鄭譯等復為近侍軹自知及於禍謂

所親曰吾昔在先朝實申社稷至計今日之事

斷可知矣此州控帶淮南隣接疆寇欲為身

計易同反掌但忠義之節不可虧違況荷先帝

厚恩每思以死自効豈以獲罪於嗣主便欲背

德於先朝止可於此待死義不為他計冀千載

之後知吾此心大象元年帝令內史杜慶信就

徐州殺軹御正中大夫顏之儀切諫帝不納遂

誅之軹立朝忠恕兼有大功忽以無罪被殺天

下知與不知無不傷惜

宇文神舉太祖之族子也高祖晉陵曾祖求男
仕魏位並顯達祖金殿魏鎮遠將軍兗州刺史
安吉縣侯父顯和少而襲爵性矜嚴頗涉經史
贊力絕人彎弓數百斤能左右馳射魏孝武之在
藩也顯和早蒙眷遇時屬多難嘗閒計於顯和
顯和具陳宜杜門晦迹相時而動孝武深納焉
及即位擢授冠軍將軍閤內都督封城陽縣公
邑五百戶孝武以顯和藩邸之舊遇之甚厚時
顯和所居宅臨陋乃撤殿省賜為寢室其見重
如此及齊神武專政帝每不自安謂顯和曰天
下洶洶將若之何對曰當今之計莫若擇善而
從之也因誦詩云彼美人兮西方之人兮帝曰是
吾心也遂定入關之策帝以顯和毋老家累
多令預為計對曰本日之事忠孝不可並立然
臣不密則失身安敢預為私計帝憮然改容曰
卿即我之王陵也遷朱衣直閤閤內大都督
封長廣縣公邑二千五百戶從帝入關至潼水
太祖素聞其善射而未之見也俄而水傍有一小

烏顯和射而中之太祖笑曰我知卿工矣其後
引為帳內大都督俄出為持節衛將軍東夏州
刺史以疾去職深為吏民所懷尋進位車騎
大將軍儀同三司加散騎常侍魏恭帝元年卒
時年五十七太祖親臨之哀動左右建德二年
追贈使持節驃騎大將軍開府儀同三司延丹
綏三州諸軍事延州刺史神舉早歲而孤有鳳
成之量族兄安化公深器異之及長神情倜儻
志略英贍眉目踈朗儀貌魁梧有識鑒欽之莫不
許以遠大世宗初起家中侍上士世宗留意翰
林而神舉雅好篇什帝每有遊幸神舉恒得侍
從保定元年襲爵長廣縣公邑二千三百戶尋
授師都督遷大都督使持節車騎大將軍儀同
三司拜右大夫四年進驃騎大將軍開府儀同
三司治小宮伯天和元年遷右宮伯中大夫進
爵清河郡公增邑二千戶高祖將誅晉公護也
神舉得預其謀建德元年遷京兆尹三年出
為熊州刺史神舉威名素重齊人甚憚之五

年攻拔齊陸渾等五城及高祖東伐詔神舉從
軍并州平即授并州刺史加上開府儀同大將
軍州曁齊氏別都控帶要重平定甫爾民俗澆
訛豪右之家多為姦猾神舉勵精為治示以
威恩旬月之間遠通悅服尋加上大將軍改封
武德郡公增邑二千戶俄進柱國大將軍改封
東平郡公增邑通前六千九百戶所部東壽陽
縣土人相聚為盜率其黨五千人來襲州城神
舉以州兵討平之宣政元年轉司武上大夫高

三十四　周書列傳三十一　九　闕

祖親戎北伐令神舉與原國公如願等率兵五
道俱入高祖至雲陽疾其乃班師幽州人盧昌
期祖英伯等聚衆據范陽反詔神舉率兵擒
之齊黃門侍郎盧恩道亦在反中賊平見獲解
衣將伏法神舉素欽其才名乃釋而禮之即令
草露布其待士禮賢如此屬稽胡反叛入寇西
河神舉又率衆與越王盛討之時突厥與稽胡
連和遣騎赴救神舉以奇兵擊之突厥敗走稽
胡於是欵服即授并潞肆石等四州十二鎮諸

軍并州總管初神舉見待於高祖遂處心腹之
任王軌宇文孝伯等屢言皇太子之短神舉
亦頗預焉及宣帝即位荒淫無度神舉懼及於
禍懷不自安初定范陽之後威聲甚振帝亦忌
其名望兼以宿憾遂使人齎鴆酒賜之鴆於
邑時年四十八神舉偉風儀善辭令博涉經史
愛篇章尤工騎射臨戎對寇勇而有謀蒞職當
官每著聲績兼好施愛士以雄豪自居故得
任兼文武聲彰中外百僚無不仰其風則先董

舊齒至于今而稱之二子同嗣位至儀同大將軍

周書列傳三十二　十一　殷

至柱國汝南郡公
神舉第神慶少有壯志武藝絕倫大象末位
宇文孝伯字胡三吏部安化公深之子也其生
與高祖同日大祖甚愛之養於第內及長又與
高祖同學武成元年拜宗師上士時年十六孝
伯性況正謇諤好直言高祖即位欲引置左右
時政在家臣不得專制乃託言少與孝伯同業
受經思相啓發由是晉公護弗之猜也得入為

右侍上士恒侍讀書天和元年遷小宗師領右

侍儀同又遭父憂詔令於服中襲爵尉髙祖審從

容謂之曰公之於我猶漢髙之與盧綰也乃賜

以十三環金帶自是恒侍左右出入卧内朝之機

務皆得預焉孝伯亦竭心盡力無所廻避至於

時政得失及外間細事皆以奏聞髙祖深委信

之當時莫與為比及髙祖將誅晉公護密與衛

王直圖之唯孝伯及王軌宇文神舉等頗得參

預護誅授開府儀同三司歷司會中大夫左右

周書列傳第二十二 〔十二〕

小宫伯東宮左宫正建德之後皇太子稍長既

無令德唯昵近小人孝伯白髙祖曰皇太子四海

所屬而德聲未聞臣忝宫寮當其選且春

秋尚少志業未成請妙選正人為其師友調護

聖質猶望日就月將如或不然悔無及矣帝欲

容曰卿世載鯁直竭誠所事觀卿此言有家風

矣孝伯拜謝曰非言之難受之難也深願陛下

思之帝曰正人吾當復遣孝伯仍為左宫正尋

拜宗師中大夫及吐

谷渾入寇詔皇太子征之軍中之事多決於孝

伯俄授京兆尹入為左宫伯轉右宫伯嘗因侍

坐帝問之曰我見比來漸長進不苔曰皇太子

比懼天威更無罪失及王軌因内宴捋帝鬚言

太子之不善帝罷酒責孝伯曰公常語我云太

子無過今軌有此言公為誑矣孝伯再拜曰臣

聞父子之際人所難言臣知陛下不能割情忍

愛遂爾結舌以此負陛下知其意默然久之乃曰

公失公其勉之五年大軍東討拜内史下大夫

周書列傳第二十二 〔十二〕

令掌留臺事軍還帝曰居守之重無忝戰功

於是加授大將軍進爵廣陵郡公邑三千戶并

賜金帛及女妓等六年復為宗師每車駕巡幸

常令居守其後髙祖比討至雲陽宫遂寢疾驛

召孝伯赴行在所帝執其手曰吾自量必無濟

理以後事付君是夜授司衛上大夫摠宿衛兵

馬事又令馳驛入京鎮守以備非常宣帝即位

授小家宰帝忌齊王憲意欲除之謂孝伯曰

公能為朕圖齊王當以其官位相授孝伯叩頭

曰先帝遺詔不許濫誅骨肉齊王陛下之叔父
戚近功高社稷重臣棟梁所寄陛下若妄加刑
戮微臣又順旨曲從則臣為不忠之臣陛下為
不孝之子也帝不懌因漸踈之乃與于智王端為
鄭譯等密圖其事後令智生憲謀逆遣孝伯
召憲為逐誅之帝之西征也在軍有過行遣孝伯
帝數十仍除譯名至是譯又被帝親昵帝既追
憾被杖乃問譯曰我脚上杖痕誰所為也譯答

曰事由宇文孝伯及王軌譯又因說王軌捋鬚
事帝乃誅軌尉遲運懼私謂孝伯曰吾徒必
不免禍為之奈何孝伯對曰今堂上有老母地
下有武帝為臣為子知欲何之且委質事人本
徇名義諫而不入將焉逃死下若為身計宜
且速之於是各行其志運尋出為秦州揔管然
帝荒遙日甚誅戮無度朝章弛素無復綱紀
孝伯又頻切諫帝不見從由是益踈斥之後稽
胡反令孝伯為行軍揔管從越王盛討平之

及軍還帝將殺之乃託以齊王之事訊之曰
公知齊王謀反何以不言孝伯對曰臣知齊
王忠於社稷為羣小娼嫉加之以罪臣以言
必不用所以不言且先帝付囑微臣唯令輔
導陛下今諫而不從定負顧託以此為罪臣是
所甘心帝大慚俛首不語乃命將出賜死于
家時年三十六及隋文帝踐極以孝伯及王
軌忠而獲罪並令收葬復其官爵又嘗謂高
穎曰宇文孝伯實有周之良臣若使此人在

朝我輩無措手處也子歆嗣
顏之儀字子升琅邪臨沂人也晉侍中含九世
孫及見遠齊御史治書正色立朝有當官之
稱及梁武帝執政及以疾辭尋而齊有和帝暴
崩見遠慟哭而絕梁武帝深恨之謂朝臣曰我
自應天從人何預天下人事而顏見遠乃至於
此當時嘉其忠烈咸稱歎之父協以見遠蹈義
忤時遂不仕進梁元帝為湘東王引協為其府
記室參軍協不得已乃應命梁元帝後著懷

舊志及詩並稱贊其美之儀幼穎悟三歲能讀
孝經及長博涉羣書好為詞賦嘗獻神洲頌
辭致雅贍梁元帝手勑報曰枚乘二葉俱得
遊梁應貞兩世並稱文學我求才子頗慰良
深江陵平之儀隨例遷長安世宗以為麟趾學
士稍遷司書上士高祖初建儲宮盛選師傅鄭
譯等並以不能匡弼坐譴唯之儀以累諫獲賞
之儀為侍讀太子後征吐谷渾在軍有過行鄭
即拜小宮尹封平陽縣男邑二百戶宣帝即位

周書列傳第三十二　十五　叔

遷上儀同大將軍御正中大夫進爵為公增邑
一千戶帝後刑政乖僻昏縱日甚之儀犯顏驟
諫雖不見納終亦不止深為帝所忌然以恩舊
每優容之及帝殺王軌之儀固諫帝怒欲并致
之於法後以其諒直無私乃舍之宣帝崩劉昉
鄭譯等矯遺詔以隋文帝為丞相輔少主之
儀知非帝旨拒而弗從昉等草詔署記逼之
儀連署之儀厲聲謂昉等曰主上升遐嗣子
冲幼阿衡之任宜在宗英方今賢戚之內趙王

最長以親以德合膺重寄公等備受朝恩當思
盡忠報國奈何一旦欲以神器假人之儀有死
而已不能誣罔先帝於是昉等知不可屈乃代
之儀署而行之隋文帝後索符璽之儀又正色
曰此天子之物自有主者宰相何故索之於是
隋文帝大怒命引出將戮之然以其民之望也
乃止出為西疆郡守隋踐極詔徵還京師
進爵新野郡公開皇五年拜集州刺史在州清
靜夷夏悅之明年代還遂優遊不仕十年正月

周書列傳三十三　十六

之儀隨例入朝隋文帝望而識之命引至御坐
謂之曰見危授命臨大節而不可奪古人所難
何以加卿乃賜錢十萬米一百石十一年冬卒
年六十九有文集十卷行於世時京兆郡丞樂
運字承業南陽清陽人晉尚書令廣之八世
孫祖文素齊南郡守父均梁義陽郡守運少
好學沈獵經史而不持章句年十五而江陵滅
運隨例遷長安其親屬等多被籍沒而運積年

為人備保皆贖免之又事毋及寡娉甚謹由是
以孝義聞梁故都官郎琅邪王澄美之為次
其行事為孝義傳性方直未嘗水媚於人天和
初起家夏州揔管府會曹參軍轉柱國府記室
參軍尋而臨淄公唐瑾薦為露門學士前後
犯顏屢諫高祖多被納用建德二年除萬年縣
丞抑挫豪右號稱彊直高祖嘗幸同州
事有不便於時者既至高祖謂運曰鄉來日見
召運起行在所既至高祖謂運曰鄉來日見

太子不運曰臣來日奉辭高祖曰卿言太子何
如人運曰中人也時齊王憲以下並在帝側高
祖顧謂憲等曰百官佐我皆云太子聰明睿知
唯運獨云中人方驗運之忠直耳於是因問運
中人之狀運對曰中人可與為善亦可與
之則霸竪貂輔之則亂謂可與為善亦可與
為惡也高祖曰我知之矣遂妙選宮官以匡弼
之仍超拜運京兆郡丞太子聞之意甚不悦及高
祖朋宣帝嗣位葬訖詔天下公除帝及六宮便議

即吉運上疏曰三年之喪自天子達于庶人先
王制禮安可誣之禮天子七月而葬以俟天下
畢至今葬期既促事訖便除文軌之內奔赴未
盡陵境遠聞使猶未至卄以喪服受弔不可既
吉更凶如以玄冠對使未知此出何禮進退無
據愚臣竊所未安書奏帝不納自是德政不
修數行赦宥運又上疏曰臣謹案周官曰國君
之過市刑人赦者交利之所君子無政
遊觀為若遊觀則施惠以悅之也尚書曰眚

災肆赦此謂過誤為害罪雖大當緩赦之呂刑
云五刑之疑有赦此謂赦疑從罰罰疑從免論
語曰赦小過舉賢才謹尋經典未有罪無輕重
溥天大赦之文逮茲末葉不師古始無益於治
者蓋疫痼之碼石又曰惠姦者賊良之仇讎淺
者蓋疫痼之碼石又曰惠者民之仇讎淺
父毋吳漢遺言猶云唯願無赦王符著論亦云
赦者非明世之所宜宣可數施非常之惠以肆
姦宄之惡平帝亦六納而羣暴滋甚運乃興

槩詣朝堂陳帝八失一曰内史御正職在弼諧
皆須參議共治天下大尊比來小大之事多獨
斷之弃舜至聖尚資輔弼比大尊未爲聖主而
可專恣已心凡諸刑罰爵賞及軍國大事請
參諸宰輔與衆共之二曰内作色荒古人重誡
大尊初臨四海德惠未洽先搜天下美女用實
後宫又詔儀同以上女不許輒嫁貴賤同怨聲
溢朝野請姬媵非幸御者放還本族欲嫁之女
勿更禁之三曰天子未明求衣旰食猶恐

萬機不理天下擁滯大尊比來一入後宫數日
不出所須聞奏多附内竪傳言失實是非可懼
事由官者亡國之徵請准高祖居外聽政四曰
蘖故易常乃爲政之大忌嚴刑酷罰非致治
之弘規若罰無定刑則天下皆懼政無常法則
民無適從豈有削嚴刑之詔未及半祀便即追
改更嚴前制政令不定乃至於是今宿衛之官
有一人夜不直者罪至削除因而逃亡者遂便
籍没此則大逆之罪與十杖同科雖爲法愈嚴

恐人情愈散人心散尚或可止若天下皆散將
如之何秦網密而國亡漢章踈而祚永請遵輕
典並依大律則僥兆之民手足有所措矣五曰
高祖斷雕爲朴本欲傳之萬世大尊朝夕趣
庭親承聖旨豈有崩未踰年而遽窮奢麗成
父之志義豈然乎請興造之制務從卑儉雕文
刻鏤一切勿營六曰都下之民徭賦稍重必是
軍國之要不敢憚勞豈容朝夕徵求唯供魚
龍爛漫士民從役祇爲俳優角抵紛紛不已

財力俱竭業業相顧無復聊生凡此無益之事
請並停罷七曰近見有詔上書字誤者即治其
罪假有忠讜之人欲陳時事又有所短文字非
工不密失身義無假手脫有舛謬便陷嚴科
嬰徑尺之鱗其事非易下諱之詔猶懼誹謗之言
更加刑戮能無鉗口大尊縱不能採誹謗之言
無宜杜獻書之路請停此詔則天下幸甚八曰
昔桑穀生朝殷王因之獲福今玄象垂誡此亦
典周之祥大尊雖減膳撤懸未盡銷譴之理

誠願諸賢善道修布德政解兆民之慍引萬方
之罪則天纔可除鼎業方固大尊若不革茲八
事臣見周廟不血食矣帝大怒將戮之内史元
巖給帝曰樂運知書奏必死所以不顧身命者
欲取後世之名陛下若殺之乃成其名也帝然
之因而復免翌日帝頗感悟召運謂之曰朕昨
夜思卿所奏寔忠臣先皇明聖卿數有規諫朕
既昏暗卿復能如此乃賜御食以罷之朝之公
卿初見帝盛怒莫不為運寒心後見獲宥皆相

賀以為幸免獸口內史鄭譯嘗以私事請托
運而弗之許因此銜之及隋文帝為丞相譯
為長史遂左遷運為廣州滍陽令開皇五年
轉毛州高唐令頻歷二縣並有聲績運常顧
處一諫官從容諷諫而性許直為人所排抵
遂不被任用乃篹懵以錄夏殷以來諫諍事集
而部之凡六百三十九條合四十一卷名曰諫
苑奏上之隋文帝䁊覽而嘉焉
史臣曰士有不因學藝而重不待爵祿而貴

者何亦云忠孝而已若乃竭力以奉其親者人
子之行也致身以事其君者人臣之節也斯固
彌綸三極囊括百代當宣帝之在東朝凶德方
兆王軌宇文孝伯神舉志惟無隱盡言於父子
之間淫刑既逞相繼夷滅隋文之將登庸崛
去就顏之儀風烈懍然正辭以明御崎嶇雷電
之下僅而獲濟斯數子者豈非社稷之臣歟或
人以為不忠則天下莫之信也自古以外戚而
居重任多藉一時之恩至若尉遲運者可謂位
以才昇爵由功進美矣哉

王褒　庾信

令狐　德棻　等撰

善談笑博覽史傳充工屬文梁國子祭酒蕭子
重名於江左褒識量淹通志懷沉靜美風儀
昌安侯父規梁祖舊齊侍中左民尚書南昌章侯懿有
尉南昌文憲公祖曇梁侍中金紫光祿大夫南
王褒字子淵琅邪臨沂人也曾祖儉齊侍中太
雲襄之姑夫也特善草隸褒少以姻戚去來其
家遂相模範俄而名亞子雲尤重於世梁武帝
喜其才藝遂以弟鄱陽王恢之女妻之起家祕
書郎轉太子舍人襲爵南昌縣侯稍遷祕書丞
宣成王大器簡文帝之嫡即褒之姑子也于時
盛選僚佐乃以襄為文學尋遷安成郡守及侯
景度江建業擾亂襄輯寧所部見稱於時梁元
帝承制轉智武將軍南平內史及嗣位於江陵
欲待襄以不次之位襄時猶在郡敕王僧辯

周書列傳三十三　　一　　求

以禮發遣襄乃將家西上元帝與襄有舊相得
甚歡拜侍中累遷吏部尚書左僕射襄既
端右寵遇日隆而襄愈自謙虛不以位地
名家文學優瞻當時咸相推挹故位望隆
人時論稱之初元帝平侯景及擒武陵王紀之
後以建業殘荒方須脩復江陵殷盛便欲安之
又其故府臣寮皆楚人也並願即都荊郢嘗
府鄉黃羅漢御史中丞劉瑴等曰建業雖是舊
群臣議之領軍將軍胡僧祐吏部尚書宗懍太

今陛下龍飛繼業其應斯乎天時人事徵祥如
此臣等所見遷徙非宜元帝深以為然時襄及
海無災矣臣等又嘗聞之荊南之地有天子氣
都王氣已盡且與北寇隣接止隔一江若有不虞
尚書周弘正咸侍座乃顧謂襄等曰卿意以為何
如襄性謹慎知元帝多猜忌弟敢公言其非當時
之然其意好荊楚已從僧祐等策明日乃於眾
唯唯而已後因清閒密諫言辭甚切元帝頗納
中謂襄曰卿昨日勸還建業不為無理襄以

周書列傳三十三　　二　　兩

宣室之言豈顧之於眾知甘計之不用也於
是止不復言及大軍征江陵元帝詔褒都督
西諸軍事褒本以文雅見知一旦委以捍戎深自
勉勵盡忠勤之節被圍之後上下猜懼元帝唯
於褒深相委信朱買臣率眾出宣陽之西門與
將軍王師戰買臣大敗褒遂從元帝入子城猶欲
固守俄而元帝出降褒遂遁衆俱出見柱國于
謹謹甚禮之褒嘗作燕歌行妙盡關塞寒苦

周書列傳第三十三　　三

之狀元帝及諸文士並和之而竟為淒切之詞至
此方驗焉褒與王克劉殼宗懍殷不害等數十
人俱至長安太祖喜曰昔平吳之利二陸而已今
定楚之功羣賢畢至可謂過之矣又謂褒及王
克曰吾即王氏甥也卿等並吾之舅氏當以親
戚為情勿以去鄉介意於是授褒及克殼不害
等車騎大將軍儀同三司常從容上席資饢甚
厚褒等亦並荷恩眄忘其羈旅焉保閔帝踐
祚封石泉縣子邑三百戶世宗即位篤好文學

時褒與庾信子名最高特加親待帝每遊宴命
褒等賦詩談論常在左右尋加開府儀同三司
保定中除內史中大夫高祖作象經令褒注之
引據該洽其見稱賞有器局雅識沉體既達
世在江東為宗室輔高祖亦以此重之建德以後頗
參朝議凡大詔冊皆令褒具草東宮既建授太
子少保遷小司空仍掌綸誥乘輿行幸褒常侍
從初褒與梁處士汝南周弘讓相善及弘讓兄
弘正自陳來聘高祖許褒等通親知音問褒贈

周書列傳第三十三　　四

弘讓詩并致書曰嗣宗窮途揚朱歧路征蓬長
逝流水不歸舒慘殊方炎涼異節木皮春桂
樹冬榮想攝衛惟宜動靜多豫賢兄入關敬承
款曲猶依杜陵之水尚保池陽之田鏈迹幽蹊銷
聲窮谷何期愉樂幸甚幸甚第昔因多疾飽見
九仙之方晚渉世途常懷五嶽之軸同夫關令物
色異人壁言彼客卿服膺高士上經說道屢聽玄
牝之談中藥養神每禀丹沙之說頃年事道彌盡
容慕麦謝芸其黃矣零落無時還念生涯彌繁

憂惚集視陰愒日猶趙孟之徂年負杖行吟同
劉琨之積慘惆悵河陽北臨空思鞏縣霸陵南望還
見長安所莫書生之魂來依舊壤射聲之鬼無
恨他鄉白雲在天長剕矣會見之期邈無日矣悲哉此
因家兄至鎬京致書於吾谷故人之跡有如對
面開題申紙龍流臉沾膝江南燠熱橘柚冬青渭
比沍寒揚榆晚葉土風氣候各集所安餐衛適

周嵩傳第卅三　五

之為別也雲飛泥沈金鑠蘭滅玉亖不嗣瑤華莫
援筆攬紙龍鍾橫集弘讓復書曰甚矣悲哉此

時寢興多福甚善甚善與弟分袂西陝言反東
區雖保周陵還依蔣徑三姜離枳二仲不歸廉
鹿為曹更多悲緒莫諧芝术壯日及弟富年俱值邕熙
可求恒為採掇昔吾
迚歡衡泌南風雅操清商妙曲絃琴促坐無之
名晨玉瀝金華冀樸難老不虞旦齰覆波瀾
吾已惕陰弟非茂齒禽尚之刲各在天涯永念
生平難為肖膽且當視陰數筆前排愁念破涕人
生樂耳憂戚何為豈能遠悲次房遊魂不反遠

鎘二字　尪骸柩無託俱顧愛玉體玲金箱保期頤
享黃髮猶冀蒼鷹時傳尺素清風朗月
俱寄相思子淵子淵長為別矣握管操觚聲淚
俱咽尋出為宕州刺史卒於位時年六十四子

嘉嗣

庾信字子山南陽新野人也祖易齊徵士父肩
吾梁散騎常侍中書令信幼而俊邁聰敏絕
倫博覽羣書尤善春秋左氏傳身長八尺腰
帶十圍容止頹然有過人者起家湘東國常侍

周書列傳三十三　六

轉安南府參軍時肩吾為梁太子中庶子掌管
記東海徐摛為左衛率摛子陵及信並為抄撰
學士父子在東宮出入禁闥恩禮莫與比隆既
有盛才文並綺豔故世號為徐庾體當時後
進競相模範每有一文京都莫不傳誦累遷尚
書度支郎中通直正貟郎出為郢州別駕尋兼
通直散騎常侍聘于東魏文章辭令盛為鄴下
所稱還為東宮學士領建康令景作亂梁
簡文帝命信率宮中文武千餘人營於朱雀航

及暠至信以眾先退臺城陷後信奔于江陵
梁元帝承制除御史中丞又即位轉右衛將軍
封武康縣侯加散騎常侍來聘于我屬大軍南
討遂留長安江陵平拜使持節撫軍將軍右金
紫光祿大夫大都督尋進爵驃騎大將軍儀同三
司孝閔帝踐阼封臨清縣子邑五百戶除司水
下大夫出爲弘農郡守遷義城縣族俄拜洛州
刺史信多識舊章爲政簡靜吏民安之時陳氏
與朝廷通好南北流寓之士各許還其舊國陳
氏乃請王褒及信等十數人高祖唯放王克殷
不害等信及褒並留而不遣暴徵爲司宗中大
夫世宗高祖並雅好文學信特蒙恩禮至於趙
滕諸王周旋欵至有若布衣之交羣公碑誌多
相請託唯王褒頗與信相埒自餘文人莫有逮
者信雖位望通顯常有鄉關之思乃作哀江南
賦以致其意云其辭曰粵以戊辰之年建亥之月
大盜移國金陵瓦解余乃竄身荒谷公私塗炭

華陽奔命有去無歸中興道消窮于甲戌三日
哭於都亭三年囚於別館天道周星物極不反
傅燮之但悲身世無所求生袁安之每念王室自
然流涕昔桓君山之志事杜元凱之生平並有著
書咸能自序潘岳之文彩始述家風陸機之詞
賦多陳世德信年始二毛即逢喪亂藐是流離
至于暮齒燕歌遠別悲不自勝楚老相逢泣將
何及畏南山之雨忽踐秦庭讓東海之濱遂餐
周粟下亭漂泊皋橋羈旅楚歌非取樂之方魯
酒無忘憂之用追爲此賦聊以記言不無危苦
之辭唯以悲哀爲主日暮途遠人間何世將軍
一去大樹飄零壯士不還寒風蕭瑟荊璧睨柱
受連城而見欺載書橫階捧珠盤而不定鍾儀
君子入就南冠之囚季孫行人留守西河之館
申包胥之頓地碎之以首蔡威公之淚盡加之以
血鈞臺之絕絀鄰非王關之可望華亭鶴唳豈河橋
之可聞孫策以天下爲三分衆纔一旅項羽用江
東之子弟人唯八千遂乃分裂山河宰割天下

豈有百萬義師一朝艾夷斬伐如草木焉
江淮無涯岸之阻亭壁無藩籬之固頭會箕斂
者合從締交鉏耰棘矜者因利乘便將非江表
王氣應終三百年乎是知并吞六合不免軹道之
災混一車書無救平陽之禍嗚呼山嶽崩頹既
履危亡之運春秋迭代必有去故之悲天意人
事可以悽愴傷心者矣況復舟檝路窮星漢非
乘檝可上風飈道阻蓬萊無可到之期窮者欲
達其言勞者須歌其事陸士衡聞而撫掌是所

周書列傳第三十二　九　實　三十一

甘心張平子見而陋之固其宜矣我之掌庚承
周以世功而為族經邦佐漢用論道而當官票萬
華之王石潤河洛之波瀾居負洛而重世邑臨
河而晏逮永嘉之艱虞值五馬之主民逢三
倚於墻壁路交橫於豹虎
星之東聚被江漢而建國此播遷於吾祖逢三南
陽而賜田裂東嶽而胙土誅茅宋玉之宅穿徑
臨江之府水木交運山川崩竭家有直道人多
全節訓子見於純深事君彰於義烈新野有生

祠之廟河南有胡書之碣況乃少微真人天山
逸民階庭歷空谷門巷蒲輪移談講樹就簡書药
降生世德載誕貟臣文詞高於甲觀模楷盛於
漳濱嗟有道而無鳳歎非時而有麟旣姦回之
貟匱終不悅於仁人王子洛濱之歲蘭成射策
之年始含香於建禮仍矯翼於崇賢游浮雷之
講肆齒明離之冑延旣傾蠡而酌海逡側管以
窺天方塘水白釣渚池圓侍我韜於武帳侍聽雅
曲於文絃乃解懸而通籍遂崇文而會武居笠

周書列傳三十三　十

轂而掌兵出蘭池而典午論兵於江漢之君拭
圭於西河之主于時朝野歡娛池臺橫鐘鼓里為
冠蓋門成鄒魯茂苑於海陵跨橫塘於江浦
東門則鞭石成橋南極則鑄銅為柱樹則園植
萬株竹則家封千戶西畨浮王謝沒羽吳歟
越吟荊豔楚舞草木之得春陽魚龍之得風雨
五十年中江表無事王以一人爲和親之侯班超
為定遠之使馬武無預於兵甲馮唐不論於
將帥豈知山嶽闇然江湖潛沸漁陽有間

左戌卒離石有將兵都尉天子方冊詩書定禮
樂設重雲之謙開士林之學談劾爐之灰飛辯
常星之夜落地平魚齒城危獸角卧刀矛於桑
陽絆龍媒之平樂宰衡以干戈為兒戲播紳
小人則將及水火君子則方成獲獜弊鱓不能
以清談為廟略秉資水而膠船馭奔駒而朽索
救鹽池之鹹阿膠不能止黃河之濁既而魴魚
頳尾四郊多壘殿狎江鷗宮鳴野雉湛盧去國
餘皇失水見被緩於伊川知其時為戎矢彼菀
逆之熾盛女遊魂而放命大則有鯨有鯢小則
為梟為獍負其牛羊之力凶其水草之性非王
燭之能調堂璿璣之可正值天下之無為尚有
欲於羇縻飲其琉璃之酒賞其虎豹之皮見
胡桐於大夏識鳥卵於條支豺牙密厲虺毒潛
吹輕九鼎而欲問間三山而遂窺始而泄漏望
戎姦臣介冑既官政而離邊邃遂師言而王子召
廷尉之逋囚反淮南之窮寇飛狄泉之蒼鳥起
橫江之困獸地則石鼓鳴山天則金精動宿比

關龍吟東陵麟關爾乃桀黠樑扇憑陵識甸
擁狼望於黃圖填盧山於赤縣青袍如草白馬
如練天子履端廢朝單于長圍高宴兩觀當戰
干門受箭白虹貫日蒼鷹擊殿競遝夏畫室之
禍遂視善城之戀官守無奔問之人干戚非平
軍苑綏路絕重圍烽隨羣落書迸為蔦飛遂乃韓
戎之戰陶侃則空裝米船顧榮則虛搖羽扇將
分趙裂鼓卧旗折失羣班馬迷輪亂轍猛士嬰
城謀臣卷舌昆陽之戰象走林常山之陣蛇奔
宄五郡則兄弟相悲三州則父子離別護軍慷慨
忠能死節三世為將終於此滅濟陽忠壯身參末
將兄弟三人義聲俱唱主厭臣死名存身喪狄
人歸元三軍懷憶尚書多方守備是長雲梯可
拒地道能防有薺將之閉壁無燕師之卧墻大
事去矣人之云亡申子奮發勇氣勃實揔元
戎身先士卒胄落魚門兵填馬窟屢犯通中頻
遭刮骨功業天枉身名埋沒或以隼翼雞披虎
威狐假霍清鋒鏑脂膏原野兵弱虜彌城孤氣

寡聞鶴唳而虛驚聽胡笳而淚下據神亭而亡

戰臨橫江而棄馬崩於鉅鹿之沙碎於長平

之兆於是桂林顛覆長洲麋鹿潰潰沸騰茫

莊慘顇天地離阻人神怨酷晉鄭靡依魯衛

不睦競動天關爭回地軸探崔驚雀而未飽待熊踞

而訐熟乃有車側郭門筋懸廟屋見同曹社之

謀人有秦庭之哭余乃假刻蚩於關塞稱使

者之訓對逢鄂坂之譏嫌值荊門之征稅乘白馬

而不前策青騾而轉礙吹落葉之扁舟飄長

驅於上游彼鋸牙而向爪又巡江而習流排青

龍之戰艦闞飛鷰之船樓張遼臨於赤壁王濬

下於巴丘乍風驚而射火或箭重而回舟未辨

聲於黃蓋已先沈於杜疫落帆黃鶴之浦藏船

鸚鵡之洲路已分於湘漢星猶看於斗牛若乃

陰陵失路釣臺斜趣望赤岸而霑衣艤烏江而

不度雷池柵浦鵲陵焚成旅舍無煙巢禽失樹

謂荊衡之杞梓庇江漢之可恃淮海惟揚三千餘

里過漂渚而寄食託蘆中而度水届于七澤濱

周書列傳三十三　十三　頁

於十死嵬夫天保之未定見殼憂之方始本不

達於危行又無情於祿仕謬掌衛於中軍濫尸

丞於御史信生世等於龍門辭親同於河洛奉

立身之遺訓受成書之顧託昔三世而無慙今

七葉而始落泣風雨於梁山惟枯魚之銜索入

歌斜之小徑捨蓬藶之荒扉就汀洲之杜若待

蘆葦之單衣于時西楚霸王劍及繁陽麾兵金

匱校戰玉堂蒼鷹赤雀鐵舶牙檣沈白馬而誓

眾負黃龍而渡湘海潮迎艦江萍送王戎車屯

周書列傳三十三　十四

于石城戈船掩乎淮泗諸侯則鄭伯前驅盟主

則荀罃暮至剖巢燻穴奔鶹走魅埋長狄於駒

門斬蚩尤於中冀狄腹為燈飲頭為器直虹貫

壘長星屬地昔之虎據龍盤以黃旗紫氣莫

不隨狐兔而窟穴與風塵而殄瘁西瞻博望北

臨玄圃月榭風臺池平樹古倚弓於王女惣轡

繫馬於鳳凰樓柱仁壽之鏡徒懸茂陵之書空

聚若夫立德立言謨明寅亮聲超於繫表道

高於河上飲不遇於浮丘遂無言於師曠

愛子而託人知西陵而誰望非無北關之兵猶有
雲臺之使司徒之表裏經綸勤王實勸橫琱
戈而對霸主執金鼓而問賊臣平吳之功壯於
杜元凱王室是賴深於溫太眞始則地名全節終
以山稱枉人南陽校書去之已遠上蔡逐獮知之
飛百年中宗之夷凶靜亂大雪寃恥去代邸而
靈見鞭是以蟄熊傷馬浮蛟没船才子并命俱
何晚鎮北之負譽矜前風颷懍然水神遭箭山
承基遷唐郊爲纂祀及舊章於司隸歸餘風於

周書列傳三十三　十五　嗣

正始沈猜則方逞其欲藏疾則自矜於巳天下之
事没焉諸侯之志搖矣旣而齊交北絶秦患西起
之鬼求諸厭刻之巫荊門遭之戮夏首濫
拒驪山之叛徒營軍梁嵼蒐乘巴渝問諸淫昏
況背關而懷楚異端委而開吳驅緑林之散卒
達泉之誅莬因親於敎愛忍和樂於彎弧慨無
謀於肉食非所望於論都未深思於五難先自擅
於二端登陽城而避險卧砥柱而求安旣言多於
忌刻實志勇於刑殘俱坐觀於時變本無情於

急難地爲黒子城猶彈九其怨則瀆其盟則寒
豈寃禽之能塞海非愚叟之可移山況以冷氣
霄浮妖精夜殞赤鳥則三朝夾日蒼雲則七重
圍輕亡吳之歲旣窮入郢之年斯盡周含鄭怒
楚結秦寃之不競値西陵之責言俄而
於雷門下陳蒼而連弩度臨晉而橫船錐復
楚有七澤入稱三戶箭不麗於六麋雷無驚於
九虎辭洞庭兮落木去涔陽兮極浦燼火兮焚

周書列傳三十三　十六　蕭

旗且風兮害蠱乃使玉軸揚灰龍文斫柱下江餘
城長林故營徒思箝馬之林未見燒牛之兵章
所雲夢僞遊之地荒谷縊於莫敖治浦四千群師
未曉而鷄鳴忠臣解骨君子吞聲章華望祭之
曼之以轂走宮之奇族行河無冰而馬度關
杞婦之哭竹染湘妃之淚水毒秦涇山高趙陘
州穽摺拉鷹鸇批攖寃霜夏零憤泉秋沸城朋
十里五里長亭短亭饑隨蟄鷰闇逐流螢秦
中水黒關上泥青于時兔解冰泮風飛電激

潭然千里淄澠一亂雲暗如沙冰橫似岸逢起
洛之陸機見離家之王粲莫不聞隴水而掩泣
向關山而長歎況復君在交河妾在清波石望
夫而逾河梆楊亭有離別之賦臨江王有愁思
之歌別有飄颻武威霸猴金微班超生而望反
溫序死而思歸李陵之雙鳬永去蘇武之一鴈
空飛昔江陵之中否乃金陵之禍始雖借人之
外力實驅蕭牆之內起撥亂之主忽焉中興之宗

不祀伯兮叔兮同見戮於猶子荊山鵲飛而玉
碎隨岸蛇生而珠死鬼火亂於平林殤魂驚於
新市梁故豐徙楚賓秦亡不有所廢其何以昌
有嬀之後將育於姜輸我神器居為讓王天地
之大德曰生聖人之大寶曰位用無賴之子孫
舉江東而全棄惜天下之二家遭東南之及氣
以鶉首而賜秦天何為而此醉且夫天道迴旋
民生賴焉余生七葉又遭時而北遷提挈子老幼關河累年
身而七葉又遭時而比遷提挈子老幼關河累年

死生契闊不可問天況復零落將盡靈光巋然
日窮于紀藏往復逼切危慮端憂暫曲踐長
樂之神皋望宣平之貴里渭水貫於天文驪山
迴於地市蕃府大將軍之愛客永相平津侯之
待士見鍾鼎於金張聞絃歌於許史豈知霸陵
夜獵猶是故時將軍咸陽布衣非獨思歸王子
大象初以疾去職率隋文帝深悼之贈本官加
荊淮二州刺史子立嗣

史臣曰兩儀定位日月揚暉天文彰矣八卦以

陳書翹有作人文詳矣若乃墳索所紀莫得而
二典暮以降遺風可述是以曲阜多才多藝鑒
二代以正其本闕里性與天道修六經以維其
末故能範圍天地綱紀人倫窮神知化稱首於
千古經邦緯俗藏用於百代至矣哉斯固聖人
之述作也逮乎兩周道喪七十義淹中稷下八
儒三墨辯博之論蜂起漆園泰谷名法兵農蓋
之詞雲集雖雅誥奧義或未盡善其所長蓋賢
達之源流也其後逐臣屈平作離騷以敘志宏才

於世非其才有優劣時運然也至於漢之地最

蘊發有惻隱之美宋王南國詞人遞遷而亞其
跡大儒荀況賦禮智以陳其情含章鬱起有諷
論之義賈生洛陽才子繼清景而奮其暉並有陶
鑄性靈組織風雅詞賦之作實為其冠自是著
述滋繁體制匪一孝武之後雅尚斯文楊班傳振
藻者如林而二馬王楊為之傑東京之朝茲道逾
扇咀徵含商者成市而班傅張蔡為之雄曹王陳阮
受命尤好典墓家金行勃興無替前烈曹王陳阮
負宏衍之思挺棟幹於鄧林潘陸張左擅侈麗
之才飾羽儀於鳳穴斯並高視當世連衡孔門
雖時運推移質文屢變爰暨六代並湊易俗之
用無夾九流競逐二致之理同歸歷選前英於
茲為盛既而中州版蕩戎狄交侵僭偽相屬士
民塗炭故文章黜焉其潛思於戰爭之間揮翰
於鋒鏑之下亦往往而間出矣若乃魯徽杜廣
徐光尹弼之疇知名於二趙宋諜封奕朱彤梁
讜之屬見重於燕秦符檄則粲然可觀體物緣情則寂寥

於世非其才有優劣時運然也至於漢之地最
爾夷俗胡義周之頌國都足稱宏麗區區河右
而學者埒於中原劉延明之銘酒泉可謂清典
子曰十室之邑必有忠信言豈徒言哉洵乎有魏
定鼎沙朔南包河淮西吞關隴當時之士有許
謙崔宏崔浩高允高閭游雅等先後之間聲
實俱茂詞義典正有永嘉之遺烈焉及太和
之辰雖復崇尚文雅方駕路多乘往輾涉海
登山罕值良寶其後袤翻才稱澹雅常景思
標沉摯彬彬焉蓋一時之俊秀也周氏創業運
屬凌夷篡遺文於既喪聘奇士如弗及是以蘇
亮蘇綽盧柔唐瑾元偉李昶之徒咸奮鱗翼
自致青紫然綢建言務存質朴遂糠粃魏晉
憲章虞夏雖屬詞有師古之美矯枉非適
時之用故莫能常行焉而華車電邁諸宮雲
撒爾其荆衡杞梓東南竹箭備器用于廟堂者
衆矣唯王褎庾信奇才秀出牢籠於一代是時
世宗雅詞雲委勝趙二王雕章間發咸築官廬

館有如布衣之交由是朝廷之人間閻之士莫

不忘味於遺韻眩精於末光猶丘陵之仰嵩岱

川流之宗漭渤也然則子山之文發源於宋末

盛行於梁季其體以淫放為本其詞以輕險為

宗故能誇目侈於紅紫蕩心逾於鄭衛昔楊子

雲有言詩人之賦麗以則詞人之賦麗以淫若以

庾氏方之斯又詞賦之罪人也原夫文章之作

平情性罩思則變化無方形言則條流遂廣雖

詩賦與奏議異軫銘誄與書論殊塗而攝其指要

【周書傳三十三】　二十一

舉其大抵莫若以氣為主以文傳意考其殿最定

其區域挾六經百氏之英華探屈宋卿雲之祕奧

其調也尚遠其音也在深其理也貴當其辭也欲

巧然後瑩金璧播芝蘭文質因其宜繁約適其變

權衡輕重斟酌古今和而能壯麗而能典煥乎若

五色之成章紛乎猶八音之繁會夫然則魏文所

謂通才足以備體矣士衡所謂難能足以逮意矣

蕭撝

蕭世怡

蕭圓肅

蕭大圜

宗懍

劉璠

柳霞

【周書列傳三十四】　一　　朱

蕭撝字智遐蘭陵蘭陵人也梁武帝弟安成王秀
之子也性溫裕有儀表年十二入國學博觀經
史雅好屬文在梁封永豐縣侯邑一千戶初為
給事中歷太子洗馬中舍人東魏遣李諧盧元
明使於梁梁武帝以撝辭令可觀令兼中書侍
郎受幣於賓館尋遷黃門侍郎出為寧遠將軍
宋寧宋興二郡守轉輕車將軍巴西梓潼二郡
守及庾景作亂武陵王紀承制授撝使持節忠
武將軍又遷平北將軍散騎常侍領益州刺史

軍防事紀稱尊號於成都除侍中中書令封秦
郡王邑三千戶給鼓吹一部紀率衆東下以撝為
尚書令征西大將軍都督益梁秦潼安瀘青戎宕
華信渠巴萬江新邑楚義十八州諸軍事益州刺
史於成都又令梁州刺史楊乾運守潼州太祖
知蜀兵寡弱遣大將軍尉遲迴擁衆討之及迴
入劍閣乾運以州降蜀中因是大駭無復抗拒之
志迴長驅至成都撝見兵不滿萬人而倉庫空
竭軍無所資遂為城守之計迴圍之五旬撝屢

【周書列傳三十四】　二　　朱

遣其將出城挑戰多被殺傷外援雖至又為迴
所破迴語在迴傳撝遂請降迴許之撝於是率文
武於益州城北共迴升壇歃血立盟以城歸國魏
恭帝元年授侍中驃騎大將軍開府儀同三司
封歸善縣公邑二千戶孝閔帝踐祚進爵黃臺
郡公增邑一千戶武成中世宗令諸文儒於麟
趾殿校定經史仍撰世譜撝亦預焉尋以母老
兼有痾疾五日一番上便隔晨昏民請在外著書有
詔許焉保定元年授禮部中大夫又以撝有歸

欸之功別賜食邑多陵縣五百戶收其租賦三年
出為上州刺史為政也恕以禮讓為本嘗至元
日獄中所有囚繫悉放歸家聽三日然後赴獄
主者固執不可撝曰昔王長虞延見稱前史吾
雖寡德竊懷景行道民以信方自此始以之獲
罪彌所甘心幸勿慮也諸囚荷恩皆依限而至
吏民稱其惠化秩滿當還部許李漆等三百餘
人上表乞更留兩載詔雖弗許甚嘉美之及撝
入朝屬置露門學高祖以撝與唐瑾元偉王

褒等四人俱為文學博士撝以母老表請歸養
私門曰臣聞出忠入孝理深人紀昏定晨省事
切天經伏惟陛下握鏡臨朝垂衣御宇孝治天
下仁覃草木是以微臣冒至願臣母妾褚年
過養禮乞解今職侍奉私庭伏願天慈特垂矜
許臣披欸歸朝十有六載恩深海岳報涓塵
肆師掌禮竟無稱職淅隈督察空妨能官方辭
違闕庭屏迹閭里低佪係慕戀悚兼深高祖未
許詔曰開府梁之宗英今則任等三事所謂楚

三

雖有材周實用之方籍謀獸臣朕不遑進思
盡忠退安侍養者義在公私兼濟豈容全欲徇
已斃此至公車所望也尋以母憂去職天和六
年授少保建德元年轉少傳後改封蔡陽郡公
增邑通前三千四百戶二年卒時年五十九高
祖與哀於正武殿賜穀麥三百石布帛三百四
贈使持節大都督大將軍少傅益新始信四州
諸軍事益州刺史諡曰襄撝善草隸名亞於王
褒等數醫方咸亦留意所著詩賦雜文數萬言

頗行千世子濟嗣濟字德少仁厚頗好屬文
蕭紀承制授貟威將軍蜀郡太守遷東中郎將
從紀東下至巴東聞尉圍成都紀命濟率所部
赴援比至撝已降仍從撝入朝孝閔帝踐祚除
中外府記室參軍後至蒲陽郡守車騎大將軍
儀同三司
蕭世怡梁武帝弟鄱陽王恢之子也以名犯太
祖諱故稱字焉幼而聰慧頗涉經史梁大同元
年封豐城縣矦邑五百戶除給事中轉太子洗

四

將軍譙州刺史及侯景爲亂路由城下襲而陷

之世怡遂被執尋逃得免至于江陵梁元帝

承制授侍中及平羨景以世怡爲兼太宰太常

卿與中衛長史樂子雲拜謁山陵承聖二年授

使持節平西將軍臨川內史既以陸納據湘川

于謹平江陵遂隨兄修在郢州及修卒即以世怡

道路擁塞政授平南將軍桂陽內史未至郡屬

爲刺史湘州刺史王琳率舟師襲世怡世怡以州輸

周書列傳三十四　五　書

琳時陳武帝執政徵爲侍中世怡疑而不就乃

奔于齊除車騎大將軍散騎常侍尋出爲永

州刺史世怡聞豫州刺史王士良已降遂來歸欵

地河南郡公護東伐大將軍權景宣略

五年拜使持節驃騎大將軍開府儀同三司封

義興郡公邑一千二百戶天和二年授蔡州刺

史政存簡惠不尚苛察深爲吏民所安三年

卒於州贈本官加并洛永三州刺史子寶

嗣子寶美風儀善談笑年未弱冠名重一

時隋文帝輔政引爲丞相府典籤深被識遇開

皇中官至吏部侍郎後坐事被誅

蕭圓肅字明恭梁武帝之孫武陵王紀之子也

風度淹雅敏而好學紀稱尊號封宜都郡王邑

二千戶除侍中寧遠將軍紀率兵下峽令蕭

攝守成都以圓肅爲之副及尉遲迥至圓肅與

攝俱降授驃騎大將軍開府儀同三司侍中封

安化縣公邑二千戶世宗初進封棘城郡公增邑

一千戶以圓肅有歸欵之勳別賜食思君縣五

周書列傳三十四　六　先

百戶收其租賦保定三年除畿伯中大夫五

拜咸陽郡守圓肅寬猛相濟甚有政績天和四

年遷陵州刺史尋詔令隨衛國公直鎮襄陽遂

不之部建德三年授太子少傅增邑九百戶圓

肅以任當師傅調護是職乃作少傅箴曰惟

王建德方正位左史記言右史書事莫不援

立太子爲皇之貳是以易稱明兩禮云上嗣東

養德震方主器東髮就學宵雅更肄朝讀百

篇乙夜乃寐愛日惜力寸陰無棄視膳再飯

大將軍宣政元年入為司宗中大夫俄授洛州
刺史大象末進位大將軍隋開皇初授貝州刺
史以母老請歸就養隋文帝許之四年卒時年
四十六有文集十卷又撰時人詩筆為文海四
十卷廣埴十卷淮海亂離志四卷行於世
蕭大圜字仁顯梁簡文帝之子也幼而聰敏神
情俊悟年四歲能誦三都賦及孝經論語七歲
居母喪便有成人之性梁大寶元年封樂梁郡
王邑三千戶除宣惠將軍丹楊尹屬侯景肆虐

寢門三至小心翼翼大孝烝烝謀謨計慮問對
疑丞安樂必敬無忘讌竟夫天道益謙人道
惡盈漢嗣不絕平魏道回環於鄴城前史
攸載後世揚名三善既備萬國以貞姬周長父
實賴元良贏秦短祚誠由必陽雖卜年七百有
德之大惟顯思光副皇極永固洪基觀德諭授
告職司太子見就悅問六年授豐州刺
史增邑通前三千七百戶尋進位上開府儀同

周書列傳三四　七　先

簡文見弒大圜潛遁獲免明年景平大圜歸建
康時飢喪亂之後無所依託乃寓居善覺佛寺
人有以告王僧辯者僧辯乃給船餼得往江陵梁
元帝見之甚悅賜以越衫胡帶等攻封晉熙郡
王邑二千戶除寧遠將軍琅邪彭城二郡太守
時梁元帝既有克復之功而大圜兄汝南王封
等猶未通謁梁元帝性既忌刻甚恨望之乃謂
大圜曰汝兩兄不出汝可以意召之大圜即曰
曉諭兩兄相繼出謁元帝乃安之大圜以世多故
恐讒愬生焉乃屏絕人事門客左右不過三兩
人不妄遊狎姊妹之間止戲疏而已恆以讀詩禮
書易為事元帝嘗自問五經要事數十條大
圜辭約指明應答無滯元帝甚歎美之因曰
昔河間好學爾既有之臨淄好文爾亦兼之因
有東平為善彌高前載吾重之愛之爾當效
焉及千謹軍至元帝乃令大圜充使請和大圜副
焉其實質也出至軍所信宿元帝降魏恭帝二
年客長安太祖以客禮待之保定二年詔曰梁汝

周書列傳三四　八　麼

南王蕭大封晉熙王蕭大圜等梁國子孫宜存
優禮式遺茅土寔允舊章大封可封晉陵縣公
大圜封始寧縣公邑各一千戶尋加大圜車騎
大將軍儀同三司并賜田宅奴婢牛馬粟帛等
俄而開麟趾殿招集學士大圜預焉梁武帝集
四十卷簡文集九十卷各止一本江陵平後並
藏祕閣大圜既入麟趾方得見之乃手寫二集
一年並畢識者稱歎之大圜深信因果心安閑
放嘗言之曰拂衣褰裳無吞舟之漏網挂冠懸

節慮我志之未從儻獲展禽之免有美慈明之
進如蒙北叟之放實勝濟南之徵其故何哉夫
閭閻者有優遊之美朝廷者有簪佩之累蓋由
來久矣留侯追蹤於松子陶朱成術於辛文良
有以焉况乎智不逸羣行不高物而欲辛苦一
生何其僻也豈如知足知止蕭然無累北山之
北棄絕人間南山之南超踰世網面修原而帶
流水倚郊甸而枕平皐築蝸舍於叢林構環堵
於幽薄近瞻煙霧遠睇風雲藉纖草以蔭長

松結幽蘭而援芳桂仰翔禽於百仞俯泳鱗於
千尋果園在後開牕以臨花卉蔬圃居前坐簷
而看灌畦二頃以供饘粥十畝以給絲麻侍兒
五三可充紝織家僮數四足代耕耘沽酪牧羊
協潘生之志畜鷄種黍應莊叟之言獲菽尋氾
氏之書露葵徵尹君之錄烹羔豚而介春酒迎
伏臘而候歲時披良書探至賾歌纂纂唱烏烏
可以娛神可以散慮有朋自遠揚搉古今田畯
相過劇談稼穡斯亦足矣樂不可支求保性

命何畏憂責豈若蹙足入絆申脰就羈游帝王
之門趨宰衡之勢不知飄塵之少選寧覺年祀
之斯須萬物營營靡存其意天道昧昧安可問
哉嗟乎人生若浮雲朝露寧俟長繩繫景寔不
願之執燭夜遊驚其迅邁百年何幾擎跽曲
拳四時如流俛眉躡足出處無成語默奚當非
直丘明所恥抑亦宣尼恥之建德四年除滕王
逌友逌嘗問大圜曰吾聞湘東王作梁史有之
乎餘傳乃可抑揚帝紀奚若隱則非實記則攘

羊對曰言者心之妄也如使有之亦不足怪昔漢
明爲世祖紀章帝爲顯宗紀殷鑒不遠足爲成
例且君子之過如日月之蝕彰於四海安得而
隱之如有不彰亦安得而不隱蓋子爲父隱直
在其中諱國之惡又禮也迴乃大笑其後大軍
東討拔晉州肇基僞迹本既數日齊遂剋不對曰高歡
以此始者必以此終也全本既數日齊氏果滅聞者以
爲知言宣政元年增邑通前二千二百戶隋開
皇初拜内史侍郎出爲西河郡守尋卒大圍性
好學務於著述撰梁太清紀事三十卷寓記三卷
喪儀注五卷要決兩卷并文集二十卷夫封位
至開府儀同三司大象末爲陳州刺史
宗懍字元懍南陽湼陽人也八世祖承永嘉之
亂討陳敬有功封柴桑縣除宜都郡守卒於
官子孫因居江陵父高之梁山陰令懍少聰好
讀書晝夜不倦語輒引古事鄉里呼爲小兒學士
梁普通六年舉秀才以不及二宮元會例不對兼

及梁元帝鎮荊州謂長史劉之遴曰貴鄉多士
爲舉一有意少年之遴以懍應命即日引見兼
記室嘗夕被召宿省使制龍川廟碑一夜便就詰
朝呈上梁元帝嘆美之及移鎮江州以懍爲刑獄
參軍兼掌書記歷臨汝建成廣晉三縣令遭母
憂去職哭輒歐血兩旬之内絕而復蘇者三每
有君哭數千集于廬舍候哭而來哭止而去時
時論稱之以爲孝感所致梁元帝重牧荊州以
懍爲别駕江陵令及即帝位擢爲尚書侍郎又
手詔曰昔扶柳開國止曰故人西鄉胙土本由實
客況裹沙動庸而無爵賞尚書侍郎宗懍誠有
帷幄之謀誠深股肱之寄從我于邁多歷歲時
可封信安縣侯邑一千戶後梁元帝議還建業唯
書史部尚書初衆景平後累遷吏部中五兵尚
懍勸都渚宮以其鄉里在荊州故也及江陵平
與王褒等入關太祖以懍名重南土甚禮之孝
閔帝踐祚拜車騎大將軍儀同三司世宗即位又
與王褒等在麟趾殿刊定群書數蒙宴賜保定

劉璠字寶義沛國沛人也六世祖敏以永嘉喪
亂徙居廣陵父臧性方正篤志好學居家以孝
聞梁天監初為著作郎璠九歲而孤居喪合禮
少好讀書兼善文筆年十七為上黃侯蕭曄所
器重范陽張縉梁之外戚璠才高口辯見推於世
以璠之懿貴亦假借之璠年少未仕而負才使
氣不為之屈縉嘗於新渝侯坐因酒託璠曰此
坐誰非寒士璠斂容曰寒士不遜璠厲色曰此
杜篤曰寒士不遜璠厲色

周書列傳三十四　　[十三]

本意在縉而璠以為屬已辭色不平璠曰何王之
門不可曳長裾也遂拂衣而去璠辭謝之乃止
後隨璠在淮南璠母在建康邁疾璠弗之知嘗
忽一日舉身楚痛尋而家信至云其母病璠即
號泣戒道絕而又蘇當身痛之辰即母死之日
也居喪毀瘠感風氣服闋後一年猶杖而後起
及曄終於毗陵故吏多分散璠獨奉曄喪還都墳
成乃退梁簡文時在東宮遇璠素重諸不送者
皆被劾責唯璠獨被優賞解褐王國常侍非其

好也璠少慷慨好功名志欲立事邊城不樂隨
牒平進會宜豐侯循出為北徐州刺史即請
為其輕車府主簿兼記室參軍又領刑獄循為中
梁州刺史除信武府記室補華陽太守屬侯景度江梁室大亂循以
記室補華陽太守屬侯景度江梁室大亂循以
璠有才略甚親委之時寇難繁興未有所定璠
乃謂然賦詩以見志其末章曰隨會平王室夷
吾臣霸功虛薄無時用徒慕昔風循開府置
佐史以璠為諮議參軍仍領記室梁元帝承制

周書列傳三十四　　[十四]

授樹功將軍鎮西府諮議參軍賜書曰鄧禹文
學尚或執戈葛洪書生且云破賊前修無遠屬
望良深梁元帝尋又以循為雍
州刺史復以璠為循平北府司馬及武陵王紀
稱制於蜀以璠為中書侍郎屢遣召璠使者八返
乃至蜀又以為黃門侍郎令長史劉孝勝深布心
腹使工畫陳平度河歸漢圖以遺之璠苦求還中
記室韋登彝弢曰殿下忍而蓄憾足下不留將致大
禍脫使盜遽於葭萌則卿始矣輗若共構大廈使

身名俱羡哉璠正色曰卿欲緩頰於我邪我與
府夙分義已定豈以寵辱夷險易其心乎丈夫
立志當死生以之耳殿下方布大義於天下終
不遑志於一人紀知必不為已用乃厚其贈而
遣之臨別紀又解其佩刀贈璠曰想見物思人
璠對曰敢不奉揚威靈封釟完紀於是遣使
就拜循為益州刺史封隨郡王以璠為循府長
史加蜀郡太守還至白馬西屬達奚武軍已至
南鄭璠不得入城遂降於武太祖素聞其名先

誡曰勿使劉璠死也故武先令璠赴闕璠至
太祖見之如舊謂僕射申徽曰劉璠佳士古人何
以過之徽曰昔晉主滅吳利在二陸明公今平梁
漢得一劉璠也時南鄭尚拒守未下達奚武請屠
之太祖將許焉唯令全璠一家而已璠乃請之於
朝太祖怒而不許璠泣而固請移時不退梆仲禮
之太祖將許焉唯令全璠一家而已璠乃請之於
侍側曰此烈士也太祖既納蕭循之降又許其反
竟獲全璠之力也太祖既納蕭循之降又許其
國循至長安累月不之遣也璠因侍宴太祖曰我於

古誰比對曰常以公命世英主湯武莫逮今日
所見曾齊桓晉文之不若太祖曰我不得比湯武
望與伊周為四何桓文之不若乎對曰齊桓存三
亡國晉文不失信於伐原語未終太祖撫曰
我解爾意欲激我耳於是即命遣循請與璠
俱還太祖不許以璠為中外府記室尋遷黃門
侍郎儀同三司嘗臥疾居家對雪興感乃作雪
賦以遂志云其詞曰天地否閉凝而成雪應乎
玄冬之辰在於浮寒之節蒼雲暮同嚴風曉

別散亂徘徊霧靄皎潔違朝陽之暄煦就陵陰
之慘洌若乃雪山崎於流沙之右
石之東混二儀而並色覆萬有而皆空理没河
山之上籠宇寰宇之中日駒潛於濛汜地險失
於華嵩既奪朱而成素實矯異而為同始飄
飄而稍落遂紛糅而無窮繁回兮瑣散高兮
滇濛綏綏兮颯颯瀌瀌兮颻風因高兮累皓兮
少兮成豐曉兮分光而映淨夜合影而通朧似比
荒之明月若西崑之閬風爾乃馮集與區遭隨

所適遇物淪形觸途湮跡何淨穢之可分豈高
甲之能擇體不常消質無定白深谷夏凝小山
春積偶仙官而為絳值河濱而成赤廣則彌綸
而交四海小則淅瀝而緣間隙淺則不過二寸大
則平地一尺乃為五穀之精宣長衆川之魄大壑
所以朝宗洪波資其消釋家有趙王之璧人聚
白登之指實愷黃竹之心梵客埋魂於樹裏漢
漢帝之金旣藏牛而没馬又冰木而凋林已愴
使遷飢於海陰靉雲中之狡獸落海上之驚禽
與雲合唯有變白作泥沉本為白雪唱翻作白
庚辰有七尺之厚甲子有一丈之深無復垂要
頭吟吟曰昔從天山來忽與狂風閱遡河陰而
散漫望衡陽而委絕朝朝自消盡夜夜空凝結
徒云雪之可賦竟何賦之能雪初蕭循在漢中
與蕭紀戕及苔國家書移襄陽文皆璠之辭也
世宗初授内史中大夫掌綸誥尋封平陽縣子
邑九百戸在職清白簡亮不合於時左遷同和
郡守璠善於撫御蒞職未幾生羌降附者五百

餘家前後郡守多經營以致貲産唯璠秋毫無
所取妻子竝隨羌俗食葵衣皮始終不改洮陽洪
和二郡羌民常越境詣璠訟理焉其德化為他
界所歸仰如此蔡谷廣時鎮隴右嘉璠善政及遷
鎮陝州欲取璠自隨羌人樂從者七百人聞者莫
不歎異陳公純作鎮隴右引為總管府司錄其禮
敬之天和三年卒時年五十九著梁典三十卷有
集二十卷行於世子祥嗣祥字休徵幼而聰慧尤
對後辯賓客見者皆號神童事嫡母以至孝聞其
伯父黃門郎璠有名江左在嶺南聞齊之乃
今名祥字休徵後以字行於世年十歲能屬文
十二通五經解褐梁宣曹侯主簿遷記室參軍
江陵平隨例入國齊公憲以其善於詞令召為記
室府中書記皆令掌之轉授都督封漢安縣子
食邑七百戸轉從事中郎憲進爵為王以休徵
為王友俄除内史上士高祖東征休徵陪侍帷幄
平齊露布即休徵之文也累遷車騎大將軍儀
同大將軍尋以去官領萬年令未幾月轉長安

令頻宰二縣頗獲時譽大象二年卒於官時年
四十七初璠所撰梁典始就未敢刊定卒臨終
謂休徵曰能成我志其此書乎子休徵治定繕寫
勒成一家行於世
柳霞字子昇河東解人也曾祖卓晉汝南太守
始自本郡徙居襄陽祖叔珍宋員外散騎常侍
義陽內史父遠梁臨川王諮議參軍宜都太
守霞幼而褒邁神彩疑然髫歲便有成人之量
篤好文學動合規矩其世父慶遠特器異之謂
霞曰吾昔逮事伯父太尉公甞語吾云我昨夢
汝登一樓捷甚峻麗吾以坐席與汝汝後名宦必
達恨吾不及見耳吾向聊復畫霞又夢將昔時
座席還以賜汝汝之官位當復及吾特宜勉勵
以應嘉祥也梁西昌侯深藻鎮雍州霞時年十
二以民禮脩謁風儀端詳雅深藻美之
試遣左右戲霞衣裾欲觀其舉措霞徐步稍前
曾不顧眄盧陵王續爲雍州刺史辟霞爲主簿
起家平西邵陵王綸府法曹參軍仍轉外兵除

尚書工部郎謝舉舉時爲儀射引霞與語甚喜嘉之
顧謂人曰江漢英靈見於此矣岳陽王蕭詧蒞雍
州選爲治中尋遷別駕及詧承制授霞
吏部郎員外散騎常侍俄遷車騎大將軍儀同
三司大都督賜爵夷陵縣公尋進位侍中
驃騎大將軍開府儀同三司及蕭詧踐帝位於
江陵以襄陽歸于我霞乃辭詧曰陛下中興鼎
運龍飛舊楚臣昔因草會早奉名節理當以身
許國期之始終自晉氏南遷臣宗族蓋嘗從祖
太尉世父儀同從父司空並以位埒隆重遂家于
金陵唯留先臣獨守墳栢常誡臣等使不違此志
今襄陽既入北朝臣若陪隨鑾蹕進則無益塵露
退則有虧先旨願曲垂鑒照亮其心誓重違
其志遂許之因鄉里以經籍自娛太祖世宗頻
有徵命霞固辭以疾及詧姐霞與哀行舊君之
服保定中又徵之霞始入朝授使持節驃騎大將
軍開府儀同三司霍州諸軍事霍州刺史霞導守
民務先以德再三不用命者乃微加懲異示之

恥而已其下感而化之不復為過咸曰我君仁惠
如此其可欺乎天和中卒時年七十二宣政初贈
膝安二州刺史霞有志行初為州主簿其父卒
於揚州霞自襄陽奔赴六日而至哀感行路毀
瘁殆不可識後奉喪汴江西歸中流風起舟中
之人相顧失色霞抱棺號慟懇天求哀俄頃之
間風止浪息其母嘗乳間發疽醫云此病無可
救之理唯得人吮膿或望微止其痛霞應聲即
吮旬日遂瘳咸以為孝感所致性又溫裕略無
喜慍之容弘獎名教未常論人之短尤好施與
家無餘財臨終遺誡薄葬其子等並奉行之有
十子靖莊最知名靖字思休少方雅博覽墳籍
梁大同末釋褐武陵王國左常侍轉法曹行參
軍大定初除尚書度支郎隨霞入朝
授大都督歷河南德廣二郡守靖雅達政事所
居皆有治術吏民畏而愛之然性愛閒素其於
名利澹如也及秩滿還便有終焉之志隋文帝
踐極特詔徵之靖遂以疾固辭優游不仕開門

自守所對唯琴書而已足不歷園庭殆將十載子
弟等奉之若嚴君焉其有過者靖必責於
是長幼相率拜謝於庭靖或有不善者然後見之晶以禮法鄉
里亦慕而化之或有不善者皆曰唯恐栁德廣知
也時論方之王烈前後總管到官皆親至靖問
疾遂以几杖餘並致衣物
靖遂受几杖餘並固辭其為當時所重如此開皇
中以壽終莊字思敬器量貞固有經世之才初仕
梁歷中書舍人尚書右丞給事黃門侍郎尚書吏
部郎中鴻臚卿入隋位至開府儀同三司
給事黃門侍郎饒州刺史
史臣曰蕭撝世怡簡蕭大圜並有梁之令望也
雖羈旅異國而終享榮名非有茲基夙懷文質
何之事君臣之道既篤家國之情亦隆金石不足
比其心河山不足明其哲及魏安之至城下旬日
而智力俱竭委金湯而不守舉庸蜀而來王若
乃見機而作誠有之矣守節沒齒則未可為宗

懷幹局才辭已見稱於梁元之世逮乎俘囚楚甸

播越秦中屬太祖思治之辰遇世宗好士之日

在朝不預政事就列纔忝戎章豈懷道圖全優

遊卒歲將用與不用留滯當年平梁氏據有江

東五十餘載挾笈紀事勒成不朽者非一家焉

劉璠學思通博有著述之譽雖傳嶷傳信頗

有詳略而屬辭比事足爲淸典蓋近代之佳史

歟柳霞立身之道進退有節觀其眷戀墳隴其

孝可移於朝廷盡禮舊主其忠可事於新君夫

能推此類以求賢則知人幾於易矣

列傳第三十四　　周書四十二

李延孫

韋祐

韓雄

陳忻

魏玄

二冊五　　周書列傳三十五卷　一　　王元年

李延孫伊川人也祖伯扶魏太和末從征懸瓠
有功為汝南郡守父長壽性雄豪有武藝少與
蠻酋結託屢相招引侵滅關南魏孝昌中朝議恐
其為亂乃以長壽為防蠻都督給其鼓節以慰
其意長壽甚冀因此遂得任用亦盡其智力防遏
羣蠻蠻伊川左右寇盜為之稍息永安之後盜賊
蜂起長壽乃招集徒侶日盛魏帝藉其力
用因而撫之乃授持節大都督轉鎮張白塢後
為河北郡守轉河內郡守所歷之處咸以猛烈
聞討捕諸賊頗有功授衞大將軍北華州刺史
賜爵清河郡公及魏孝武西遷長壽率勵義士

拒東魏孝武嘉之復授穎川郡守還廣州刺史
東魏遣行臺侯景率兵攻之長壽衆少城陷遂
遇害大統元年追贈太尉使持節侍中驃騎大
將軍冀定等十二州諸軍事定州刺史延孫亦
為武有將帥才略少從長壽征討以勇敢聞初
雄為直閤將軍賀拔勝為荊州刺史表延孫為都
督肅清鴟路頗有功力焉及長壽被害延孫乃
還收集其父之衆自魏孝武西遷之後朝士流
亡廣陵王忻錄尚書長孫稚穎川王斌之安昌
王子均及建寧江夏龍東諸王幷百官等攜持

周書列傳三十五　二

妻子來投延孫即率衆衞送幷贈以珍
玩咸達關中齊神武深患之遣行臺慕容紹宗
等數道攻之延孫獎勵所部出戰遂大破之臨
陣斬其揚州刺史薛喜於是義軍更振乃授延
孫京南行臺節度河南諸軍事廣州刺史尋進
車騎大將軍儀同三司大都督賜爵華山郡公
延孫既荷重委每以剋清伊洛為已任頻以少
擊衆威振敵境大統四年為其長史楊伯蘭所

害後贈司空冀定等六州刺史子人傑有祖父
風官至開府儀同三司和州刺史改封頴川郡
公延孫弟義徐亦官至開府儀同三司

韋祐字法保京兆山北人也少以字行於世世
為州郡著姓祖騊雍州主簿舉秀才拜中書博
士父義削將軍上洛郡守魏大統時以法保著
勳追贈秦州刺史法保少好遊俠而質直少言
所與交遊屢皆輕猾亡命人有急難投之者多保
存之雖屢被追捕終不改其操父沒事母兄以

【周書列傳第三十五】　三

孝敬聞慕本長壽之為人遂娶長壽女因寓居
關南正光末四方雲擾王公避難者或依之多
得全濟以此為貴遊所德乃拜員外散騎侍郎
加輕車將軍及魏孝武西遷法保從山南赴行
在所除右將軍及魏孝武封固安縣男邑二百
戶及長壽被害其子延孫收長壽餘泉守禦東
境朝廷恐延孫兵少不能自固乃除法保至潼洛
州刺史配兵數百人以援延孫法保至潼關弘
農郡守韋孝寬調法保昆季此役難以吉還

也法保曰古人稱不入獸穴不得獸子安危之
事未可預量縱為國殞身亦非所恨遂倍道兼
行東魏陝州刺史劉貴以步騎千餘邀之法保
乃命所部為圓陣且戰且前數日得與延孫兵
乃并勢置柵於伏流未幾太祖追法保與延孫
率眾還朝賞勞甚厚仍授法保大都督四年除
河南尹及延孫被害法保乃率所部據延孫舊
柵頻與敵人交兵每身先士卒單馬陷陣是以
戰必被傷嘗至關南與東魏人戰流矢中頸從

【周書列傳第三十五卷】　四

口中出當時氣絕輿至營艾之乃蘇九年拜車
騎大將軍儀同三司鎮九曲城及侯景以豫州
來附法保率兵赴景景欲留之法保疑其有貳
心乃固辭還所鎮十五年加驃騎大將軍開府
儀同三司尋進爵為公會東魏遣軍送糧餉宜
陽法保潛邀之轉戰數十里兵少不敵為流矢
所中卒於陣諡曰莊子初嗣建德末位至開府
儀同大將軍閻韓韓防主

韓雄字木蘭河南東垣人也祖景魏孝文時為

趙陽郡守。雄少敢勇，膂力絶人，工騎射，有將率材略。及魏孝武西遷，雄便慷慨有立功之志。大統初，遂與其屬六十餘人於洛西舉兵，數日間衆至千人。與河南行臺楊琚共為椅角，每抄掠東魏，所向剋獲，徒衆乃盛，州縣不能禦之。東魏洛州刺史韓賢率兵討雄，頻戰並破之。賢乃令人略盡兄及妻子，皆為賢所獲，將以為戮。賢乃遣人告雄曰：「若雄至，皆免之。」雄與其所親謀曰：「奮不顧身，以立功名者，本望上申忠義，下榮親戚。今若忍而不赴，人謂我何。既免之後，更思其計，未為晚也。」於是遂詣賢軍，即隨賢還洛，乃潛引賢黨，謀欲襲之。事泄，適免。時太祖在弘農，雄至，上謁。太祖嘉之，封武陽縣侯，邑八百戶。遣雄還鄉里，更圖進取。雄乃招集義衆，進逼洛州。東魏洛州刺史元湛委州奔河陽，其長史孟彥舉城歉附。俄而領軍獨孤信大軍繼至，雄遂從信入洛陽。時東魏將侯景等圍荥塢，雄擊走之。又從

太祖戰於河橋，軍還，仍鎮洛西。拜平東將軍、東郡守。遷北中郎將。邙山之役，太祖命雄率衆，邀齊神武於陝道。神武怒，命三軍并力取雄。雄突圍得免。除東徐州刺史。太祖以雄勛勞積年，乃徵入朝，屢加賞勞。後除雄州刺史。東魏雄州刺史郭叔略與雄接境，頗為邊患。雄密圖之，乃輕將十騎，夜入其境，伏於道側，遣都督韓僧明於略城，服東魏人衣服，詐若自河陽叛投關西者。略出馳之，雄自後射之，再發咸中，遂斬略首。河南尹，進爵為公，加車騎大將軍、儀同三司、大都督、散騎常侍。尋進驃騎大將軍、開府儀同三司、侍中、河南邑中正。孝閔帝踐祚，進爵新義郡公，增邑通前三千八百戶。賜姓宇文氏。世宗二年，除使持節、都督中徐虞等四州諸軍事、中徐州刺史。雄父在邊，具知敵人虛實，每率衆深入，不避艱難，前後經四十五戰，雖時有勝負，而雄志氣益壯，東魏深憚之。天和三年，卒于鎮。贈大將軍、中華宜義和五州諸軍事、中州刺史。

陳忻字永怡宜陽人也少驍勇有氣俠姿貌魁
岸同類咸敬憚之魏孝武西遷之後忻乃於辟
惡山招集勇敢少年數十人寇掠東魏仍於辟
使歸附大統元年授持節伏波將軍羽林監立
義大都督賜爵霸城縣男三年太祖復弘農
東魏揚州刺史段琛據城迺走忻率義徒於
九曲道邀之殺傷甚衆擒其新安令張祗太祖
嘉其忠欵使行新安縣事及獨孤信入洛忻舉

■周書列傳三十五　　七　　羊

李延孫為前鋒仍從信守金墉城及河橋戰不
利隋軍西還復行新安縣事東魏遣土人牛道
恒為揚州刺史忻率兵擊破之進爵為子常隨
崤東諸將鎮過伊洛間每有功効九年與李遠
迎高仲密仍從戰邙山及大軍西還復與韓雄
等依山合勢破東魏三城斬其金門郡守方臺
洛增邑六百戶尋行宜陽郡事東魏復遣劉盆
生為金門郡守忻又斬之除鎮遠將軍魏郡守
俄授使持節平東將軍顯州刺史太祖以忻威

著敵境仍留靜邊弗令之住十年侯景築九曲
城忻率衆邀之擒其宜陽郡守趙嵩金門郡守
樂敬寶十三年從李遠平九曲城授帥都督與東
魏將尒朱渾願率精騎三千來向宜陽忻與諸
將輕兵邀之願遂退走十五年除宜陽郡守加
大都督撫軍將軍十六年進車騎大將軍儀同
三司散騎常侍與齊將東方老戰於石泉破之
俘獲甚衆時東魏每歲遣兵送米饋宜陽忻輒
與諸軍邀擊之每多剋獲魏恭帝元年又與開

■周書列傳三十五　　八　　羊

府斛斯蓮等共齊將叚孝先戰于九曲大破
之二年進位驃騎大將軍開府儀同三司加
侍中其年授宜陽邑大中正賜姓尉遲氏太祖
以忻著績累載贈其祖比及父興孫俱為儀同
三司昆齊州刺史興孫徐州刺史東魏洛州刺
史獨孤永業號有智謀覘往來境上筩伏難測忻
與韓雄等恆令開諜覘其動靜齊兵每至輒
擊破之故永業深憚忻等不敢為寇孝閔帝
踐阼徵忻入朝進爵為伯尋又進爵許昌縣公

二千戶武成元年除熊州刺史增邑通前二
千六百戶又與開府敕勤慶破齊將王鸞嵩仍
從柱國陸通復石泉城天和元年卒於位忻與
韓雄里閈姻婭少相親眤俱揔兵境上三十餘
載每有禦扞二人相赴常若影響故得數對動
敵而常保功名雖立有武力至於挽彊射中忻
不如雄每更荷其恩德莫不感慟焉子萬敵嗣朝
廷以忻雅得士心還令萬敵領其部曲

▎周書列傳三十五　九

魏玄字僧智任城人也六世祖休仕晉為魯郡守
永嘉南遷遂居江左父承祖魏景明中自梁歸
魏家於新安玄少慷慨有膽略普泰中除奉朝
請頻從軍與梁人交戰永安初以功授征虜將
軍中散從軍及魏孝武西遷東魏比徙人情騷
動各懷去就玄遂率募鄉曲立義於關南即從
韋法保與東魏司徒高敖曹戰於關口及獨孤
信入洛陽隸行臺楊琚防馬渚復與高敖曹接
戰自是每率鄉兵抗拒東魏前後十餘戰皆有

功邙山之役大軍不利宜陽洛州皆為東魏守
嶠東立義者咸懷異望而玄母及弟並在宜陽
玄以為忠孝不兩立乃卒義從關南鎮撫太
祖手書勞之除洛陽令封廣宗縣子邑四百戶
十三年與開府李義孫攻拔伏流城又剋孔城
即與義孫鎮之尋移鎮伏流十四年授帥都督
東平郡守轉河南郡守加大都督十六年洛安
民雍方儁擄郡外叛率步騎一千自號行臺攻
破郡縣囚執守令玄率弘農九曲孔城伏流四

▎周書列傳三十五　十　王德明

城士馬討平之魏恭帝二年拜車騎大將軍儀
同三司孝閔帝踐祚進爵為伯增邑通前九百
戶保定元年移鎮蠻谷四年進位驃騎大將軍
開府儀同三司從尉遲迥圍圓洛陽
天和元年陝州揔管尉遲綱遣玄率儀同宇文
能趙乾等步騎五百於鹿盧交南邀擊東魏洛
州刺史獨孤永業永業有眾二萬餘人玄輕將
五騎行前覘之卒與永業之遇便即交戰殺傷數十人
獲馬弁甲銷等永業遂退二年進爵為族除白

防主三年遷能州刺史政存簡惠百姓悅之超

四年轉和州刺史伏流防主進爵為公五年齊將

斛律明月率衆向宜陽兵威甚盛玄率兵禦之

每戰輒剋後以疾卒於位

史臣曰三國爭彊四郊多壘鎮守要害義屬武

臣李延孫等以勇略之姿受扞城之寄灌底贈

藥雖有愧於吾賢御侮折衝足方駕於前列用

能觀兵伊洛保據崤函齊人沮西略之謀周朝

緩東顧之慮皆數將之力也

列傳第三十五　　　　周書四十三

泉企

李遷哲

楊乾運

扶猛

陽雄

席固

任果

令狐　德棻　撰

■周書列傳三十六　　一

泉企字思道上洛豐陽人也世雄商洛曾祖景
言魏建節將軍假宜陽郡守世襲本縣令封冊
水侯父安志復為建節將軍宜陽郡守領本縣
令降晉爵為伯企九歲喪父哀毀類於成人服闋
襲爵年十二鄉人皇平陳合等三百餘人詣州
請企為縣令州民申上時吏部尚書郭祚以企
年少未堪宰民請別選遣此一限令企代之
魏宣武帝詔曰企向成立且為本鄉所樂何為
拾此世襲更求一限遂依所請企雖童幼而好

學恬靜百姓安之尋以母憂去職縣中父老復
表請殷勤詔許之起復本任加討寇將軍孝昌
初又加龍驤將軍假節防洛州別將尋除上洛
郡守及蕭寶寅反遣其黨郭子恢襲據潼關
企率鄉兵三千人拒之連戰數日子恢以功拜征虜將軍東
郡守敗走許
萬人趣青泥誘動巴人圖取上洛企又遣兵
人遂大破子恢以功拜征虜將軍東
杜二姓密應之企與刺史董紹宗潛兵掩襲二
姓散走寶寅軍亦退還左將軍浙州刺史別封

■周書列傳三十六　　二

涇陽縣伯邑五百戶永安中梁將王玄真入寇荊
州加企持節都督率眾援之遇玄真於順陽與
戰大破之除撫軍將軍使持節鎮南將軍東
雍州刺史進爵為侯部民楊羊皮太保椿之從
弟恃椿勢侵害百姓守宰多被其凌侮皆
畏而不敢言企收而治之將加極法於是楊氏
慙懼宗族詣閤請恩自此其家在州五年每於鄉
者性又清約纖毫不擾於民在州五年每於鄉
里運米以自給梁魏興郡與洛州接壤表請與

屬詔企爲行臺尚書以撫納之大行臺賀拔岳
以企世沿東雍爲吏民所懷乃表企復爲刺
史詔許之蜀民張國儁聚黨剽劫州郡不能
制企命收而戮之闔境清肅魏孝武初加車
騎大將軍左光祿大夫及齊神武專政魏帝有
西顧之心欲委企以山南之事乃除洛州刺史
當州都督企遣其子元禮督鄉里五千人北出大谷以禦
之齊神武不敢進上洛人都督泉岳其弟猛略
與豐陽人杜窋等謀翻洛州以應東軍企知之
殺岳及猛略等傳首詣闕而窋亡投東魏錄前
後勳授車騎大將軍儀同三司大統初加開府
儀同三司兼尚書右僕射進爵上洛郡公增邑
通前千戶企志尚廉慎每除一官憂見顏色至
是頻讓魏帝手詔不許三年高敖曹率衆圍
逼州城杜窋爲其鄉導企拒守旬餘矢盡援絕
城乃陷焉企謂敖曹曰泉企力屈志不服也及
窋見泰被擒敕曹退走遂執企而東以窋爲刺史

企臨發密誡子元禮曰吾生平志願不過
令長耳幸逢聖運位至台司今爵祿既隆年齒
又暮前途幸夷險抑亦可知汝等志業方彊堪立
功効且忠孝之道不可兩全汝各爲身計勿相
隨寇手但得汝等致力本朝吾無餘恨不得以
我在東遂虧臣節也爾其勉之乃揮涕而訣
無所言聞者莫不憤歎尋卒於鄴元禮少有
志氣好弓馬頗閑草隸有士君子之風釋褐奉
朝請本州別駕累遷員外散騎侍郎洛州大中
正員外散騎常侍安東將軍持節都督賜爵臨
洮縣伯進征東將軍金紫光祿大夫加散騎常
侍及洛州陷與企俱被執而東元禮於路逃歸
時杜窋雖爲刺史然巴人素輕窋而重泉及元
禮至與仲遵相見感父臨別之言潛與豪右結
託信宿之間遂率鄉人襲州城斬窋傳首長安
朝廷嘉之拜衛將軍車騎大將軍世襲洛州刺
史從太祖戰於沙苑爲流矢所中遂卒子貞嗣
官至儀同三司仲遵少謹實涉獵經史年十三

州辟主簿十四為本縣令及長有武藝遭世離
亂每從父兄征討以勇決聞高敖曹攻洛州企
令仲遵率五百人出戰時以衆寡不敵乃退入
城復與企力戰拒守矢盡士卒歎曰若二郎不
矢中目不堪復戰及城陷以杖棒扞之遂為流
傷豈至於此企之東也仲遵以被傷不行後與
元禮斬窋以功封豐陽縣伯巴五百戶加授征
東將軍豫州刺史及元禮於沙苑戰沒復以仲
導為洛州刺史仲遵宿稱幹略為鄉里所歸

■周書列傳三十六　五

及為本州頗得嘉譽東魏北豫州刺史高仲
密舉成皋入附太祖率軍應之別遣仲遵隨
于謹攻栢谷塢仲遵力戰先登擒其將王顯明
栢谷既援復會大軍戰於邙山十三年王思政
改鎮潁川以仲遵行荊州刺史事十五年加授
大都督俄進車騎大將軍儀同三司梁司州刺
史柳仲禮每為邊寇太祖令仲遵率鄉兵從
開府楊忠討之梁隨郡守桓和拒守不降忠
謂諸將曰本圖仲禮不在隨郡如即攻守恐

引日勞師今若先取仲禮則桓和可不攻自服
諸君以為何如仲遵對曰鋒鏑有毒何可輕也
若棄和深入遂擒仲禮而之降不尚未可知如
仲禮未獲和指麾可剋剋和而進便無反顧之憂忠
從之仲遵以計由己出乃率先登城遂擒和仍
從忠擊仲禮又獲之進驃騎大將軍開府儀同
三司領本州大中正復為三荊二廣南雍平信江
隨二郢浙等十三州諸軍事行荊州刺史尋遭

■周書列傳三十六　六

母憂請終喪制不許大將軍王雄南征上津魏
興仲遵率所部兵從雄討平之遂於上津置南
洛州以仲遵為刺史仲遵留情撫接百姓安之
流民歸附者相繼而至初蠻帥杜清和自稱巴
州刺史都督以州入附朝廷因其所據授之仍
梁州都督清和以仲遵善於撫御請隸仲遵朝
議以山川非便弗之許也清和遂結安康酋帥
黃眾寶等舉兵共圍東梁州復遣王雄討平
之改巴州為洵州隸於仲遵先是東梁州刺史

劉孟良在職貪婪民多北貝叛仲遵以廉簡處之

羣蠻率服仲遵雖出自巴夷而有方雅之操歷

官之處皆以清自見稱朝廷又以其父臨危抗節

乃令襲爵上洛郡公舊封聽回授子魏恭帝初

徵拜左衛將軍尋出為都督金興等六州諸軍

事金州刺史武成初卒官時年四十五贈大將

軍華洛等三州刺史諡曰莊子晊嗣起家本縣

令父為左侍上保定中授帥都督累遷儀同

三司出為純州防主建德末位至開府儀同大

將軍

李遷哲字孝彥安康人也世為山南豪族仕於

江左祖方達齊末為本州治中父元貞仕梁歷

東宮左衛率東梁衡二州刺史散騎常侍沌

陽侯遷哲少修立有識度慷慨善謀畫起家

文德主帥轉直閤將軍武賁中郎將及其父為

衡州留遷哲轉本鄉監統部曲事時年二十撫

羣下甚得其情大同二年除安康郡守三年加

超武將軍大清二年移鎮魏興郡都督魏興上

庸等八郡諸軍事龍襄爵沌陽侯邑二千五百戶

四年遷持節信武將軍散騎常侍都督東梁

洵興等七州諸軍事東梁州刺史及侯景篡

逆諸王爭帝遷哲外禦邊寇自守而巴人統十

七年太祖遣達奚武王雄等略地山南遷哲率

其所部拒戰軍敗遂降於武然猶意氣自若

武乃執送京師太祖謂之曰何不早歸國家乃

勞師旅令為俘虜不亦恥乎答曰世荷梁恩未

有報効又不能死節實以此為愧耳太祖深嘉

之即拜使持節車騎大將軍散騎常侍封沌陽

縣伯邑千戶魏恭帝初直州人樂熾洋州人田

越金州人黃國等連結為亂太祖遣鷹門公田

弘出梁漢開府賀若敦趣直谷熾聞官軍至乃

燒絕棧道據守直谷敦眾不得前太祖以遷哲

信者山南乃令與敦同往經略熾等或降或獲

尋並平蕩仍與賀若敦南出徇地遷哲先至

巴州入其郭郭梁巴州刺史牟安民惶懼開門

請降安民子宗徹等猶據琵琶城招諭不下

遷哲攻而剋之斬獲九百餘人軍次鹿城城主遣
使請降遷哲謂其衆曰納降如受敵吾觀其使
視瞻猶得無詐也遂不許之梁人果於道左
設伏以邀遷哲遷哲進擊破之遂屠其城虜獲
千餘口自此巴濮之民降款相繼軍還太祖嘉
之以所服紫袍玉帶及所乘馬以賜之并賜奴
婢三十口加授侍中驃騎大將軍開府儀同三
司除直州刺史即本州也仍給軍儀鼓節令與
田弘同討信州刺史魏恭帝三年正月軍次并州梁

并州刺史杜滿各望風送款進圍壘州剋之獲
刺史舟助國等遷哲每率驍勇為前鋒所有攻
戰無不身先士卒凡下十八州拓地三千餘里
時信州蠻酋向五子王等所圍弘又遣遷哲
赴援比至信州已陷五子王等聞遷哲至狼狽
遁走遷哲入據白帝賊敦等復至遂共追擊
五子王等破之及田弘旋軍太祖令遷哲留鎮
白帝更配兵六千人馬三百匹信州先無倉儲
軍糧匱乏遷哲乃收葛根造粉兼米以給之

遷哲亦自取供食時有異膳即分賜兵士有疾
患者又親加醫藥以此軍中感之人思效命黔
陽蠻田烏度田都唐等每抄掠江中為百姓
患遷哲隨機出討殺獲甚多由是諸蠻畏威
自此寇抄頗息軍糧贍給焉世宗初授都督信
臨等七州諸軍事信州刺史時蠻酋蒲微為鄰
州刺史舉兵反遷哲將討之諸將以途路阻遠
各送糧餼又遣子弟入質者千有餘家遷哲乃
於白帝城外築城以處之并置四鎮以靜峽路

苙不欲行遷哲怒曰蒲微蕞爾之賊勢何能
爲擒獲之略已在吾度中矣諸君見此小寇
便有憚心後遇大敵將何以戰送率兵七千人
進擊之拔其五城虜獲二千餘口三年進爵西
城縣公增邑通前二千五百戶武成元年朝于
京師世宗甚禮之賜甲第一區及莊田等保定
中授平州刺史諸州兵鎮襄陽五年陳將章
遷哲率金上等進位大將軍四年詔
昭達攻逼江陵梁主蕭巋告急於襄州衛公

直令遷哲往救焉遷哲乃率其所部守江陵外城
與陳將程文季交戰六稍却遷哲乃親自陷陳
手殺數人會江陵揔管陸騰出助之陳人乃退
陳人又因水汎長壤龍川寧朔隄引水灌城城
中驚擾遷哲乃先塞北隄以止水又募驍勇出
擊之頻有斬獲衆心稍定俄而敵入郭內焚燒
民家遷哲目率騎出南門又令步兵自北門出
兩軍合勢首尾邀之陳人復敗多投水而死是
夜陳人又竊於城西堞以梯登者巳數百人遷哲
又率驍勇扞之陳人復潰俄而大風暴起遷哲
乘闇出兵擊其營陳人大亂殺傷甚衆陸騰復
破之於西隄陳人乃遁建德二年進爵安康郡公
三年卒於襄州時年六十四贈金州揔管謚曰壯
遷哲累世雄豪為鄉里所率服性復華侈能
厚自奉養妾媵至有百數男女六十九人緣漢
千餘里閒第宅相次姬人之有子者分處其中
各有僮僕侍婢奄閽守時遷哲每鳴笳導從
往來其閒縱酒歡醼畜生平之樂子孫參見或

忘其年名者披簿以審之長子敬仁先遷哲卒
第六子敬猷嗣還統父兵起家大都督建德六
年從讓王討稽胡有功進爵儀同大將軍遷哲
弟顯位至上儀同大將軍
楊乾運字玄邈儻城興勢人也為方隅豪族父
天興齊安康郡守乾運少雄武為鄉閒所信服
弱冠州辟王簿孝昌初除宣威將軍蘭欽率兵應
為本州治中轉別駕除安康郡守大統初梁州
民皇甫圓姜晏聚衆南叛梁將蘭欽率兵應
接之必是漢中遂陷乾運亦入梁梁大同元年
除飄武將軍西益潼刺史尋轉信武將軍黎州
刺史太清末遷潼南梁三州刺史加鼓吹一部
及達奚武圍南鄭武陵王蕭紀遣乾運率兵援
之為武所敗紀時巳稱尊號以乾運威服巴渝
欲委方面之任乃拜車騎將軍十三州諸軍事
梁州刺史鎮潼州封萬春縣公邑四千戶時紀
與其兄湘東王繹爭帝遂連兵不息乾運兄子
略說乾運曰自侯景遘亂江左沸騰今大賊初

平生民離散理宜同心勠力為保國寧民今乃兄
弟親尋取敗之道也可謂朽木不雕世衰難佐
古人有言危邦不入亂邦不居又云見機而作不
俟終日今若適彼樂土送款關中必當功名兩
全貽慶於後乾運深然之乃令略將二千人鎮
禮迎接會太祖令乾運孫法洛及使來即宜盡
欲歸附關中但未有由耳若有使人牛伯友
閾閭又遣其婿樂廣鎮安州仍誠略等曰吾
等至略即夜送乾運乃令使令人李若等入關送

款太祖乃密賜乾運鐵券授使持節驃騎大將
軍開府儀同三司侍中梁州刺史安康郡公及
尉遲迥令開府侯呂陵始為前軍至劍南略即
退就樂廣謀欲翻城恐其軍任電等不同先
軹之然後出城見始始乃入據安州令廣略等
往報乾運乾運遂降迥因此進軍成都數旬
克之魏廢帝三年乾運至京師太祖嘉其忠款
禮遇隆渥尋卒於長安贈本官加直巴集三州
刺史尚書右僕射子端嗣朝廷以乾運歸附之

功即拜端梁州刺史車騎大將軍儀同三司略
亦以歸附功拜車騎大將軍儀同三司安州刺史封伯
討建德末位至開府儀同大將軍儀同三司頻從征
樂廣亦授車騎大將軍儀同三司安州刺史封
安康縣公邑二千戶
扶猛字宗略上甲黃土人也其種落號白獸蠻
世為渠率猛梁大同中以直後出為持節厲鋒
將軍青州刺史轉上庸新城二郡守南洛北司
二州刺史封宕渠縣男及侯景作亂猛乃擁眾

自守未有所從魏大統十七年大將軍王雄拓
定魏興猛率其眾據險為保時遣使徵通餉
饋而已魏廢帝元年魏興叛雄擊破之猛遂
以眾降太祖以其世據本鄉乃厚加撫納授軍
男割二郡為羅州以猛為刺史令率所部千人
騎大將軍儀同三司加散騎常侍復爵宕渠縣
從開府賀若敦南討信州敢令猛別道直趣
白帝所由之路人跡不通猛乃梯山捫葛備歷艱
阻雪深七尺糧運不繼猛獎勵士卒兼夜而行

遂至自帝城刺史向鎮侯列陣拒猛與戰破
之乘勝而進遂入白帝城撫慰民夷莫不悅附
蕪淼與官軍戰敗率舟師浮汪東下欲歸於
梁猛與敢等邀擊破之語在敦傳師還以劲進
開府儀同三司俄而信州蠻反猛復從賀若敦
州又從賀若敦赴救除武州刺史後隨敦自拔
臨江縣公又率水軍破礆時大子榮於汶陽進爵
討平之又率水軍破礆時大軍不利唯猛所部獨全
還復為羅州刺史保定三年轉綏州刺史從儬

公直援陳將華皎時大軍不利唯猛所部獨全
又從田弘破漢南諸蠻前後十餘戰每有功進
位大將軍後以疾卒
陽雄字元略上洛邑陽人也世為高家族祖斌上
庸太守父猛魏正光中萬侯醜奴作亂關右朝
廷以猛商洛首望乃擢為襄威將軍大谷鎮將
帶胡城令以禦醜奴及元顥入洛孝莊帝度
河沮陽王諧脫身投猛藏之及孝莊反正
由是知名俄而廣陵王恭偽痁疾復來歸猛

亦深相保護魏孝武即位甚嘉之授征虜將軍
行河北郡守柔轉安西將軍山郡中頻典二
郡頗有聲績及孝武西遷猛率所領移鎮潼關
封郃陽縣伯邑七百戶俄而潼關不守猛於善者
谷立柵收集義徒授征東將軍揚州刺史從征
督武衛將軍仍鎮善渚大統三年為寶泰所
襲猛脫身得免太祖以衆寡不敵弗之責也仍
龍兵千人守牛尾堡尋而太祖擒寶泰亦別
獲東魏弘農郡守淳于業後以疾卒贈華洛

揚三州刺史雄起家奉朝請累遷至都督直後
明威將軍楨射將軍從千謹攻盤豆柵復從李
遠經沙苑死陣並力戰有功封安平縣侯邑八百
戶加冠軍將軍中散大夫賞賜甚厚後並預有
戰河橋解玉壁圍迎高仲密授侯景並預有
戰功前後增邑四百五十戶世龍襄邑陽郡守從
大將軍守文虹攻剋上津遷通直散騎常侍大
都督進儀同三司陳將侯方兒潘純陁寇江陵
雄從于謹擊走之除洵州刺史俗雜賨渝

民多輕猾雄威惠相濟夷夏安之蠻帥文子
榮稱據荊州之汶陽郡又侵陷南郡之當陽臨
沮等數縣詔遣開府賀若敦潘招等討平之即
以地置平州以雄為刺史進爵王城縣公增
邑通前二千六百戶加驃騎大將軍開府儀同三司
時寇亂之後戶多逃散雄在所慰撫民並安輯
徵為載師中大夫遷西寧州總管以疾不拜除
通洛防主雄處邊場務在保境息民接待敵
必推誠伏信齊洛州刺史獨孤永業深相欽

尚移書稱美之入為京兆尹尋拜民部中大夫
進位大將軍俄轉中外府長史遷江陵總管四
州五防諸軍事改封曾陽縣公宣政元年卒於
鎮大象初追封曾陽郡公邑三千五百戶贈陳曹
苔朮四州刺史諡曰懷善附公能自謀身故
得任兼出內保金爵祿子長兒嗣官至儀同大
將軍
席固字子堅晉先安定人也高祖衡因後秦之
亂寓居於襄陽仕賈為建威將軍遂為襄陽

著姓固少有遠志內明敏而外質朴梁大同中
為齊興郡守屬侯景度江梁室大亂固久
居郡職士多附之遂有親兵千餘人梁元帝嗣
位江陵遷興州刺史於是軍民慕從者至五千
餘人固遂欲自據州以觀時變後懼王師進
討万圖內屬密謂其腹心曰今梁氏失政揚都
覆沒湘東不能復讎雪恥而骨肉相殘宇文
丞相荊啟霸基招攜以禮吾欲決意歸之與
卿等共圖富貴左右聞固言未有應者固更

諭以禍福諸人猒然後同之魏大統十五年以地來
附是時太祖方欲南取江陵西定蜀漢聞固之
至甚禮遇之乃遣使就拜使持節驃騎大將
軍開府儀同三司大都督侍中豐州刺史封新
豐縣公邑二千戶後轉湖州刺史固以未經朝
謁遂蒙榮授不自安啟求入觀太祖許之及
至長安太祖與之歡讌賞賜甚厚進爵靜安郡
公增邑并前三千三百戶尋拜昌歸憲三州諸
軍事昌州刺史固居家孝友為州里所稱莊

官之處頗有聲績保定四年卒於州時年六十
一贈大將軍襄豐唐郢復五州刺史謚曰蕭仍
敕襄州賜其墓田子世雅嗣世雅字彥文性方
正少以孝聞率初以固功授車騎大將軍儀同三
司除贊城郡守累遷開府儀同三司順直二州
刺史大象末位至上開府儀同大將軍
功授儀同三司後至上開府儀同大將軍
任果字靜鸞馬南安人也世為方隅豪族仕於江
左祖安東梁益州別駕新巴郡守閬中伯父襄

三十六　　十九　高文

龍驤將軍新巴南安廣漢三郡守沙州刺史新
巴縣公果性勇史志在立功魏廢帝元年率所
部來附太祖是年其遠至待以優禮果因面陳取
蜀之策太祖深納之乃授使持節車騎大將軍
儀同三司大都督散騎常侍沙州刺史南安縣
公邑二千戶及尉遲迥代蜀果時在京師乃遣
其弟伱及子悰從軍太祖以益州未下復令果
乘傳歸南安平鄉兵三千人從迥征蜀進授
驃騎大將軍開府儀同三司蕭紀遣趙拔扈

等率衆三萬求援成都果從大軍擊破之及成
都平除始州刺史在任末父果請入朝太祖許之
以其方隅首望早立忠節乃進爵安樂郡公賜
以鐵券聽世相傳襲并賜路車四馬及儀衛等
以光寵之尋為刺客所害時年五十六
史臣曰古人稱仁義豈有常蹈之則為君子背
之則為小人信矣泉企長自山谷素無月旦之
譽而臨難慷慨有人臣之節豈非蹈仁義之歟元
禮仲遵率導其志卒成功業庶乎克負荷矣
然而委質遂事爵位以保終始觀遷哲之對太
祖有尚義之辭乾運受任武陵班事人之道若
乃校長短比優劣故不可同年而語矣陽雄任
兼文武聲著中外抑亦志能之士乎
李遷哲楊乾運席固之徒屬方隅梗穰咸龥

　〔二十〕

列傳第三十六

〔三十〕

儒林

盧誕　盧光　沈重
樊深　熊安生　樂遜

令狐
德棻　周書四十五
等撰

自書契之興先哲可得而紀者莫不備乎經傳
若乃選君德於列辟觀遺烈於風聲帝皇墳典
堯舜王臣莫顯於文武是以聖人祖述其道華文於
六學憲章其教作範於百王自茲以降三微騷
遷五紀遞襲損益異術治亂殊塗秦承累世之
基任刑法而殄滅漢無尺土之業崇經術而長久
彫蟲是貴魏道所以凌夷玄風既興晉綱於焉
大壞考九流之殷最校四代之興襄正君臣明貴
賤美教化移風俗莫尚於儒故皇王必之致刑措
而反淳朴賢達以之鑠金石而彫竹素儒之時
義大矣哉自有魏道消海內版蕩棄之倫攸歎我
馬生郊先王之舊章住聖之遺訓掃地熏奕矣又
太祖受命雅好經術求闕文於三古得至理於

千載黙魏晉之制度復姬旦之茂典謀盧景宣學
通攀藝脩五禮之缺長孫紹遠才稱洽聞正樂
之壞由是朝章漸備學者向風世宗纂歷敦尚
學藝內有崇文之觀外重成均之職握素懷鉛
重席解頤之士閒出於朝廷冠方領執經負
笈之生著錄於京邑濟濟焉足以踰於向時矣
於是服袞晃乗碧輅陳文物備禮容清蹕而臨
太學祖割以食之奉觴以酳之斯固一世之盛事
泊高祖保定三年乃下詔尊太傅燕公為三老帝
也其後命輶軒而致王帛徵沈重於南荊及定
山東降至尊而勞萬乗待熊生以殊禮是以天
下慕嚮文教遠覃衣儒者之服挾先王之道
開竇舍延學徒者比肩勵從師之志守專門之
業辭親戚甘勤苦者成市雖遺風盛業不逮魏
晉之辰而風移俗變抑亦近代之美也其儒者
自有別傳及終於隋之中年者則不兼錄自餘
撰於此篇云

盧誕范陽涿人也本名恭祖曾祖晏博學善隸

書有名於世仕燕為給事黃門侍郎營丘成周
二郡守祖壽太子洗馬燕滅入魏為魯郡守父
叔仁年十八州辟主簿舉秀才除員外郎以親
老乃辭焉就養父母既殁哀毀六年躬營墳壠
遂有終焉之志魏景明中被徵入洛授威遠將
軍武貢中郎將非其好也尋除鎮遠將軍司馬又辭
散騎常侍並稱疾不朝乃出為幽州司馬又辭
歸鄉里當時咸稱其高尚焉誕幼而通亮博學
有詞彩郡辟功曹州舉秀才不行起家侍御史
累遷輔國將軍太中大夫幽州別駕比豫州都
督府長史時刺史高仲密以州歸朝朝廷遣大
將軍李遠率軍赴援誕與文武三千餘人奉候大
軍以功授鎮東將軍金紫光祿大夫封固安縣
伯邑五百戶尋加散騎侍郎拜給事黃門侍郎
魏帝詔曰經師易求人師難得朕諸兒稍長欲
令卿為師於是親幸晉王以下皆拜
之於帝前因賜名曰誕加征東將軍散騎常侍
太祖又以誕儒宗學府為當世所推乃拜國子

祭酒進車騎大將軍儀同三司魏恭帝二年除
祕書監後以秩卒
盧光字景仁小字伯范陽公辯之第也性溫謹
博覽羣書精於三禮善陰陽解鐘律又好玄
言孝昌初釋褐司空府參軍事稍遷明威將軍員
外侍郎及魏孝武西遷光於山東立義遙授大
都督晉州刺史安西將軍銀青光祿大夫大統
六年攜家西入大祖深禮之除丞相府記室參
軍賜爵范陽縣伯俄拜行臺郎中專掌書記十
年改封息縣伯邑五百戶遷行臺右丞出為
華州長史尋徵拜將作大匠魏廢帝元年加車
騎大將軍儀同三司除京兆郡守遷侍中六官
建授小匠師下大夫進授開府儀同三司師中
大夫進爵為侯增邑五百戶轉工部中大夫六
馬賀獻祥討吐谷渾以光為長史進爵燕郡公
武成二年詔光監營宗廟既成增邑四百戶出
為虞州刺史尋治涇州總管府長史重論討渾
之功增邑并前二千九百戶天和二年卒時年六

十二高祖少時嘗受業於光故贈賻有加恒典贈
少傅諡曰簡光性崇佛道至誠信敬嘗從太祖
狩於檀臺山時獵圍既合太祖遙指山上謂群公
等曰公等有所見不咸曰無所見光獨曰見一桑
門太祖曰是也即解圍而還令光於桑門立處造
浮圖掘基一丈得瓦鉢錫杖各一太祖稱歎因立
寺焉及為京兆郡守先是數有妖怪前後郡
將無敢居者光曰吉凶由人妖不妄作遂入居之
未幾光所乘馬忽升廳事登床南首而立又食
器無故自破光並不以介懷其精誠守正如此撰
道德經章句行於世子貢嗣大象中開府儀同
大將軍

沈重字德厚吳興武康人也性聰悟有異常童
弱歲而孤居喪合禮及長專心儒學從師不遠
千里遂博覽羣書尤明詩禮及左氏春秋梁
大通三年起家王國常侍梁武帝欲高置學官
以崇儒教中大通四年乃革選以重補國子助
教大同二年除五經博士梁元帝之在藩也甚

歎異之及即位乃遣主書何武迎重西上及江陵
平重乃留事梁主蕭詧除中書侍郎兼中書舍
人累遷員外散騎侍郎廷尉卿領江陵令還拜
通直散騎常侍都官尚書領羽林監警衛令重
於合歡殿講周禮高祖以重經明行脩迺遣宣
納上士柳裘至梁徵之仍致書曰皇帝問梁都官
尚書沈重觀夫八聖六君七情十義殊方所以會
軌異代所以混同書曰皇典午情十義殊方所以會
之盛致及圭月緗起焰素篆從風文逐世踈義隨

運斯大禮存於壬帛之間至樂形於鐘鼓之外
雖分蛇聚緯郁郁之辭蓋闕當塗午柳柳之
百無聞有周開基爰跡聖哲拯奢生之已淪補
文物之將墜大啓皇圖俗偃人紀咸理朕寅奉神器
恭惟寶闕常思復禮殷周之年遷化唐虞之世
懼三千尚乖於治俗九變未叶於移風欲定畫
一文思杜二家之說知卿學冠儒宗行標士則
卜寶復潤於荊陰隨昭然更明於汲浦是用緅綵
增勞贈藝軫念爰致束帛之聘命翹車之招所

望鳳舉鴻翻俄而萃止明斯隱滯合彼異同上庠
弗墜於微言中經罔關於逸義近取無獨善之
護遠應有兼濟之美可不盛歟昔申濟鮐背方
辭東國公孫黃髮始造西京遂使道為藝云基功
參治本全者一徵涼兼其二若居形聲而去影響
尚迷邦而忘觀國非所謂也又勅襄州總管衛
公直敦喻遣之在途供給務從優厚保定末重
至于京師詔令討論五經并校定鐘律天和中復
於紫極殿講三教義朝士儒生桑門道士至者二

七

千餘人重辭義優洽樞機明辯凡所解釋咸為
諸儒所推六年授驃騎大將軍開府儀同三司
露門博士仍於露門館為皇太子講論建德末
重自以入朝既久且年過時制表請還梁朝舊優
詔荅之日開府漢南杞梓每軫虛衿江東竹箭丞
波延首故束帛聘申蒲輪徵伏加以梁朝舊齒
結綬三世沐浴榮光祇承寵渥不忘戀本深足
嘉尚而楚材晉用豈無先哲方事求賢義班來
蕭重固請乃許焉遣小司門上士楊注送之梁

主蕭歸拜重散騎常侍太常卿大象二年來朝
京師開皇三年六月八十四隋文帝遣舍人蕭
子寶祭以少牢贈使持卸上開府儀同三司許
州刺史重卒業該博為當世儒宗所撰述咸得其指
緯道經釋典靡不綜及多所撰述咸得其指
要其行於世者周禮義三十卷儀禮義三十五
卷禮記義三十卷毛詩義二十八卷喪服經義
五卷周禮音一卷儀禮音一卷禮記音二卷毛

詩音二卷

八

樊深字文深河東猗氏人也早喪母事繼母其
謹弱冠好學負書從師於三河講習五經晝夜
不倦魏永安中隨軍征討以功除蕩寇將軍東
遷伏波征虜將軍中散大夫嘗讀書見吾丘子
遂歸侍養魏孝武西遷樊王二姓舉義為東魏
所誅深父保周叔歡並被害深因避難墜
崖傷足絕食再宿於後遇得餅餌欲食之然
念繼母年老患痺或免虜掠乃弗食從中齎當
尋母偶得相見因以饋母還復遁去改易姓名

游學於汾晉又聞天文及算曆之術後爲人
所告囚送河東屬魏將韓軌長史張曜重其儒
學延至家因是更得逃隱太祖平河東贈保
周南郢州刺史深歸周儀同三司深歸葬其父貟
子孫除撫軍將軍銀青光祿大夫遷開府屬轉從
土成墳尋而千謹引爲其府參軍令在館教授
事中郎謹拜司空以深爲諮議大統十五年行
下邽縣事太祖置學東館教諸將子弟以深爲

博士深經學通贍每解書常多引漢魏以來

九

諸家義而說之故後生聽其言者不能曉悟皆
背而譏之曰樊生講書多門戶不可解然儒者
推其博物性好學老而不息朝暮還往常據鞍
讀書至馬驚隆地損折支體終亦不改除國
子博士加賜姓萬紐于氏六官建拜太學助教遷
伯中大夫加車騎大將軍儀同三司建德元年表乞骸
旣詔許之朝廷每有疑議常召問焉後以疾卒深
既專經又讀諸史及蒼雅篆籀陰陽卜筮之書

學雖博贍訥於辭辯故不爲當時所稱撰孝
經喪服問疑各一卷撰七經異同說三卷義經略
論并月錄三十一卷並行於世
熊安生字植之長樂阜城人也少好學勵精不
倦初從陳達受三傳又從房虬受周禮並通大
義後事徐遵明服膺歷年東魏天平中受禮
於李寶鼎遂博通五經然專以三禮教授弟
子自遠方至者千餘人乃討論圖緯捃摭異聞
先儒所未悟者皆發明之齊河清中陽休之特

十

奏爲國子博士時朝廷旣行周禮公卿以下多
習其業有宿疑碩滯者數十條皆莫能詳辯
天和三年齊請通好兵部尹公正使焉與齊人
語及周禮齊人不能對乃令安生至賓館與公
正言公正有口辯安生語所未至者便撮機要而
驟問之安生曰禮義弘深自有條貫必欲昇堂
觀奧寧可汩其先後安生曰但能留意當爲次第陳之
公正於是具問所疑安生皆爲演說咸究其
根本公正深嗟服還具言之於高祖高祖大欽

遲之又高祖入鄴安生遠令掃門家人怪而問
之安生曰周帝重道尊儒必將見我矣俄而高
祖幸其第韶不聽拜親執其手引與同坐謂之
曰朕未能去兵以此為愧安生曰黃帝尚有阪
泉之戰況朕家行天罰乎高祖又曰齊氏賦
役繁興竭民財力朕救焚拯溺思革其弊欲以
府庫及三臺雜物散之百姓公以為何如安生
曰昔武王克商散鹿臺之財發鉅橋之粟陛下
韶異代同美高祖又曰朕何如武王安生曰武王伐
紂縣首白旗陛下平齊兵不血刃愚謂聖略為
優高祖大悅賜帛三百匹米三百石宅一區并賜
象笏及九環金帶自餘什物稱是又韶所司給
安車駟馬隨駕入朝弁勅所在供給至京勅令
主下大夫其時年已八十餘尋致仕卒於家安生
於大乘佛寺參議五禮宣政元年拜路門學博
既學為儒宗當時受其業擅名於後者皆其
門人焉所撰周禮義疏二十卷禮記義疏四十
榮伯張黑奴竇士榮孔籠劉焯劉炫等皆其

卷孝經義疏一卷並行於世
樂遜字邊賢河東猗氏人也年在幼童便有成
人之操弱冠為郡主簿魏正光中聞碩儒徐遵
明領徒趙魏乃就學孝經喪服論語詩書禮
易左氏春秋大義尋而山東冠亂學者散逸
遜於擾攘之中猶志道不倦永安中釋褐安西
府長流參軍大統七年除子都督九年太尉李
弼請遜教授諸子既而太祖盛選賢良授以守令
相府戶曹郴敏行臺即中盧光河東郡丞辛
蔡相繼舉遜稱有牧民之才弼請留不遣十六
年加授建忠將軍左中郎將遷輔國將軍中散
大夫都督歷弼府西閤祭酒功曹諸議參軍魏
廢帝二年太祖召遜教授諸子在館六年與諸
儒分授經業遜講孝經論語毛詩及服廢所
注春秋左氏傳魏恭帝二年授太學助教孝閔
帝踐祚以遜有理務村除秋官府上士甚年治
太學博士轉治小師氏下大夫自諸王侯以下並
東脩行弟子之禮遜以經術教授甚有訓導之

方及衛公直鎮蒲州以遜爲直府主簿加車騎
將軍左光祿大夫武成元年六月以霖雨經時詔
百官上封事遜陳時宜二十四條其五條切於政
要其一崇治方曰竊惟今之在官者多求清身
克濟不至惠民愛物何者比來守令年期既促
歲責有成復然蓋謂猛濟爲賢未甚優養此政既
弛慢是以周失舒緩秦敗急酷民非赤子當以
赤子遇之宜在舒疾得衷不使勞擾頃承魏
之衰政人習通違先王朝憲備行民咸識法但
可宣風正俗納民軌訓而已自非軍旅之中何
用過爲迫切至於治事由德教漸以成
之非在倉卒竊謂姬周盛德治與文武政穆
成康自斯厥後不能無事昔申侯將奔楚子海
之曰無適小國言以政狹法峻將不汝容敬仲入
齊稱曰幸若獲宥及於寬政欲聞東諸州淪陷
日久人在塗炭當慕息肩若不布政優優聞
諸境外將何以使彼勞民歸就樂土其三省造

作曰頃者魏都洛陽一時殷盛貴勢之家各營
第宅車服器玩皆尚奢靡世遂孚競人習澆薄
終使禍亂交興天下喪敗比來朝貢器服稍華
百工造作務盡奇巧臣誠恐物逐好後有損政
心傳稱宮室崇俊民力彫斃漢景有云黃金珠
王饑不可食寒不可衣彫文刻鏤傷農事者也
俗如此等事頗宜禁省記言無作淫巧以蕩上
錦繡纂組害女功者也以二者爲饑寒之本源
矣然國家非爲軍戎器用時事要須而造者
皆徒費功力捐國害民未如廣勸農桑以衣食爲
務使國儲豐積大功易舉其三明選舉曰選曹
嘗錄勳賢補擬官爵必宜與衆共之有明揚之
授使人得盡心如覩曰其材有外降共功有厚
薄祿秩所加無容不審即如州郡選置猶集鄉
閭況天下選曹不取物望若　方州郡自可內
除此外付曹銓者既非機事何足可密人生劇
世以榮祿爲重修身履行以篡身爲名然逢時
既難失時爲易其選置之日宜令衆心明白然

後皇奏使功勤見知品物稱悅其四重戰伐曰

魏祚終天聽在德而高洋稱僭先迷未敗擁

道出東事切肘腋譬猶慕剋相持爭行先後若

一行非當或成彼利誠捨小營大先保封域

不宜貪利在邊輕為興動捷則勞兵大分守敗則

所損已多國家雖疆洋不受弱詩云德則不競何

憚於病唯德可以庇民非恃疆也夫力均勢敵則

進德者勝君子道長則小人道消故昔之善戰

者先為不可勝以待敵之可勝彼行暴戾我則

覽仁彼為刻薄我必惠化使德澤滂流人思有

道然後觀釁而作可以集事其五禁奢侈曰按

禮人有貴賤物有等差使用之有節品類之有

度馬后為天下母而身服大練所以勵俗也比來

孫相三君矢家無衣帛之妾所以率下也季

富室之家為意稍廣無不資裝婢隸作車後

容儀服飾華美眩曜衒行仍使行者輒足路人

傾蓋論其輸力公家未若介曹之士然其坐受

優賞自輸攻戰之人縱令不惜功費豈不有觳

厭德必有儲蓄思之餘軌與務愶軍士魯莊公有

云衣食所安不敢愛也必以分人詩言豈曰無衣

與子同袍皆所以取人力也又陳事上議之徒

亦應不少當有上徹而未聞是非陛下雖

念存物議欲盡天下之情而天下之情猶為未

盡何者取人受言在顯用若納而不顯是乎

用則言之者或寡矣保定二年以訓道有方頻

加賞賜遷遂伯中大夫授驃騎將軍大都督四

年進車騎大將軍儀同三司五年詔魯公與畢

公賢等俱以束脩之禮同受業焉天和元年歧

州刺史陳公純舉逖為賢良五年逖以年在懸

車上表致仕優詔不許於是賜以粟帛及錢等

授湖州刺史封安邑縣子邑四百戶民多蠻左

未習儒風逖勸勵生徒加以課試數年之間化

洽州境蠻左生子長大多與父母別居逖每加

勸導多革前敝尤在任數載頻被襃錫秩滿還

朝拜皇太子諫議復在露門教授皇子增邑一

百戶宣政元年進位上儀同大將軍大象初進

爵崇業郡公增邑通前二千戶又爲露門博士
二年進位開府儀同三司大將軍出爲汾陰郡
守遂以老病固辭認許之乃改授東揚州刺史
仍賜安車衣服及奴婢等又於本郡賜田十頃
儒者以爲榮隋開皇元年卒於家年八十二贈
左氏春秋序論十餘篇又著春秋序義通賈服
爲人之先學者以此稱之所著孝經論語毛詩
身以忠信爲本不自矜尚每在衆中言論未嘗
本官加蒲陝二州刺史遜性柔謹寡於交遊立

說發杜氏達辭理並可觀
史臣曰前世通六藝之士莫不兼達政術故云
拾青紫如地芥近代之儒多暗於時務故
有貧且賤之恥雖通塞有命而大抵皆然嘗論
之曰夫金之質也至剛鑄之可以成惡水之性也
柔弱壅之可以壞山況乎肖天地之貌含五常
之德朱藍易染薰蕕可變固以隨鄉俗而好
長綏化齊風而貴紫服若乃進趣於高中庸之
常情高秋厚禮上智之所欲是以兩漢之朝重

經術而輕法令其聰明特達者咸勵精於專門
以通賢之質挾輔藻之美大則至公卿小則
不失守令近代之政先法令而後經術其沉默
孤微者亦篤志於章句以先王之道飾腐儒之
姿達則不過侍講訓胄窮則終於弊衣簞食由
斯言之非兩漢棟梁之所育近代薪樗之所產
哉蓋好尚之道殊邁通之時異也史臣每聞故
老稱沈重所學非止六經而已至於天官律曆
陰陽緯候流略所載釋老之典靡不悉綜窮其
幽賾故能馳聲海內爲一代儒宗雖前世徐廣
何承天之儔不足過也

列傳第三十七　　周書四十五

孝義

　李棠　　　令狐　德棻　等撰

　柳檜

　杜叔毗

　荊可

　秦族

　皇甫遐

　張元　　　　　　　一

夫塞天地而橫四海者其唯孝乎奉大功而
立顯名者其唯義乎何則孝始事親惟后資
於致治義在合宜惟人賴以成德上智稟自
然之性中庸有企及之美其大也則隆家光國盛
烈與河海爭流授命滅親峻節與竹栢俱茂
其小也則溫枕扇席無替於晨昏損已利物
有助於名教是以堯舜湯武居帝王之位垂
至德以敦其風孔墨荀孟稟聖賢之資弘

正道以勵其俗觀其甲在此而已矣然而淳源
既往澆風愈扇禮義不樹廉讓莫脩若乃出忠
入孝列鐘鼎節於朝廷之間非一族也其出忠
銀黃列鐘鼎節於朝廷之間非一族也其出忠
入孝輕生蹈節者則蓋寡焉積龜貝實倉廩
居於閭巷之內非一家也其悅禮敦詩守死善
道者則又鮮焉斯固仁人君子所以興歎哲后
賢宰所宜屬心如令明敎化以救其弊優爵
賞以勸其善布懇誠以誘其進積歲月以求
其終則今之所謂少者可以為多矣古之所謂
為難者可以為易矣故博採異聞網羅遺
逸錄其可以垂範方來者為孝義篇云

李棠字長卿勃海蓚人也祖伯貴魏宣武
時官至魯郡守有孝行居父喪哀感過禮
遂以毀卒宣武嘉之贈勃海相父元曹貟外
散騎侍郎棠幼孤好學有志操年十七屬爾
朱之亂與司空高乾兄弟舉兵信都魏中
興初辟衞軍府功曹參軍太昌中以軍功除征
虜將軍行東萊郡事魏孝武西遷棠時在

四北逐仕東魏及高仲密為北豫州刺史請棠
為掾先是仲密與吏部郎中崔遙有隙遙時
被舉文襄又遣任仲密恐其搆巳每不自安將圖
來附時東魏又遣鎮城奚壽興典兵事仲密
但知民務而巳旣至州遙與棠執壽興以成其
計仲密乃置酒延壽興陰伏壯士欲因此執之壽
興辭而不赴棠遂往見之曰君與高公義符昆
季今日之席以公為首豈有賓客總萃而公
無事不行將恐遠近聞之竊有疑怪壽興遂與

三百二 ▮周書列傳三十八　三

俱赴便簽伏執之乃帥其士衆據城遣棠詣闕
歸欵太祖嘉之拜棠衛將軍右光祿大夫封廣
宗縣公邑二千戶棠固辭曰臣世荷朝恩義當奉
國而往者見拘逆命不獲陪駕西巡今日之來
免罪為幸何敢以此微庸冒受天爵如此者再
三優詔不許俄還給事黃門侍郎加車騎大將
軍儀同三司散騎常侍魏廢帝二年從魏安公
尉遲迥代蜀蜀人余即降棠乃應募先使諭之旣
入成都蕭撝問迥軍中委曲棠不對撝乃苦

答辱之其實棠曰爾亡國餘燼不識安
危奉命諭爾及見蹭頓我主者忠臣有死而巳
義不為爾效志也撝不能得其要指遂害之
子敞嗣

柳檜字季華秘書監虬之次弟也性綱簡往
氣少文善騎射果於斷決年十八起家奉朝請
居父喪毀瘠骨立服闋除陽城郡丞防城都督
大統四年從太祖戰於河橋先登有功授都督
鄯州八年拜湟河郡守仍典軍事尋加平東將

三百十 ▮周書列傳三十八　四

軍太中大夫吐谷渾入冠郡境時檜兵少人懷
憂懼檜撫而勉之衆心乃安因率數十人先擊
之潰亂餘衆乘之遂大敗而走以功封萬年縣
子邑三百戶時吐谷渾強盛數侵疆場自檜鎮
鄯州屢戰必破之數年之後不敢為冠十四年
遷河州別駕轉帥都督俄拜使持節撫軍
將軍大都督居三載徵還京師時檜兄虬為
祕書丞弟慶為尚書左丞檜嘗謂兄弟曰兄為
則職典簡牘襄贊人倫弟則管轄群司股肱

朝廷可謂榮寵矣然而四方未靜車書不一檜
唯當冢矢石履危難以報國恩耳頊之太祖謂
檜曰卿昔在鄎州忠勇顯著今西境肅清無勞
經略九曲國之東鄙當勞之遂令檜鎮九曲
尋從大將軍王雄討上津魏興平之即除魏興
華陽二郡守安康人黃衆寶謀反連結黨與
府圍州城乃相謂曰常聞柳府君勇悍其鋒不
可當今既在外方為吾徒腹心之疾也不如先
擊之遂圍檜郡城甲下士衆寡弱又無守

周書列傳三十八　五　吳

禦之備連戰積十餘日士卒僅有存者於是
力屈城陷身被十數瘡遂為賊所獲餓而衆寶
等進圍東梁州乃縛檜置城下欲令檜誘說城
中檜乃大呼曰羣賊烏合粮食已罄行即退散
各宜勉之衆寶大怒乃臨檜以兵速更汝解
不爾便就戮矣檜守節不變遂害之棄屍水
中城中人皆為之流涕衆寶解圍之後檜兄子
止戈方收檜屍還長安贈東梁州刺史子斌嗣
斌字伯達年十七齊公憲召為記室早卒斌

弟雄亮字信誠幼有志節好學不倦年十二
遭父艱幾至滅性終喪之後志在復讎柱國
蔡國公廣欽其名行引為記室參軍年始弱
冠府中文筆顧亦委之後竟手刃衆寶於京城
朝野咸重其志節高祖特恕之由是知名大象
末位至膚部下大夫
杜叔毗字子弼其先京兆杜陵人也徙居襄陽祖
乾光齊司徒右長史父漸梁邊城太守叔毗早
歲而孤事母以孝聞性慷慨有志節勵精好學

周書列傳三十八　六

尤善左氏春秋仕梁為宜豐侯蕭循府中直
兵參軍大統十七年太祖令大將軍達奚武經
略漢州明年武圍循於南鄭循令叔毗詣闕請和
太祖見而禮之使未反而循中直兵參軍曹策
參軍劉曉謀以城降武時叔毗兄君錫為循中
記室參軍從子映錄事參軍映弟晰中直兵
參軍並有文武材略各領部曲數百人策等
忌之懼不同己遂譖以謀叛擅加害焉循尋討
策等擒之斬曉而免策及循降策至長安叔

毗朝夕號泣具申寃狀朝議以事在歸附之前
不可追罪叔毗內懷憤惋志在復讎然恐違朝
憲坐又其母遂沈吟積時每知其音謂叔毗曰
汝兄橫罹禍酷痛切骨髓若吾知其意早夕以
殁亦所甘心汝何疑焉於京城斷首刺腹解其
支體然後面縛請就戮焉太祖嘉其志氣特
勵後遂白日手刀策受母言愈更感
命赦之尋拜都督輔國將軍中散大夫遭母憂
哀毀骨立殆不勝喪服闋晉公護辟為中外府

樂曹參軍加授大都督遷使持節車騎大將
軍儀同三司行義歸郡守自君錫及宗室等
為曹策所害猶殯梁州至是表請迎喪歸塋
高祖許之葬事所須詔令官給在梁舊田宅經
外配者並追還之仍賜田二百頃尋除硤州刺史
天和二年從衛國公直南討軍敗為陳人所擒陳
人將降之叔毗辭色不挑遂被害子廉卿
荊可河東猗氏人也性質朴容止有異於人能苦
身勤力供養其母隨時甘旨終無闕之及母

喪水漿不入口三日悲號擗踊絕而復蘇者數
載葬母之後遂廬於墓側晝夜悲哭負土成
墳蓬髮不櫛沐菜食飲水而已然可家舊墓
塋域極大榛蕪至深去家十餘里而可獨宿其中
與禽獸雜處哀感發中大統令州縣
可孝行之至足以勸勵風俗乃上言焉太祖令鄉人
表異之及服終之後猶若居喪大冢宰晉公護
聞可孝行特引見焉與可言論時有會於護
意而護亦至孝其母閻氏没於敵境不測存亡

見可自傷父乘膝下重可至性及卒之後護猶
思其純孝收可妻子於京城恒給其衣食
秦族上郡洛川人也祖白父蕹並有至性聞於閭
里魏太和中板曰穎州刺史大統中板蕹廊城郡
守族性至孝事親竭力為鄉里所稱及其父喪
哀毀過禮每一慟哭酸感行路既以母在恒抑割
哀情以慰其母意四時珍羞未嘗闕之羹弟榮
先復相友愛閨門之中怡怡如也尋而其母又没
哭泣無時唯飲水食菜而已終喪之後猶蔬食

不入房室三十許年鄉里咸歎異之其邑人王元遜
等七十餘人其狀有詔表其門閭榮先亦至孝行世
遭母喪哀慕不已遂以毀卒邑里化先既表其孝行世
宗嘉之乃下詔曰孝為政本德乃化先既表天經
迄乎滅性行標當世理鏡幽明此而不顯道將何
又明地義榮先居喪致疾至感過人窮號不反
述可贈滄州刺史以旌厥異

皇甫遐字永覽河東汾陰人也累世寒微而鄉
里稱其和睦遐性純至少喪父事母以孝聞保定
末又遭母喪乃廬於墓側負土為墳後於墓南
作一禪窟陰兩則穿窟晴霽則營墓晝夕勤
力未嘗暫停積以歲年墳高數丈周回五十
餘步禪窟重臺兩匝一總成十有二室中間行道可
容百人遐食粥枕凷櫛風沐雨形容枯顇家人不
識當其營墓之初乃有鴟烏各一徘徊悲鳴其至
離墓側若助遐者經月餘日乃去遠近聞其至
孝競以米麵遺之遐皆受而不食悉以營佛齋
焉郡縣表上其狀有詔旌異之

張元字孝始河北芮城人也祖成假平陽郡守父
延儁仕州郡累為功曹主簿立以純至為鄉里
所推元性謙謹有孝行微涉經史然精修釋典
年六歲其祖以夏中熱甚欲將元就井浴元固
不肯從祖謂其貪戲乃杖擊其頭曰汝何
為不肯洗浴元對曰衣以蓋形為覆其褻元
不能褻露其體於白日之下祖異而捨之南隣
有二杏樹杏熟多落元園中諸小兒競取而食之
元所得者送還其主村陌有狗子為人所棄者
元見即收而養之其叔父怒曰何用此為將欲
棄之元對曰有生之類莫不重其性命若天生
天殺自然之理今為人所棄而死非其道也若見
而不收養無仁心也是以收而養之其叔父感其言
遂許焉未幾有狗母銜一死兔置元前而去及
元年十六其祖喪明三年元恒憂泣晝夜讀佛經
禮拜以祈福祐後讀藥師經見盲者得視之言
遂請七僧然七燈七日七夜轉藥師經行道每言
天人師乎元為孫不孝使祖喪明今以燈光普施

法界顧祖目見明元求代闇如此經七日其夜夢
見老公以金鎞治其祖目謂元曰勿憂悲也三日
之後汝祖目必差元於夢中喜躍遽即驚覺乃
遍告家人居三日祖果目明其後祖臥疾再周元
怡隨祖所食多少衣冠不解旦夕扶侍及祖沒號
踴絕而後蘇復喪其父水漿不入口三日鄉里咸歎
異之縣博士楊軌等二百餘人上其狀有詔表其
門閭

史臣曰李棠柳檜並臨危不撓視死如歸其壯志

▲周書列傳三十八　　十一州

貞情可與青松白玉比質也然檜思隆加等棠禮
闕飾終有周之政於是乎偏矣雄亮銜戴天之
痛叔毗切同氣之悲援白刃而不顧雪家冤於藝
穀觀其志節勳死固為易也荊可秦族之徒生
自隴齓曾無師資之訓因心而成孝友秉理而蹈
禮節如使舉世若茲則義敎農何遠之有若乃誠
感天地孝通神明見之於張元矣

藝術

冀儁
蔣昇
姚僧垣　子最
黎景熙
趙文深
褚該

令狐　德棻　等撰

▲周書列傳三十九

太祖受命之始屬天下分崩于時戎馬交馳而
學術之士蓋寡故曲藝末技咸見引納至若冀
儁蔣昇趙文深之徒雖才愧昔人而名著當世
及尅定鄴郢後異畢集樂雅蕭吉以陰陽顯
庾季才以天官稱史元華相術擅奇許奭姚僧
垣方藥特妙斯皆一時之美也茂雅元華許奭
史失其傳李才蕭吉官成於隋自餘紀於此
篇以備遺顧云爾

冀儁字僧儁太原陽邑人也性沉謹善隸書特

一

工模寫魏太昌初爲賀拔岳墨曹參軍及岳被
害太祖引之爲記室時侯莫陳悅阻兵隴右太
祖志在平之乃令儁僞爲魏帝勅書與賞
頭令將兵助太祖討悅儁依舊勅摸寫及代
舍人主書等署與眞無異太祖大悅儁頭已
曾得魏帝勅書及見此勅不以爲疑遂遣步騎
一千受太祖節度大統初除弘農戰沙苑進爵
封長安縣男邑二百戶從復弘農戰沙苑進爵
爲子出爲華州中正十三年遷襄樂郡守尋

▲周書列傳三十九

徵敕世宗及宋獻公等隸書時俗入書學者亦
行束脩之禮謂之謝章儁以書字所興起自
蒼頡若同常俗未爲合禮遂啓太祖釋奠蒼頡
及先聖先師除黃門侍郎本州大中正累遷
撫軍將軍右金紫光祿大夫都督通直散騎常
侍車騎大將軍儀同三司世宗二年以本官爲大
使巡歷州郡察風俗理冤滯還拜小御正尋出
爲湖州刺史性靜退每以清約自處前後所歷
頗有聲稱尋加驃騎大將軍開府儀同三司改

二

封昌樂縣伯又進爵爲侯增邑并前一千六百
戶後以疾卒

蔣昇字鳳起楚國平河人也父雋魏南平王
府從事中郎趙興郡守昇性恬靜少好天文玄
象之學太祖雅信待之常侍左右以備顧問
大統三年東魏將竇泰入寇濟自風陵頻軍
潼關太祖出師馬牧澤時西南有黃紫氣抱
日從未酉太祖謂昇曰此何祥也昇曰西南未地
主上土王四季秦之分也今大軍既出喜氣下

周書列傳三十九　三

臨必有大慶於是進軍與竇泰戰擒之自後
遂降河東赳弘農破沙苑由此愈被親禮九年
高仲密以北豫州來附太祖欲遣兵援之又以
問昇昇對曰春王在東樊惑又在井鬼之分行
軍非便太祖不從軍遂東行至邙山不利而還太師
賀拔勝怒召太祖曰將昇罪合萬死太祖固
諫云出師不利此敗也孤自取之非昇過也魏恭
帝元年以前後功授車騎大將軍儀同三司封
高城縣子邑五百戶保定二年增邑三百戶除河東郡

守尋入爲太史中大夫以老請致仕詔許之加定
州刺史卒於家

姚僧垣字法衛吳興武康人吳太常信之八世孫
也曾祖郢宋員外散騎常侍五城侯父菩提
梁高平令嘗嬰疾歷年乃留心醫藥梁武帝性
又好之每召菩提討論方術言多會意由是頗
禮之僧垣幼通洽居喪盡禮年二十四即傳家
業梁武帝召入禁中面加討試僧垣酬對無滯梁
武帝甚奇之大通六年解褐臨川嗣王國左常侍

周書列傳三十九　四

大同五年除驃騎廬陵王府田曹參軍九年還
領殿中醫師時武陵王所生葛脩華宿患時
方術莫効梁武帝乃令僧垣視之還具說其狀
并記增損時候梁武帝歡曰卿用意綿密乃至
於此以此候疾何疾可逃朕常以前代名人多好
此術是以每留情頗識治體今聞鄉說益開人
意十一年轉領大醫正加文德主帥直閤將軍梁武帝
嘗因發熱欲服大黃僧垣曰大黃乃是快藥然
至尊年高不宜輕用帝弗從遂至危篤梁簡

文帝在東宮甚禮之四時伏臘每有賞賜太清
元年轉鎮西湘東王府中記室參軍僧垣以好文
史不留意於章句時商畧今古則爲學者所
稱及侯景圍建業僧垣乃棄妻子赴難梁武
帝嘉之授戎昭將軍湘東王府記室參軍及宮
城陷百官逃散僧垣假道歸至吳興謁郡守張
嶸嶸見僧垣流涕曰吾過荷朝恩今報之以死
君是邦大族又朝廷舊臣今日得君吾事辨
矣俄而景兵大至攻戰累日郡城遂陷僧垣竄

周書列傳三十九　五　辛之

避久之乃被拘執景將侯子鑒素聞其名深相
器遇因此獲免及梁簡文嗣位僧垣還建業以
本官兼中書舍人子鑒尋鎮廣陵僧垣又隨至
江北梁元帝平侯景名僧垣赴荊州改授晉
安王府諮議其時難尤大亂而佳用非才朝
政混淆無復綱紀僧垣每深憂之謂故人曰吾
觀此形勢禍敗不久今時上策莫若近關聞者
皆掩口竊笑梁元帝嘗有心腹疾乃召諸醫議
治療之方咸謂至尊至貴不可輕脫宜用平

藥可漸宣通僧垣曰脈洪而實此有宿食非用
大黃必無差理梁元帝從之進湯訖果下宿食
因而疾愈梁元帝大喜時初鑄錢一當十乃賜
錢十萬實百萬也及大軍赴荊州僧垣猶侍梁
元帝不離左右爲軍人所止方泣涕而去尋爲燕
公于謹所召大相禮接太祖又遣使馳驛徵僧
垣謹故留不遣謂使人曰吾年時衰暮疹疾
嬰沉今得此人望與之偕老太祖以謹勳德隆

周書列傳三十九　六　丘

重乃止焉明年隨謹至長安武成元年授小畿
伯下大夫金州刺史伊妻穆以疾還京請僧垣
省疾乃去自腰至臍似有三縛兩腳縱縱不復自
持僧垣爲診脈湯三劑初服一劑上縛即
解次服一劑中縛復解又服一劑三縛悉除而兩
腳疼痺猶自攣弱更爲合散一劑稍得屈申
僧垣曰終待霜降此患當愈及至九月遂能起
行大將軍襄樂公賀蘭隆先有氣疾加以
水腫喘息奔急坐臥不安或有勸其服決命

大散者其家疑未能決乃問僧垣僧垣曰意謂此
患不與大散相當若欲自服不煩賜問因而委去
其子謁勤拜請曰多時抑屈今日始來竟不可治
意實未盡為僧垣知其可差即為處方勸使急服
便即氣通更服一劑諸患悉愈天和元年加授車
騎大將軍儀同三司大將軍樂平公竇集暴感風
疾精神瞀亂無所覺知諸醫診先視者皆云不
可救僧垣後至曰困則困矣終當不死若專以見
付相為治之其家忻然請受方術僧垣為合湯

而不廢朝謁燕公謹當問僧垣曰樂平永世俱
有痼疾若僕意永世差輕對曰天患有深淺
時有斛斯樂平雖困終當保全永世雖輕必不免
死謹曰君言必死當在何時對曰不出四月果如其
言謹歎異之六年遷逐伯中大夫建德三年文宣太
后寢疾醫酉巫雜說各有異同高祖御內殿引僧垣
同坐曰太后患勢不輕諸醫並云無慮朕父子之情
可以意得君臣之義言已在無隱公為何如對曰臣

無聽聲視色之妙特以經事已多進之常人竊以
憂懼帝泣公既米之矣知復何言尋而太后崩年
其後復因召見帝問僧垣曰姚公為儀同幾年
對曰臣忝荷朝恩於茲九載帝曰勤勞有日朝
命宜隆乃授驃騎大將軍開府儀同三司又勅
曰公年過縣車可停朝謁若非別勅不勞入見
四年高祖親戎東討至河陰遇疾口不能言瞼
垂覆目不復瞻視一足短縮又不得行僧垣以為
諸藏俱病不可並治軍中之要莫先於語乃處方

進藥帝遂得言次及治目目疾便愈末乃治足足
疾亦瘳比至華州帝已瘳復即除華州刺史仍詔
隨入京不令在鎮宣政元年表請致仕優詔許之
是歲高祖行幸雲陽遂寢疾乃召僧垣赴行
在所內史柳昇私問曰至尊貶膳日久脉候何如對
曰天子上應天心或當非愚所及若凡庶如此萬無
至尋而帝崩宣帝初在東宮常苦心痛乃令僧
垣治之其疾即愈帝甚悅及即位恩禮彌隆常從
容謂僧垣曰常聞先帝呼公為姚公有之乎對曰

臣曲荷殊私實如聖旨帝曰此是尚齒之辭非
為貴爵之號朕當為公建國開家為子孫永
業乃封長壽縣公邑二千戶冊命之日又賜
以金帶及衣服等大象二年除太醫下大夫帝尋賜
有疾至于大漸僧垣宿直侍帝謂隨公曰今日
性命唯委此人僧垣知帝訴候危殆必不全濟乃
對曰臣荷恩既重思在效力但恐庸短不逮敢
不盡心帝頷之及靜帝嗣位遷上開府儀同大
將軍隋開皇初進爵北絳郡公三年卒時年八十

■ 周書列傳三十九　　九　　文

遺誡衣白帢入棺朝服勿斂靈上唯置香爐
每日設清水而已贈本官加荊湖二州刺史僧垣
醫術高妙為當世所推前後效驗不可勝紀聲
譽既盛遠聞邊服至於諸蕃外域咸請託
之僧垣乃搜採奇異參校徵効者為集驗方十
二卷又撰行記三卷行於世長子察在江南
次子最字士會幼而聰敏及長博通經史尤好
著述年十九隨僧垣入關世宗盛聚學徒校書於
麟趾殿最亦預為學士俄授齊王憲府水曹

參軍掌記室事特為憲所禮接賞賜隆厚宣帝
嗣位憲以嫌疑被誅隋文帝作相追復官爵最
以陪遊積歲恩顧過隆乃錄憲功績為傳送上史
寓最幼在江左迄于入關未習醫術天和中齊王
憲奏高祖遣最習之憲又謂最曰爾博學高才
何如王褒庾信王褒庾名重兩國吾視之蔑如接待
資給非爾家比也爾宜深識此意勿不存心且天
子有敕須勉勵取於是始受家業十許年中
略盡其妙每有人造請効驗甚多隋文帝踐極
除

■ 周書列傳三十九　　十　　文

太子門大夫以父憂去官哀毀骨立既免喪襲爵
北絳郡公復為太子門大夫俄轉蜀王秀友秀鎮
益州遷秀府司馬及平陳最至最自以非嫡讓封
於察隋文帝許之秀陰有異謀隋文帝令公
卿窮治其事開府慶整郝偉等並推過於秀
最獨曰凡有不法皆王實不知也榜訊數
百卒無異辭最竟坐誅時年六十七論者義之撰
梁後略十卷行於世
黎景熙字李明河間鄭人也少以字行於世曾祖

謀魏太武時從破平涼有功賜爵容城縣男加
鷹揚將軍後為燕郡守祖鎮龍驤爵為貞外散騎侍
郎父瑓太和中龍驤爵歷貞外郎魏縣令後至廊
城郡守李明少好讀書性強記默識而無應對之
能其從祖廣太武時為當書郎善古學嘗從史
部尚書清河崔玄伯受字義又從司徒崔浩學
楷篆自是家傳其法季明亦傳習之頗與范陽
有異又好占玄象頗知術數而落魄不事生業
有書千餘卷雖窮居獨處不以飢寒易操與范陽
盧道源為莫逆之友永安中道源勸令入仕始為
威烈將軍魏孝武初遷鎮遠將軍尋除步兵校

尉及孝武西遷季明乃寓居伊洛俟景徇地河
外召季明從軍尋授銀青光祿大夫加中軍將軍
拜行臺郎中除黎陽郡守季明不懸教案
景終不足悵遂去之客於潁川累使召季明不得
優遊辛歲時潁川王思政鎮潁川又徵之遂入
已出與相見留於內館月餘太祖又徵之遂入
關乃令季明正定古今文字於東閣大統末除

安西將軍尋拜著作佐郎於時儁輩皆位兼常
伯車服華盛唯李明獨以貧素居之而無愧色
又勤於所職著述不怠然性尤專固不合於時是
以一為史官遂十年不調魏恭帝元年進號平南
將軍右銀青光祿大夫六官建為外史上士孝閔
帝踐阼加征南將軍右金紫光祿大夫時大司
馬賀蘭祥討吐谷渾詔季明從軍還除驃騎將
軍右光祿大夫武成末遷於史下大夫保定三年盛
營宮室春夏大旱詔公卿百寮極言得失季明

上書曰臣聞成湯遭旱以六事自陳宣王太甚
而珪璧斯竭豈非遠慮元元俯哀兆庶方今農
要之月時雨猶愆率土之心有懷渴仰陛下垂情
萬類子愛群生觀禮百神猶未豐洽者豈或
作事不節有違時令舉措生中儻邀斯旱春秋
君舉必書動為典禮水旱陰陽莫不應行而
至孔子曰言行君子之所以動天地可不慎乎春
秋莊公三十一年冬不雨五行傳以為是歲年而
三築臺奢侈不恤民也僖公三十一年夏大旱五

行傳以爲時作南門勞民興役漢惠帝二年
夏大旱五年夏大旱江河水少谿澗水絕五行傳
以爲先是發民十四萬六千人城長安漢武帝元
狩三年夏大旱五行傳以爲是歲發天下故更
穿昆明池然則土木之功動民興役天輒應之以
此中國以緩四方或恐極陽生陰秋多水雨年復不
年登可覩子來非晚詩云民亦勞迄可小康惠
異典籍作誡儼或可思上天譴告咎之則善今若
息民省役以答天譴庶靈澤時降嘉穀有成則

民將無覩又荐飢爲應更甚時豪富之家競
爲奢麗季明又上書曰臣聞寬大所以兼覆慈
愛所以懷衆故天地稱其高厚者萬物得其容
養焉爲四時著其寒暑者庶類資其忠信焉是
以帝王者寬大象天地忠信則四時招搖東指天
下識其春人君布德率土懷其惠伏惟陛下資乾
御宇品物咸亨一時乘六龍自強不息好問受規
天下幸甚自古至治之君亦皆廣延博訪詢採
芻微置鼓樹木以求其過頃年元旱踰時人懷

望歲陛下爰發明詔廣求人瘼同禹湯之罪已
高宋景之守正澍雨應時年穀斯克已節用
慕質惡華此則尚矣然而朱紫仍耀於衢路綺
穀猶侈於豪家袓褐未充於細民糟糠未厭於
編戶此則勸導之理有所未周故也今雖導之以
政齊之以刑風俗固難以一矣昔文帝集上書之囊以
作帷帳惜十家之產不造露臺後宮所幸衣不
曳地方之今日富室之飾皆不如婢隸之服然而
身率下國冨刑清廟楙太宗良有以也臣聞聖人

久於其道而天下化成今承魏氏喪亂之後貞信
未興宜先邊五美屏四惡華浮華之俗抑流競
風察鴻都之小藝抶雜頭之異服無益之貨勿重
於時勸德之器勿陳於側則民知德矣臣又聞之
爲治之要在於選舉若差之毫釐則有千里之
失後來居上則致積新之譏是以古之善爲治者
毌貪魚以次佳必以能爵人於朝不以私愛簡材以授
其官量能以任其用官得其材用當其器六轡
既調坐致千里虞裴選衆不仁者遠則庶事康哉

民知其化矣帝覽而嘉之時外史廢字屢移未有
定所季子明又上言曰外史之職漢之東觀儀等石
渠司同天祿是乃廣內祕府藏言之與帝乎所寶此
焉攸在自魏及周公館不立臣雖愚竊貳猶知其非
是以去年十一月中敢冒陳奏將降中旨即遵修管
莅冊二周未加功力臣職思其憂敢不重請帝納
焉於是廢字方立天和三年進車騎大將軍儀同
三司後以疾卒

趙文深字德本南陽宛人也父遷以醫行進仕魏

【周書列傳三十九】　　　十五

為尚藥典御文深少學楷隸年十獻書於魏帝
立義歸朝除大丞相府法曹參軍文深雅有鍾
王之則筆勢可觀當時碑牓唯文深及冀雋而已
大統十年追論立義功封白石縣男邑二百戶大祖
以隸書紕繆命文深與黎季明沈遐等依說文及
字林刊定六體成一萬餘言行於世及平江陵之後
被遷荊襄文深舊師可珍形於色後知好尚難反亦
王褒入關貴游等翕然並學褒書文深之書遂
改習褒書然竟無所成轉被譏議謂之學步
興者

邯鄲焉至於碑牓餘人猶莫之逮王褒亦每推先
之官殿樓閣皆其迹也遷縣伯下大夫加儀同三司
世宗令至江陵書畫尾梅寺碑漢南人士亦以為工
梁主蕭詧觀而美之賞遺甚厚天和元年露寢
等初成文深雖外往每須題牓輒復追之後以疾卒
守文深雖外往河南陽翟人也□累遷居涇左祖長
褚該字通河南陽翟人也□累遷居涇左祖長
樂平竟陵王錄事參軍父義皇昌梁鄱陽術見於時仕
室該紹而謹厚有譽鄉曲尤善醫術見稱於時仕

【周書列傳三十九】　　　十六

梁歷武陵王府參軍隨府至江與蕭撝同歸
國授平東將軍左銀青光祿大夫轉驃騎將軍右
光祿大夫武成元年除醫正上士自許頁疢後該
縣伯下大夫五年進授車騎大將軍儀同三司該性
淹和不自矜尚但有請之者皆為盡其藝術時
論稱其長者焉後以疾卒子王則亦傳其家業
時有強練不知何許人亦不知其名字親時有本順
興者　語默不恒好言未然之事當時號為本練

世人以強類練故亦呼為練焉容貌長壯有異於
人神情慨悒莫之能測意欲有所論說達人輒言若值
其不欲言縱告加祈請亦不相酬若初聞其言略
不可解事過之後往往有驗恒寄住諸佛寺好遊
行民家兼歷造王公卿第所至之處人皆敬而信之
晉公護未誅之前曾手持一大瓢到護第門外抵而
破之乃大言曰瓢破護被任委強練至龍恩宅呼其妻元
恩早依隨護深被任委強練至龍恩宅呼其妻元
氏及其妾媵并婢僕等並令連席而坐諸人以過

夫人昔辭不肯強練曰汝等一例人耳何有貴賤遂
過就坐未幾而護誅諸子竝死龍恩亦伏法仍籍
沒其家建德中每夜上街衢邊樹大哭釋迦牟尼
佛或至申旦如此者累月聲甚哀憐俄而廢佛道
二教大象末又以一無底囊歷長安市肆乞市人
爭以米麥遺之強練張囊投之隨即涌之於地人
或問之曰汝何為也強練曰此亦無餘但欲諸人見
盛空耳至隋開皇初果移都於龍首山長安城遂
空廢後亦莫知其所終又有蜀郡衛元嵩者亦好

言將來之事蓋江左寶誌之流天和中著詩預
論周隋廢興及皇家受命並有徵驗性尤不信釋
教嘗上疏極論之史失其事故不為傳
史臣曰仁義之於教大矣術藝之於用博矣徇於
是者不能無非厚於利者必有其害詩書禮樂
所失也淺故先王重其德方術技巧所失也深故往
苟輕其藝夫能通方術而不詭於俗習技巧而
必蹈於禮者當豈非大雅君子乎姚僧垣詹候精
審名冠於一代其所全濟固亦多焉而弘茲義
方皆為令器故能耳眉壽糜好爵老聃云
天道無親常與善人於是信矣

列傳第三十九　　　周書四十七

蕭詧

令狐 德棻 等撰　周書四十八

蕭詧字理孫蘭陵人也梁武帝之孫昭明太子統
之第三子幼而好學善屬文尤長佛義特為梁
武帝所嘉賞梁普通六年封曲江縣公中大通三
年進封岳陽郡王歷官宣惠將軍智石頭戍事
琅邪彭城二郡太守東揚州刺史初昭明辛梁
武帝含詧兄弟而立簡文内常愧之寵亞諸子

▼周傳四十　一

以會稽人物殷阜一都之會故有此投以慰其心
詧既以其昆第不得為嗣常懷不平又以梁武
帝衰老朝多秕政有敗亡之漸遂蓄聚貨財交
通賓客招募輕俠折節下之其勇敢者多歸附
左右遂至數千人皆厚加資給中大同元年除持
節都督雍梁東益南秦五州郢州之竟陵司
州之隨郡諸軍事西中郎將領寧蠻校尉雍州
刺史詧以襄陽形勝之地又是梁武創基之所
時平足以楊根本世亂可以圖霸功遂剋己勵

節樹恩於百姓務修刑政志存綏養乃下教曰
昔之善為政者不獨師所見籍聽察賢則所聞蓋
自遠資鑒外物故在矚致明是必麗參邱民盡
訪言於高逸馬援居政每責成於掾史王沉美加
厚賞呂虔功有所由故能顯美政於當年流芳
塵於後代吾以陋識來牧盛藩每庸德不被民
政道或素中有拊枕對桉忘餐納良謀以匡
弗逮雍州部内有不便於民不利於政長吏貪殘
戍將愎關市恣其衷刻豪猾多所乞藏並密

▼周書列傳四十　二

以名聞當加整正若刺史治道之要弛張未允循
酷乘理任用違才或愛狎邪佞或斥廢忠謇彌
思詧告用法未悟鹽梅册緘允屬良規苦口惡
石想勿余隱并廣示鄉閭知其歎意於是境内
稱治大清二年梁武帝以詧兄河東王譽為湘
州刺史徒湘州刺史張纘為雍州以詧代譽特
其才望志氣矜驕輕譽少年州府迎候有關譽
深銜之及至鎮遂武疾不與纘相見後開侯景
作亂頻陵感續續慄為所擒乃輕冊夜遁將

之雍部復庸督拒之梁元帝時鎮江陵與繢有
舊繢將因之以斃督兄弟會梁元帝與譽及信
州刺史桂陽王慥各率所領入援金陵慥下峽至
江津譽次江口梁元帝屆郢州之武成屬侯景已
請和梁武帝詔罷援軍譽自江口將旋湘鎮慥
欲待梁書自河東戴橋上水欲龑江陵岳陽
貼梁元帝至謁督府方譽時在江陵乃
在雍元帝遊軍主朱榮又遣使報云
桂陽往此欲應譽梁元帝信之乃鑒冊沈米

斬繢而歸至江陵收慥殺之令其子方等王僧
辯等相繼攻譽於湘州譽又告急於督督聞之
大怒初梁元帝將援建業令所督諸州競發兵
下赴國難督道府司馬劉方貴領兵為前軍出
自行督辭頗不順元帝又怒而方貴先與督不
協謀襲元帝相知剋期襲督未及發會督言以他
軍召方貴方貴疑謀洩遂據樊城拒命督遣使
親益德杜岸等衆軍攻之方貴窘急令其子遷

超乞師於江陵元帝乃厚資遣繢若將述職而密
援方貴繢次大隄樊城已陷督還遣擒方貴兄及
黨與哭斬之繢因進至州督猶遷延不受代乃以西
城居之待之以禮軍民之政猶歸於督繢懼請元
兄弟事始於繢將密圖之繢懼元帝召之元
帝乃徵繢於督督留不遣杜岸兄弟給繢自民
觀岳陽殿下勢不仰容不如且往西山以避此禍
使君既得物情遠近必當歸心以此舉事無
不濟繢深以為然因此岸等結明誓言繢又要雅

州人席引等於西山聚衆繢乃服婦人衣乘青布
輿與親信十餘人出奔引等與杜岸馳告督督
令中兵參軍尹正恭岸等率兵追討竝擒之繢
懼不免因請為沙門督時以譽危急弗留諮議
參軍蔡大寶守襄陽率衆二萬騎匹伐江陵
以救之于時江陵大懼乃遣參軍庾恭美謂督曰正
德因攻之天下崩離汝復效尤將欲何謂吾蒙先
宮愛顧以汝兄第見屬今以姪伐叔逆順安在

詧謂妃曰家兄無罪累被攻圍同氣之情豈可
坐觀成敗乎父若顧先恩出甚應若是如能退兵湘
水吾便旋師襄陽詧既攻柵不剋退而築城盡
銳攻之會大雨暴至平地水四尺詧軍中霖潦不
顧離心其將杜岸幼安及其兄子龍懼詧不
振以其屬降於江陵詧衆大駭其夜遁歸襄陽
器械輜重多沒於漣水初詧納之岸弟幼安等以詧母
先殺績而後退焉杜岸之降也請以五百騎襲
襄陽去城三十里城中覺之蔡大寶乃輔詧母

保林龔氏登陴閉門拒戰會詧夜至襲氏不知
其敗謂為賊也至曉見詧乃納之岸至
遂奔其兄岌平詧道將尹正薛暉等攻拔
之獲獻岸等并其母妻子女壻於襄陽北門殺
之盡誅諸宗族親者其幼稚踈屬下蠶室又
發掘其墳墓燒其骸骨灰而揚之詧既與江陵
搆隙恐不能自固大統十五年乃遣使稱藩請
為附庸太祖令丞相府東閣祭酒榮權使焉詧
大悅是歲梁元帝令柳重禮率衆進圍襄陽詧

五一

懼乃遣其妻王氏及世子嶚為質以請救太祖又
令榮權報命仍遣開府楊忠率兵援之十二年楊
忠擒仲禮平漢東詧乃獲安時朝議欲令詧發
喪嗣位詧以未有藥命辭不敢當榮權時在詧
所乃馳還具言其狀太祖遂令假散騎常侍鄭
穆又榮權持節命詧為梁王詧乃於襄陽
置百官承制封拜十七年詧留蔡大寶居守乃
自襄陽來朝太祖謂詧曰王之來此頗由榮權
欲見之乎詧曰幸甚太祖乃召權與詧相見仍

謂之曰榮權吉士也賈人與之從事未嘗見其失
信詧曰榮權常侍通二國之言無私故今者得歸
誠親闕耳魏恭帝元年太祖柱國于謹伐江陵
詧以兵會之及江陵平太祖立詧為梁主居江陵
東城資以江陵之地其襄陽所統盡歸於我
詧乃稱皇帝於其國年號大定追尊其父統為
昭明皇帝廟號高宗妃蔡氏為昭德皇后又
尊其所生母龔氏為皇太后立妻王氏為皇后又
歸為皇太子其慶賞刑威官方制度並同舊章唯

六一

上疏則稱臣奉朝廷正朔至於爵命其下亦依
梁氏之舊其戎章勳級則文兼用柱國等官又追
贈叔父邵陵王綸太宰諡曰壯武贈兄河東王譽
丞相諡曰武桓太祖乃置江陵防主統兵居於西
城名曰助防外示助詧備禦內實兼防詧也　初
之純陁等退歸夏口詧之四年詧遣其大將軍王
操率兵略取王琳之長沙武陵南平等郡五年王
立琳乃遣其將潘純陁陸侯方兒來寇詧出師禦
江陵滅梁元帝將王琳據湘州志圖匡復及詧
琳又遣其將雷又柔襲陷監利郡太守蔡大有
死之尋而琳與陳人相持稱藩乞師於詧詧許
之師未出而琳軍敗附於齊是歲其太子歸來
朝京師詧之六年夏覆其前殿朋壓殺二百餘人
初江陵平詧將尹德毅說詧曰臣聞人主之行與
匹夫不同匹夫有飾小行競小廉以取名譽人主
者定天下安社稷以成大功令魏虜貪惏無信
民伐罪之義然必欲肆其殘忿多所誅夷俘囚士庶
並為軍實然此等戚屬咸在江東念其充餌豺

狼見拘異域痛心疾首何日能忘殿下方清宇
宙紹茲鴻緒悠悠之人不可門到戶說其塗炭至
此咸謂殿下為之殿下既殺人父兄孤人子弟人盡為
讎也誰與為國但魏之精銳盡萃於此犒師之
禮非無故軍若殿下為設草會因請干謹等為
歡彼無我虞當相率而至預伏武士因而斃之
分命果毅掩其營壘斬馘通酋俾無遺噍江陵
百姓稱而安之文武官寮隨即銓授既荷更生
之惠孰不忻戴聖明魏人懾息未敢送死王僧辯
之徒折簡可致然後朝服濟江入踐皇極續姜
弘遠略勿懷匹夫之行詧不從謂德毅曰卿之此
策非不善也然魏人待我甚厚未可背德若遂
復禹萬世一時臥刻之間大功可立古人云天與
不取反受其咎時至不行反受其殃願殿下恢
為鄉計則鄧祈侯所謂人將不食吾餘也既而
闇城長紲被虜入關又失襄陽之地詧乃追悔
曰恨不用尹德毅之言以至於是又見邑居殘毀
干戈日用耻其威略不振常懷憂憤乃著愍時

賦以見意其詞曰嗟余命之舛薄實賦運之逢
屯既殷憂而彌歲復坎壈以相隣晝營營而至
晚夜耿耿而通晨壨之遷趙痛漢罪之移新無田范之明
略愧夷齊之得仁遂胡顏而苟免謂小屈而或
申豈妖沴之無已何國步之雄勇恨少生而輕
弱本無志於爪牙謝兩章之長綸恨二東之英
華豈三石於杜鄴異五馬於琅邪直受性而好
善類蓬生之在麻異無各而雲活慶將保靜而

蠲邪何昊穹之弗惠值上帝之紆奢神州鞠為
茂草赤縣遠於長虵徒仰天而太息空撫袊而
谷嗟惟古人之有懷尚或感於知已況記夢於霄
極寵渥流於無巳或小善而必襃時片言而見美
昔待罪於禹川歷三考而無紀獲免戾於明時
遂超隆於宗子始解印於稽山即驅傳於湘水彼南
陽之舊國實天漢之嘉祉旣川岳之形勝復龍
躍之基趾此首賞之謬及謂維城之足恃值諸
侯之攜貳遂留滯於樊川等勾踐之絕望同重

耳之終焉望南枝而灑泣或東顧而流湲歸歟
之情何極首丘之思邈然忽值魏師入討于彼
南荊既車徒之耘赫遂一鼓而陵城同寤生之含許
等小白之全邢伊社稷之不泯實有感於恩靈
刜吾人之固陋迴飄薄於流萍甸今已七里而磐縈
寡田邑而無成昔方千而畿甸今已七里而磐縈
同滎陽之未平夜驪騷而擊柝書子子而揚旌
復春月而可賦闕昔方千而求兵無河內之資待
烽凌雲而過照馬伏櫪而悲鳴旣有懷於斯日

亦焉得而云寧彼雲夢之舊都乃標奇於昔者
驗往記而瞻今何名高而貫寂寥并邑荒涼
原野徒揄揚於宋玉空稱嗟於司馬南方里而
歎屈長沙濕而悲賈余家國之一臣庶興周而
祀夏忽縈憂而比屈豆年華之天假加以狗盜
鼠竊蜂蠆狐狸羣圉隸而為寇聚藏獲而成
師窺覦津渚跋扈江湄屬屬征肇於殷歲頻戰起
於軒時有扈興於夏典採芑著於周詩方叔振
於蠻貊伯禽捷於淮夷在通稔其能幾會斬馘

而舉族彼積惡之必稔豈天靈之我欺交川路
之云擁理惘悵而未怡管在位八載年卌四保
定二年二月薨其舉臣等葬之於平陵諡曰
宣皇帝廟號中宗贊以有大志不拘小節雖多
猜忌而知人善任使撫將士有恩能得其死
力性不欲酒安於儉素事其母以孝聞又不好聲
色无惡見婦人雖相去數步遙聞其臭經御婦
人之衣不復更著又惡見人髮白事者必方便
以避之其在東揚州頗牧誕省瞻蒲領好為

戲論之言以此獲識於世篤好文義所著文集
十五卷內典華嚴般若法華金光明義疏四十
六卷立行於世督疆土既狹居常快快每誦老
馬伏櫪志在千里烈士暮年壯心不已未嘗不
肝衡扼腕歡咤者久之遂以憂憤發背而殂高
祖又命其太子歸嗣位年號天保
歸字仁遠贇之第三子也機辯有文學善於
撫御能得其下歡心嗣位之元年尊其祖母
太后曰大皇太后嫡母王皇后曰皇太后所生曹

責嬪曰皇太妃其年五月其犬皇太后薨諡曰元
太后九月其太妃又薨諡曰孝皇太妃二年皇
太后薨諡曰宣靜皇后五年陳湘州刺史華皎
巴州刺史戴僧朔並來附皎遣其子玄響為質
於歸仍請兵伐陳歸上言其狀高祖詔衛公直
督荊州總管權景宣大將軍元定等赴之歸亦
遣其柱國王操率水軍二萬會皎於巴陵既而
與陳將吳明徹等戰於沌口直軍不利元定遂
没歸大將軍李廣等亦為陳人所虜長沙巴陵

竝陷於陳衛　公直乃歸罪於歸之柱國殷亮
歸雖以退敗不獨在亮然不敢違命遂誅之吳
明徹乘勝攻剋歸河東郡獲其卒將許孝敬
年明徹進寇江陵引江水灌城歸出頓紀南以
避其銳江陵副總管高琳與其尚書僕射王操
拒守歸馬武吉徹等擊明徹敗之明
徹退保公安歸乃還江陵總管陸騰及歸之將士
空章昭達來寇江陵歸之八年陳遣其司
擊走之昭達又寇章陵之青泥歸令其大將軍

許世武赴援大爲昭達所破初華皎戴僧朔從
衛公直與陳人戰敗率其麾下數百人歸於
歸以皎爲司空封江夏郡公以僧朔爲車騎將
軍封吳興縣侯歸之十年皎來朝至襄陽請衛
公直曰梁主既失江南諸郡民少國貧朝廷興亡
陳之美望借數州以禪梁國直然之乃遣使言
繼絕理宜資贍豈使承桓楚莊獨擅救衛復
狀高祖高祖許之以基平郡三州歸之於歸
及高祖平齊歸朝於鄴高祖雖以禮接之然
未之重也歸知之後因宴承閒乃陳其父荷太
祖拯救之恩并叙二國艱虞脣齒掎角之事詞
理辯暢因涕泗交流高祖亦爲之歔欷自是大
加賞異禮遇日隆後高祖復與之宴齊氏故臣
阤列長父亦預焉高祖指謂歸曰是登陴罵朕
者也歸曰長父未能輔桀魋敢吠堯高祖大笑
及酒酣高祖又命琵琶自彈之仍謂歸曰當爲
梁主盡歡歸乃起請舞高祖曰梁主乃能爲朕
舞乎歸曰陛下既親撫五絃臣何敢不同百獸

高祖大悅賜雜繒萬段良馬數十匹并賜齊後
主姬妾及常所乘五百里駿馬以遺之及隋文
帝執政尉遲迴王謙司馬消難等各起兵將歸
將帥皆密請與迴等爲連衡之勢進可以
盡節於周氏退可以席卷山南固以爲不可
俄而消難奔陳迴等相次破滅隋文帝既踐極
恩禮彌厚遣使賜金三百兩銀一千兩布帛萬段
馬五百匹開皇二年隋文帝備禮納歸女爲晉
王妃又欲以其子瑒尚蘭陵公主由是罷江陵揔
管歸專制其國四年歸來朝長安隋文帝甚敬
待之詔歸位在王公之上賜繒萬匹珍玩稱是及
還親執其手謂之曰梁主久滯荊楚未復舊都
故鄉之念良軫懷抱朕當振旅長江相送旋反
耳歸在位二十三載年四十五月薨其舉
臣葬之於顯陵諡曰孝明皇帝廟號世宗歸孝
悌慈仁有君人之量四時祭享未嘗不悲慕流涕
性尤儉約御下有方境內稱治所著文集及孝
經周易義記及大小乘幽微並行於世隋文帝

又命其太子蕭琮嗣位年號廣運
琮字溫文性倜儻不覊博學有文義兼善弓
馬初封東陽王尋立為皇太子及嗣位隋文
徵琮叔父岑入朝因留不遣復置江陵揔管以
監之琮之二年隋文帝又徵琮率其臣下
二百餘人朝于長安隋文帝仍遣武鄉公崔弘
度將兵戍江陵軍至鄀州琮叔父巖及弟瓛等
懼弘度掩襲之遂虜居民奔于陳隋文帝於是
殄梁國曲赦江陵死罪給民復十年梁二主各給
守墓十戶尋拜琮為柱國封莒國公自詧初即
位歲在乙亥至是歲在丁未凡三十有三〔歲矣

詧子蔡追諡孝惠太子巖封安平王巋東平王
岑河間王後改封吳郡王巋子瓛義興王瓛晉
陵王璟臨海王琚南海王瑒義安王瑒新安王
詧之在藩及居帝位以蔡大寶為股肱巋為爪牙
腹心魏益德尹正薛暉許孝敬薛宣為典衆務張
玄成劉盈岑善方傅准褚珪蔡大業
綰以舊齒處顯位沈重以儒學蒙厚禮自餘多

所獎援咸盡其器能及歸篡業親賢並用將
相則華皎殷亮劉忠義宗室則蕭欣蕭翼民
望則蕭摩訶謝溫柳洋王溔徐岳外戚則王操王瀚
誦則殷珍文章則劉孝勝范迪沈君游君柳信
言政事則袁敞柳莊蔡延壽甄謝皇甫弦故能
保其疆土而和其民人焉今載詧子蔡等及蔡
寶以下尤著者附于左其在梁陳隋已有傳及
歸諸子未任職者則不兼錄

蔡字道遜詧之長子也冊曰宣靜皇君幼聰敏
有成人之量詧之為梁主立為世子尋病卒及
詧稱帝追諡焉

巖字義遠詧第五子也性仁厚善於撫接歷侍
中荊州刺史尚書令大尉太傅入陳授平東
將軍東揚州刺史及陳亡百姓推巖為主以禦
隋師為揔管宇文述所破伏法於長安
巋詧第六子也性淳和幼而好學位至侍中中
衛將軍巋之五年卒贈侍中司空諡曰孝
岑字智遠〔詧第八子也位至太尉性簡貴御下

嚴整及琮嗣位自以望重屬尊頗有不法故隋
文徵入朝拜大將軍封懷義郡公
瓛宇欽文歸第三子也幼有令譽能屬文特為
歸所愛位至荊州刺史初隋師至郡州梁之
百寮咸恐懼計無所出唯瓛建議南奔入陳授
侍中安東將軍吳州刺史及陳亡吳人推為主
以禦隋師戰而敗與嚴同時伏法
蔡大寶字敬位濟陽考城人祖履齊尚書祠部
郎父點梁尚書儀曹郎南兗州別駕大寶少孤
而篤學不倦善屬文初以明經對策第一解褐
武陵王國左常侍尋以書干僕射徐勉大為勉
所賞異乃令與其子遊處所有墳籍盡以給之
遂博覽羣書學無不綜譽初出第勉仍薦大
寶為侍讀兼掌記室除尚書儀曹郎出鎮
會稽大寶為記室領長流督涪襄陽遷諮議
參軍及梁元帝與河東王譽結隙啓令大寶使
江陵以觀之梁元帝素知大寶見之甚悅乃示
所制玄覽賦令注解焉三日而畢元帝大嗟

賞之贈遺甚厚大寶還白譽云湘東必有異
圖禍亂將作不可下援臺城譽納之及為梁
主除中書侍郎兼吏部掌大選事領襄陽太
守遷貟外散騎常侍吏部郎俄轉吏部尚書
軍國之事咸委決焉加授大將軍遷尚書僕射
進號輔國將軍又除侍中尚書令參掌選
刺史譽於江陵稱帝徵為侍中尚書令參掌選
事又加雲麾將軍封雍州
軍領太子少傅轉安前將軍封安豐縣侯邑一
千戶從歸入朝領太子少傅歸嗣位冊授司空
中書監中權大將軍領吏部尚書固讓司空許
之加特進歸之三年卒歸哭之慟自卒及葬三
臨其喪贈司徒進爵為公諡曰文愷配食譽廟
大寶性嚴整有智謀雅達政事文詞贍速答
之章表書記教令詔冊立大寶專學之譽推心
委任以為謀主時人以譽之有大寶猶劉先主之
有孔明焉所著文集三十卷及尚書義跣立行
於世有四子次子延壽有器識博涉經籍尤善

當世之務尚書女宣成公主歷中書郎書右
丞吏部郎御史中丞徙綜入隋授開府儀同三
司祕書丞終於成州刺史大寶弃太業

大業字敬道有至行父沒居喪過禮性寬恕學
涉經史有將命至村屢充使詣關初以西中郎府
參軍隨晉之鎮警稱帝歷尚書左丞遠將軍
監利郡守散騎常侍衛尉卿歸嗣位還都官尚
書除貞毅將軍漳川太守入為左民尚書太常
卿歸之七年卒贈金紫光祿大夫諡曰簡有五

【周書列傳四十】　十九

子允恭最知名起家著作佐郎太子舍人梁滅
入陳拜尚書庫部郎陳亡入隋授起居舍人

王操字子高其先太原晉陽人也警毋龔氏之
外弟也祖靈慶海鹽令景休臨川內史操性
敦厚有籌略博涉經史在公恪勤初為警外兵
參軍親任亞於蔡大寶警承制除尚書左丞及
稱帝遷五兵尚書大將軍郢州刺史尚書進位柱
國封新康侯歸嗣位授鎮右將軍尚書僕射
及吳明徹為寇歸出頓八紀南操撫循將士莫不

用命明徹旣退江陵獲全操之力也遷侍中中
衛將軍尚書令開府儀同三司參掌選事領荊
州刺史操旣位居朝右每自挹損深得當時之
譽歸之十四年卒歸舉哀於朝堂流涕謂其群
臣曰天不使吾平蕩江表何奪吾賢相之速
也及葬親祖於尾官門贈司空進爵為公諡曰
康節有七子次子衡最知名有才學起家祕書
郎歷太子洗馬中書黃門侍郎

魏益德襄陽人也有才幹膽勇過人數從軍征

【周書列傳四十】　二十

討以功累遷至郡守警蒞襄陽以益德為其府
司馬警承制拜將軍壽加大將軍及警稱帝進
位柱國封上黃縣侯邑千戶加十騎將軍之
二年卒贈司空諡曰忠壯進爵為公歸之五

尹正其先天水人警蒞雍州正為其府中兵參
軍擒張續獲杜岸皆正之力警承制除護軍將
軍尋拜大將軍及稱帝除護軍將軍進位柱國封
新野縣侯邑千戶歸之三年卒贈開府儀同三

司諡曰剛歸之五年以正配食曾廟子德毅多
權略位至大將軍後以見疑賜死
薛暉河東人也有才略身長八尺形貌甚偉嘗
督禁旅爲督爾牙當禪侮之任與尹正攻獲杜
岸於南陽爲督承制拜將軍尋加大將軍進位柱
國除領軍將軍歸之三年卒贈開府儀同三司
有六子子建子尚知名
大將軍守河東既無救援爲吳明徹所擒遂戮
許孝敬吳人小名龍兒勁勇過人爲督驍將以
於建康市贈車騎大將軍子世武嗣少襲父大
將軍好勇不拘行檢重賓客施與不節資產既
盡㢤鬱鬱不得志遂謀奔陳事覺伏誅又有大將
軍李廣會稽人早事督以敢勇聞沌口之役
先登力戰及華皎軍敗爲吳明徹所擒將降之
廣辭色不屈遂被害贈太尉追封建興縣公諡
曰忠武
甄玄成字敬平中山人博達經史善屬文少爲
簡文所知以錄事參軍隨督鎮襄陽轉中記

室參軍掌書記頗參政事以江陵甲兵殷盛遂
懷貳心密書與梁元帝申其誠款遂有得其書
者進之於督督深信佛法常願不殺誦法華經
人玄成素誦法華經遂以此獲免督後見之常
曰甄公好得法華經力歷任中書侍郎御史中
丞祠部尚書吏部尚書督之六年卒贈侍中護
軍將軍有文集二十卷子詡以沈敏閑習政事
歷中書舍人尚書右丞從位入隋授開府儀同
三司終於大府少卿
劉盈彭城人以西中郎府錄事參軍隨督之鎮
有器度勤於在公督之軍國經謀頗得參預歷
黃門郎中書監雍州刺史尚書僕射歸之七年
卒贈本官第三子頗知名隋驃騎郎將
岑善方字思義南陽棘陽人漢征南大將軍彭
之後也祖惠甫給事中父昶散騎侍郎善方有
器局博綜經史善於辭令以刑獄參軍隨督至
襄陽督初請內附以善方兼記室充使詣闕應
對閑敏深爲太祖所嘉自此往來凡數十反魏

恭帝二年授驃騎大將軍開府儀同三司封長
寧縣公督之承制也授中書舍人遷襄陽郡守
及禪帝徵爲太舟卿領中書舍人轉太府領舍
人如故尋遷散騎常侍起部尚書善方性清慎
有當世幹能故督委以機密善方之元太子舍
常卿諡曰敬所著文集十卷有七子並有操行
之元利之象最知名之元太子舍人早卒高
之元利之象最知名之元太子舍人早卒高
祖錄善方充使之功追之利之象入朝授之利
帥都督代王記室參軍後仕隋歷安固令郴義

相府參軍事後仕隋歷尚書虞部員外郎邵陵
江三州司馬零陵郡丞之之象掌式中士隋文帝
上宜渭南邵鄲四縣令
傳准地人祖照金紫光祿大夫父諱湘東王
外兵參軍准有文才善詞賦以西中郎參軍之
鎮官至度支尚書歸之七年卒贈太常卿諡曰
敬康所著文集二十卷有二子曰秉曰執並村
兼文史秉尚書右丞執中書舍人尚書左丞
宗如周南陽人有才學容止詳雅以府儀隨管

歷黃門散騎列卿後至度支尚書歸之九年卒
如周面狹長以法華經云聞經隨喜面不狹長
嘗戲之曰卿何爲謗經如周跋踏自陳不謗經
又謂之如初如周懼出告蔡大寶大寶知其旨
笑謂之曰君當不謗經餘政應不信法華耳如
周乃悟又嘗有人訴事於如周謂爲經作如州
官也乃呼我名其人勃然來訴如州官如周作
何小人敢呼我名其人勃然來訴如州官如周作
如州不知如州官名如周早知如州官名如周
不敢喚如州官作如周如周乃笑曰命卿自責
見侮反深衆咸服其寬雅有七子希顏希華知
名希顏有文學仕至中書舍人希華博通經術
爲荊楚儒宗

蕭欣梁武帝弟安成康王秀之孫煬王機之子
也幼聰警博綜墳籍善屬文誓踐位以欣襲
機封歷侍中中書令尚書僕射尚書令歸之二
十三年卒贈司空欣與柳信言當歸之世俱爲
一時文宗有集三十卷又著梁史百卷遭亂失本

柳津河東解人祖悅尚書左僕射父昭中書侍
郎洋少有文學以禮度自拘與王湜俱以風範
方正為當時所重位至吏部尚書出為上黃郡
守梁國廢以郡歸隋授開府儀同三司尋卒
徐岳東海人尚書左僕射開府儀同三司簡蕭
公勉之少子也少方正博通經史初為東陽王
琼師琼為皇太子授詹事及嗣位除侍中左民
尚書俄遷尚書僕射從琼入隋授上開府儀同
三司終於陳州刺史子凱祕書郎岳兄矩有文

學善吏事頗顯於貨賄位至度支尚書子敬鴻
臚卿
王淀琅邪臨沂人祖琳侍中太府卿父錫侍中淀少
有令譽尚譽妹廬陵長公主歷祕書郎太子舍人
宣城王友廬陵內史啓踐位授侍中吏部尚書
歸之四年使詣關卒於賓館侍中右光禄大夫子
瓘有文詞黃門侍郎淀弟湜方雅有器識位至都
官尚書歸之二十年卒子懷祕書郎隋氾陽令
范迪順陽人祖緬尚書左丞父屑酈陽內史迪

少機辯善屬文歷中書黃門侍郎尚書右丞散
騎常侍歸之十七年卒有文集十卷子裹迪第
遍文采劣於迪而經術過之位至中衛東平王
長史
沈君游吳興人祖僧昭左民尚書父巡東陽太
守君游博學有詞采位至散騎常侍歸之十二
年卒有文集十卷弟君公有幹局美風儀文章
典正特為歸所重歷中書黃門侍郎御史中丞
自都官尚書為義與王轍師從轍奔陳侍中太
子詹事隋平陳以轍同謀度江伏誅
袁敞陳郡人祖昂司空父士俊安成內史敞少
有器量博涉文史以吏部郎使詣關時主者以
敞在陳使之後敞囿不從命主者詰之敞對
曰昔陳之祖父乃梁諸侯之下吏也棄忠與義
盜有江東今大周朝宗萬國招攜以禮若使梁
之行人在陳人之後便恐韓壽倫失序豈使臣
之所望為主者不能屈逆以狀奏高祖善之乃詔
敞與陳使異日而進遷以稱旨遷侍中轉左民

尚書從琮入隋授開府儀同三司終於蘄州刺

史子謐謙

史臣曰梁主任術好謀知賢養士蓋有英雄之
志霸王之略焉及淮海版蕩骨肉猜攜衆自
固稱藩內欵終能據有全楚中興賴運雖土宇
殊於舊邦而位號同於曩日貽厥自遠享國數
世可不謂賢哉嗣子纂承舊業增修遺構賞
罰得衷舉厝有方密邇寇讎則威略具舉朝
宗上國則聲猷遠振豈非繼世之令主乎

列傳第四十　　　　　周書四十八

令狐　德棻　等撰

異域上

高麗

百濟

蠻

獠

宕昌

鄧至

白蘭

氐

稽胡

厙莫奚

周書列傳四十一

一

蓋天地之所覆載至大矣日月之所臨照至廣矣然則萬物之內民人寡而禽獸多兩儀之間中土局而庶俗曠求之鄰說詭怪之迹實繁考之山經奇譎之詞匪一周孔存而不論是非紛而莫辯秦皇鞭笞天下驪武於遐方漢

武士馬彊盛肆志於遠略匈奴既郤其國已虛犬夏也炎方朔漠地所以限內外也況乎時非夷是知鷹海龍堆天所以秦漢志甚焉麗劉達天道以求其功彈民力而從所欲顛墜之釁秦固不旋踵是以先王設教內諸夏而外夷狄往哲垂範美樹德而鄙廣地雖禹迹之東漸西被不過海及流沙三古義高百北徂南裁稱穴居豈非道貫二束代者乎有周承喪亂之後屬戰爭之日定四

周書列傳四十一

二　束

表以武功安三邊以權道趙魏尚梗則結姻於北狄厥庫未實則通好於西戎由是德刑具舉聲明遐洎卉服氈裘輻湊於屬國商胡販客填委於旗亭雖東略甌漏三吳之地南阻百越之境而國威之所肅服風化之所漸被亦足為弘矣其四夷來朝聘者今並紀之於後至於道路遠近物產風俗詳諸前史或有不同斯皆錄其當時所記以備遺闕云爾

高麗者其先出於夫餘自言始祖曰朱蒙河伯女

感日影所孕也朱蒙長而有材略夫餘人惡而
逐之土于紇斗骨城自號曰高句麗仍以高為
氏其子孫莫來漸盛擊乎夫餘而臣之莫來裔孫璉
始通使於後魏其地東至新羅西渡遼水二千
里南接百濟北鄰靺鞨千餘里治平壤城其城
東西六里南臨浿水城內唯積倉儲器備寇賊
其外有國內城及漢城亦別都也復有遼東玄
菟等數十城皆置官司以相統攝大官有大對盧

▼周書列傳四十一　三

其外方入固守王則別為宅於其側不常居之
次有太大兄大兄小兄意俟奢烏拙大大使者
大使者小使者褥奢翳屬仙人并褥薩凡十三
等分掌內外事焉其大對盧則以彊弱相陵奪
而自為之不由王之署置也其刑法謀反及叛
者先以火焚然後斬首籍没其家盜者十餘
倍徵贓若貧不能備及負公私債者皆聽評其子
女為奴婢以償之丈夫衣同袖衫大口袴白韋帶
黄草履其有冠曰骨蘇多以紫羅為之雜以金銀
為飾其有官品者又插二鳥羽於其上以顯

襃良

異之婦人服裙襦裙袖皆為襈書籍有五經三
史三國志晉陽秋兵器有甲弩弓箭戟稍予鋋
賦稅則絹布及粟隨其所有量貧富差等輸
之土田塉薄居處節儉然尚容止多詐偽言辭
鄙穢不簡親疎乃至同川而浴共室而寢風俗
好淫不以為愧有遊女者夫無常人婚娶之禮
略無財幣若受財者謂之賣婢甚耻之父母
及夫喪其服制同於華夏兄弟則限以三月

▼周列傳四十一　四

敬信佛法尤好淫祀又有神廟二所一曰夫餘神
刻木作婦人之象一曰登高神云是其始祖夫餘
神之子並置官司遣人守護蓋河伯女與朱蒙
云璉五世孫成大統十二年遣使獻其方物成
死子湯立建德六年湯又遣使來貢高祖拜湯
為上開府儀同大將軍遼東郡開國公遼東王
百濟者其先蓋馬韓之屬國夫餘之別種有仇
台者始國於帶方故其地界東極新羅北接高
句麗西南俱限大海東西四百五十里南北九百
餘里治固麻城其外更有五方中方曰古沙城

任

東方曰得安城南方曰久知下城西方曰刀先
城北方曰熊津城王姓夫餘氏號於羅瑕民呼為鞬吉
支夏言竝王也妻號於陸夏言妃也官有十六品
左平五人一品達率三十人二品恩率四
品杆率五品奈率六品六品已上冠飾銀華將德七
品紫帶施德八品皁帶固德九品赤帶季德十
品青帶對德十一品文督十二品皆黃華武督十
三品佐軍十四品振武十五品克虞十六品皆白帶
自恩率以下官無常員各有部司分掌眾務內

官有前內部穀部肉部內掠部外掠部馬部刀
部司徒部司空部司冠部點口部客部外舍部綢
部功德部藥部木部法部後官部外官有司軍
部日官部都市部都下有萬家分為五部日上
部前部中部下部後部統兵五百人五方各有方
領一人以達率為之郡將三人以德率為之方統
兵一千二百人以下七百人以上城之內外民庶及餘
小城咸分隸焉其衣服男子略同於高麗若朝
拜祭祀其冠兩箱加翅戎事則不拜謁之禮以兩

手據地為敬婦人衣以袍而袖微大在室者編
髮盤於首後垂一道為飾出嫁者乃分為兩道焉
兵有弓箭刀矟俗重騎射兼愛墳史其秀異者
頗解屬文又解陰陽五行用宋元嘉曆以建寅
月為歲首亦解醫藥卜筮占相之術有投壺樗
蒱等雜戲然尤尚弈棊僧尼寺塔甚多而無道
士賦稅以布絹絲麻及米等量歲豐儉差等
輸之其刑罰反叛軍及殺人者斬盜者流其
贓兩倍徵之婦人犯姦者沒入夫家為婢婚娶

之禮略同華俗父母及夫死者三年治服餘親則
葬訖除之土田下濕氣候溫暖五穀雜果菜蔬及酒
醴餚饌藥品之屬多同於內地唯無駝驢騾羊
鵝鴨等其王以四仲之月祭天及五帝之神又每
歲四祠其始祖仇台之廟自晉宋齊梁據江左
後魏宅中原竝遣使稱藩兼受封拜齊氏擅東
夏其王隆亦通使焉隆死子昌立建德六年
齊滅昌始遣使獻方物宣政元年又遣使來獻
蠻者盤瓠之後族類蕃衍散處江淮之間汝

豫之郡憑險作梗世爲寇亂遠魏人失馭其暴
滋甚有冉氏向氏者販落尤盛餘則大者
萬家小者千戶更相崇樹僭稱王侯屯據三峽
斷遏水路荊蜀行人至有假道者太祖略定伊
瀘聲教南被諸蠻畏威靡然向風矣大統五年
蔡陽蠻王魯超明內屬以爲南雅州刺史仍世
襲焉十一年蠻首梅勒特來貢其方物尋而蠻
帥田杜清及沔漢諸蠻擾動大將軍楊忠擊破
之其後蠻帥杜青和自稱巴州刺史以州入附

周書列傳四十 〔七〕 任

朝廷因其所稱而授之青和後遂反攻圍東梁
州其唐州蠻田魯嘉亦叛自號豫州伯王雄權
景宣等前後討平之語在泉仲遵及景宣傳
廢帝初蠻首樊舍舉落內附以爲淮北三州諸
軍事淮州刺史淮安郡公于謹等平江陵諸蠻
騷動詔豆盧寧蔡祐等討破之魏恭帝二年蠻
酋宜民王田與彥北荊州刺史梅季昌等相繼
欵附以興彥季昌立爲開府儀同三司加季昌
洛州刺史雕爵石臺縣公其後巴西人譙淹扇動

羣蠻以附於梁蠻帥向鎮侯向日虎等應之向
五子王又攻陷信州田烏度田都唐等抄斷
江路文子榮復據荊州之汶陽郡自稱仁州刺
史并隣州刺史蒲微亦舉兵逆命詔田弘賀若
敦潘招李遷哲討破之語在敦及遷哲楊雄等
傳武成初文州蠻叛州選軍討定之尋而冉令
賢向五子王等又攻陷白帝殺開府楊長華遂
相率作亂前後遣開府元契趙剛等摠兵出討
雖頗剪其族類而元惡未除天和元年詔開府

周書列傳四十一 〔八〕 任

陸騰督王亮司馬裔等討之騰水陸俱進次
于湯口先遣喻之而令賢方增浚城池嚴設扞
禦遣其長子西黎次子南王領其支屬於江南
險要之地置立十城遠結涪陽蠻爲其聲援令
賢率其精卒回守水邏城騰乃摠集將帥謀其
進趣咸欲先取水邏然後經略江南騰言於衆
曰令賢內恃水邏金湯之險外託涪陽輔車之
援兼復資糧充實器械精新以我懸軍攻其嚴
墨脆一戰不剋更成其氣不如頓軍湯口先

取江南剪其羽毛然後進軍水邏此制勝之計
也衆皆然之乃遣開府王亮率銀渡江旬日攻
拔其八城山蠻奔散獲賊帥冉承公并生口三
千人降其部衆一千戶遂簡募驍勇數道入攻
水邏路經石壁城此城峻嶮四面壁立故以名焉
唯有一小路緣梯而上蠻蜑以爲峭絕非兵銀
所行騰被甲先登衆軍繼進備經危阻累月
乃得舊路旦騰先住隆州總管雅知蠻帥冉
伯犂冉安西與令賢有隙騰乃招誘伯犂等結

爲父子又多遺其金帛伯犂等悅遂爲鄉導
水邏側又有石勝城者亦是險要令賢使其子
龍真據之騰又密誘龍真云若平水邏使其代
令賢處龍真大悅密遣其子詣騰騰乃厚加禮
接賜以金帛蠻貪利旣深仍請立効乃謂騰
曰欲翻所據城恐人力寡少騰許以三百共助之
旣而遣二千人銜枚夜進龍真力不能禦遂平
石勝城長至水邏蠻衆大潰斬首萬餘級虜獲
一萬口令賢遁走追而獲之并其子弟等皆斬之

司馬裔又別下其二十餘城獲蠻帥苻三公等
騰乃積其骸骨於水邏城側爲京觀後蠻望
見輒大號哭自此狼戾之心輟矣時向五子王
據石黙城令其子寶勝據雙城水邏平後頻遣
喻之而五子王猶不從命騰又遣王亮屯牟坪
司馬裔也雙城孤峭攻未拔
騰慮雙城孤峭攻未拔
賊若委城奔散又難追討乃令諸軍周回立柵
過其走路賊乃大駭於是縱兵擊破之擒五子
王扵石黙獲寶勝於雙城悉斬諸向首領生擒

萬餘口信州舊治白帝騰更於劉備故宮城南
八陣之北臨江岸築城移置信州又以巫縣
信陵秭歸並是破中要險於是築城置防
以爲標帶焉天和六年蠻渠冉祖喜冉龍
驤又反詔大將軍趙闇討平之自此羣蠻
慴息不復爲寇矣
獠者蓋南蠻之別種自漢中達于印笮州洞之
間在所皆有俗多不辨姓氏又無名字所生
男女唯以長幼次第呼之其丈夫稱阿謩阿段

婦人阿夷阿第之類皆其語之次第稱謂也喜

則羣聚怒則相殺雖父子兄弟亦手刃之

遞相掠賣不避親戚被賣者號叫不服逃竄

避之乃將買人指攜逐若追亡叛獲便縛之

但經被縛者即服為賤隸不敢更稱良矣俗畏

鬼神尤尚淫祀至有賣其昆季妻孥盡者

乃自賣以祭祀為往往推一酋帥為王亦不能

遂相統攝自江左及中州遞有巴蜀多恃險不

實太祖平梁益之後令所在撫慰其與華民雜

居者亦頗從賦役然天性暴亂旋致擾動每歲

命隨近州鎮出兵討之獲其口以充賤隸謂

之為壓僚為後有商旅往來者亦資以為貨

公卿速于民庶之家有僚口者多矣魏恭帝三

年陵州木籠僚反詔開府陸騰討破之俘斬

萬五千人保定二年鐵山僚又反抄斷江路陸

騰復攻拔其三城虜獲三千人降其種三萬落語

在騰傳天和三年梁州恒稜僚叛惣管長史趙

文表討之軍次巴州文表欲率衆徑進軍吏等

曰此僚旅拒曰父衆甚彊討之者皆四面攻

之以分其勢今若大軍直進不遣奇兵恐併力於

我未可制勝文表曰僚降走者既不能制之今須別為

進趣若四面遣兵則僚降走路絕理當率以死

拒戰如從一道則吾得示威恩分易為經

諭為惡者討之歸善者撫之善惡既分易為經

略事有變通奈何欲遵前轍乎文表遂以此

意遍令軍中時有從軍熟僚多與恒稜親識

即以實報之恒稜僚相與聚議猶豫之間文表

軍已至其界僚中先有二路一路稍平一路極險

俄有生僚首帥數人來見文表曰我恐管軍不悉

山川請為鄉導文表謂之曰此路寬平不須導

引卿但先去好慰諭子弟也乃遣之文表謂其

衆曰向者僚帥語吾從寬路而行必當設伏要

我若從險路出其不虞僚衆自離散矣於是勒

兵從險道進其有不通之處隨即治之乘高而

望果見其伏兵僚既失計爭攜妻子退保險要

文表頓軍大蓬山下示以禍福遂相率來降文表

皆慰撫之仍徵其稅租無敢動者後除文表
為遂州刺史又大得獠和建德初李暉為梁
州摠管諸獠亦並從附然其種類滋蔓保擾嚴
塹依林走險若履平地雖屢加兵弗可窮討
性又無知殆同禽獸諸夷之中最難以道義招
懷者也

宕昌羌者其先蓋三苗之亂周時與庸蜀微盧
等八國從武王滅商漢有先零燒當等世為邊
患其地東接中華西通西域南北數千里姓別

自為部落各立酋帥皆有地分不相統攝宕昌
即其一也俗皆土著居有棟宇其屋織犛牛尾
及殺羊毛覆之國無法令又無徭賦唯征伐之
時乃相屯聚不然則各事生業不相往來皆衣
裘褐牧養犛牛羊豕以供其食父子伯叔兄
弟死者即以其繼母世叔母及嫂弟妹等為妻俗
無文字但候草木榮落以記歲時三年一相聚
殺牛羊以祭天有梁勒者世為首師得羌裏
心乃自稱王焉其界自仇池以西東千里無帶水

以南南北八百里地多山阜部眾二萬餘落勒
孫彌忽始通使於後魏太武因其所稱而授之自
彌忽至彌定九世每脩職貢不絕後見兩魏分
隔遂懷背誕永熙末彌定乃引吐谷渾寇金城
大統初又率其種人入寇詔行臺趙貴督儀同
侯莫陳順等擊破之彌定懼稱蕃請罪太祖
捨之拜撫軍將軍四年以彌定為南洮州刺史要
安蕃王後改洮州為岷州仍以彌定為刺史是歲
秦州濁水羌反洮州軍討平之七年彌定又舉兵入

寇獨孤信時鎮隴右詔信率眾便討之軍未至
而彌定為其下所殺信進兵破其餘黨朝廷方
欲招懷殊俗乃更以其弟彌定為宕昌王十六年
彌定宗人獠甘襲奪其位彌定來奔先是羌
酋傍乞鐵怱等因彌定反叛之際遂擁眾據渠林
川與渭州民鄭五醜扇動諸羌阻兵逆命至是
詔大將軍宇文貴豆盧寧涼州刺史史寧等率兵
討獠甘等並擒斬之納彌定而還語在貴等傳
其後羌酋東念姐犂廉俱和等反大將軍豆盧

寧王勇等前後討平之保定初彌定遣使獻方
物三年又遣使獻生猛獸四年彌定寇洮州摠
管李賢擊走之是歲彌定又引吐谷渾寇石
門戊賢復破之高祖怒詔大將軍田弘討滅之
以其地為宕州

鄧至羌者羌之別種也有像舒者世為白水
酋帥自稱王為其地北與宕昌相接風俗物產亦
與宕昌略同舒治至檐桁十一世魏恭帝元年
檐桁失國來奔太祖令章武公導率兵送復之
定元年遣使獻犀甲鐵鎧

至利模徙南界邠鄂風俗物產與宕昌略同保
民者西夷之別種蓋自有君長而世
朝見故詩稱自彼氐羌莫敢不來王也漢武帝
滅之以其地為武都郡自沔渭抵於巴蜀種類
甚繁漢末有氏帥楊駒始據仇池百頃最為彊族
宕後漸盛乃自稱王至裔孫纂為符堅所滅堅
敗其族人定又自稱王定為乞伏乾歸所殺定從

白蘭者羌之別種也其地東北接吐谷渾西北

弟盛代有其國世受魏氏封拜亦通使於江左然
其種落分散叛服不恒隴漢之間屢被其害盛
之苗裔曰集始魏封為武興王集始死子紹先立
遂僭稱大號魏將傅豎眼滅之執紹先歸諸京
師以其地為武興鎮魏氏洛京未定天下亂紹
魏帝還之紹先死子辟邪立四年南岐州氏符安
送妻子為質大統元年紹先請其妻女太祖泰
先本還武興復自立為王太祖定秦隴紹先稱藩
壽詩反攻陷武都自號太白王詔大都督侯莫陳

繼歸附語在昶傳十一年於武興置東益州以辟
叛攻南由太祖遣典籤趙昶慰諭之鼠仁等相
九年清水氐酋李鼠仁據險作亂氐帥梁道顯
順與渭州刺史長孫澄討破之安壽以其眾降
邪為刺史十五年安夷氐復叛趙昶時為郡守
收其首逆者二十餘人斬之餘眾乃定於是以
昶行南秦州事氐帥盖鬧等相率作亂鬧據北
谷其黨覃洛聚洮中楊興德符雙固平氐城姜
樊嗢亂武階西結宕昌羌獠甘共推盖鬧為主

昶分道遣使宣示禍福然後出兵討之擒蓋開
散其餘黨興州叛氐復侵逼南岐州刺史叱羅
恊遣使告急昶率兵赴救又大破之是氐首
楊法深據陰平自稱王亦盛之苗裔也魏孝昌
中舉衆內附自具職貢不絕廢帝元年以法深
為黎州刺史二年楊辟邪據州反羣氐復與同
逆詔叱羅恊與趙昶討平之太祖乃以大將軍字
文貴為大都督六州諸軍事與州刺史貴威名
先著羣氐顧憚服之是歲楊法深從尉遲迴平
蜀軍回法深旋鎮尋與其種人楊崇集楊陳伐
各擁其衆遞相攻討趙昶時督成武沙三州諸軍
事成州刺史遣使和解之法深等從命乃各其部
落更置州郡以處之魏恭帝末武興氐反圍利
州鳳州固道氐魏天王等亦聚衆響應大將軍
豆盧寧等討平之世宗時與州人段叱及下辯栖
樹二縣民反相率破蘭皐戌氐酋姜多復率厨
中氐蜀攻陷落叢郡以應之趙昶率衆討二
縣并斬段叱而陰平盧比二郡氐復住往也聚與

厨中相應昶乃簡擇精騎出其不意徑入厨中
至大竹坪連七柵誅其渠率二郡並降及昶還
厨中主氐復為寇掠昶又遣儀同劉崇義字文
琦率兵入厨中討之大破氐衆斬姜多及待肆王
等於是羣氐並平及王謙舉兵沙州氐帥開府
楊永安又據州應謙大將軍達奚儒討平之
稽胡一曰步落稽蓋匈奴別種劉元海五部之苗
裔間也或云山戎赤狄之後自離石以西安定以東

方七八百里居山谷間種落繁熾其俗土著亦知
種田地少桑蠶多麻布其丈夫衣服及死亡殯
葬與中夏略同婦人則多貫蜃貝以為耳及頸
飾又與華民錯居其渠帥頗識文字然語類夷
狄因譯乃通蹲踞無禮貪而忍害俗好淫穢處
女尤其將嫁之夕方與姪者叙離夫氏聞之以多
為貴既嫁之後頗亦防閑有犯姦者隨事懲罰
又兄弟死皆納其妻雖分統郡縣列於編戶然
其徭賦有異齊民山谷阻深者又未盡役屬而凶
悍恃險數為寇亂魏孝昌中有劉蠡升者居雲

陽谷自稱天子立年號著百官屬居魏氏政亂力
不能討蠡升遂分遣部衆抄掠居汾晉之間略無
寧歲齊神武遷鄴後始密圖之偽許以女妻蠡
升太子蠡升信之遂遣其子詣鄴齊神武厚為
之禮綏以婚期蠡升既恃和親不為之備大統
元年三月齊神武潛師龍衰之蠡升之衆輕騎出外
徵兵為其北部王所殺斬首送於齊神武其衆
復立蠡升第三子南海王為主率兵拒戰齊神
武擊滅之獲其偽主及其弟西海王升皇后夫

人王公以下四百餘人歸於鄴居河西者多恃
險不實時方與齊神武爭衡未遑經略太祖乃遣
黃門郎楊忠就安撫之五年黑水部衆先叛七
年別帥夏州刺史劉平伏又據上郡反自是北山
諸部連歲寇暴太祖前後遣李遠于謹侯莫陳
崇李弼等相繼討平之武成初延州稽胡郝阿保
郝狼皮率其種人附於齊氏阿保自署丞相狼
皮自署柱國升與其別部劉桑德共為影響柱國
豆盧寧平督諸軍與延州刺史高琳擊破之二年狼

皮等餘黨復叛詔大將軍韓果討之俘斬甚衆
保定中離石生胡數寇汾北勳州刺史韋孝寬
於險要築城置兵糧必過其路及楊忠與突厥
伐齊稽胡等復懷旅拒不供糧餽忠乃詐其酋
帥云與突厥欲回兵討之酋帥等懼乃相率供饋
焉語在忠傳其後丹州綏州銀州等部內諸胡
與蒲川別帥郝三郎等又頻年遘命復詔達奚
震辛威于寔等前後窮討散其種落天和二年
延州摠管宇文盛率衆城銀州稽胡郁久同喬

是羅等欲邀龍衣盛軍盛並討斬之又破其別帥
喬三勿同等五年開府劉雄出綏州巡檢北邊
川路稽胡帥喬白郎喬素勿同等度河逆戰雄
復破之建德五年高祖敗齊師於晉州乘勝逐
北齊人所棄甲仗未暇收歛稽胡乘間竊出並
盜而有之乃立蠡升孫沒鐸為主號聖武皇帝
年曰石平六年高祖定東夏將討之議欲窮其
巢穴齊王憲以為種類既多又山谷阻絕王師一
舉未可盡除且當剪其魁首餘加慰撫高祖然

之乃以憲為行軍元帥督行軍揔管趙王招諱
王儉勝王逌等討之憲軍次馬邑乃分道俱進
没鐸遣其黨天柱守河東又遣其大帥穆支
據河西規欲分守險要掎角憲軍憲命諫
王儉攻天柱勝王逌擊穆支並破之斬首萬餘
級趙王招又擒没鐸餘眾盡降宣政元年汾州
稽胡帥劉受羅千復反越王盛督諸軍討擒之
自是寇盜頗息

廩莫奚鮮卑之別種也其先為慕容晃所破竄

王

於松漠之間後種類漸多分為五部一曰辱紇
主二曰莫賀弗三曰契箇四曰木昆五曰室得
每部置俟斤一人有阿會氏者最為豪帥五
部皆受其節度(役屬於突厥而數與契丹相攻
虜獲財畜因而行賞死者則以葦薄裹尸懸
之樹上大統五年遣使獻其方物
史臣曰凡民肖形天地稟靈陰陽愚智本於
自然剛柔繫於水土故雨露所會風流所通九
川為紀五嶽作鎮此之謂諸夏生其地者則仁

義出焉昧谷嵎夷孤竹北戶限以卅徼紫塞隔
以滄海交河此之謂荒裔感其氣者則凶德成
焉若夫九夷八狄種落繁熾七戎六蠻充牣邊
鄙雖風土殊俗嗜欲不同至於貪而無厭很而
好亂疆則旅拒弱則稽服其揆一也斯蓋天之
所命使其然乎

列傳第四十一

周書四十九

異域下

突厥
吐谷渾
髙昌
鄯善
焉耆
龜茲

周列傳四十二　一

于闐
嚈噠
粟特
安息
波斯

突厥者蓋匈奴之別種姓阿史那氏別為部落
後為鄰國所破盡滅其族有一兒年且十歲兵
人見其小不忍殺之乃刖其足棄草澤中有牝
狼以肉飼之及長與狼合遂有孕焉彼王聞此

兒尚在重遣殺之使者見狼在側并欲殺狼狼
遂逃于高昌國之北山山有洞穴穴內有平壤
茂草周回數百里四面俱山狼匿其中遂生十男十
男長大外託妻孕其後各有一姓阿史那即其一也子
孫蕃育漸至數百家經數世相與出穴臣於茹
茹居金山之陽為茹茹鐵工金山形似兜鍪其
俗謂兜鍪為突厥遂因以為號焉或云突厥之
先出於索國在匈奴之北其部落大人曰阿謗
步兄第十七人其一曰伊賀泥師都謗

周列傳四十二　二

步等性並愚癡國遂被滅泥師都既別感異氣
能徵召風雨娶二妻云是夏神冬神之女也一
孕而生四男其一變為白鴻其一國於阿輔水
劍水之間號為契骨其一國於處折水其一居踐斯
處折施山即其大兒也出火溫養之咸得全濟遂共奉大
寒露大兒為主號為突厥即訥都六設也訥都六設有十妻
兒為主號為突厥即訥都六設也訥都六設有十妻
所生子皆以母族為姓阿史那是其小妻之子也
訥都六死十母子內欲擇立一人乃相率於大樹

下央為約曰向樹跳躍能最高者即推立之阿史那子年幼而跳最高者諸子遂奉以為主號阿賢設此說雖殊然終曰土門部落稍盛始至塞上市繒絮願通中國大統十一年太祖遣酒泉胡安諾槃陀使焉其國皆相慶曰今大國使至我國將興也十二年土門遂遣使獻方物時鐵勒將伐茹茹土門率所部邀擊破之盡降其眾五萬餘落恃其彊盛乃求婚於茹茹茹茹主阿那瓌大怒使人罵辱之曰爾是我鍛奴何敢發是言也土門亦怒殺其使者遂與之絕而求婚於我太祖許之二十七年六月以魏長樂公主妻之是歲魏文帝崩土門遣使來弔贈馬二百匹魏廢帝元年正月土門發兵擊茹茹大破之於懷荒北阿那瓌自殺其子菴羅辰奔齊餘眾復立阿那瓌叔父鄧叔子為主土門遂自號伊利可汗猶古之單于也號其妻為可賀敦亦猶古之關氏也土門死子科羅立科羅號乙息記可汗又破叔子於沃野北木賴山二年三月

科羅遣使獻馬五萬匹科羅死弟俟斤立號木汗可汗俟斤一名燕都狀貌多奇異面廣尺餘其色甚赤眼若瑠璃性剛暴務於征伐乃率兵擊鄧叔子滅之其餘燼來奔俟斤又西破嚈噠東走契丹北并契骨威服塞外諸國其地東自遼海以西西至西海萬里南自沙漠以北北至北海五六千里皆屬焉其俗被髮左衽盧帳帳隨水草遷徙以畜牧射獵為務賤老貴壯寡廉恥無禮義猶古之匈奴也其主初立近侍重臣等輿之以氈隨日轉九回每一回臣下皆拜拜訖乃扶令乘馬以帛絞其頸使纔不至絕然後釋而急問之曰你能作幾年可汗其主惛然已驚亂不能詳定多少下等隨其所言以驗脩短之數大官有葉護次設次特勒次俟利發次吐屯發及餘小官凡二十八等皆世為之兵器有弓矢鳴鏑甲矟刀劍其佩飾則兼有伏突旗纛之上施金狼頭侍衛之士謂之附離夏言亦狼也蓋本狼生志不忘舊其徵發

兵馬及科稅雜畜輒刻木為數幷一金鏃箭蠟
封印之以為信契其死刑法反叛殺人及姦之婦
盜馬絆者皆死姦人女者重責財物即以其女
妻之贓傷人者隨輕重輸物盜馬及雜物者各
十餘倍徵之死者傅屍於帳子孫及諸親屬男
女各殺羊馬陳於帳前祭之繞帳走馬七匝乃
詣帳門以刀剺面見血淚俱流如此者七度乃
止擇日取亡者所乘馬及經服用之物幷屍俱
焚之收其餘灰待時而葬春夏死者候草木

▲周列傳四十二▲　五

黃落秋冬死者候華葉榮然始坎而瘞之葬
之日親屬設祭及走馬剺面如初死之儀葬訖於
墓所立石建標其石多少依平生所殺人數又以
祭之羊馬頭盡懸挂於標上是日也男女咸盛
服飾會於葬所男有悅愛於女者歸即遣人
問其父母多不遣也父兄叔死者子弟及姪等
妻其後母世叔母及嫂唯尊者不得下淫雖移
徙無常而各有地分可汗恆處於都斤山牙帳
東開蓋敬日之所出也每歲率諸貴人祭其先

窟又以五月中旬集他人共拜祭天神於都斤
四五百里有高山迴出上無草樹謂其為勃登
凝黎夏言地神也其書字類胡而不知年曆
唯以草青為記侯斤部眾既盛乃遣使請誅
鄧叔子等太祖許之收叔子以下三千人付其使者
殺之於青門外三年侯斤龍襲擊吐谷渾破之語
在吐谷渾傳明帝二年侯斤遣使來獻方物爭
定元年又三輩遣使貢其方物時與齊人交
戎車歲動故每連結之以為外援初魏恭帝世

▲周書列傳四十二▲　六

侯斤許進女於太祖契未及結納齊人亦遣求婚
侯斤貪其幣厚將悔之至是詔遣涼州刺史楊
荐武伯王慶等往結之慶等至諭以信義侯斤
遂絕齊使而定婚焉仍請舉國東伐齊
等傳三年詔隋公楊忠率眾萬與突厥伐齊
忠軍度陘嶺侯斤率騎十萬來會明年正月
攻齊主於晉陽不剋侯斤遂縱兵大掠而還忠
言於高祖曰突厥甲兵惡賞賜輕首領多而無

法令何謂難制馭正由此比者使人妄道其彊盛
欲令國家厚其使者身往往重取其報朝廷受其
虛言將士壁風畏憎但虜態詐健而實易與耳
今以臣觀之前後使人皆可斬也高祖不納是
歲俟斤復遣使來獻陳俟斤復貳於齊會有
斤引還五年詔陳公純大司徒宇文貴神武公
出沃野晉公護趣洛陽以應之會護戰不利俟
實毅南安公楊荐等性逆女天和二年俟斤
又遣使來獻陳純等以后歸語在皇后傳四年
風雷霆乃許純等死弟他鉢可汗立自俟
斤來其國富彊有凌轢中夏志朝廷既與和
親藏給繒絮綿絹十萬段突厥在京師者又待以
優禮衣錦食肉者常以千數齊人懼其寇抄亦
傾府藏以給之他鉢彌復驕傲至乃率其徒屬曰
但使我在南兩箇兒見孝順何憂無物邪建德二
年他鉢遣使獻馬及齊滅齊定州刺史范陽王
高紹義自馬邑奔之他鉢立紹義為齊帝召集

所部云為之復讎宣政元年四月他鉢遂入寇
幽州殺略居民柱國劉雄率兵拒戰兵敗死之
高祖親帥六軍將北伐會帝大崩乃班師是冬他
鉢復寇邊帝遣趙王招女為千金公主以嫁之并
請和親帝冊趙王招女為千金公主以嫁之并
年始遣使奉獻且逆公主而紹義尚留不遣
帝又令賀若誼往諭之始送紹義云
吐谷渾本遼東鮮卑慕容廆之庶兄也初吐谷
渾馬與廆馬鬬而廆馬傷廆遣讓之吐谷渾
怒率其部落去之止千枹罕自為君長及孫
葉延頗視書傳以古有王父字為氏遂以吐谷
渾為氏焉自吐谷渾至伏連籌十四世伏連
籌死子夸呂立始自號為可汗治伏俟城在青
海西十五里雖有城郭而不居之恒處穹廬隨
水草畜牧其地東西三千里南北千餘里官有
王公僕射尚書及郎中將軍之號夸呂椎髻毦
珠以皂為帽坐金師子床號其妻為恪尊衣

織成裙披錦大袍辮髮於後首戴金花其俗丈
夫衣服略同於華夏多以羃䍠為冠亦以繒
為帽婦人皆貫珠束髮以多為貴兵器有弓刀
甲矟國無常賦須則稅富室商人以充軍事
刑罰殺人及盜馬者死餘則徵物量事決杖刑
人必以氈蒙頭將去死者亦皆埋殯其服制葬訖
毋及嫂等與突厥俗同至于婚姻貧不能備財
物者輒盜女將去死者亦皆埋殯其服制葬訖
則除之性貪婪忍於殺害好射獵以肉酪為糧

周書列傳四十二　九

亦知種田然其比界氣候多寒唯得蕪菁大
麥故其俗貧多富少青海周回千餘里海內
有小山每冬冰合後以良牝馬置此山至來冬
收之馬皆有孕所生得駒號為龍種必多駿異
世傳青海駿者也土出犛牛鳥多鸚鵡大
統中夸呂再遣使獻馬及羊牛等然猶寇抄
不止緣邊多被其害魏廢帝二年太祖勒大
兵至姑臧夸呂震懼遣使貢方物是歲夸呂
又通使於齊氏涼州刺史寧舐知其還率輕

騎襲之於州西赤泉獲其僕射乞伏觸拔將
軍翟潘密商朐二百四十人馳驟六百頭雜綵
絲絹以萬計魏恭帝二年史寧又與突厥木汗
可汗襲擊夸呂破之虜其妻子大獲珍物及
雜畜語在史寧傳成初夸呂復寇涼州刺
史是云寶戰沒詔賀蘭祥宇文貴率兵討之
夸呂遣其廣定王鍾留王拒戰祥等破之廣定
等遁走又攻援其洮陽洪和二城置洮州以還保
定中夸呂前後三輩遣使獻方物天和初其龍

周書列傳四十三　十

涸王莫昌率眾降以其地為扶州二年五月復
遣使來獻建德五年其國大亂高祖詔皇太子
征之軍渡青海至伏俟城夸呂遁走虜其餘
眾而還明年又再遣奉獻宣政初其趙王他妻
屯來降自是朝獻遂絕
高昌者車師前王之故地東去長安四千九百
里漢西域長史及戊己校尉並治於此晉以其地
為高昌郡張軌呂光沮渠蒙遜據河西皆置
太守以統之其後有闞爽及沮渠無諱並自署

為太守無諱死姑姊殺　其弟安周以闞伯周為
高昌王高昌之稱王自此始也伯周之從子首
歸為高車所滅次有張孟明馬儒相繼王之並為
國人所害乃更推立麴嘉為王嘉字靈鳳金城
榆中人本為儒右長史魏太和末立嘉子堅立
官有令尹一人比中夏相國次有公二人皆其王子
其地東西三百里南北五百里國內揔有城十六
也一為交河公一為田地公次有左右衛次有八長
史曰吏部祠部庫部倉部主客禮部民部兵部
等長史也次有建武威遠陵江殿中伏波等將軍
次有八司馬長史之副也次有侍郎校書郎主簿
從事階位相次分掌諸事次有省事專掌導
引其大事決之於王小事則世子及二公隨狀斷決評
章錄記事訖即除籍書之外無名掌文校官人
雖有列位並無曹府唯每旦集於牙門評議眾事
諸城各有戶曹水曹田曹每城遣司馬侍郎相監
檢校名為城令服飾丈夫從胡法婦人略同華
夏兵器有弓箭刀楯甲稍文字亦同華夏兼用

胡書有毛詩論語孝經置學官弟子以相教授
雖習讀之而皆為胡語賦稅則計輸銀錢無者
輸麻布其刑法風俗婚姻喪葬再與華夏小異而
大同地多石磧氣候溫暖穀麥熟宜蠶多五
果有草曰羊刺其上生蜜焉自嘉以來世修蕃
職於魏大統十四年詔以其田地公茂嗣位武成元年其王
帝二年又以其世子玄喜為王恭
遣使獻方物保定初又遣使來貢自燉煌向其國多
沙磧道里不可准記唯以人畜骸骨及駝馬糞為
驗又有魍魎怪異故商旅來往多取伊吾路云
鄯善古樓蘭國也東去長安五千里所治城方
一里地多沙鹵少水草比即白龍堆路魏太武時
為渠渠沮安周所攻其王西奔且末西比有流沙數
百里夏日有熱風為行旅之患風之欲至唯老
馳知之即鳴而聚立埋其口鼻於沙中人每以為
候亦即將氈擁蔽鼻口其風迅駛斯須過盡若
不防者必至危斃大統八年其兄鄯米率眾內附
焉者國在白山之南七十里東去長安五千八百

里其王姓龍即前涼張軌所封龍熙之亂所治
城方二里部內凡有九城國小民貧無綱紀法
令兵有弓刀甲稍婚姻略同華夏死亡者皆焚
而後葬其服制滿七日則除之丈夫並前翦髮以
為首飾文字與婆羅門同俗事天神並崇信佛
法尤重二月八日四月八日是也其國咸依釋教
齋戒行道焉氣候寒土田良沃穀有稻粟菽麥
畜有馳馬牛羊蠶不以為絲綿續俗尚
蒲桃酒兼慶音樂南去海十餘里有魚鹽蒲葦
之饒保定四年其王遣使獻名馬

十三

龜茲國在白山之南一百七十里東去長安六千
七百里其王姓白即後涼呂光所立百震之後所
治城方五六里其刑法殺人者死劫賊則斷其一
臂幷刖一足賦稅准地山之天田唯氣候少溫為
姻喪葬風俗物產與治封天白唯氣候少溫為
異又出細氈氍毹皮氈鐃多鹽綠雌黃胡粉及
良馬封牛等東有輪臺即漢貳師將軍李廣
利所屠其南三百里有大水東流號計戍水即

黃河也保定元年其王遣使來獻
于闐國在葱嶺之北二百餘里東去長安七千
七百里所治城方九里部內有大城五小城數十
其刑法殺人者死餘罪各隨輕重懲罰之自外
風俗物產與龜茲略同俗重佛法寺堵僧尼甚
眾王元信回母設齋日必親自酒掃饋食焉
南五十里有贊摩寺即昔羅漢比丘盧旃所為
其王造覆盆浮圖之所石上有辟支佛趺處雙
跡猶存自高昌必西諸國人等多深目高昌以東

此國貌不其胡顏類華夏城東二十里亦有大水
北流號樹枝水即黃河也城西五十五里亦有大水
名達利水與樹枝水俱北流會於計戍建德三
年其王遣使獻名馬
獻嚈噠國大月氏之種類也在于闐之西東去長安
一萬一百餘里其王治技底延城蓋王舍城也其城方
十餘里刑法風俗與突厥略同其俗又兄弟共
娶一妻夫無兄弟者其妻戴一角帽若有兄弟
者依其多少之數更加帽角焉其人兇悍能戰

十四

十二年遣使獻其方物魏廢帝二年明帝二年
並遣使來獻後爲突厥所破部落分散職貢
遂絕

粟特國在蔥嶺之西蓋古之庵蔡一名溫那
沙治於大澤在康居西北保定四年其王遣使
獻方物

安息國在蔥嶺之西治蔚搜城北與康居西
與波斯相接東去長安一萬七百五十里天和
二年其王遣使來獻

波斯國大月氏之別種治蘇利城古條支國也
東去長安一萬五千三百里城方十餘里戶十餘
萬王姓波斯氏坐金羊床戴金花冠衣錦袍織
成帔皆飾以眞珠寶物其俗丈夫翦髮戴白
皮帽貫頭衫兩廂近下開之并有巾帔緣以織
成婦女服大衫披大帔其髮前爲髻後被之
以金銀華仍貫五色珠絡之於膊上其王於其國內
別有小牙十餘所猶中國之離宮也每年四月

出遊處之十月乃還王即位以後擇諸子內賢
者密書其名封之於庫諸子及大臣皆莫之知
也王死乃衆共發書視之其封內有名者即立
以爲王餘子各出就邊任兄弟更不相見也國
人號王曰翳囋妃曰防步率王之諸子曰殺野
大官有摸胡壇掌國內獄訟泥忽汗掌庫藏開
禁地乃勃掌文書及衆務次有遏羅訶地掌王
之內事薩波勃掌四方兵馬其下皆有屬官分
統其事

兵有甲矟圓排劍弩弓箭戈矛並乘
象每象百人隨之其刑法重罪懸諸竿上射而
殺之次則繫獄新王立乃釋之輕罪則劓刖若
髠或翦半鬚及繫排於項上以爲恥辱犯彊盜
者禁之終身奸人妻者男子流婦人割其耳
鼻賦稅則准地輸銀錢俗事火祆神婚合亦不
擇尊卑諸夷之中最爲醜穢矣民女年十歲以
上有姿貌者王收養之有功勳人即以分賜
死者多棄屍於山一月治服城外有人別居唯知
喪葬之事號爲不淨人若入城市搖鈴自別以

六月為歲首尤重七月七日十二月一日其日民庶
以上各相命召設會作樂以極歡娛又歲每年正
月二十日各祭其先死者氣候暑熱家自藏冰
地多沙磧引水漑灌其五穀及禽獸等與中夏
略同唯無稻及黍林土出名馬及駞富室至有
數千頭者又出白象師子大鳥卵真珠離珠頗
黎珊瑚琥珀瑠璃馬碯水精瑟瑟金銀鍮石金
剛火齊帝鑌鐵銅錫朱沙水銀綾錦白疊毾
㲪氍赤麞磨皮及薰六瓕金蘇合青木等香胡椒
蓽撥石蜜千牛棗香附子詞棃勒無食子瞻
華等物魏廢帝二年其王遣使來獻方物

史臣曰四夷之為中國患也久矣而比狄尤甚
焉昔嚴尤班固咸以周及秦漢未有得其上策
雖通賢之宏議而史臣甞以為疑夫步驟之來
綿自今古浇淳之變緜無隔華是以反道德棄
仁義凌替之風歲廣至涇陽入北地充斥之釁
日深爰自金行遷乎水運戎夏雜錯風俗混并
夷裔之情偽中國畢知之矣中國之得失夷裔商

備聞之矣若乃不與約普不就攻伐來而禦之
去而守之夫然則敵有餘力我無寧歲將士疲
於奔命疆場苦其炎侵欲使僵伯靈臺歐世仁
壽其可得乎是知秩宗之雅旨護軍之誠說寔
而作傳云相時而動夫時者得失之所繫幾者
有會於當時而未允於後代也然則易稱見幾
吉凶之所由況乎諸夏之朝治亂之運代有戎
狄之地疆弱之勢無恒若使臣畜之與羈縻和
親之與征伐因其時而制變觀其幾而立權則
舉無遺策謀多上筭獸心之虜革面匪難沙幕
之比雲撤何遠安有周秦漢魏優劣在其間哉

列傳第四十二　　　周書五十

眉山七史唯周書最罕見涵芬樓獨有其二且
宋刊之葉尚存什之七八壬申初春正在攝影
將付印矣戰事遽作懼餘才百數十葉
懸格訪補應者凡六七部多刓缺不可用余友
吳縣潘博山以所藏三朝本相假元明補版多
於涵芬藏本版心雖已剜去一葉可識然以余
所見此亦其亞已列傳第十二賀蘭祥傳宣陽
縣公下有建德五年從高祖於幷州戰歿列
同大將軍幽州刺史博陵郡公寬開府儀同大
大將軍始封清都郡公師尚世宗女位至上儀
將軍武始郡公祥弟隆大將軍襄樂縣公六十

周跋 一

六字為武英殿本及明監本汲古閣本所闕尚
不止此紀第四史臣贊享年不永下有嗚呼二
字列傳第十王羆傳有客與羆食瓜下有客削
瓜三字列傳第二十六元定傳遂為度等所執
下有所部二字列傳第二十八裴果傳幽州總
管府下有司馬朔州總管府七字列傳第三十
一杜杲傳後四年遷下有溫州諸軍事五字殿
本及他本亦無之（唯汲古本有客削瓜三字）
其他訛字不勝枚舉其甚者紀第七大象二
年下立天元皇后楊氏為天元大皇后天元
下立天右皇后朱氏為天右大皇
朱氏為天大皇后天右皇后元氏為天右大皇
后三大字殿本均作天按宣帝即位即立妃楊
氏為皇后大象元年四月又立妃朱氏為天皇
帝后七月又改天元帝后朱氏為天皇后立妃

元氏為天右皇后又列傳宣帝楊皇后隋文帝
長女是朱皇后靜帝之母元氏皇后開府楊皇后晟之第二
女是可知三氏皆皇后殿本稱太皇后實誤列
傳第七于謹傳太師晉國公護升階設几於席
承上文有司設三老於中楹而言設几於席
設几施席一似原未有席者豈非自相牴牾列
傳第十二尉遲綱傳太祖西討關隴迴與母
昌樂大長公主遲綱傳太祖西討關隴迴與母
是綱與其兄母同為守土之官矣此又于
乎列傳第十五蘇綽傳二字殿本乃於席
老作述養生故知養生二字實非列傳第二十二于
必複述養生上文已言以備生生之資矣此又何
翼傳數日間至殿本間作間者猶言間諜時

周跋 二

土谷渾入寇河右涼鄯河三州咸被攻圍軍事
方急遣使偵探事所當有若通音問恐有未能
列傳第三十八皇甫遐傳遭母喪乃廬於墓側
負土為墳後於墓南作一禪窟又云禪窟重臺
兩匝總成十有二室按禪字當從衣旁訓訓
小蓋退於其母墓側穿一窟室取土培墓已卽
處於窟中冀朝夕不離其母而殿本乃改為禪
窟按之本傳絕無於彼習佛參禪之意蓋禪禪
形近遂因而致誤耳列傳第四十二突厥傳禪
兄伯叔死者殿本無兄字按此對下文子弟及
姪等與後世叔母及嫂言若無兄字則文義
為不完矣先是涵芬藏本未燬時余嘗用校諸
本其校記尚存紀第七大象二年下每召侍臣

論議是本論議作論議列傳第七李樹㰚傳贈恆

朔等五州刺史是本無贈字列傳第十王羆傳

討平諸賊是本討平作許平列傳第十六盧辯

傳強記默識是本默識作默契列傳第二十史

寧傳梁武帝引寧至香礶前是本礶作礎列傳

第二十二竇熾傳政號清淨是本淨作靜列傳

第二十四陸通傳戰於邙山是本邙作芒列傳

第二十六元定傳先寧生羌據險不賓者是本

生羌作主羌列傳第二十八司馬裔傳信州

都督涼州別駕是本無士字列傳第三十一辛

慶之族子昂傳遂募開通二州得三千人是本

開通作通開列傳第三十三庚信傳才子并命.

〔周跋〕

二二

俱非百年是本非作飛又碅穿摺拉是本碅作

州列傳第三十六扶猛傳時虛使微通餉鐻而

已是本微作徵凡此諸字均似舊本勝於今茲

所用之本而灰爐鋿沈永不復見於人世良可

惜已海鹽張元濟

百衲本二十四史

周書

撰　者◆唐·令狐德棻 等

發行人◆王學哲

總編輯◆方鵬程

編印者◆本館古籍重印小組

承製者◆辰皓國際出版製作有限公司

出版發行：臺灣商務印書館股份有限公司
台北市重慶南路一段三十七號
電話：(02)2371-3712
讀者服務專線：0800056196
郵撥：0000165-1
網路書店：www.cptw.com.tw
E-mail：ecptw@cptw.com.tw
網址：www.cptw.com.tw

局版北市業字第 993 號
初版一刷：1937 年 01 月
臺一版一刷：1970 年 01 月
臺二版一刷：2010 年 12 月
定價：新台幣 1200 元

ISBN：978-957-05-2533-5

周書 ／ 令狐德棻等撰. --臺二版. -- 臺北市 ：
臺灣商務，2010. 10
面 ； 公分. --（百衲本二十四史）

ISBN 978-957-05-2533-5 （精裝）

1. 北朝史

623.6501   99016698